청년 모택동

중국은 어디로 가는가

WHERE IS CHINA HEADING FOR?
WRITINGS AND POETRY OF MAO ZEDONG FOR THE EARLY PERIOD
editing and translated by Minoru Takeuchi ⓒ 2000 by Minoru Takeuchi
Originally published in Japanese in 2000 by Iwanami Shoten, Publishers, Tokyo.
This Korean language edition published in 2005 by Nonhyung Publishing, Co., Seoul by arrangement with the copyright holder c/o Iwanami Shoten, Publishers, Tokyo.

청년 모택동
중국은 어디로 가는가

지은이 | 다케우치 미노루
옮긴이 | 신현승
초판 1쇄 인쇄 | 2005년 8월 20일
초판 1쇄 발행 | 2005년 8월 30일
펴낸곳 | 논형
펴낸이 | 소재두
표지 · 본문 | 이즈플러스
등록번호 | 제2003-000019호
등록일자 | 2003년 3월 5일
주소 | 서울시 관악구 봉천2동 7-78 한립토이프라자 6층
전화 | 02-887-3561 팩스 | 02-886-4600

ISBN 89-90618-15-0 94910
값 19,000원

청년 모택동
중국은 어디로 가는가

논형

岩波現代文庫

学術 28

竹内 実 ［編訳］

毛沢東初期詞文集
中国はどこへ行くのか

岩波書店

옮긴이의 말

　인류가 탄생한 뒤 인간은 각 시대마다 획기적인 전환기를 맞이해 왔다. 어떤 때는 전쟁이란 명목 하에 슬픔과 피로 얼룩진 처참한 역사를 만들어 내기도 하였으며, 또 어떤 때는 혁명이라는 이름으로 수많은 대중들을 격정과 광기로 몰아넣기도 하였다. 역사 속에서 일어난 많은 비극적 사건과 일화는 다름 아닌 우리들 인간이 창출해 낸 산물인 것이다. 물론 일시적으로나마 평화의 시대도 공존하였음은 두말 할 것도 없다. 평화냐 전쟁이냐, 아니면 혁명이냐 변혁이냐 하는 문제는 인류 역사를 논함에 있어서 주요한 테마가 되었음도 부정할 수 없는 사실이다.

　이 책은 바로 혁명가이자 정치가로서 한 시대를 풍미하고 불꽃같은 삶을 살았던 어떤 중국인에 대한 이야기이다. 바로 그 주인공의 이름은 모택동毛澤東. 그의 이름을 언급하는 경우, 현대 한국에 사는 우리들에게도 결코 낯설게 다가오지 않는다. 중국어 발음으로 '마오쩌둥'으로 호칭해도 누구도 낯설어하지 않는 이름이다. 비단 한국에서 뿐만 아니라 동아시아 세계, 더 나아가서는 세계사적인 인물이었음은 누구나 알고 있는 주지의 사실이다.

　요즘 한국의 서점과 출판계를 둘러보면 중국과 모택동, 혹은 등소평과 강택민, 심지어 호금도후진타오에 관한 책들이 자주 눈에 띤다. 이러한 현상은 과연 무엇을 말하고 있는 것일까? 한국전쟁 이후 한중관계는 몇 십 년 동안 단절된 상태로 지속되어 왔다. 그러던 것이 20세기 말의 90년대 들어 정식 수교관계가 맺어지고 본격적으로 교류를 행하기 시작하였다. 그 결과 우리들의 의식 속에는 베일에 가려져 있던 '중화인민공화국'이라는 실체가 다가오기 시작하였다.

　더불어 전통 중국이 아닌 '신중국'을 알고자 하는 지적 욕구가 중국어 배우기, 중국유학 및 중국투자 등의 형태로 나타나게 된다. '과열 현상'이라고 까지 일컬을 정도로 중국에 대한 관심은 높아만 갔고 현재도 그러한 과열 현상은 끊이질 않고 있다. 또한 '중국통'이라고 자칭하는 사람들이 출현한 것도 어제 오늘의 일이 아니다. 그들은 때로는 거시적인 방법으로 때로는 미시적인 방법으로 '중국'의 실체를 파악하고자 진력하고 있다. 지면 관계상 여기에서는 이 문제에 관하여 더 논의할 수 없기 때문에 차후의 문제로 남겨두고자 한다.

그런데 이 책도 어떻게 보면 '중국'의 실체를 파악하기 위해 미시적인 방법의 하나를 채택하여 그 '중화인민공화국'을 탄생시킨 주인공의 한 사람인 모택동을 테마로 삼고 있다. 그런 후에 당시의 시대 상황에 초점을 맞추고 거대 중국의 실체에 접근하고 있는 것이다. 즉 지금까지 그리 잘 알려져 있지 않았던 모택동의 유소년기와 청년기의 활동 상황 및 사상적 편력 과정 그리고 당시의 역사적 분위기 등을 유려한 필체로 묘사하고 있음이다.

그래서 이 책의 구성을 보면, 한국어판 제1부는 청년기 모택동의 성장과 정과 사상적 방황, 정치사회적 상황 그리고 모택동의 동시대 및 역사에 대한 인식 과정을 편저자인 다케우치 선생의 유려한 해설로 꾸몄다. 제2부는 모택동 자신의 초기 작품 열다섯 편의 논문을 선정하여 번역함과 동시에 해제를 덧붙였다. 그와 더불어 한국어판에서는 2부의 부록으로서 모택동 자신의 원문을 실어두었다. 제3부는 '모택동과 중국'이라는 제목의 연표로 이루어졌다.

우리는 이 책에서 위대한 혁명가 · 정치가로서의 모택동이 되기 이전, 즉 평범한 자연인으로서의 모택동과 만나게 될 것이다. 농민의 아들로서 태어나 가난하고 굶주린 중국 농촌의 현실을 직접 목격하고 사상적 방황과 실천 과정을 통해 그는 서서히 투철한 혁명가의 모습으로 변해간다. 또한 높고 아득한 이상보다는 현실에 바탕을 둔 작은 이상을 목표로 하여 차근차근히 실천해 나가는 모택동의 모습도 우리는 이 책에서 발견하게 될 것이다.

흥미로운 것은 그가 중국고전에 대한 해박한 지식을 갖추고 있었다는 사실이다. 그의 초기 작품 속에는 유난히도 고전의 인용과 그것에 대한 자신의 견해를 허심탄회하게 서술하고 있는 부분이 많다. 옮긴이 또한 초기 작품을 읽으면서 그의 다양한 독서 습관과 고전에 대한 폭넓은 지식 앞에서는 경탄하지 않을 수 없었음을 고백한다.

청년 모택동, 과연 어떠한 인물이었을까? 젊은 시절 그의 활동을 통해서 생각해보면 그는 결코 현재의 '중화인민공화국'과 같이 '통일된 중국'을 염두에 두고 있지 않았다는 것이다. 끝없는 번민과 고뇌의 늪에서 허우적거린 흔적을 그의 젊은 날의 기록에서 쉽게 찾아 볼 수 있다.

더욱이 편저자인 다케우치 선생이 지적하듯이 '통일'을 부정하고 또한 '중국'을 부정했던 것이다. 그는 러시아혁명을 절대적으로 찬양하면서 중국에서의 철저하고 전반적인 혁명을 회의적인 시각에서 바라보고 있다. 그러던 그가 아이러니컬하게도 혁명에 성공하여 중국 전체를 통일하고 현재의 '중화인민공화국'을 탄생시킨 것이다.

이 책은 본격적 혁명가로서의 모택동의 이미지에 관해서는 묘사하고 있지 않다. 책의 제목처럼 '청년 모택동'만을 염두에 두고 그의 젊은 날의 인간적 면모와 열정 및 치기어린 자태를 뽐내던 순수한 이미지로서의 모택동에 포커스가 맞추어져 있다. 그래서 재미있다. '공산주의', '사회주의', '마르크스주의', '모택동 사상' 등등과 같은 거대 담론을 배제하고 미시적인 시각에서 인간 모택동의 청년기를 시공간의 순서에 따라서 자연스럽게 묘사해 나가고 있다.

젊음이라는 미명 하에 행해진 무수한 방황과 시행착오, 그 자신도 혼란한 시대에 몸을 담근 채 온통 혼돈의 아수라장이 된 중국 땅에서 이리 뛰고 저리 뛰며 분주하게 적응해 나간다. 당시의 의식 있는 젊은이들이 대개 그러하듯이 그 또한 자신이 몸담고 있는 정치·사회적 현실에서 도망칠 수 없었으며, 그 대신에 강한 사회적 관심과 희망·절망이 교차하는 복잡한 열정을 가슴속 깊이 간직하고 있었다.

이제 우리는 그러한 열정적인 청년 모택동을 이 책에서 접하게 될 것이다. 공허한 거대 담론보다는 작은 곳에서 또 다른 모습의 모택동과 우리는 접하게 될 것이며, 작은 곳에서 또 다른 의미로서의 '중국'을 만나게 될 것이다. 그 '중국'은 모택동 자신이 생각한 중국이며 당시의 시점에서 그는 '중국은 어디로 갈 것인가?'에 대한 심각한 고민의 질문을 던진다. 그 질문의 해답을 찾기 위해 고금동서의 지식과 상식으로 무장하고 현실의 곳곳을 냉철한 시각으로 바라본다. 드디어 순수한 한 청년의 작은 꿈과 소망은 그조차도 예상할 수 없었던 거대 현실로서의 '중화인민공화국'을 탄생시킨다.

하지만 모택동이 만들어 낸 거대 '중화인민공화국'은 그 원형이 정강산이었으며, 젊은 시절 그토록 갈망하던 '호남공화국'이었다는 사실에 주목할 필요가 있다. 또한 국민당과의 오랜 투쟁 결과로 생겨난 연안의 '해방구'는 그야말로 거대 중국으로 향해 가는 발판이 되었음도 우리는 이 책에서 확인하게 될 것이다. 이 어쩌면 짧고도 기나긴 여정에서 현재의 박제화되고 표상화된 모택동 이전에 존재하던 청년 모택동의 진면목과 맞닥뜨리게 될 것이다.

여기에서 다음과 같은 질문에 봉착하게 된다. 중국이란 무엇인가? 중국은 진정 어디로 가고 있는 것인가?

편저자의 지적대로 '중화인민공화국'의 탄생 이후, 이 국가를 바라보는 외부세계의 사람들은 이 두 가지 물음에 대해 올바른 해답을 제시하고자 진력해 왔다. 그래도 정답은 존재하지 않았다. 아직도 중국은 현재진행형이며, 미래에도 현재진행형임에 틀림이 없다. 다만 우리는 이 책에서 중국을 탄생시킨 주역의 일등공신 모택동의 유소년기와 청년기의 순수하고 열정적인 이미지와 삶의 형태를 조망해 볼 수 있을 뿐이다. 그것이 어쩌면 '중국은 무엇이며 중국은 어디로 가는가?'에 대한 정확한 해답을 제시하기 위해 행해야 할 꼭 필요한 선행 작업일지도 모르겠다.

과연 청년 모택동은 그 시대가 낳은 산물이며, 그 자신도 그러한 시대를 온몸으로 느끼고 오리무중의 형국에서 암중모색하며 수많은 번민과 방황을 거듭하고, 수차례 절망하면서도 희망을 버리지 않았다는 사실에서 21세기의 대한민국에 사는 우리 젊은이들에게도 무언가 시사해 주는 바가 있을 것이다. 우주와 대자연 앞에서 보잘 것 없는 인간의 위대한 점은 바로 이러한 것일 터이다. 부디 이 책과 접하게 되는 독자제현이 새로운 모택동의 이미지와 만날 수 있기를 기대해 본다.

이제 잠시 소소한 사견을 열거하고 서문의 변을 끝내고자 한다. 이 책과 만나게 된 것도 자그마한 인연의 실타래가 얽혀있다. 사실은 논형출판사 대표 소재두 선생님과의 인연으로 인하여 다케우치 미노루 선생의 편저인 이 책과 만나게 된 것이다. 소재두 선생님의 번역 권유에 옮긴이 또한 선뜻 화답하게 되었다. '선뜻'이라고 표현한 것은 옮긴이가 예전에 중국에서 공부할 때의 전공이 바로 정법계열의 중국정치사상이었기 때문이다. 아무튼 그러한 연유로 중국에 머무는 동안 눈길 한번 주지 않았던 모택동이라는 인물과 처음으로 대면하게 되었다. 그리고 번역 작업이 시작되었고 번역을 해 나가면서 젊음의 열정이 넘치는 청년 모택동의 이미지에 흠뻑 빠지지 않을 수 없었다.

이 책의 번역에 있어서는 직역을 원칙으로 하였으되 직역의 어색함은 원문의 뜻을 해치지 않는 범위에서 의역으로 대체하였다. 또한 제2부 모택동 자신의 원문은 일본어 역문을 위주로 하되 중국어 원문과 대조하여 쉬운 한국어로 풀어 쓰고자 노력하였다. 단지 중국어 원문을 처음부터 끝까지 제대로 살피지 못한 것은 옮긴이의 게으름 탓임을 고백한다. 또한 그 중에는 다소 어긋난 표현도 있었을 것이라 사료된다. 어쨌든 오역의 책임은 전적으로 옮긴이에게 있음을 밝혀둔다.

끝으로 이 책이 한국에 소개되어 세상에 나오기까지 많은 분들이 애써 주셨다. 여기에서 그분들에게 사의를 표하지 않을 수가 없다. 한국에서의 새로운 지식인 네트워크와 새로운 패러다임의 인문학 학술서를 만들고자 진력하시는 소재두 선생님, 그리고 투박한 초고를 꼼꼼히 다듬고 깔끔하게 교정해주신 김갑수 선생님께 우선 감사의 뜻을 전한다. 더불어 논형출판사 식구들에게도 작은 감사의 마음이나마 지면의 인사로 대신한다.

어느덧 10년째로 접어든 떠돌이 생활이다. 그동안 많은 분들에게 신세를 졌고 이 책이 나오기까지 물심양면으로 도움을 아끼지 않으신 지인들께도 이 자리를 빌려 고마움을 표시하고 싶다.

항상 살아생전에는 옮긴이에게 인생의 의미를 깨닫게 해주시고, 지금도

힘들고 지칠 때면 저 세상에서나마 정신적으로 질책과 격려를 가해주시는 분이 계신다. 바로 옮긴이의 아버지이다. 본문 중에 나온 모택동의 가정과 그의 아버지에 대한 묘사에서 옮긴이는 문득 아버지를 회상하였다. 유년시절 어느 겨울날, 아버지께서 강원도 두메산골의 어느 뒷산에서 땔나무를 한 아름 지게에 짊어지시고 내려오시던 모습이 지금도 눈에 선하다. 왜일까? 이제 이 작은 성과물도 그분의 영전에 바친다.

다시 한 번 이 책을 읽게 될 독자들이 기존의 모택동 이미지와는 색다르고 또한 신선하며, 소박한 이미지의 모택동과 만나게 될 수 있기를 기대해 본다.

2005년 3월 어느 날 봄이 오는 소리를 들으며
도쿄대학 홍고本鄕 캠퍼스에서

옮긴이 신 현 승

들어가는 말

모택동과 악수를 나누다

　모택동과 처음 만나서 악수를 나누었을 때, 그의 손바닥이 의외로 부드러워 마치 마시멜로marshmallow라는 과자와 같다는 생각이 들었다. 그 부드러움은 어린 아기의 손과 같은 느낌이었다.

　기념사진을 찍고 나서 별실로 이동하였는데, 나는 바로 그의 뒤에서 걸으면서 신장 1미터 80센티 정도인 그의 등을 올려다보았다. 그의 양 어깨는 자주 그림에서 묘사되는 대나무 숲 사이에서 모습을 드러내고, 전방의 바위 위에서 어슬렁거리며 한쪽 발을 내딛는 호랑이와 흡사하게 떡 벌어져 있었음을 지금도 기억한다. 그것은 모나지 않은, 선이 부드러운 어깨가 아니라 튼튼하고 다부지게 돌출해 있었다.

　왜 손바닥이 부드러운 것을 의외라고 생각하였던 것일까. 이제 와서 생각해보면 그 당시 나는 선입관을 가지고 있었고, 그는 '혁명가'이고 '혁명가'의 손은 전투나 노동에 종사하기 때문에 거칠고 울퉁불퉁할 것이라고 믿고 있었던 것 같다. 그것은 확실히 유치한 선입관이었다. '혁명'에 종사한다고 해서, 그늘에 숨어 소총의 방아쇠를 당긴다든가 험준하고 혹독한 자연 환경에 견디면서 육체를 혹사한다든가 하는 등으로 나날을 보내는 것만은 아니다.

　혁명가는 뼈가 앙상하고 매끄럽지 못할 모습일 것이라는 선입관을 마음속에 품고 있었음에도 불구하고 뒷줄에 서서 악수를 나눌 차례를 기다리며 다부지게 서 있는 그의 모습을 유심히 바라보았다. 순간 나의 머리 속에서는 이 사람이 조금 전까지 건물 깊은 안쪽의 서재에서 조용하게 책을 읽고 있었던 것은 아닐까라는 생각이 번쩍 스쳤다.

바로 이 사람은 책 속에 파묻혀 사는 서재의 사람이라고 직관한 것이다. 그러한 직관은 방금 전의 '뼈가 앙상하고 매끄럽지 못한 혁명가'라는 선입관과는 모순되지만, 나는 자신의 모순을 깨닫는 것보다도 이러한 직관을 품게 된 것을 무엇보다도 귀중하게 생각하고 또한 소중하게 간직하려고 마음속에서 결정한 것이었다. 악수를 나눈 손이 그다지 따뜻하다는 인상을 받지 못했던 점도 있었을지 모르겠다. 그의 서재는 어둡고 책상 위쪽에만 등불이 비치게 하여 고독과 정적에 잠겨있었을 것이라는 생각이 들었다. '혁명가'가 되지 않고, 대학 교수로서 중국 문학을 강의하였으면 좋았을 텐데 라는 생각을 그 뒤에도 자주 해보곤 하였다. 그러면 기쁘게 그의 강의를 청강하러 다녔을 터인데…….

전통 문학에 조예가 깊다는 것은 그의 문장을 읽을 때마다 느끼던 것이었다. '서재인書齋人'이라는 직관도, 어쩌면 그러한 독후감으로 인해 얻어진 것이었을지도 모르겠다. 뒷날 미국 대통령 닉슨이 중국을 방문하였을 때, 모택동은 북경에 있는 자신의 서재에서 대면하였는데, 그 장면이 텔레비전이나 신문에 보도되었고 나 또한 처음으로 그의 서재의 분위기를 알게 되었지만, 결코 의외라는 생각은 들지 않았다.

《모택동선집》의 간행

모택동과 만났을 때 이미 나는 어느 정도 그의 문장을 읽은 상태였다. 당시에는《모택동선집毛澤東選集》에 수록되어 있는 것이 거의 유일한 문헌으로 모택동과 만난 1960년 6월까지는 제3권까지 출판되어 있었다. 제1권은

1951년 10월, 제2권은 1952년 4월, 제3권은 1953년 4월에 각각 간행되었는데, 그다지 늦지 않게 수입되었던 것을 구입하여 소리를 내어 원문을 읽은 적도 있었다. 문장의 몇 군데는 상당한 명문으로 낭독해 보면 가슴이 트이는 기분이었다. 목소리 낭랑하게 박자를 맞추어 읽을 수 있는 곳에 이르러서는 실로 보통이 아니라는 생각이 들었다.

제4권은 순조롭게 출판된 그때까지의 세 권과 비교해보면 상당히 늦어져 1960년 10월에야 출판되었으며 제5권은 모택동 사후인 다음 해, 1977년에 출판되었다. 제5권은 모택동의 유언에 의한다고 사칭하여 뒤를 이은 화국봉華國鋒, 1921~ 이 주관하여 간행하였는데, 현재는 무시되고 있다.

《선집》의 세 권을 읽는 동안 어딘지 모르게 틀에 박혀있는 듯한 딱딱한 느낌을 받았고, 여기에 수록되어 있지 않은 문장도 읽고 싶다는 생각이 들었다. 수록된 글은 게재된 신문이나 잡지, 팸플릿의 형태로 읽고 싶다는 간절한 희망이 갈망으로 바뀌어 당시의 신문, 잡지 등에서 원문을 찾아내는 작업에 착수하였다.

이것은 내가 감수한 모택동문헌연구회毛澤東文獻研究會, 대표는 藤本幸三·市川宏가 펴낸 《모택동집毛澤東集》·《모택동집》제2판, 《모택동집·보권補卷》으로 1970년부터 1980년에 이르기까지 각각 북망사北望社, 창창사蒼蒼社에서 간행한 것들이다. 두 권 모두 전 10권으로 되어 있다.

이 작업에 착수했을 때는 《선집》에 가필된 흔적이 있다는 것을 조금씩 알게 되었다. 그래서 《모택동집》에 수록할 때 이미 《모택동선집》에 수록되어 있는 것은 쉽게 구분할 수 있도록 별도로 주석을 붙혀두었다.

이러한 작업은 전적으로 학술적인 탐구심에서 출발한 것이지만, 당시 모택동 및 그의 문장은 신성시되고 있었기 때문에 일부의 반발을 초래하지 않을 수 없었다.

《선집》은 말하자면 신성한 교과서였던 것이다. '혁명'에 승리하여 새로운 국가가 성립하였다고는 하나, 민중에게 국가로서의 방향이나 무엇을 삶의 가치로 삼아야만 할까 등등, 분명하게 제시해 줄 필요가 있었다. 바로 그러한 것들을 제시한 문집이 《모택동선집》이었던 것이다.

'문화대혁명'의 폭풍이 지나간 자국

이것보다 먼저 중국 전역에는 '문화대혁명'이라는 폭풍이 휘몰아치고 실행 부대로서 '홍위병'이 눈부시게 활약하였다. 그들은 붉은 비닐 표지의 포켓판 《모택동어록》을 머리 위로 높이 쳐들고 누군가 '여기'라고 말할 때 그 속에 있는 부분을 낭독하였다원서의 제목은 《모주석어록》. 주석은 체어맨chairman의 번역어로서 의장議長이라는 의미와 상통한다. 이것은 모택동에게만 사용되는 경칭으로 '주석'이라고 하면 모택동을 가리키는 것이었다.

그들은 여러 그룹으로 나뉘어 서로 폭력 사태에까지 이르게 되고, 이윽고 농촌이나 변경으로 보내졌다. 당시 중학생, 고교생 혹은 대학생이었던 그들도 지금은 다들 50세 전후 혹은 60세 가까이 되었다.

그들은 자신이 속해 있는 그룹의 사상적 우월성을 자랑하듯 모택동 미발표의 문장을 등사판이나 활판 인쇄로 첨부하였다. 이렇게 해서 '정치'의 내막이 조금은 분명히 드러나게 되었지만, 그 원문原文에 관한 정확한 출전의 내력은 여전히 의문의 여지가 있었다. 하지만 이 '문화대혁명'에 의해 또는 '문화대혁명'의 교훈에 의해 모택동의 문장을 단순히 《선집》으로서만 출판하고 이것을 금과옥조처럼 여기는 것은 오히려 폐해를 가져올 지도 모른다는 반성이 생겨났던 것일까? 이 때문에 가지각색의 형식으로 그때까지 공개되지 않았던 문장이 출판되기에 이르렀다.

《모택동조기문고毛澤東早期文稿》가 그 하나의 예이다. 이것은 《모택동초기문고毛澤東初期文稿》와 자매편이 되었는데, 이 두 책의 서명이 '조기'와 '초기'라는 식으로 구별되어 있는 것은 전자가 마르크스주의자가 되기 이전, 후자는 그 이후를 의미한다고 이해할 수 있다하지만 '이후'라는 시간적 경계를 어디에서 끊어 구분해야 할지는 아직까지도 의견이 분분하다.

두 편 모두 각각의 서문 원고가 신문 등에 게재되었지만, 실제로 출판된 것은 전자뿐으로 현재까지 이르고 있다.

이 책이 의도하는 것

이 책은 〈범례〉에서도 제시하는 바와 같이 《모택동조기문고》를 저본으로 삼았는데, 그의 '조기早期'를 결말짓는 의미에서 《모택동서신선집毛澤東書信選集》과 《모택동시사집毛澤東詩詞集》에서도 각각 한 편을 뽑았다.

이 책이 먼저 의도했던 것은 모택동이라는 농민의 아들이 무엇을 생각하였던 것일까, 어떻게 해서 그 생각을 심화시켰던 것일까 혹은 변화시켰던 것일까 등의 의문을 가지고 그가 지은 문장혹은 시詞에 의해 그 흔적을 더듬어 보려는 것이다. 즉 그러한 것을 1부한국어판은 2부로 청년 모택동의 논문·편지·사의 논문에 모아놓은 열다섯 편의 번역문을 통해 살펴 볼 것이다.

번역문은 원문에 충실할 것을 취지로 하였고 번역문 이해의 일조로써 해제나 역주를 달았다. 독자는 이것을 통해 자유롭게 자기 나름대로 젊은 날의 모택동상을 그려볼 수가 있을 것이다.

그러나 우리들은 지금 이러한 환경 속에서 살고 있기 때문에 객관적으로 젊은 날의 모택동상을 묘사하는 것만으로는 만족할 수 없을 것이다.

모택동이라는 사람에 대한 관심과 함께 중국 그 자체에 대한 관심이 합쳐져 서로 대응하는 형태로 독자는 이 책을 파악할 것이라고 상상해 본다. 그 관심은 젊은 날의 모택동을 파악하는 관심이기도 하다. 그것이 굳이 이 책의 제목을 '중국은 어디로 가는가'로 정한 이유이다.

중국이란 무엇인가? 중국은 어디로 가는가? 모택동은 목구멍 속이 따끔거리는 듯한 초조함을 느끼면서 이러한 테마를 추구했음에 틀림이 없다. 그것이 즉 그에게 있어서의 지금과 그가 처한 환경이 첫 번째로 초래한 결과이다. 그래서 당시 정세와의 관계에 관하여 평론_{한국어판은 1부의 다케우치가 본〈청년 모택동〉}을 서술하였다.

평론이 조금은 미세한 곳까지 언급한 부분이 있을지 모르겠지만, 결국은 이러한 세상 속에서 살았던 인간으로서 젊은 날의 모택동은 더욱 돋보이게 될 것이다.

평론의 말미에는 나의 견해와 전망을 서술하였지만 표현의 부족으로 이것을 이해하기 위해서는 2부의 모택동의 의견을 고스란히 반복하지 않을 수 없었다.

《삼국지》의 서두에서는 천하의 대세에 대해 "나누어짐이 오래되면 반드시 모여지고, 모여짐이 오래되면 반드시 나누어진다._{分久必合, 合久必分}"라고

---

01 아일랜드 출생으로 1764~1767년 상트페테르부르크 주재 공사, 1769~1772년 아일랜드 사무장관(事務長官, 1775~1779)년 카리브제도 총독, 1780~1786년 마드라스의 세인트조지요 새총독을 거쳐 1793년 영국 최초의 특명전권대사로 중국으로 건너갔다. 중국에서는 그를 조공국의 사신 정도로 대우하여 세 번 무릎 꿇고 아홉 번 머리를 조아리는 삼궤구고두(三跪九叩頭)의 예를 요구하였는데, 그는 대등한 예를 고집하였고, 결국 건륭제(乾隆帝)의 재량에 따라 영국 국왕 알현시(謁見時)와 같은 예를 행하는 것으로 낙착되었다. 그러나 군기대신(軍機大臣) 화왕신(和王申)과의 회담에서도, 영국 국왕에 대한 답서에서도 개항 및 통상의 조약 체결이라는 소기의 목적은 달성하지 못하였다. 1796~1798년 희망봉 총독을 지낸 후 병사하였다.

말하고 있다. 이것과 중층적인 것으로서 중국은 과거에도 그랬고 다가올 미래에도 끊임없이 변화해 갈 것이라는 설명을 해두고 싶다.

시대적 배경에 관해서도 조망해 볼 수 있도록, 3부에는 〈연표: 모택동과 중국〉을 첨가하였다. 모택동의 탄생 이전과 사후 및 현재에 이르기까지 언급하였다.

연표의 시작을 1793년으로 하였는데 이것은 정확히 모택동이 태어나기 100년 전쯤에 상당하는 시기이다. 나는 가끔 매카트니[01]와 청조淸朝의 왕래에 관심이 있어 이 해를 선택한 것에 지나지 않지만 우연이라고는 하나, 탄생 전의 100년이라는 구분이 되었다.

일본에서는 간세이寬政 5년으로 도쿠가와 막부德川幕府가 연해 제번諸藩에 해안 방어를 명하고, 마쓰다이라 사다노부松平定信가 이즈伊豆반도와 사가미相模만의 해안을 순시하였다. 다른 한편 그 다음 해인 6년에는 에도江戶의 양학자洋學者들이 '네덜란드 정월'을 축복하였다. 이 해의 윤 11월 11일이 태양력으로 1795년의 1월 1일에 해당하기 때문에 축하연을 베풀었던 것이다.

2000년, 헤이세이平成 12년 9월
다케우치 미노루竹内 實

차례

3부 연표: 모택동과 중국

일러두기(편저자 · 옮긴이)

1. 이 책은 일본의 권위 있는 중국현대사 연구자 다케우치 미노루의
   《中國はどこへ行くのか 一毛澤東初期詞文集》을 우리말로 옮긴 것이다.
2. 이 책은 편저자가 쓴 평론인 1부와 모택동1892~1976년의 저작을 모아 놓은 2부로 구성되어 있다.
   그리고 연표와 찾아보기를 덧붙였다.
3. 1부의 평론〈청년 모택동〉은 이 시기 동안의 그의 사고방식의 변화 양상과 그 유래하는 바를 서
   술한 것이다.
4. 2부는 모택동의 청소년 시기라고 할 수 있는 1920년 12월까지를 '초기'로 정하고 이 기간 동안
   의 저작 열다섯 편을 선택하여 번역해 놓았다.
   표제는 각각의 편에 1에서 15까지의 번호를 매기고, 편말에 해제와 옮긴이 주를 덧붙였다. 특
   히 옮긴이는 한국 독자를 위하여 '중국어 원문'을 싣는 친절함을 아끼지 않았다.
5. 표제는 그 내용을 알기 쉽도록 새롭게 바꾼 것도 있다. 다만 원제를 병기하였다. 표제의 아래에
   집필 또는 게재 연월일을 적어 놓았다.
6. 번역을 함에 있어 사용한 판본은 다음과 같다.
   - 《毛澤東早期文稿 1912 · 6~1920 · 11》中共中央文獻研究室 · 中共湖南省委《毛澤東早
     期文稿》編集組編 湖南出版社 1990년 7월第1版, 1995년3월第2版第2刷, 1~14까지의 저본, 11은 제외
   - 《毛澤東書信選集》中共中央文獻研究室 人民出版社 1983년 12월15의 판본
   - 《毛澤東詩詞集》中共中央文獻研究室編 中央文獻出版社 1996년 9월11의 판본
7. 이 책에 선행하는 것으로써 아래의 책이 있다.
   - 《민중의 대연합民衆の大連合 - 毛澤東初期著作集》竹內實 · 和田武司編, 講談社, 1978년 1월.
   이 책에서는 위의 책에서 다섯 편을 뽑았다. 다섯 편이라는 것은 3 · 5 · 6 · 8 · 12이다. 각각의
   편말에 담당자명이 기록되어 있다한국어 번역본에서는 기록하지 않음.(옮긴이)
   다만 편저자의 책임으로 가필한 부분이 있다. 이 책의 간행에 즈음하여 재차 수록함을 쾌히 승
   낙한 위 책의 편자 및 옮긴이 · 역주자에게 감사의 뜻을 표한다.
   이 1부인〈청년 모택동〉은 위 책의 평론표제도 똑같이 〈초기의 모택동〉한국어판은 다케우치가 본 〈청년 모택
   동〉으로 하였음을 상당히 많이 활용하였다.
8. 번역문은 읽기 쉽도록 단락을 늘렸다. 1, 2, 3 등은 번역문 옆의 숫자로 역주의 번호를 가리킨다.
   옮긴이 주는 옮긴이로 저자 주는 원본에 따라 저자로 표기 하였으며, 요약은 '저자의 요약'으로 하
   였다. 부분적으로는 저자 주를 그대로 살린 옮긴이 주도 있다.

편집자 일러두기

한국 독자의 이해를 돕기 위해 원서의 차례 제2부를 1부로, 제1부를 2부로 편집하였다.
2부에서는 각주를 미주로 처리하였다.

다케우치가 본 '청년 모택동'

중국은 어디로 가는가

청년기의 모택동을 생각할 때, 자연스럽게 그의 하얀 중국식 복장長衫의 옷깃을 세운 모습, 수려한 용모와 총명하고 슬기로운 모습, 칭송하고 싶을 정도로 새하얀 피부의 아름다운 풍모 등을 떠올리게 된다.

우리들에게 지금 그러한 풍채를 전해주는 것은 단지 공식적인 간행물에 게재된 한 장의 사진뿐이다. 그것도 원래는 모택동 한 사람만을 찍은 것이 아니라 의자에 걸터앉은 아버지 모순생毛順生과 큰 아버지의 양옆에 동생 모

●●1919년 어머니의 진찰을 받기 위해 장사長沙에 왔다가 찍은 사진. 맨 오른쪽이 모택동, 앉아 있는 이가 어머니, 오른쪽에서 세번 째가 첫째 동생 모택민毛澤民이다.

택담毛澤覃과 함께 한 사진에서 볼 수 있다. 왼쪽 팔에 검은 완장을 두르고 있는 것에서 어머니 장례식 때의 사진임을 알 수 있다. 그렇다면 바로 이 시기가 1919년일 것이다. 당시 그는 아직 모순생을 가장으로 한 가족의 일원이었다.

또 다른 한 장의 사진이 전해지고 있는데, 그의 어머니가 세 명의 아들인 모택동·모택민·모택담을 데리고 찍은 사진이다. 이 사진에도 사범학교의 성적 좋은 모범생이 가족의 질서 안에 자리 잡고 있는 모습이 잘 나타나 있다.

하얀 옷깃으로 장식하여 쪽 곧은 듯 하게 목을 고정시키고, 조금은 눈을 치뜬 듯한 시선을 보내고 있다. 사진을 의식한 포즈라고 하더라도 위풍당당한 자태와 좌우로 팽팽하게 굳게 다문 입술은 당시 스물일곱의 나이, 만으로 스물다섯의 혈기왕성한 청년의 나이임에도 불구하고, 이미 어느 정도의 인격이 형성되어 있음을 느끼게 해준다. 저 멀리 향한 시선은 미래를 내다보고 있지만, 그 미래가 어떤 것인가를 아는 듯하지는 않다. 역사 속의 모택동이 되기 이전 자연인으로서의 평범한 모택동이 여기에 존재하고 있는 것이다.

하지만 당시 존재하였던 모택동 이전의 모택동은, 즉 이 사진으로 당시의 정신의 한 단면을 엿보게 해주는 청년 모택동은 단지 그 뒤의 모택동이 되기 위해 존재하였던 것일까. 바꾸어 말하면 청년 모택동은 성숙한 모택

●●소산韶山의 모택동 고향 집. 모택
동은 1893년 12월 26일 호남성 상
담현 소산충韶山沖의 한 농민 가정
에서 태어났다.

동을 담아내기 위한 그릇과 같은 것으로써만 의미가 있었던 것일까.

인간의 생명이 한 줄기로 연결되는 이상 그 청년 시대에 장년·노년이
되었을 때의 여러 가지 특징의 맹아萌芽나 복선伏線을 인지할 수가 있다. 어
느 정도는 장래에 관한 예측도 했었을 것이다.

그렇다고는 하나 성숙한 뒤의 자기의 모든 것이 성숙하기 이전에 예측되
었을 리는 없다.

극단적으로 말하면 청년기 모택동에게서는 중기, 혹은 후기의 모택동의
모습은 전혀 찾아볼 수 없다. 새하얀 한 장의 그림 용지와 같이 거기에 무
엇을 그려 넣어도 좋았을 것이지만, 그는 '무엇을…'이라는 것뿐만 아니
라, '어떻게…' 그려 넣을 것인가를 모색하지 않으면 안 되었다.

●●모택동 부모가 쓰던 침실. 모택동은 바로 이
방에서 태어났다.

●●●아버지 모순생

그가 자신을 둘러싸고 있는 세계를 발견한 것은 장사長沙에 나왔을 때였다고 한다. 그곳의 도서관 벽에 한 장의 세계 지도가 걸려져 있었는데, 그는 그 세계 지도 속에서 중국과 호남성湖南省을 발견하였지만 그가 태어난 곳인 상담현湘潭縣과 소산충韶山冲은 발견할 수가 없었다. 세계는 이처럼 넓었던 것이다.

그는 충격을 받았다. 그리고 '세계'에 관심을 가졌다. 호남이나 중국은 '세계' 속에 있으며 아주 작은 존재였지만, 세계의 일부분이기도 하였다. 그는 그 넓은 세계 속에서 호흡하고 있는 자신을 발견한 것이다.

●●●어머니 문칠매

01

소산에서 장사로

아버지와 아들

모택동은 호남성의 농민의 아들이다. 소산韶山이라는 아름다운 산이 우러러 보이는 촌락에서 태어났다.

할아버지 대에 몰락하여 아버지 대에는 빈농, 혹은 빈농 축에도 못 들었다. 아버지 모순생은 외지에 돈벌이를 하러 나갔다가 군대에 입대하였고, 그 뒤 약간의 돈을 모아서 귀향하였다. 그리고 분골쇄신하여 일을 하였다. 이 때문에 가운家運은 상승하였고 중국 공산당의 계급 구분으로 말하면 부농이 되었다. 부농이라는 것은 지주地主와 같이 토지경지를 소유하고 금전적인 면에서도 풍요롭지만, 자기 자신도 노동을 하였기 때문에 완전한 의미에서의 착취 계급은 아니었다.

모순생은 일꾼을 고용하였지만 장남인 택동에게 들일을 시켰으며, 자신도 직접 밭에 나와 일을 거들었다. 셋째 아들인 택담부터는 더 이상 들일은 시키지 않았다.

호남에서는 지주에게 토지를 빌릴 때, 소작인은 보증금을 지불해야만 하였다. 보증금이 없는 자들에게 모순생은 그 대금을 대신 치러주고 가을의 수확이 끝나면 원금과 이자를 징수하였다. 징수 할 때는 장남을 시키곤 하였는데 어느 날 장남인 택동이 가난한 농민을 동정하여 이자를 징수해 오기는커녕 자신의 겉옷을 벗어주고 돌아온 일이 있었다.

이런 택동에게 아버지는 크게 화를 내었다고 한다. 그는 토지를 불리려는 생각은 하지 않고, 쌀과 돼지를 가까운 이웃에서 사들여 현縣의 중심지인 상담湘潭으로 운반하여 팔았다. 금전에 대한 감각은 그다지 빼어나지 못하였던 것이다.

기근이 발생한 해에 부친이 전매의 목적으로 저장한 쌀이 있었는데, 그것을 기근으로 인해 난민으로 변한 농민들에게 약탈당했을 때 모택동은 아버지를 동정하지 않았다. 그러나 같은 촌락의 농민도 약탈에 참여했다는 사실을 알고 충격을 받았다. 어쩌면 그 자신이 겉옷을 벗어 건네준 농민도 그 무리 속에 끼어있었을지도 모른다.

어머니인 문칠매文七妹는 관음觀音 신앙이 두터운 분으로 걸식하는 자에게 먹을 것을 베풀어 준 일로 남편에게 꾸지람을 듣기도 하였다. 그러나 부인은 자비로운 일이 아니다 싶으면 결코 용납하지 않았다. 한번은 남편이 가난한 친척의 토지를 사려고 할 때 완강히 반대한 일이 있었다. 장남인 택동은 어머니 편에서 아버지에게 어떻게 해야 자비로운 신앙심을 가지게 할수 있을까를 자주 상담하였다.

여기서 중국의 가정에 자주 등장하는 '엄격한 아버지'와 '자혜로운 어머니'상을 볼 수 있다. 하지만 아버지에게 반항했다고는 하더라도 '효'의 덕목만큼은 지켰다. 13세 때에 19세의 처녀와 결혼하였는데, 이 결혼을 재촉하고 지시한 사람은 바로 어머니였다는 사실에서 어머니의 눈에 비친 택동은 효성이 지극한 아들의 모습 그대로였을 것이다.

어머니가 병환으로 누웠을 때 모택동은 그 쾌유를 빌기 위해 남쪽으로 약 70킬로미터 떨어진 형산衡山의[02] 신불에게 참배하기도 하였다. 그곳까지 걸어 간 것뿐만 아니라 지면에 꿇어 엎드리는 '오체투지五體投地'를 해가면

---

02 형산衡山은 중국의 오악五岳의 하나로 지금의 호남성 형산현衡山縣의 북서쪽에 있다. 남악南岳이라고도 한다.

서 도착했다고 한다. 아마도 그곳까지 가는 전체의 일정 동안에 그렇게 하지는 않았다고 하더라도 그것을 행할 때에는 진지하였을 것이다. 형산은 중국 5대 명산 중의 하나로 사원이 여러 개 있으며 그 중에서도 남악대묘南嶽大廟의 규모가 컸다. 어머니는 자신의 친정집에 서 가까운 산의 동굴에 있는 자연석을 관음상으로 받들어 모셔 제사를 지냈고, 그 관음의 아들로서 택동을 양육하였던 것이다. 그 이유는 택동에 앞서 태어난 두 아들이 모두 요절하였기 때문이었다.

모택동이 어머니와 함께 고민하였던 신앙심의 문제는, 바꾸어 말하면 자본의 원시적 축적의 현장에서의 문제였을지도 모른다. 아버지가 이자를 취하여 이윤을 창출해 내는 일은 '자비慈悲'라는 관점에 비추어 보면 '악惡'과 같은 것이었다.

그러나 아버지는 남에게 맡긴 채 수수방관만 했던 것은 아니며 자신도 육체노동에 종사하였고, 가족택동에게 일을 시키기도 하였다. 군벌이나 탐관오리와 결탁하고 농민의 세금을 징수하여 그것으로부터 자신은 애쓰지 않고 남의 단물만을 빨아먹으려고 하는 대지주와 같은 길을 지향하였던 흔적은 보이지 않는다.

아버지에 대한 계급 분석

모택동은 후에 〈중국 농민에 있어서의 각 계급의 분석 및 그 혁명에 대한 태도〉1926년 1월라는 글에서 소지주를 대지주에 대해 동정적으로 묘사하고 있다. 거기에 그의 아버지에 대한 초상이 어느 정도 그려져 있는 것은 아닐까.

모택동은 다음과 같이 말하고 있다.

중국의 대지주야말로 중국 농민의 원수이며 농촌의 실제 지배자이다. 제국주의와 군벌의 진정한 기초이며 봉건 종법사회의 유일한 보루이며 모든 반혁명 세력이 태어나는 궁극적인 원인이다竹內實 · 和田武司編 《民衆の大連合》 講談社, 1978년, p.174, 역문은 和田武司.

그런데 소지주에 관해서는 다음과 같이 말한다.

그들은 군벌과 대지주의 혹독한 압박을 받고 있으며 반항적인 성향으로 가득차있지만, 그 반면에 '공산共産'도 두려워하고 있다

또한 이렇게 말하고 있다.

생각해 보면 소지주는 중국의 중산 계급이다. 그 욕망은 대 부르주아계급의 지위까지 올라가서 한 계급이 지배하는 국가를 건설하는 데 있지만, 외국 자본으로부터의 타격과 군벌의 압박에 의해 발전할 수 없다. 그 때문에 혁명을 필요로 하는 것이다앞의 책.

모택동은 자작농을 세 부류로 나누어 다음과 같이 말한다.

첫번째 자작농은 돈의 여분이 있고 쌀의 여분이 있는 자이다. 즉, 매년 노동에 의해 손에 넣은 것은 자기 집에서 쓸 것만을 조달하고 그 나머지 잉여가 생기면 그것을 사용하여 이른바 자본의 원시적 축적을 만들어내는 자이다. 이런 무리들의 '화차이發財, 돈벌이' 관념은 엄청난 것으로 가령 큰 돈벌이에 헛된 꿈을 꾸지 않더라도 어떻게든 소지주의 지위에 기어오르려고 생각하고 있다. 약간의 돈이라도 가진 자가 눈에 띄면 군침을 한 다발 흘리기도 하고 쟈오공원수趙公元帥, 돈벌이를 주재하는 신[03]에게 가장 열심히 빈다. 이런 무리들은 간덩이가 작다. 관리를 두려워하고 혁명도 상당히 두려워한다앞의 책.

---

03 조공명趙公明을 말하며, 중국 민간전설에서 재산을 관할하는 귀신이다.

어느 시기에 이르러 모택동에게 비친 아버지는 아마도 이러했을 것이다. 그리고 이러한 상층의 첫번째 자작농으로 상승하기 전에는 다음과 같았을 것이다.

두번째 자작농은 간신히 자기 집에서 쓸 것 만을 조달하는 자이다. 중략 그들도 '화차이[發財]'를 소망하고 있지만 운이 없게도 쟈오꿍원수[趙公元帥] 는 돈벌이를 시켜주지 않는다. 중략 만일 노동시간을 늘리지 않으면, 즉 매일 아침 일찍 일어나고 밤늦게까지 일하며, 일에 대해서 지금보다 더 주의를 기울이지 않으면 생활을 유지할 수가 없다앞의 책.

그래서 모순생은 아들과 아내에게 큰소리로 욕을 해대며 매일 아침 일찍 부터 밤늦게까지 일하고, 일에 대한 애착을 점점 강하게 가졌을 것이다. 이 러한 때에 이 계층의 사람들은 '혁명에 반대는 하지 않는다'.
하지만 밑천을 탕진하고 몰락하여 빈농으로 보잘것없이 찌부러진 세번 째 부류의 자작농도 존재한다. 빈농에 관해서는 다음과 같이 말한다.

빈농이 되면 충분한 농기구도 없거니와 유동 자본도 없다. 비료는 부족 하고 수확은 제대로 되지 않아 소작료를 지불하고 나면 남는 것이라고 는 아무것도 없다. 불안정한 세월을 친척이나 친구에게 울며 매달려 얼 마 되지 않는 곡물을 빌려 4, 5일 아껴 먹으며 끼니를 연명해 간다. 빚 이 쌓이고 쌓여 무거운 짐을 짊어진 소와 같다앞의 책.

모택동의 아버지가 이러한 세번째 부류의 자작농·빈농이었던 시절은 아마도 모택동이 태어나기 이전, 즉 결혼하기 이전의 독신일 때였을 것이 다. 모택동이 태어나고부터는 상승한 자작농으로서 달리 말하면 소지주가 되었다. 그러한 가정생활을 모택동은 경험한 것이다.

농민으로서의 체험

'부농富農'의 가정에서 태어나 농사일에 내쫓기고 일꾼들과 함께 들일을 하게 된 것은 후에 혁명운동의 지도자가 된 모택동에게는 행운이었다. 중국 공산당의 지도자나 당원의 일부가 대지주·소지주의 가정에서 태어나 노동의 경험이 없어서 그러한 일[노동]에 뒤가 켕겼던-아마도 그러했을-것에 비교하면 그는 그러한 뒤가 켕기는 느낌은 없이 살았기 때문이다.

노동이 가치를 만들어 낸다고 하는 것이 마르크스주의의 원리라고 모택동이 이해하였다고 한다면 이 원리는 받아들여지기 쉬운 논리였을 것이다. 다만 그러한 노동은 가운이 상승하는 자신의 가정에서의 노동이지 결코 상해上海라든가 어딘가의 공장에서 소년 노동자로서 기적 소리를 신호로 착각해 혹사당하는 것도 아니었거니와 해외로 나가서 백인이 지배하는 타국에서 온갖 고초를 겪는 그런 것도 아니었다.

자신의 가정이 소유한 토지에서 땀을 흘리고 수확한 것을 자기 집의 안뜰에 쌓아 올리는 것이다. 아버지의 명을 받아 장부 기재의 일도 하여 노동의 성과를 확실히 파악하였을 것이다.

말년의 저작인〈실천론實踐論〉에서 그는 실천하는 것에 대해 그것도 반복해서 강조하고 있는데, 이 실천은 노동으로 바꾸어 놓고 이해하여도 무방할 것이다. "일하라, 일하라, 일하면 보답이 있을 것이다"라는 노동관이 그의 몸에 노동의 경험과 함께 깊이 새겨져 있었다. 그것은 또한 행동의 기준이기도 했었을 것이다.

처음으로 집을 떠나다

유아 시절 외가에 맡겨진 적이 있었다고는 하더라도 모택동이 처음으로 집을 떠나 외부의 세계와 접촉한 것은 만으로 15세가 되어 상향湘鄉에 있는 동산고등소학당東山高等小學堂에 편입하여 그곳의 기숙사에 들어갔을 때이다.

이 학교는 호남성 현립으로 현내의 아이들만이 입학할 수가 있었다. 외가가 이곳에 있어 편의상 이 학교에 입학한 것이었다. 아버지에게는 상담湘潭의 쌀가게에서 점원으로 일할 수 있게 된 것처럼 하고, 공부를 했던 것이다. 아버지에게서 얻은 동전 1,400개의 학비와 이불 등을 멜대로 메고 25킬로미터나 되는 산길을 이웃 현의 현성縣城인 상향湘鄕까지 걸어갔던 것이다.

당시 호남성에는 새로운 기운이 넘쳐나고 있었다. 그 분위기를 불러일으킨 것은 일본의 '메이지유신明治維新'을 모델로 한 변법유신운동이다. 이미 1897년의 장사長沙에는 신시대를 짊어질 인재를 양성하기 위한 학교로 '시무학당時務學堂'이 설립되었고, 상해에서는 신문을 발행하여 서양의 문명과 사상을 소개하고 있었다. 서양의 의회와 학교제도의 채용을 역설한 양계초梁啓超가 그러한 조류에 앞장선 선각자의 위치에 있었다.

동산소학당의 설립에는 호남순무湖南巡撫 진보잠陳宝箴·호남안찰사湖南按察使 황준헌黃遵憲이 협력을 다하였지만, 호남성의 상류계급에서 태어난 웅희령熊希齡, 진보잠이 학교의 사무국장의 직무를 담당하였다 및 이미 《인학仁學》이라는 저서를 펴내고, 신사상을 제창한 그의 친구 담사동譚嗣同 등의 협력도 큰 힘이 되었다. 학생의 수는 40명이었다. 양계초를 초청한 담사동은 남학회南學會를 조직하고 시사문제와 자연과학의 지식에 관해서 강의하면서 모든 외국의 침략에 경종을 울렸다.

모택동은 후에 다음과 같이 평가하고 있다.

● ●동산학당東山學堂 옛 터. 1910년 가을 모택동은 고향을 떠나 상향湘鄕의 이 동산고등소학당東山高等小學堂에서 공부했다. 여기서 모택동은 변법유신 관련 서적과 양계초의 《신민총보》에 대해 깊은 흥미를 가졌고, 강유위康有爲, 양계초梁啓超 담사동譚嗣同 등 유신파 인물들을 숭배하였다.

중국의 유신이 가장 일찍 일어난 곳은 호남이다. 정유丁酉, 1897 · 무술戊戌 1898년에 호남인은 신학술의 연구와 신교육의 건설에 활기 넘치는 활약을 하였다. 담사동 · 웅희령 등이 지도하여 전체의 중국을 둘러봐도 호남에 버금가는 곳은 없었다. 하지만 그것도 길게는 이어지지 못하여 웅희령은 추방되었고 담사동은 살해되었다〈호남이 중국의 재난을 입은 일을 역사 및 현상에서 증명하다〉1920년 9월 6 · 7일. 앞의 《민중의 대연합民衆の大連合》 p.75, 역문은 市川宏.

또한 이렇게도 말하고 있다.

가령 호남인이 좀 더 일찍이 자결自決 · 자치自治를 얻었더라면 먼 옛날은 어찌 되었든 간에 정무丁戊, 정유와 무술년의 해에는 새로운 기개를 가지고 전국의 선두에 서서 소위 중앙정부에 제압당하는 일이 없이 이미 새로운 호남新湖南을 만들어 내지는 않았을까 앞의 책.

모택동은 동산소학당에서 그러한 새로운 흐름을 접하게 되었다. 학교에는 일본에 유학한 경험이 있던 교사가 있어 일본의 메이지유신이나 앞으로 중국에 분할의 위기가 닥쳐오리라는 이야기를 해주었다.

그 교사는 일본이 러시아와 전쟁할 때의 노래라고 해서〈황해黃海의 해전海戰〉이라는 곡을 가르쳐주었다. 모택동은 그 교사를 좋아해서 당시에 배운 노래를 언제까지나 외우고 있었고, 후에 섬서성陝西省 북부인 보안保安의 동굴 서재에서 에드가 스노우의 인터뷰를 받을 때도 그 곡을 직접 들려주었는데, 그것은 아마도〈용감한 수병水兵〉에 다른 가사를 붙인 노래가 아니었을까 생각한다에드가 스노우 《중국의 붉은 별中國の赤い星》, 宇佐美誠次郎 日譯, 筑摩書房.

장사에서 근대문명을 접하다

다음 해인 1911년 모택동은 장사로 나온다. 장사는 호남성의 성도이며 최대의 도회지였다. 1905년부터 개항으로 외국무역이 활발히 행해져 당시의 인구는 약 4,000만 정도였다. 일본의 영사관과 우체국·기선회사가 설립되었고, 세관의 관리·학교의 교원·상인으로서 체류하는 일본인도 많아서 '작은 일본小日本'으로 불릴 만큼 일본색이 강한 곳이었다. 상향에서 처음으로 세계의 일부분을 접한 모택동은 장사에 오면서부터 확실한 근대문명의 넓은 세계와 만난다.

그는 상향중학에 입학하자 곧바로 급우들에게 권유하여 청조淸朝가 한인漢人에게 강제한 습속의 하나인 '변발辮髮'을 잘라내게 하기도 하였다. 이것은 '반청反淸'의 항의 표명이었지만 사실은 그 때 혁명의 전조가 바로 옆에까지 다가와 있었던 것이다. 몇 개월이 지난 뒤 무창武昌에 있던 청조의 신군新軍, 서양식 군대이 반란을 일으켰다.

이 봉기는 신해혁명의 시작을 알리는 신호탄이었다. 이에 흥분한 모택동은 무창에 가서 혁명군에 가입하려던 차에 마침 장사에서도 신군의 반란이 발생하였다.

02

신해혁명 전후

혁명단체와 가로회_{哥老會}

〈신해혁명〉의 진원지는 세 곳이었는데 호남은 그 중의 한 곳이었다. 호남의 혁명조직으로서 화흥회華興會가 1904년에 성립하였다. 이것은 다음 해 일본 도쿄에서 또 다른 두 곳의 진원지인 절강浙江과 광동廣東의 광복회光復會·화중회華中會와 합동하여 혁명운동의 통일적 조직으로서 중국동맹회中國同盟會를 결성하였다.

화흥회의 중심인물은 황흥黃興, 호는 극강克强이었다. 모택동은 "호남에 황극강이 존재하였기 때문에 중국이 처음으로 실행력이 있는 혁명가를 배출하게 되었다앞의 책"고 술회한다.

황흥은 가로회와 연대할 생각을 하였다.

원래 청조[만주인]가 명조[한인]를 멸망시키고 중국을 지배한 것에 반발하여 저항운동을 하면서 생겨난 토착적 비밀결사인 가로회는 태평천국太平天國운동에 자극을 받아 세력을 활성화하고 몇 번인가 반란을 일으켰다. 모택동이 태어나기 20여 년 전까지도 상담湘潭과 익양益陽의 주변에서는 가로회에 의한 몇 번의 봉기가 있었다.

황흥이 이 가로회와 연대할 생각을 하게 된 것은 극히 자연스러운 일이었다. 하지만 화흥회에 결집한 사람들의 대부분이 지식인층으로 가로회의 '무법자無法者'적인 회원들과 생리적으로 맞지 않는 것을 고려하여 화흥회와는 별도로 동구회同仇會를 조직하여 이것을 가로회와의 연락기관으로 삼았다. 동구회는 일본의 군대를 모방하여 계급을 나누고 황흥이 대장과 회장을 겸임하였으며 유규일劉揆—이 중장이 되었다. 그리고 가로회의 수령인 마복익馬福益을 소장에 임명하였다. 마복익은 복건·강서·호남·호북에 이르는 가로회의 수령이었다.

황흥은 마복익과 회담하여 그 장소에서 서태후西太后의 70세 생일1904년 음력 10월 10일을 봉기의 날로 정하였다. 관리들이 축하식전을 행하고 있을 무렵의 빈틈을 노려서 화흥회가 장사에서 봉기하고 가로회는 각지에서 이에 호응한다는 계획이었다.

그러나 이러한 계략은 청조의 관헌에 미리 알려지게 되고 마복익은 도주하였지만 다음 해에 체포되어 처형되었고, 황흥 등은 일본으로 망명하였다. 이것을 갑신甲辰의 역役이라고도 하며 봉기의 예정지로서 평향萍鄉·예릉醴陵이 들어가 있었다.

모택동은 후에 "갑신의 역으로 평·예를 잃게 되어 황극강은 망명하고 마복익은 동지들과 함께 참수되었다. 청조는 폭력을 휘둘러 호남인을 살육한 것이다"앞의 책 75페이지라고 하며 그 실패의 아쉬움을 토로하고 있다.

혁명 전야의 호남

'갑신의 역'은 실패로 돌아갔지만 그 뒤의 신해혁명까지 호남성이 평온한 상태로 아무 일도 없었던 것은 아니다.

모택동이 아직 소산의 아름다운 산수의 경치를 바라보며 농사일을 거들고 있을 무렵, 화흥회의 결성에도 참가하고 일본에 유학하고 있던 진천화陳天華는 일본 정부가 청조의 요청을 받아들여〈청국 유학생 단속규칙淸國留學生取

締規則)을 공포한 데 분개하여 오오모리해안大森海岸에 투신자살하여 민중의 자각을 촉구하였다1905년 12월 8일.

또한 그와 마찬가지로 일본 유학 중〈단속규칙〉에 분개하여 귀국한 호남성 출신의 요홍업姚洪業은 상해에 학교를 창립하려고 동분서주하며 뛰어다녔지만 생각대로 되지 않자 그 울분을 이기지 못하고 황포강黃浦江에 투신하여 자살하였다1906년 5월 6일.

이 일로 인해 호남성의 청년과 학생들은 크나큰 충격을 받고 진천화·요홍업의 영구를 맞이하여 민중에 의한 장례식을 행하였다. 그날 전체 장사시의 학생과 청년 수만 명이 추도의 노래를 부르면서 상강湘江을 건너 매장지인 악록산岳麓山에 올랐는데, 길게 이어진 학생 행렬의 하얀 하복으로 시내에서 바라 본 악록산은 마치 흰색과 푸른색의 줄무늬 모양과 같았다고 한다1906년 7월 11일.

갑신의 역을 이어받은 봉기도 발생하였다. 화흥회를 계승한 동맹회도 가로회와의 연대를 도모하여 도쿄 본부에서 호남성 출신의 유학생을 뽑아 호남에 파견하고 가로회 외에도 홍복회洪福會·무교사회武敎師會라고 하는 비밀결사와도 긴밀한 연락을 취하였다.

그들은 갑신의 역에 대한 복수를 맹세하였기 때문에 순식간에 봉기의 기운이 고조되었다. 1906년 12월, 이들 비밀결사의 세력이 강하던 유양劉陽·평향萍鄕·예릉醴陵 일대에서는 몇 개의 집단으로 나뉘어 전면적인 봉기가 발생하였다.

청군과의 전투는 대략 10여 일이 지나 끝나버리고—그 중에는 1개월 이상 싸움이 지속되기도 했지만—봉기는 실패하였다. 하지만 이로 인하여 전국적으로 커다란 자극제가 되어 그것이 신해혁명의 한 줄기 도화선이 되었다는 사실은 부정할 수가 없다.

비밀결사의 혁명당원

그 하나의 예를 봉기의 근거지가 된 유양의 출신 초달봉焦達峯에서 볼 수가 있다. 그는 4·5백 묘畝[04]의 전답을 소유한 대지주의 집에서 태어나 18세 때에 가로회에 입회하였다.

후에 일본에 유학하여 동맹회에 가입하였는데, 동맹회가 오로지 남방 각성에만 활동을 집중하는 데 불만을 품고 호남성 출신자 외에 장강長江, 즉 양자강유역의 사천·강서·호북 출신자를 규합하여 공진회共進會를 창립하였다 1907년 8월, 도쿄. 이것은 가로회뿐만이 아니라 삼합三合·홍강洪江·효의孝義 등 국내의 비밀결사를 결집하는 것을 목표로 하여 입회의 의식도 장중하고 엄숙하게 진행하였다.

회원에게는 산山·수水·당堂·향香에 관하여 암기하는 것이 필수적으로 요구되었다. 산이란 중화산中華山, 수란 흥한수興漢水, 당이란 광복당光復堂, 향이란 보국향報國香이라고 하여 그 각각에 시 한 수씩 부수적으로 붙어있었다.

회원이 된 자는 이러한 암호와 시를 외우고 있지 않으면 안 되었으며 갑작스런 질문에도 그 즉시 대답할 수가 있어야지만 신입 회원으로서의 대우를 받을 수가 있었다. 회원증을 발행하는 것보다도 암호에 의한 신분증명이 관헌官憲의 단속을 받을 때 안전하였다. 이것은 원래 비밀결사의 전통적인 방법이었다. 결사에 신비성을 부여하여 회원의 충성심을 더욱 확고하게 만드는 효과도 있었을 것이다.

후에 호남성의 농민운동이 들판의 불길처럼 타올랐을 때 이러한 비밀결사의 회원은 서로 앞을 다투어 농민협회에 가입하였다. 모택동은 이에 관해서 "회당會堂, 비밀결사의 사람들이 모두 농민협회에 가입하여" 그들은 "공공연하게 농민협회의 내부에서 호걸인 체하여 기개를 발휘하고 평소의 원한을 풀었기 때문에 산·당·향·수라고 하는 비밀의 조직은 존재할 필요가

---

04 묘(畝)란 토지 면적의 단위이며 6척(尺) 사방을 보(步), 100보를 묘라 하고, 진(秦) 이후는 2400보를 묘라 하였다. 지금은 약 100㎡가 1묘라 한다(옮긴이).

없게 되었다〈호남농민운동시찰보고湖南農民運動視察報告〉, 앞의 책 《민중의 대연합》 p.272, 역자는 和田武司 ”고 말하고 있다.

일본에서 귀국한 초달봉은 한구漢口 · 장사長沙에 비밀 연락소를 설치하고 1909년 1월 · 12월, 유양 · 예릉 · 평향의 비밀결사와도 연락을 취하여 다시금 혁명의 기운이 고조되었다.

1911년에 들어서자 황흥 등이 홍콩에 본부를 설립하고 담인봉譚人鳳, 호남성 신화 출신 등을 호남성에 파견하였는데 담인봉은 장사에 와서 비밀결사와 연락을 취하였다. 당시 호북에는 혁명단체가 20여 개나 난립하여 좀처럼 의견이 일치하지 않았는데 초달봉 · 담인봉의 주선에 의해 동맹회 중부총회가 성립되고 그 지도 하에서 장강 유역 특히 호남 · 호북 두 성의 혁명 단체가 결집하게 되었다1911년 6월말.

동맹회의 영향은 장사에 주둔하던 신군新軍에게도 미치어 신군 내부의 동맹회원의 한 사람으로 신군의 소대장인 진작신陳作新이 있었다. 그는 1910년 4월 장사에서 발생한 빈민 폭동기근 때문에 미곡상을 습격하여 쌀을 약탈하였다 때 시내 경비의 명을 받았는데, 이 일도 동맹 회원이었던 중대장 진강陳强에게 반란을 권유하다가 도리어 밀고를 받고 면직되었다.

혁명의 깃발을 올리다

초달봉과 진작신 등의 혁명에 대한 결의는 확고하여 호남 · 호북의 동시 봉기의 날도 결정되었지만 약간의 착오가 있어 봉기는 10월 10일 호북의 무창에서 먼저 일어났다. 장사까지 그 소식은 좀처럼 전해지지 않았고 전해진 뒤에도 초달봉 · 진작신 등은 처음에는 의심하였다.

점차로 그것이 사실이라는 것이 확인되자 초달봉 · 진작신 등은 10월 18일에 봉기할 것을 결정하였다. 하지만 이것은 경계가 엄중했던 이유로 실패하고 장사 주둔의 신군에게는 이주 명령이 내려졌다. 그래서 마침내 10월 22일에 봉기가 결행되어 성공하였다. 그날 밤 각계 대표가 모여 초달봉을 도독都督으로 진작신을 부도독으로 선출하였다.

그들은 순무서巡撫署를 '중화민국 호남군정부中華民國湖南軍政府'라고 개칭하고 다음 날 '중화민국군정부 호남도독부中華民國軍政府湖南都督府'라고 개칭〈토만격문討滿檄文〉과〈호남군정부시湖南軍政府示〉를 공표하였다. 거의 10일 동안 호남 전성이 혁명군 쪽에 가담하였다. 하지만 일부 청조의 군대는 다음 해 1월까지 저항하였다.

모택동은 '갑신의 역'을 목격할 수 없었지만 장사에서 발생한 혁명은 자신의 눈으로 직접 확인할 수가 있었다. 그는 혁명이 발발한 무창에 가기위해 우화雨靴가 필요하였고 그것을 군대에 있는 친구에게 빌리려고 교회에 주둔하고 있던 신군의 병영을 방문하였다. 하지만 정문 수위를 보던 병사가 좀처럼 안으로 들여보내 주지를 않았다.

바로 혁명이 시작되었던 것이다. 모택동은 그 즉시 성으로 돌아와 성내의 높은 곳에서 기다렸다. 잠시 지나 신군이 입성하였다. 일제히 사격을 한 뒤 한 부대는 병기창으로 향하였고 또 한 부대는 순무巡撫가 있는 관청을 목표로 하여 진군하였다.

그리고 잠시 후 관청에는 '한漢'이라는 글자가 크게 쓰여진 커다란 백기가 게양되었다. 이 글자는 항복한 순무가 병사들의 강압에 굴복하여 쓴 것이었다. 학교와 관청 · 상점이 그 크기가 제각기 다른 백기를 차례차례로 내걸었다. 모택동이 다시 중학교로 돌아오자 여기에서도 교문에 백기가 걸려 있었으며 대 여섯 명의 병사가 보초를 서고 있었다.

초달봉 등은 무한武昌과 한구에 응원군을 보내기 위해 모병을 개시하여 장사 시내의 도처에 있는 묘당廟堂 · 여관 · 관청 등에 모병의 깃발을 내걸었다. 청년에 대해서도 응모할 것을 호소하여 3일 만에 학생군이 편성되었다.

모택동은 무창에 가는 것을 포기하고 혁명군에 입대하였다. 그것은 학생들만으로 구성된 학생군이 아니라 일반의 혁명군이었다. 그곳에서 모택동은 문자를 모르는 병사들을 위해 편지를 대필해주는 역할도 담당하였다.

초달봉 · 진작신이 혁명 정부의 도독과 부도독이었던 것은 겨우 9일간이었다. 10월 31일 그들 둘은 모두 원래 자의국諮議局 의장이던 호남성의 유력자 담연개譚延闓의 음모에 의해 암살되고 담연개가 도독이 되었다부도독은 없었다.

입헌파의 대두

　이상과 같이 갑신의 역에서 신해혁명에 이르기까지의 7년간을 조망해보면 호남성에서의 혁명운동은 거의 가로회 등의 비밀결사 소위 '회당會黨'이 주력이었으며 최선봉에 서있었다는 것을 알 수가 있다.

　화흥회와 동맹회에 결집한 상류·중류의 지식인들에게 있어 회당의 사람들은 이들과 동맹을 맺으면 생명을 걸고 실제 행동을 자진해서 떠맡을 고마운 동지였지만, 냉정하게 보면 의회정치·공화정치가 무엇인지도 모르고 미신에 매달려 거기에서 완전히 벗어날 수 없는, 거동이 거칠고 되먹지 못한 존재였다. 그 중에는 도박을 하여 사기를 치거나 인질을 잡아 협박하여 몸값을 뜯어내는 패거리도 있었다. 황흥이 화흥회와는 별도로 동구회를 조직한 것도 '무법자'가 혁명조직에 들어오는 것을 피하기 위함이었을 것이다. 또한 대장·중장이라는 계급을 만든 것도 조직의 통제를 원활히 하기 위한 수단이었을 것이다.

　처음 초달봉이 공진회를 조직하려고 동맹회에 제안하였을 때 동맹회에서는 회당을 모방한 조직형태를 취할 것 같아서 꺼려하였고 그 제안을 받아들이지 않았다. "문명에 반하여 야만으로 돌아가는 짓"이라는 것이 동맹회 상층부의 의견이었다. 그럼에도 불구하고 그는 공진회를 조직하였고 그 때문에 황흥은 "왜 같지 아니함만을 내세우고 있는가"라고 책문했다고 한다. 하지만 이윽고 초달봉의 의견은 받아들여지게 되고 동맹회는 중부총회를 설립하였으며 현실적으로도 혁명은 중부총회가 담당하는 지역에서 발발하였다.

　그러나 시대의 '주변무대'를 밀어 움직이게 한 것은 단지 동맹회와 회당 및 신군뿐만이 아니었다. 초달봉 등이 암살되어 정권을 빼앗겨버린 사실에서도 볼 수 있듯이 호남성에는 새로운 세력이 대두하고 있었다. 담연개로 대표되는 입헌파立憲派이다.

　담연개는 대지주로 이른바 신사紳士 계급이다. 대지주는 자신의 아들과 친척 자제에게 공부할 것을 장려하였다. 그것은 문관시험의 과거에 합격하기만 하면 권력과 부를 손에 넣을 수 있었기 때문이다. 담연개의 부친도 이렇게 하여 양광총독兩廣總督, 광동과 광서 두 성의 지방장관에 올랐다. 물론 담연개도 합격하여 진사進士의 칭호를 가지고 있었다.

청 왕조는 신사계급을 통하여 국가로서의 체재를 유지하였다. 당시 농촌은 종족이라는 대가족제를 취하고 있었고 거기에는 족장이 있어 전체를 통괄하였기 때문에 족장에게 세금의 납입을 책임지게끔 하였다. 일족 내부에는 지주는 물론이고 소작인도 있어서 빈부의 차가 있었는데 족장은 그것을 음식의 간을 맞추듯 적절히 조절하여 완납하였다.

일족의 위패를 종묘宗廟에 모아두고 조상에게 제사를 지냈으며 종묘에서는 또한 종족 구성원에 대해 재판도 행하였다. 금전상의 분쟁뿐만이 아니라 미망인이 재혼하려고 하면 그것을 재판하여 때로는 종족 내부에서 행하는 사적인 형벌에 처하는 등, 도덕상에서도 지배하였다. 이러한 종족제는 남방지역에 뿌리 깊게 남아있어 농촌을 실제로 지배한 것은 이 제도의 상층을 점하는 대지주 즉 신사계급이었고 이들을 추종하는 자들이 중소지주와 도시城鎭상인이었다.

청 왕조는 이러한 신사들에게 의존함으로써 국가의 연명을 도모하려고 했던 것이다. 변법유신운동을 탄압한 뒤 청조는 혁명의 기운에 압도당하여 '입헌'에로의 결단을 내리고 1906년 바로 손문·황흥 등이 일본의 도쿄에서 중국동맹회를 결성한 다음 해에 헌법 시행의 준비에 착수하는 취지를 '상유上諭'[05]의 형태로 공포하였다.

그 다음 해에는 각 성에 성 단위의 의회로 '자의국諮議局'을 설립할 것을 약속하고 그로부터 2년 뒤 각지에서 선거가 행하여졌다. 호남성에서도 10만여 명이 투표하여 82명의 의원이 선출되었으며 '호남자의국湖南諮議局'이 이때에 성립하였다1909년 11월.

그 초대의장이 담연개였다. 그는 실업가로 강소성 장강 북안北岸에 위치한 남통南通에 제사製絲공장을 세운 장건張謇 등과 결탁하여 '국회청원동지회

---

05 상유란 청대에 황제 또는 태후가 신하나 백성에게 내리는 윤지綸旨를 이르는 말이다(옮긴이).

●● 모택동은 1913년 봄 호남제4사범학교에 수석으로 입학한다(다음 해 호남제1사범학교에 입학). 사진은 1914년 2월 호남제4사범학교 교직원 및 예과 학생들의 단체 사진. 다섯번 째 줄 왼쪽에서 두번째가 모택동.

國會請願同志會'를 만들었는데, 그 호남총대표로서 청조에 청원한 그에게 있어서는 일단 목표가 달성되었다고 할 수 있겠다. 장건도 이때 마찬가지로 강소자의국의 의장이 되었다.

1911년 국회에 해당하는 '자정원資政院'이 성립하고 그 의원의 일부는 각성 자의국의 의원 가운데 중요인물과 동맹을 맺어 '헌우회憲友會'를 조직하였다. 바로 이것이 입헌파라고 불려지는 것이며 그들은 하나의 세력을 형성하게 된다. 담연개는 이에 더하여 동회의 호남지부를 성립시키고 스스로 간사의 직에 앉았다.

신해혁명에 의해 자정원이나 자의국도 모두 소멸했다고는 하나 사회의

●● 호남제4사범학교 시절의 모택동.

손문(1866~1925). 손문은 1905년 일본에서 중국동맹회를 조직
하고 삼민주의를 제창하였다.

실제 세력으로서의 입헌파는 여전히 존재하였다. 그 때문에 입헌파의 일부
는 초달봉 등이 봉기를 가다듬는 회의에도 출석하고거기에서 그들은 무력의 행사에 반대
하였다, 봉기가 성공하자 그들의 수령인 담연개를 도독으로 추천하였는데 결
국은 실패하였다.

　하지만 그들은 희망을 버리지 않고 봉기에 참가한 신군의 일부를 부추기
어 앞에서도 서술한 바와 같이 초달봉과 진작신을 암살하였다.

　이러한 상황을 당시의 모택동은 어떻게 바라보았을까. 그는 후에 에드가
스노우에게 다음과 같이 말한다.

　신도독초달봉과 부도독진작신은 오래 지속되지 못했습니다. 그들은 나쁜 사
　람은 아니었고 조금은 혁명적 의도를 가지고 있었습니다. 그들은 가난
　한 피억압자의 이익을 대표하였기 때문에 지주와 상인은 그들에게 불만
　을 가지고 있었습니다. 그 후 얼마 안 있어 나는 친구를 방문하는 길에
　그들의 시체가 길거리에 나뒹굴고 있는 것을 보았습니다. 담연개가 호
　남의 지주와 군벌을 대표하여 그들에 대해 반란을 일으킨 것입니다…에

　드가 스노우의 앞의 책.

혁명세력의 내분

혁명의 결과는 아직 불안한 상태였다. 청조는 완전히 권력을 포기하지 않았으며 국민당동맹회는 아직 국민당이라고 개칭하지 않은 때였지만 여기서는 일반적으로 통용하는 명칭을 사용했었을 것이다. 저자 주, 이하 같음의 내부에서는 지도권을 둘러싸고 투쟁이 벌어졌습니다. 호남에서는 전쟁의 재발이 불가피할 거라는 소문이 돌고 있었습니다. 그리고 몇몇의 군대가 만주인과 원세개袁世凱에 대항하여 조직되었는데 그 하나가 호남군湖南軍이었습니다. 하지만 마침 호남인이 행동으로 옮기려고 준비하고 있을 때 손일선孫逸仙, 일선은 손문의 자이며 공동어로는 얏센이라고 발음한다. 영국 등에서는 쑨얏센으로 알려져 있었기 때문에 에드가 스노우는 이와 같이 로마자로 표기했던 것이다과 원세개는 화의를 맺어 예정되었던 전쟁은 철회되었습니다. 그리하여 북원세개는 북경에 있었기 때문에 '북'이다과 남손문은 임시 대총통으로서 남경에 있었다은 통일되어 남경정부는 해체되었습니다. 그때 나는 혁명이 끝났다고 생각하여 군대생활을 그만두고 면학에 복귀하려고 결심하였습니다. 결국 나는 반년 동안 병사로 지냈던 것입니다에드가 스노우의 앞의 책.

이렇게 모택동이 말하는 바와 같이 동맹회의 내부에는 의견의 대립이 존재하였다. 무창의 동맹회는 임시정부의 임시 대총통에 원세개를 예정하고 얼마 동안 공석으로 해 두었던 자리를 결정하였지만 상해에서는 황흥을 대원수로 선택하고 임시정부를 조직할 수 있는 대권을 그에게 부여하여 무창과 상해의 사이에서는 분규가 발생했던 것이다.

손문이 귀국하자 인기는 손문에게 집중하였다. 남경에서 각성의 대표가 행한 선거에서 손문은 각성 1표의 총 투표수 17표 가운데 16표를 얻었다1표는 황흥에게 투표되었다. 손문은 상해에서 남경으로 가서 임시 대총통에 취임하여 국호를 '중화민국'이라 정하고 임시정부를 조직하였다. 아시아 최초의 공화국이 이때 탄생했던 것이다담연개와 결탁했던 장건이 실업총장이 되었고 담연개는 호남성도독에 임명되었다.

그러나 이 보다 앞서 혁명에 직면하여 공포와 곤경에 빠진 청조는 다시 원세개를 등용하였다. 그는 야심가로 신군 중에서도 자기의 세력을 가지고 있었으며 청조의 선통제宣統帝에게 퇴위를 촉구하는 동시에 혁명의 성과도 자신의 손아귀에 넣으려고 음모를 꾸미고 있었다. 그래서 모택동이 직접 들었던 바와 같이 '전쟁의 재발이 불가피할 거라는 소문'이 널리 퍼져있었지만 결국 손문은 재직한 지 겨우 3개월 만에 임시 대총통을 원세개에게 양보하지 않을 수 없었다.

　　바로 "손일선과 원세개는 화의를 맺어 예정되었던 전쟁은 철회되었고", "북과 남은 통일되어 남경정부는 해체되었다"라고 모택동이 후에 말한 상황이 되어버린 것이다. 그런 까닭으로 모택동은 '군대생활을 그만두고 면학에 복귀하려고 결심'했던 것이다.

방황하며 모색하는 모택동

　　혁명군의 병사를 그만둔 뒤 그는 경찰학교 · 비누제조학교 · 법률학교에 입학원서를 내고 상업학교에도 깊은 관심을 가지며 향후 진로를 고민하였다. 혁명이 끝난끝났다고 생각한 뒤 아무것도 남지 않아 자신의 진로마저도 결정하지 못했다고 한다면 혁명은 시골에서 온 소년의 희망을 강탈해 간 흔적

●●호남제1사범 상담학우회 회원 단체사진. 둘째 줄 왼쪽에서 세번째 흰 옷을 입은 이가 모택동. 1919년 4월 북경에서 상해를 거쳐 장사로 돌아와 찍은 사진

밖에 없었던 것일까. 아마도 그는 실망하고 있었을 것이다.

당시의 상황은 후에 발표한 〈민중의 대연합〉이라는 글에 잘 나타나고 있다.

신해혁명은 하나의 민중연합과 같이 보이지만 사실은 그렇지 않다. 신
해혁명이라는 것은 유학생의 발종지시發縱指示, 사냥개의 밧줄을 풀어놓고 짐승 있는
곳을 가리켜 잡게 한다는 뜻, 가로회가 앞에서 깃발을 흔들 듯이 리더가 되어 영
웅처럼 용맹하게 행동한 일, 신군과 순방영巡防營의 약간의 구팔도八, 병대
兵隊를 말함 즉 병의 글자를 구와 팔로 분해한 것이 장노발검張弩拔劍, 쇠뇌-화살이나 돌을 쏘아
날리는 옛 무기을 당기고 칼을 뽑아 든 일 등등, 즉 무력으로 이루어진 것이
며 우리들 민중의 대부분과는 전혀 관계가 없다2부의 논문 8 참조.

그는 학교의 선택에 망설인 끝에 성립省立고등중학에 입학하였다. 입시의
성적은 일등이었는데 여기도 얼마 지나지 않아 퇴학하고 스스로 계획을 세
워 성립도서관에 다니면서 맹렬하게 독서에 열중하였다. 번역된 책을 통하
여 아담 스미스의 《국부론國富論》과 몽테스키외의 《법의 정신》 및 다윈의 진
화론을 알게 되었다. 아마도 앞에서도 서술한 바 있는 세계대지도가 그를
격려하고 고무시켰을 것이다.

그런데 모택동에게는 그 자신이 고등중학에 재학중 일 때에 지은 〈상앙
의 사목입신을 논하다〉라는 작문이 있는데, 지금도 현존하고 있다. 그 내
용을 잠깐 들여다 보면, 상앙은 서쪽의 변경에 있던 진나라의 초빙을 받아
부국강병의 정책을 세우고 그 후 시황제의 전국통일을 위한 기초를 다진
인물이다. 그는 유가에서 말하는 덕치의 정책을 취하지 않고 법률에 의한
법치를 실시하였다. 상앙에 의하면 법률의 권위는 그 내용이 아니라 엄격
하게 실시하는 일로부터 만들어진다.

그래서 상앙은 법령을 공포하기 전에 도읍지의 시장의 한 쪽에 기다란 봉
을 세우고 이것을 반대쪽으로 옮기는 사람에게는 상금을 준다고 게시하였
는데, 마침내 반신반의하면서 시도해 본 남자에게 거액의 상금이 내려졌다.

그 정도까지 해서 실례를 보여주지 않으면 결코 정부를 믿지 않는 민중

이 얼마나 어리석은가 라고 모택동은 개탄하고 있는데, 줄곧 그 후가 되어서도〈통일에 반대한다〉라는 격정적인 논문 속에서 인민을 '온 쟁반에 흩어진 모래알'이라 하고 게다가 '정말 한심한 예'라고 말하고 있다. 이 때가 바로 1920년 10월의 일이다2부 논문 13. 손문도 그의 주저인《삼민주의三民主義》속에서 민중을 '온 쟁반에 흩어진 모래알'이라고 표현하고 있다.

민중을 '어리석은 자愚者'라고 결론지은 것은 당시 한 세상을 풍미하고 모택동도 애독하여 강한 영향을 받았던 양계초의 발상이기도 하였다.

하지만 민중을 '어리석은 자'라고 결정지은 것은 유독 양계초 한 사람에게만 한정된 것은 아니다. 오늘날 말하면 당시의 '지식인'이라고도 할 수 있고, 다소라도 논의를 좋아하던 사람들은 거의 모두가 영웅을 숭배하였다. 나폴레옹과 사이고 다카모리西鄉隆盛06가 저마다의 의견을 말할 수 있었던 것도 어리석은 민중을 이끌고 큰 사업을 행하였기 때문이다.

단결할 줄 모른다고 말하고 싶었던 것일까. 하지만 '모래알'은 사물을 볼 수도 문자를 쓸 수도 없다. 그래서 우리들즉 혁명가이 그들민중에게 가르치는 것이다. 통솔하고 있다는 자부심과 사명감이 여기서 생겨나는 것이다. 엘리트선택된 인간와 커리어고급관료층를 합쳐 그들은 모두 민중의 위에 선 자기를 인식하지 않을 수 없었다.

과거에 합격한 진사들도 이것을 당연한 일이라고 받아들였다. 모택동은 아직 혁명가로서의 자신을 자각하고 있지는 못하였지만 구사회와 신사회 두 사회에 양다리를 걸치고 엘리트의 발상에 이미 물들고 있었다고 말할 수 있을 것이다.

위의 논문은 한편 선한好은 법률이 정부와 민중의 상호 신뢰에 의해 실시되어야만 한다는 이상도 서술하고 있다. 이 작문이 남아있기 때문에 우리

---

06 사이고 다카모리(西鄉隆盛, 1827~1877): 일본 규슈(九州) 사쓰마번(薩摩藩, 지금의 가고시마鹿兒島)의 번사(藩士) 출신으로 메이지유신 때의 공신이며, 당시 육군대장 겸 참의(參議)를 지냈다. 통상 기치노스케(吉之助)로 불리며 호는 난슈(南洲)이다. 존왕양이(尊王攘夷)를 주장하는 황실 귀족파와 이에 맞서 막부(幕府)를 지키려는 반대파 사이에서, 유배와 소환의 곡절을 겪으면서 사쓰마번의 발전과 왕정복고에 진력했다. 1873년 정한론(征韓論)을 둘러싸고 이타가키(板垣)·산조(三條) 등 강경론자와 평화론자의 오해와 세력다툼에서 희생되어 귀향 후, 1877년 세이난전쟁(西南戰爭) 때 정부군과 대결하다가 시로야마(城山)에서 전사했다.

들은 왜 그가 경찰학교·법률학교에 흥미를 가지고 있었는가를 조금이나
마 이해할 수 있다.

이윽고 그는 성립 제4사범에 입학한다. 교사가 되려는 꿈을 품고 있었던
것이다. 아버지로부터의 경제적 원조가 없던 그는 저축해놓았던 병사 시절
의 급료가 모두 바닥이 난 뒤 수업료가 면제되는 사범학교 이외에는 진학
할 방법이 없었을 것이다. 전 학생 기숙사제였기 때문에 주住·식食의 문제
도 해결할 수 있었다.

그는 학교의 합병에 의해 호남성립 제1사범의 학생이 되어 마침내 순조
롭게 졸업을 하게 된다. 지금 돌아보면 모택동이 제1사범의 학생으로 그
신분을 계속 유지할 수 있었던 것은 거의 기적에 가깝다는 생각이 든다.

그러한 생각이 드는 것은 제1사범의 바깥 세계에서 전개된 광경, 즉 호
남성의 광경은 비참할 정도였고 후에 모택동이 "9년 동안 3번의 정복을 받
아 자주 북방인의 말발굽에 짓밟혔다……"⟨호남이 중국의 재난을······⟩ ⟪민중의 대연합⟫ p.76
고 통분의 기록을 남길 정도의 상태였기 때문이다.

여기에서 잠시 모택동에서 벗어나 모택동에게 있어서의 '바깥 세계'가
어떻게 움직이고 있었는가를 살펴보자. 그렇게 하면 그것은 도리어 학생
시절의 그의 모습을 떠올리게 해주는 단서가 될 것이다.

03

군벌 혼전과 호남

희대의 걸물—원세개의 등장

신해혁명의 직접적인 계기가 된 것은 말할 것도 없이 신군의 반란이다. 신군은 원래 청조가 그 체제의 연명을 도모하려고 각지에 설치한 바로 그 군대조직이다. 그렇기 때문에 청조는 기르는 개에 손을 물린 격이다. 그리고 이 기르는 개란 다름 아닌 원세개였다.

또한 기르는 개가 한 마리가 아니라 수 마리 혹은 수십 마리였다고 한다면 이 기르는 개의 무리는 북양군벌北洋軍閥로 이들 개 무리의 우두머리가 원세개였다.

청조에는 팔기八旗, 만주인 · 녹영綠營, 한인이라는 정규군이 존재하였다. 그 외에 향군鄕軍, 방군防軍, 단방團防이라는 민병조직도 존재하였다. 게다가 태평천국의 태평군太平軍과 싸우기 위해 증국번曾國藩에 의해 상군湘軍, 이홍장李鴻章에 의해 회군淮軍이 조직되었다.

태평천국을 진압한 뒤 이홍장은 자신의 세력을 더 한층 강화 · 확대하기 위해 천진에 육군사관학교인 '무비학당武備學堂'을 설립하고1885년, 서양식 군대의 지휘관을 양성하였다. 이 학교의 학생이던 왕사진王士珍 · 단기서段祺

瑞·풍국장馮國璋 등은 졸업하자 회군의 교관이 되어 새로운 생활을 시작하였다.

모택동이 태어난 다음 해에 시작된 청일전쟁의 결과 이홍장의 회군으로는 아직 결함이 있다는 것을 알아차린 청조는 새로운 군대를 조직하려고 하였다. 이 때 기용되는 사람이 후에 '희대의 걸물'이라고 불려지는 37세의 원세개이다. 이것은 1895년 청일전쟁이 끝난 해의 일이다.

원세개는 천진 교외의 소참小站에 있던 정무군定武軍 4,000명을 넘겨받아 7,000명의 군단으로 만들었다. 그 때의 유력한 부하들이 단기서·왕사진·풍국장·조곤曹錕·하종련何宗蓮·양선덕楊善德·노영상盧永祥·왕점원王占元·이통李統·이장태李長泰·장훈張勳·서세창徐世昌 등이다.

이들 인물은 이윽고 원세개가 사라진 뒤 중국을 무대로 하여 전쟁과 권모술수의 활극을 전개하게 된다. 청조가 외국과의 교섭을 처리하기 위해 설치한 북양대신北洋大臣, 남양대신南洋大臣이라는 것도 있었다이 중국 북부 각 성의 사무를 담당하였기 때문에 이윽고 '북양'이라는 명칭이 중국 북부에 있던 그들의 군대에 붙여졌다.

강유위康有爲·양계초 등의 변법유신운동에 동조하였던 원세개는 마지막 순간에 가서 서태후에게 밀고하고 유신운동의 탄압에 일조를 하였다. 이 일로 인하여 그는 청조에게 절대적인 신뢰를 받게 되고 산동성에서 의화단義和團을 탄압하였는데, 이홍장이 사망하자 직예총독直隸總督[07]이 되고 게다가 북양대신을 겸임하였다. 그리고 그가 인솔하는 군대는 천진의 소참으로 돌아가서 북양상비군北洋常備軍이라고 명칭을 바꾸게 된다. 이것은 보통 '북양군'이라 불리었다.

거기에서 단기서·풍국장·왕사진이 두각을 나타내고 서세창도 요직에 들어앉게 된다. 북양군은 1906년 6진鎭의 진용을 정비하였는데 1진은 1만2천5백여 명으로 구성되어 지금의 군대조직에서 말하는 사단에 상당한다. 다음 해 청조는 군비를 크게 확장하여 전국에 신군 36진을 배치할 계획을

---

07 직예(直隸)란 하북성(河北省)의 원래의 명칭으로 직예총독이란 하북성의 총독을 의미한다(옮긴이).

세우고 각 성에 편성을 명하였다.

그래서 1911년의 '신해혁명'까지 전국에는 16진 및 16혼성여단이 편성되고 그 일부는 북양군을 골간으로 해서 편성되었기 때문에 북양군의 세력 범위는 처음의 직예·산동 두 성에서 하남·강소·동북3성의 각 성에 이르기까지 확대되었다. 또한 이것은 그대로 원세개의 세력 범위이기도 하였다.

원세개는 이러한 군비 확장을 배경으로 하여 1907년에는 군기대신軍機大臣, 오늘의 총리에 해당 겸 외무부상서外務部尙書, 오늘의 장관에 해당의 직위에까지 올라갔다. 이것은 만주인의 왕조에서 한인으로서는 파격적인 출세인 셈이다. 다음 해 서태후가 사망하자 원세개는 곧바로 만주인 귀족들에 의해 추방되어 부득이 하게 은둔생활로 접어들지 않으면 안 되었다. 그것은 바로 원세개가 지나치게 세력을 뻗친 결과로 그들에게 불안감을 안겨주었기 때문이다.

원세개가 다시금 복귀하여 꽃을 피우게 된 것은 신해혁명의 덕분이다. 당시 청조는 원세개를 기용하여 혁명 세력과 교섭시키는 길밖에 도리가 없었다. 원세개는 양자의 중간에 서서 교묘하게 움직였고 마침내 대총통의 지위를 손에 넣게 된다. 그런 후에 북양군을 확충하여 '북양군벌'의 지배는 노골적으로 분명해지게 되었다.

원세개는 그 자신이 죽기 전까지 13개 사단과 17개의 혼성여단의 병력을 장악하고 있었으며, 그 외에도 장훈의 정무군定武軍 등을 포함하여 방계의 군대도 그에게 복종하였다. 세력이 미친 범위는 동북·직예허북·산동·열하·차하르·섬서·호북·호남·사천·강서·안휘·절강·강소·복건의 각 성에까지 펼쳐져 있었다.

1916년에 원세개가 사망하자 북양군벌은 분열하여 '군벌할거'의 국면이 되었다.

그것은 먼저 환계皖系, 즉 안휘파와 직계 즉 직예파로 나뉘어졌다. 안휘파의 수령은 단기서였으며 직예파의 수령은 풍국장이었다. 일본이 단기서를 원조하고 영국과 미국이 풍국장을 원조하였다. 풍국장이 사망하자 조곤·오패부吳佩孚가 그 뒤를 이어받았다.

그 외에 동북에 봉계奉系 즉 봉천파奉天派로서 장작림張作霖이 있었는데 일본은 장작림도 원조하였다.

원세개의 사후에 가장 먼저 대두한 사람은 안휘파의 단기서였다. 일본의 후원을 등에 업고 거액의 차관을 얻게 된 그는 급속히 세력을 확대하여 호남성도 그의 세력 범위에 놓았다. 우리들은 이제 여기서 '신해혁명' 직후의 호남의 상황을 살펴보자.

호남의 신도독─ 탕향명

'신해혁명'의 뒤 호남성에서 입헌파의 담연개가 스스로 도독이 되었다는 사실은 이미 앞에서 서술하였는데, 수개월이 지난 후 대총통에 취임한 원세개는 정식으로 담연개를 호남도독에 임명하였다. 또한 담연개는 동맹회가 조직을 개편하여 명칭을 바꾼 '국민당'의 지부장이 되기도 하였다. "원세개를 옹호하는 데 있어 호남에 버금가는 곳은 없다"라고 알려질 정도로 그는 열심히 원세개를 지지하였다.

1913년 강서도독 이열균李烈鈞이 원세개에게 반대하여 강서성의 독립을 선언하고 각지에서 이에 호응하는 자들이 나오게 되었다. 바로 '제2혁명'인 것이다. 담인봉 등에게 설득되어 담연개는 여기에 가담하고 호남성의 독립을 선언하였다.

하지만 반원군反袁軍이 좀처럼 상승하지 못하는 것을 보고 불과 20일만에 독립을 취소하였다. 이로 인하여 원세개는 그의 충성심을 의심하게 되고 이윽고 정세가 안정되자 전선에 서서 전쟁을 지휘하였던 탕향명湯薌銘을 호남도독에 임명하였다1913년 10월.

동맹회원이었을 때 손문의 가방에서 명부를 훔치려다가 발각되어 제명된 경력이 있는 탕향명은 장사에 쳐들어오자 담연개의 수하에 있던 경찰국장 십여 명을 체포하여─그 중에는 오히려 원세개에게 붙으려고 했던 자도 있다─한 사람도 남기지 않고 총살에 처하였다. 이어서 호남육군 모범 감옥을 세우고 닥치는 대로 투옥하였다─그 주된 목표가 동맹회 등의 혁명파

탄압에 있었던 것은 말할 것도 없다.

이 해 모택동은 21세만으로는 19세였고, 봄에 성립 제4사범에 입학하여 제1사범과 합병된 뒤 가을부터 신학년이 시작되었다. 따라서 재학기간 5년 동안을 합쳐 1학기의 기간은 여분으로 배운 셈이 된다1913~1918년.

모택동이 사범학교에 입학한 다음 해인 1914년 8월 제1차 세계 대전이 발발하고 일본은 독일의 조차지이던 산동성의 아름다운 항구 청도를 점령하였다. 그리고 독일의 권익을 넘겨받아 그것보다 더 많은 권익의 획득을 꾀하기 위해 짜 맞춘〈21개 조항〉에 이르는 요구를 중국 정부에 제출하였다. 결국 원세개는 이것을 인정하였다1915년 5월 9일.

원세개는 진작부터 황제가 되려는 야심을 품고 있었고〈21개 조항〉의 승인과 맞바꾸는 형식으로 황제 즉위에 관해서 일본의 지지를 기대하였던 것이다. 국내에서는 원세개를 황제로 추대하려고 원세개에게 황제 즉위를 요청하자고 하는 '주안회籌安會'의 운동이 일어났다.

선두에 선 양도楊度 · 이섭화李燮和는 모두 호남인으로 이제까지 일관하여 호남의 혁명적인 움직임에 반대해 왔던 엽덕휘葉德輝 등과 탕향명의 지지 아래에서 재빨리 '주안회 호남분회'를 성립시켰다.

〈21개 조항〉 승인의 소식에 분개한 호남의 청년 학생은 '설치회雪恥會'를 만들어 데모를 일으키려고 하였지만 교육회 회장인 엽덕휘에게 저지당하여 끝내 실현하지 못하였다. 이 때 분개하여 자살한 학생도 있었다.

1915년 12월 원세개는 황제의 자리에 앉으라는 요청을 수락하고 다음해 1월부터의 연호를 '홍헌洪憲'으로 한다고 선언하였다.

원세개의 즉위를 요청하는 운동의 급선봉에 서있던 탕향명은 '일등후一等侯' · '정무장군靖武將軍'이라는 책봉을 받고 호남도독공서도 '장군부將軍府'로 명칭이 바뀌었다.

'호국전쟁' 일어나다

원세개의 이러한 일련의 움직임에 대해서 운남도독云南都督 당계요唐繼堯는 운남의 독립을 선언하고 '호국군護國軍'을 조직하여 원세개 토벌이라는 거사의 깃발을 들어올렸다. 바로 이것이 호국전쟁이다. 이것을 추진한 사람은 전임 운남도독인 채악蔡鍔, 호남성 소양邵陽 출신으로 스스로 호국군의 일부를 지휘하였다. 일본에 망명해 있던 호남성 출신의 동맹회원 일부도 귀국하여 장사에 잠입했는데, 그들은 탕향명의 암살 계획을 꾸미기도 하였다.

또한 어떤 자는 탕향명의 자택에 폭탄을 던지려다가 발각되어 그를 체포하려고 한 경비병과 함께 자폭하였으며 남은 자들은 백여 명을 이끌고 장군부에 돌진하였다. 하지만 공교롭게도 안뜰에 있던 군대가 훈련을 하고 있던 중 그들과 맞닥뜨림으로 인해 기관총으로 참살되어 결국은 실패로 끝이 났다1916년 2월.

호국군이 호남성 서부와 사천성에 진입해서 승리를 거듭하고 각지에서 제제帝制 반대의 기운이 고조되는 것을 본 원세개는 제제를 취소하고 '홍헌'이라는 연호를 폐지하여 대총통으로 돌아간다고 성명을 발표하였지만 그것은 이미 때가 늦은 뒤였다. 벌써 남방의 각 성은 차례차례로 독립을 선언하였다.

이러한 일련의 정세를 본 탕향명은 호남성의 '독립'을 선언하고 장군의 명칭을 도독으로 돌렸으며 원세개를 향하여 은퇴를 촉구하는 전보를 치는 등 갑작스레 태도를 바꿨다. 병상에 누워있던 원세개는 탕향명의 전보를 읽고 화가 치밀어 오른 나머지 졸도하여 다시는 병상에서 일어나지 못하고 그대로 사망하였다6월 6일.

세간에서는 '탕湯'이라는 성에 스프의 의미가 있다는 것에 비유하여 탕향명의 전보를 '임종臨終의 스프送終湯'였다고 조소하였다.

그럼에도 불구하고 성내의 탕향명에 반대하는 움직임이 그치지 않았기 때문에 궁지에 몰린 탕향명은 자신이 직접 그 지위를 박탈한 담연개에게 조정을 의뢰하였다. 그때 마침 상해에 있던 담연개는 자신이 거느린 부하-그 중의 한 사람이 조항척趙恒惕이다-를 장사에 파견하여 원래의 호남 군을 호남호국군 제1군으로 되돌려 편성하고 그 제2군에는 탕향명이 통솔 하는 북양군벌 계통의 군대도 흡수해버렸다.

그리고 은밀하게 지령을 내려 장사에 주둔하는 호남군에게 독군공서督軍 公署를 공격하게끔 명령하였다. 이에 더 이상 배겨 낼 수 없게 된 탕향명은 장사에서 도망하였다. 원세개의 사후 대총통이 된 여원홍黎元洪은 담연개를 호남성장 겸 독군督軍[08]에 임명하였다1916년 8월.

3년에 가까운 탕향명의 악정은 여기에서 끝나고 호남성 사람들은 한숨을 돌리게 되었다. 하지만 그것도 겨우 1년밖에 이어지지 못하였다. 담연개의 유력한 후원자였던 여원홍이 실각하자 국무총리인 단기서는 부량좌傅良佐를 독군에 임명하였다. 결국 담연개는 호남을 떠나 상해로 향할 수밖에 없었 다1917년 9월.

호남성, 남북 대립의 전장이 되다

> 호남인이 탕향명을 쫓아내자 북방의 단기서는 무력으로 통일을 달성하 고자 하는 부질없는 꿈을 이루려고 하였다. 부량좌는 호남인이면서도 북쪽의 세력에 의존하고 생명을 얻어 호남의 도독독군이 되었다. 그리 하여 호남은 두 번째의 정복을 당하게 되었다(호남이 중국의 재난을 입은 일을 역사 및 현상에서 증명하다), 《민중의 대연합》 p.76.

모택동이 이렇게 말하고 있는 상황이 여기서부터 시작된 것이다.

호남성이 두 번째로 당한 '정복'은 첫 번째에 비교하면 아주 심각하였다. 그것은 중국이 크게 '남'과 '북'으로 분열되어 대립하는 상황이 출현하고 '남'과 '북'의 중간에 위치하는 호남성은 마치 톱으로 절단할 수 있듯이

---

08 각 성의 군사를 관할하지만 대체로 성장을 겸하며 군벌의 대명사로 통하였다옮긴이.

'남' · '북'의 쌍방으로부터 번갈아 가며 유린되는 전장이 되었기 때문이다.

이보다 먼저 원세개의 사후1916년 6월 6일, '북양군벌'은 직예파와 안휘파로 분열하고 또한 봉천파가 대두하였는데, 중국의 서남부 · 광동 · 광서 · 운남 · 귀주의 각 성에서도 반원反袁 호국군의 거사를 계기로 크고 작은 군벌이 들고 일어나 '서남군벌西南軍閥'이라 불리는 집단을 결성하였다. 즉, 중국은 북쪽의 '북양군벌' 집단과 남쪽의 '서남군벌' 집단이라는 2대집단으로 분열되는 국면을 맞이하였던 것이다. 그들은 부총독에서 대총통으로 승격 · 취임한 여원홍의 합법성을 둘러싸고 대립하게 된다.

그것은 결국 타협을 통하여 해결되었지만, 곧 이어서 중국이 제1차 세계대전에 참전할 것인가 말 것인가의 여부를 둘러싸고 이번에는 각 성 독군의 힘을 배경으로 참전을 주장하는 국무총리 단기서와 국회를 배경으로 참전에 반대하는 대총통 여원홍 간의 대립이 발생하였다.

진작부터 청조의 부흥을 바라고 있던 장훈 - 그의 군대는 변함없이 변발을 하고 있었다 - 은 이것을 조정한다는 구실로 북경에 입성하여 청의 폐제廢帝인 부의溥儀를 다시금 황제의 자리에 즉위시켰다. 이것이 바로 청조의 '복벽復辟'이다. 그러나 단기서는 장훈을 물리치고 '복벽'은 겨우 13일 만에 끝나 버렸다1917년 7월 1~13일.

일본 대사관으로 도망간 여원홍은 대총통의 직으로 돌아가지 못하고 직예파의 풍국장이 대총통으로 취임하였으며 안휘파의 단기서가 국무총리가 되었다. 이미 앞에서도 서술한 바와 같이 여원홍의 실각은 호남에도 그 파급 효과가 이어져 담연개도 실각하게 되었다.

국무총리에 취임한 단기서는 독일 · 오스트리아에 선전포고하고 세계대전에 참전하는데8월, 그것은 일본의 요구가 있었기 때문이다. 일본은 원세개의 사후 단기서야말로 원세개의 후계자라고 예상하여 총액 5억 달러 이

---

09 당시 일본은 데라우치 마사타케(寺内正毅) 내각이었고, 단기서 정권에 1917년부터 18년까지 엔화로 총액 2억 4천만 엔의 차관을 제공하였는데, 그 주요한 차관의 교섭은 데라우치의 사설주화공사(私設駐華公使)인 니시하라 카메조우(西原龜三)가 담당하였기 때문에 니시하라차관이라고 한다. 하지만 2억 4,000만 엔의 총액 가운데 실제로 니시하라가 1917년에 교섭한 금액은 엔화로 1억 4,500만 엔이다(옮긴이).

상의 차관을 제공하였다니시하라차관西原借款[09]. 단기서는 그것을 서남군벌을 토벌하는 전쟁비용으로 사용하였으며, 일본과의 군사협정도 체결하였다. 1918년 5월.

단기서와 '서남군벌'은 〈임시약법臨時約法〉의 처리방법 문제로 인해 다시 대립하였다. 임시약법을 부정하여 신약법新約法을 제정한 사람이 원세개였기 때문에 반원反袁을 주장한다면 구약법舊約法, 즉 〈임시약법〉을 부활시키지 않으면 안 되었다. 그런데 단기서는 공공연히 〈임시약법〉을 폐지하고 그것에 기초하여 성립한 국회구국회舊國會와는 별도로 신국회를 소집하였다. 이에 불만을 품은 구국회 일부의 의원은 '서남군벌'과 동맹을 맺어 단기서에게 반대하였다.

원래 〈임시약법〉은 손문이 '신해혁명' 뒤 임시 대총통이었을 때에 중화민국의 〈헌법〉이라고도 해야 할 법으로서 공포한 것으로 일원제一院制의 참의원에 대신의 임면任免과 선전宣戰 · 강화講和에 관한 동의권 및 대총통에 대한 탄핵권을 부여한 것이었다.

상해에 있던 손문이 성명을 발표하여 구약법을 존중하지 않는 단기서에게 반대한 것은 당연하다면 당연한 일이었다. 이렇게 해서 '서남군벌'과 구국회의원의 일부 및 손문의 연합이 성립하였다.

●●호남성립제1사범학교. 1913년 봄부터 1918년 여름까지 모택동은 이 학교에서 공부했다. 모택동은 여기서 인생과 구국의 문제로 고민하였고 많은 동지들을 만났다.

광주에 군정부 성립

구국회의원 130여명은 광동성 광주에서 '비상 국회'를 열고 '군정부軍政府'를 성립시켰다1917년 9월 1일. 군정부에 한 명만을 두는 육해군 대원수에는 손문이 선출되었고 손문은 비상 국회에 각부 부장의 인선을 제출하였고 그것이 채택되었다.

'군정부'의 목적은〈임시약법〉의 부활, 즉 '호법護法'·'호법 운동'에 있었다. 그러나 실권을 장악한 것은 '서남군벌' 중의 광서파인 육영정陸榮廷·진병곤陳炳焜으로 육영정과 더불어 운남파인 당계요唐繼堯도 원수에 선출되었으면서도 취임하지 않았던 것이다.

남쪽의 호법 운동에 대해서 북쪽의 단기서는 먼저 호남과 사천에 진공하여 호남을 발판으로 삼아 광동·광서를, 사천을 발판으로 삼아 운남·귀주를 제압하는 전술을 취하였다. 이로부터 '남북 전쟁南北戰爭'호법전쟁護法戰爭이라고도 한다이 발생하여 호남·사천의 두 성이 주요한 전쟁터가 되었다.

호법전쟁 시작되다

모택동은 분명 손문의 호법성명을 읽었을 터이지만 별도로 그 감상을

●●호남제1사범학교의 교사 양창제楊昌濟(1870-1920)와 서특립徐特立(1877-1968). 이들의 인품과 학식은 모택동에게 지대한 영향을 끼쳤다. 양창제의 소개로 모택동은 《신청년》의 열렬한 독자가 되었다. 이때 모택동은 진독수陳獨秀와 이대조李大釗의 문장을 특히 애독하면서 양계초와 강유위가 차지하고 있던 자리를 그들에게 내 주었다.

서술하지 않았고, 손문이 동맹을 맺은 '서남군벌'을 정의롭다고 보지도 않았다.

〈민중의 대연합〉2부의 논문 8 에서 그는 '북양군벌'과 함께 '서남군벌'을 민중에 대립하는 '국내의 강권파强權派'로 분류하고위의 논문, "남북 전쟁의 결과, 관료·군인·정치인은 우리들을 해치고, 우리들을 독살하고, 우리들을 소멸하려고 한 점에서 마침내 움직일 수 없는 증거가 추가되었다"위의 논문고 말하고 있다.

손문 중심의 중국 근대사와는 완전히 색다른 평가가 여기에 보인다. 1917년 9월 단기서로부터 임명된 부량좌가 독군으로서 장사에 부임한 사실은 앞에서도 서술하였는데, 부량좌가 장사에서 남쪽으로 약 2백 40, 50킬로미터 떨어진 영릉零陵, 영주永州을 접수하려고 시도하여 때마침 부하를 파견했을 때 현지 주둔군의 지휘관인 유건번劉建藩은 그것을 거부하였다.

바로 영릉에서 불과 25킬로미터 정도를 가면 광서성이다. 유건번은 광동·광서·운남이 독립하고 손문이 광주에서 '호법' 선언을 행한 것을 보고, 또한 장사와 영릉의 중간 지점에 위치한 형양衡陽에 주둔하던 임수매林修梅와 의견의 일치가 정리되었기 때문에 마침내 독립을 선언하고 호남성 남부 24현에 계엄령을 선포하였다. 부량좌도 또한 장사에 계엄령을 선포하였다.

모택동이 노동자를 위한 야학을 개교할 즈음에 그 광고 속에서 "상황이 악화되어 계엄령에 걸릴 것을 걱정한 사람도 있을 것이다"위의 논문라고 말한 것은 바로 이것을 가리키는 것이다.

남군의 승리

유건번·임수매 등은 북군의 저항을 배제하면서 계속 북상하여 장사를 함락시켰다. 부량좌는 부임한 지 겨우 3개월만에 도망가 버렸다11월 14일. 장사에 입성한 사람은 조항척·정잠程潛·유건번 등이었다. 호남군 제1사단장이었던 조항척은 담연개가 실각하자 병환을 이유로 공무에서 벗어나 형세를 살 핀 연후에 뒤늦게 가담해서인지 그다지 열심이지는 않았으며, 유건번 등은 한 때 고전하기도 하였다.

그래서 광서군을 인솔하던 담호명譚浩明이 호남성에 진입하고 또 호국군의 정잠이 광주에서 급히 달려와 응원하여 군의 사기를 재정비하였던 것이다. 북군이 내분을 일으켜 그 일부가 단기서에게 정전停戰을 요구한 것도 일이 잘 되어 북군이 전면적으로 붕괴하였다. 북군의 병사들이 후퇴할 즈음에 장사와 그 근교에서는 온갖 약탈과 폭행이 극에 달하였다.

북경의 단기서는 이 패전의 결과 국무총리의 직을 사임하였다1917년 11월 15일.

호남에서는 담호명이 장사 일대의 '신사' 계급의 추대를 받아 '호법군총사령護法軍總司令'에 취임하고 성내의 질서를 유지하게 되었다. '호법군'은 장사보다 북쪽에 있던 남군의 명칭을 바꾼 이름이다. 단기서의 뒤를 계승한 북경의 왕사진王士珍은 담연개를 이용하여 호남을 분열시키려고 하여 그를 호남성장 겸 독군에 임명하였지만 담연개는 그것을 받아들이지 않았다. 그리하여 왕사진은 스스로 전쟁을 일으키고 다시 '남'과 '북' 사이에 전쟁이 시작되었다.

호남성의 북단에 위치한 악양岳陽, 악주岳州에 주둔하던 북군에 대해서 남군, 즉 '호법군'이 공격을 가하여 악양을 점령하고 북군을 호남성 밖으로 내쫓아 버렸다. 전투는 그다지 격렬하지는 않았지만 후퇴하던 북군은 방화와 약탈을 서슴없이 저지르고 그 결과 악양 시내 대부분이 잿더미로 변하였다.

북군의 반격과 장사 약탈

패전의 소식을 접한 북경에서는 장경요張敬堯, 안휘파를 전적총사령前敵總司令에 조곤직예파을 호남선무사湖南宣撫使에 임명하였고, 또한 오패우직예파 등도 포함하여 총 50만의 군대를 동원하여 호남성으로 진공시켰다.

이에 비해 남방의 호법군은 총 3만 2천의 병력밖에 되지 않았다그 구체적인 내역은 호남군이 2만 3천, 광서군이 6천, 광동군이 3천이었다. 광동군 정잠의 부대는 호북성에 접한 양루동半樓峒의 서전에서 승리하였지만 북군의 맹렬한 화력 앞에서 패퇴하고 악양은 다시 북군의 수중에 떨어졌으며1918년 3월 17일, 호법군에 속한 광서파와 호남의 각 군은 장사로 퇴각하였다.

장사에 있던 담호명은 마치 전의를 상실한 듯 패퇴하였다. 그 후퇴에 즈음하여 자신의 군대에게 시내의 남정가南正街와 팔각정八角亭 일대에서 금품을 강제로 탈취하는 것도 허락하였다.

그 뒤 전선에서 퇴각해 온 정잠은 시내의 질서를 재정비하려고 하였지만 북군이 근접해 왔기 때문에 기선에 몸을 싣고 도망쳐 버렸다. 사령관이 도망쳐 버린 호남군은 세 네 명씩 무리를 지어 약탈 활동을 하면서 장사 시내로 흘러 들어오게 되고 그곳에서도 약탈을 저지른 뒤 남쪽으로 퇴각하였다.

같은 성의 사람들이기 때문에 역시 적당히 봐주었다고는 하나 피해는 말할 수 없이 컸다. 그 뒤 장사에 입성한 북군은 호법군보다 한층 심하게 약탈을 저질렀다. 그러나 장사의 시민과 호남성의 민중은 북군에 대한 원망보다도 같은 성 출신인 남군 병사들이 약탈을 저지른데 오히려 더 큰 실망을 맛보았다.

장경요의 성장 취임

장사에 입성한 북군의 총사령 장경요는 호남성장 겸 독군에 임명되었다 1918년 3월 27일.

이로부터 약 2년여 동안이라는 기간에 호남의 민중은 장경요의 폭정 하에서 신음하게 된다. 모택동은 이렇게 말하고 있다.

호남인은 궐기하여 부량좌를 추방하고 군사를 악양까지 전진시켰으나 돌연 대적大敵에 부딪쳤다. 그가 바로 장경요였으며 그는 일거에 장사까

지 침입하였다. 그리하여 호남은 세 번째의 정복을 당하게 되었다앞의 책
〈호남이 중국의 재난을…〉, 〈민중의 대연합〉.

'남북 전쟁'은 북군의 장사 점령으로 끝이 나지는 않았다. 북군의 주력을 이끌던 오패우는 자신이 혁혁한 훈공을 세웠음에도 불구하고 장경요가 독군의 지위에 들어앉은 사실에 불만을 품고 형양까지 진격한 후에 더 이상 움직이려고 하지 않았다.

남군의 유건번은 반격의 태세를 갖추고 출격하여 유현攸縣 · 예릉 · 주주株州를 탈환하고 장사에서 불과 2,3킬로미터 떨어진 지점에까지 진출하였다. 하지만 유건번은 애석하게도 비 오는 밤의 도하작전 중에 강에 빠져 익사하고 남군은 다릉茶陵까지 퇴각하였다. 퇴각에 맞추어 남군은 약탈과 방화를 저질렀다.

수일이 지나 전쟁의 불씨가 가라앉고 도망을 친 시민들이 속속 되돌아오자 이번에는 북군이 들어와 다시금 약탈과 학살을 저질렀다. 예릉을 폐허로 만들었으며 이어서 근교의 읍내와 마을을 불태우고 금품을 빼앗았다. 땅속에 파묻어 숨겨놓지는 않았을까 하고 집의 안뜰을 모두 파헤치고 묘지의 봉분을 파헤쳐 들추어내기도 하였다. 치열한 전투의 불씨가 소멸한 뒤 예릉에서 살아남은 자는 겨우 28명으로 게다가 그들은 가족을 잃고 자신만이 목숨을 건진 자들뿐이었다.

북군은 호남성 중부의 각 현을 점령하고 보경寶慶, 邵陽과 상덕常德에까지 진출하였으며 오패우는 안인安仁 · 유현 · 뇌양耒陽을 점령하였다. 남군은 조항척이 영흥永興에 정잠이 침주郴州에 머물렀는데 그들은 은밀하게 오패우와 교섭하여 정전의 협정을 맺었고, 그리하여 호남성의 전쟁의 불씨는 잠시 동안 사라졌다. 그리고 호남성의 전선에서 남북군의 정전이 실현된 것은 1918년 5월 25일의 일이었다.

원래 군벌내전에는 약탈과 폭행은 피할 수 없는 일이다. 이러한 경우에 그 지방의 유지가 진입한 군대의 지휘관과 교섭하여 자금을 제공하고 군대가 퇴거해 주는 일종의 관례가 있었지만, 이 때는 장사의 유지가 이전에 경

험한 북군의 살육 방식을 두려워하여 표면적으로는 나서려고 하지 않았던 것이다. 모택동은《민중의 대연합》에서 "작년 남군의 호남 패퇴를 보는 게 좋다. 그들이 얼마나 자신들의 부친을 때려죽였던 것인가"라고 기록하고 있다.

'자신들의 부친을'이라고 운운한 것은 결코 있어서는 안 되는 일에 대한 형용이다. 결국 고향의 사람들을 전쟁의 참화 속으로 이끈 것에 대해 비난하고 있는 것이다.

그 지옥과 같은 광경을 모택동은 학교의 기숙사에서 직접 보고 들었을 것이다.

04

자기완성과 외부세계

제1사범에서의 모택동

1918년 6월 장경요와 그의 북군이 장사에 들어와 3개월이 지난 뒤 모택동은 호남성립 제1사범을 무사히 졸업할 수가 있었다. '무사히'라고 여기에서 특별히 언급하는 것은 우리들이 이미 앞에서 살펴본 바와 같이 그가 사범학교의 학생 신분을 지속한 5년간 외부세계는 변화를 종잡을 수 없을 만큼 끝도 없이 군벌혼전이 계속되었기 때문이다.

상담 현내의 시골에서 넓은 '세계'로 나오게 된 그는 목표를 발견할 수 없어 모색을 계속하였다. '세계'의 한 구석이라고도 해야 할 제1사범에 입학하여 외부세계에 깊은 관심은 가지고 있었지만 아무런 생각 없이 제멋대로 빠져드는 일은 결코 하지 않았다. 학교의 테두리 안에 틀어박혀 내적 성찰과 체육에 열중했던 그를 볼 때, 우리들은 그의 이상하리만치의 자기완성에 대한 집착을 인정하지 않을 수가 없다.

이것은 아마도 양창제楊昌濟 교수에게서 철학과 윤리를 배운 영향이 클 것이다.

재학 중에〈마음의 힘〉이라는 논문을 써서 양 교수에게 격찬을 받았다고

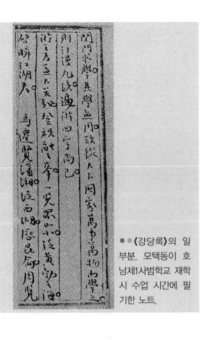

● ●《강당록》의 일
부분. 모택동이 호
남제1사범학교 재학
시 수업 시간에 필
기한 노트.

는 하나 그것은 아마도 양 교수의 가르침에 대한 모범답안과 같은 것이었을 것이다. 졸업을 앞둔 전년에 집필하여 당시 전국에서 널리 읽혀지던 북경의 잡지인 《신청년新青年》에 게재된〈체육의 연구〉2부 논문 3는 이것을 더 한층 발전시켜 쓴 것은 아니었을까.

〈체육의 연구〉에는 또한 당시 유행하던 청조의 학자 안원顔元, 호는 습재習齋과 그의 제자인 이공李塨, 호는 강주剛主 두 사람을 합쳐 '안리학파顔李學派'라고 불렀던 그 학설의 영향이 엿보인다. 이 책의 2부에서는 번역을 생략하였지만〈제3장 지금까지의 체육의 폐해와……〉에 있어서 모택동은 옛날의 문인·학자가 신체물를 경시한데 대해 비판한 뒤 다음과 같이 서술하고 있다.

그런데 북방의 용자勇者만은 죽음도 마다하지 않고 전장에서 싸웠다. 중략 청대 초기의 안습재·이강주는 문인이면서도 무武를 겸비하였다. 습재는 아득히 먼 천리의 저편에까지 나아가 북방 변경의 땅에서 장검長劍을 쓰는 법을 배워 역사力士와 격투하여 승리한 적이 있다. 그래서 그는 "문과 무 둘 중에 어느 하나를 결여해도 도道라고 할 수 있을까"라고 말하고 있는 것이다. 중략 이 선인들은 어느 누구나 다 스승이라고 해야 할 인물이다民衆의 대연합.

안리학파의 사상을 한마디로 말하면 "의론하지마라. 실행만 한다면 그것으로 좋다"안원의 말라는 것이었다.

'지'知, 지혜, 사고가 먼저인가 아니면 '행'行, 실천, 실행이 먼저인가 라는 문제는 중국의 사상계에서 가장 뜨거운 논쟁을 불러 일으켜왔던 주제이다. 안원보다 조금 이전에 활약한 왕양명王陽明은 '지행합일知行合一'을 주창하였는데 안리학파의 관점에서 말하면 그것은 '지'와 '행'을 나누고 있기 때문에 아직 철저하지 못한 것이었다.

안원은 왕양명의 "행하지 않는 것은 모르는 것이다"를 뒤바꾸어 "모르는 것은 행하지 않는 것이다"라고 말하고 "행에 의해 지를 획득하는 것이 진정한 지행합일이다"라고 주장하였다. 따라서 책에 의한 학문보다도 신체를 단련하는 것이 중시된다. 즉 안원은 체육을 제창한 것이다. 그가 자신의 호를 '습재'라고 붙인 것에서도 볼 수 있듯이 끊임없이 반복하여 신체를 움직이는 것, 노동하는 것, 즉 '습동習動'이 중요하였다.

중국의 학문은 한대漢代에 번성하였다. 훈고·주석으로 시종일관하는 '한학漢學'과 송대宋代에 발생하여 오로지 사색에 몰두하는 '송학宋學'이라는 두 개의 조류로 나누어지는데, 안리학파는 이 양자 특히 후자宋學를 비판하였다. 다만 일본에서 '한학'이라고 할 때는 넓은 의미에서 중국의 고전을 배우는 것을 가리킨다. '송학'이 '정靜'을 주장하여 움직이지 않는 물과 같이 모든 것을 옮기면서도 진흙탕으로 흐려지지 않고 바람과 돌에 부딪치지 않도록 하게 두라는 것에 대해 안원은 '동動'을 주장하여 다음과 같이 말한다.

천지의 사이에 도대체 유동하지 않는 물水, 지면에 닿지 않고 흙과 모래도 보지 않고 바람과 돌도 보지 않는 물이 있을까〈존인편存人編〉에 보인다. 그의

저서인 《사존편四存編》은 〈존학편存學編〉, 〈존성편存性編〉, 〈존치편存治編〉, 〈존인편存人編〉을 말한다.

움직임으로부터 시작하다

이러한 안리학파의 주장은 모택동의〈체육의 연구〉의 도처에서 발견할 수가 있다.

체육을 중요시한다면 먼저 자신을 움직이는 일부터 시작해야 한다이하 같음.
제2부의 논문〈체육의 연구〉 중에서.

주자는 '경敬'을 주장하였고 육자陸子, 육구연은 '정靜'을 주장하였다.
정이란 고요함이라는 것이며 경이란 동動, 움직임이 없기 때문에 이것
또한 정이다. 노자는 "움직임이 없는 것이 큰 것大이다"라고 말하였다.
석씨釋氏, 불교는 고요하고 적막함靜寂을 추구하였다. 정좌靜座의 법은 주
륙의 무리들에 의해 존중되어 최근에 인시자因是子라는 사람이 정좌법을
주창하고 그 효능이 신통하다고 선전하여 운동하는 자는 스스로 신체를
망치고 있다고 경멸하고 있다. 이것도 하나의 길道일지는 모르겠지만
나는 흉내를 내고 싶지는 않다. 나의 서투른 생각으로는 천지天地의 사
이에 있는 것은 움직임動, 운동뿐이다위의 논문.

어린시절 부친에게 엄격하게 길들여진 노동이 그의 몸에 새겨져 진 까닭
에 그는 한시라도 가만히 있을 수가 없었다. 그렇다고 해서 단지 몸만을 움
직이면 된다고 하는 것은 아니었다.
모택동은 '자각'과 '의지'를 중요시 여긴다.

체육 활동을 해서 효과를 올리려고 한다면 사람의 주관을 움직여서 체
육에 대한 자각을 촉진시키지 않으면 안 된다위의 논문.

위에서 말하는 '주관'이란 '주체'를 의미하는 말이다. 인간은 자신의 주
체를 움직이지 않으면 안 된다. 그러기 위해서는 정신활동의 전원을 켜고
명백한 자각을 하고 있지 않으면 안 된다. 그 상태에서 '내적인 것', '주체
적인 것'이라는 상태가 출현하게 된다.

학교의 설비와 교사의 수업 훈련은 외적인 것, 객관적인 것이다. 우리들
에게는 이것과는 별도로 내적인 것, 주체적인 것이 있다위의 논문.

내부內와 마음心으로 굳게 결심을 하면 백체百體가 명령에 따른다위의 논문.

모택동은 이와 같이 말하고 또한 그 앞에서 다음과 같이 말한다.

자신에게 시작하려는 마음이 없으면 아무리 외적인 것, 객관적인 것
을……위의 논문.
이와 같기 때문에 오늘날의 우리들의 경우를 들어 말하면 결심하는 것,
시작하려고 하는 것, 할 마음을 불러일으키는 것 등이 으뜸인 것이다.
이것은 곧 '의지'이기도 하다.

의지란 원래 인생의 사업에 있어서 선구가 되는 것이다위의 논문.

안원은 "뜻을 세운다"는 것을 강조하고 있는데, 모택동의 위의 문장도
그것과 일맥상통하는 것이다.
위에서 언급한 '자각'이나 '의지'는 후에 모택동의 저작〈지구전론持久戰
論〉과〈실천론〉에서 '자각적 능동성' 혹은 '주관적 능동성'이라는 표현으로
써 다시금 나타난다.
모택동이 이러한 사상을 가지게 된 계기는 그가 안원의 글을 읽고나서야
처음으로 인식했던 것이 아닐까?
원래 그에게는 몸에 익숙해져버린 노동의 습관이 있었으며 노동에 의해
자연적으로 빚어진 막연한 사상이 마음속에 존재하고 있었다. 그 다음에
안원을 알고원래부터 거기에서 배운 바도 있고 난 뒤, 막연한 채로 있던 사상을 스스로
체계화했던 것이다.

대본대원으로

모택동의 경우에 체계화한다는 것은 땅을 파 내려가듯이 깊이 파고들어

연구하는 일이었다. 사색을 진행함에 있어서는 보다 근본적인 것이 무엇일까? 라고 하는 것을 추구한 것이다.

그때까지는 소년 모택동이 오로지 외부세계의 움직임에 맞추어 새로운 것, 보다 새로운 것만을 뒤쫓아 갔다고 볼 수 있다. 하지만 그는 제1사범에 입학하고 난 이후에 그러한 새로운 것의 근저에 있는 근본적인 것은 무엇일까? 라는 식으로 사색을 진행하기 시작하였다.

그는 '근본적인 것'을 '대본대원大本大源'이라고 명명하였다. 그리고 여기까지 파 내려오지 않으면 모든 일의 정황이 '지엽말절枝葉末節'일 수밖에 없다고 말한다.

> 오늘날의 변법變法, 유신파의 개혁은 지엽말절로부터 착수하고 있습니다. 의회 · 헌법 · 총통 · 내각 · 군사 · 실업 · 교육 등 이것들은 모두 지엽말절입니다. 물론 지엽말절도 필요하겠지요. 다만 이들 지엽말절에는 본원이 있을 것입니다2부의 논문〈대본대원이 천하의 마음을 움직인다〉중에서.

이것은 제1사범에서 그를 잠시 동안 가르쳤던 여금희黎錦熙에게 보낸 편지의 한 구절이다.

편지이기 때문에 논문과 같은 표제는 붙어있지 않지만, 편역자인 내가 편의상 〈대본대원이 천하의 마음을 움직인다〉고 하는 표제를 임의로 붙였다 원문의 표제는〈致黎錦熙信〉즉〈여금희에게 보내는 편지〉이며, 1917년 8월 23일로 되어 있다.

여기에서는 '본원本源'이 가장 중요한 것이며, 또한 '본원'이라는 측면에서 보면 다른 것은 모두 '지엽말절'이다.

물을 만한 가치가 없다는 발상은 증국번曾國藩이 말한 것이다. 증국번은 8개 분야의 각각에 있어서 '본원'을 묻고 '팔본八本'을 발견하여 그것에 대해 설명하고 있다. 즉 아래와 같다.

1. 독서는 훈고를 근본으로 삼는다먼저 문자의 의미를 파악하는 일.
2. 작시作詩는 성조를 근본으로 삼는다어조가 좋으면 된다.
3. 부모를 섬기는 데에는 환심을 얻는 것을 근본으로 삼는다부모를 슬프게 하

지 말 것.

4. 양생養生은 조바심을 내지 않는 것을 근본으로 삼는다조바심을 내지 않는 다는 것의 원문은 '不惱'.

5. 사회에서의 처신立身에 관해서는 망언妄言를하지 않는 것을 근본으로 삼는다사회인으로서 무책임한 말과 거짓말을 하지 않는다.

6. 가정에서는 아침까지 늦잠자지 않는 것을 근본으로 삼는다.

7. 관리가 되고나서는 백성에게 폐를 끼치지 않는 것을 근본으로 삼는다.

8. 군대를 지휘함에 있어서는 백성에게 폐를 끼치지 않는 것을 근본으로 삼는다.

언젠가 증국번은 친구에게서 "정말로 대원을 잘 알고 자포자기를 하지 않는 사람이다"고 평가를 받은 적이 있는데, 그 사실과 함께 그는 자신의 동생들에게 보낸 편지에서 이렇게 말하고 있는 것이다.

증국번1811~1872은 호남성 상향 사람이다. 태평천국이 봉기하자 의용병을 모집하고 태평천국의 군대가 호남성에 침입하지 못하도록 성밖으로 나와 싸웠던 인물이다. 동생인 증국전曾國荃도 태평천국의 수도 천경天京, 지금의 남경을 공격하고 함락시킨 공적이 있다.

이러한 공적에 의해 그의 사후에 청 왕조로부터 '문정공文正公'이라는 시호를 하사받았다. 여기에는 반유교의 노선을 지향하는 태평천국에 대항하여 유교를 지켰다는 하는 평가가 포함되어 있다. 게다가 그는 '입언立言, 올바른 언론활동을 했다는 사실'이라는 찬사도 받았다.

그는 유교의 각 학파와 제자諸子의 학설을 흡수하고 실제생활에 도움이 되도록 가훈家訓이나 처세훈處世訓으로 정리하여 만들었으며, 관리로서 올바른 정치를 집행하는 일뿐만 아니라, 자신의 가정을 지킨다는 입장을 취하였다.

예를 들면 가정을 지켜나가기 위해서는 '팔자八字'가 중요하다고 자식들과 동생들에게 항상 가르치곤 하였다. 그 '팔자'는 다음과 같다.

조무, 소掃, 효孝, 보寶, 서書, 소蔬, 어魚, 저豬. 아침에 일찍 일어나기, 청소, 조상에 대한 제
사, 지인과의 교제, 책읽기, 야채를 만드는 일, 양어장 운영, 돼지 기르기.

또한 그는 '삼불신三不信'을 주창하였다.

승려·무당을 믿지 않는다. 의사와 약을 믿지 않는다. 토지의 사당을 믿
지 않는다.

모택동이 학생시절에 사용하던 노트가 유일하게 한 권 남아 있는데, 그
것은〈강당록講堂錄〉이라고 제목이 붙은 노트이다. 이 노트는 총 47장에 94페
이지로 되어 있다. 처음의 11장은 굴원屈原의 《이소離騷》와 《구가九歌》를 필사
한 것이며, 그 뒤에는〈수신修身〉과〈국문國文〉의 강의 때에 필기한 것으로 담
당교사는 양창제와 원중겸袁仲謙이었다.

원중겸은 모택동이 양계초를 흉내낸 문장을 짓는 것에 반대하고, 한유韓
愈, 자는 퇴지退之의 고문을 배우도록 적극 권고하였다. 노트의 내용과 강의의
조합에서 볼 때 이것은 제4사범에 다닐 때 기록된 것으로 추정할 수 있다
1913년 10월에서부터 12월까지.

그 해 11월 29일의 〈수신〉이라고 적혀진 페이지에, 앞에서 인용한 바 있
는 '팔본八本'이 또한 기록되어 있다. 이것은 바로 양창제 선생이 강의한 내
용이다.

증국번의 저술로서 당시 폭넓게 읽혀진 것으로 자식과 동생들에게 보낸
편지가 있는데, 그 간행물 중의 한 권이 모택동이 태어나고 자란 소산의
'모택동 동지 기념관'에 아직도 남아 있다. 그것은 광서 연간光緖, 1875~1909
간행된 목판본으로 네 권이다. 각 권의 첫 페이지에는 해서楷書로 '영지진
장咏芝珍藏'[10]이라고 기록되어 있다.

그는 강의를 열심히 들었을 뿐만 아니라, 그 자신도 애독한 것이다.

---

10 영지(咏芝)는 모택동의 호이다.

모택동은 책에서즉 사람의 사상으로부터 중요한 관건이 되는 용어를 끌어내 그것을 운용·연역하여 자신의 견해를 짜 맞추는 일에 능하였다.

그는 앞에서 인용한 바 있는 '대본대원'을 강조한 뒤에 다음과 같이 주장하고 있다.

생각하건대 본원本源이란 학學을 중히 여기는 것입니다2부의 논문〈대본대원이 천

하의 마음을 움직인다〉중에서.

그래서 저는 생각하건대, 당금의 세상은 마땅히 당당한 기세大氣로써 사

람을 재어야 합니다. 철학·윤리학으로부터 착수하여 철학을 개조하며

윤리학을 개조합니다. 전국의 사상을 근본으로부터 전환시키는 것입니

다위의 논문.

이러한 '대본대원'에 대한 생각으로 집중시켜 나가는 사고방법은 후에 노·농의 홍군紅軍을 편성했을 때 그가 정한 군율軍律을 상기시킨다. 그것은 호남성에서의 봉기에 실패하고 정강산井岡山에 오르려고 할 때의 일이었다. 군율은 간단하고 명료하였다.

첫째, 행동은 지휘에 따른다.

둘째, 몰수한 돈은 공적인 것으로 삼는다.

셋째, 민중의 고구마 한 개라도 취하지 않는다.

둘째의 공적인 것으로 삼는다고 하는 것은 적당한 때에 적당히 분배한다는 의미도 내포하고 있었을 것이다. 지주나 적군의 물건을 몰수한 병사가 그것을 자신의 주머니 속에 집어넣는다면, 군벌의 병사들이 저지른 약탈과 똑같은 행위가 되기 때문이다 1927년 10월.

게다가 다음 1928년에는 여섯 항목의 주의사항을 공포하였다.

첫째, 말은 차분하고 조용하게 할 것.

둘째, 물건을 살 때에는 공정하게 대금을 지불할 것.

셋째, 빌린 물건은 반드시 돌려줄 것.

넷째, 남의 물건을 망가뜨리면 변상할 것.

다섯째, 건초乾草는 묶어 둘 것.

여섯째, 덧문짝을 입구에 끼워 둘 것.

건초와 덧문짝은 야외에서 노영할 때 침대의 대용으로 지면에 깔던 것이었다. 건물의 문이나 입구의 문은 두꺼운 널빤지를 사용하여 쌍바라지 문으로 만드는데, 그렇게 하면 언제든지 떼어 낼 수가 있었다.

당시 노농홍군이라고 일컫던 이 군대는 게릴라전으로 싸웠다. 밤이 되어도 농가에는 절대 들어가지 않았으며 야외에서혹은 처마 밑에서 대충 잠을 청하였던 것이다.

이 때 모택동이 정한 군율은 후에〈3대규율三大規律〉,〈팔항주의八項注意〉6항에 2항을 추가로서 공포되었다1947년 10월.

남송의 철학자 주자도 "이理를 파악할 수 있으면 대본을 파악하는 것이다"라고 가르치고 있다.

따라서 무엇이든 중국번을 모범으로 삼았다고는 말할 수가 없으며, 또한 조금은 과장하여 중국번이 주자의 가르침을 배웠다고도 말할 수 있겠지만, 이것은 틀림없이 중국번 자신의 '팔본八本' 여덟째 조항의 구체화이다. 군대의 병사들에게 "백성에게 폐를 끼치지 말라"고 말한 것만으로는 그들이 알지 못하기 때문에 구체적으로 예를 든 것이다.

사실 필승의 신념을 가지라고 해도 소용이 없다. 또한 충절을 다하는 것을 자신의 본분으로 삼으라 해도 소용이 없다.

이것은 여금희에게 보내는 편지를 쓰고 나서 정확히 10년 후의 일이었다.

모택동의 세계

　사범학교를 졸업한 모택동은 다시 '세계'로 나오게 된다. 그때 '세계'는 어떠한 양상을 띠고 있었던 것일까?

　먼저 그가 학교의 기숙사를 나와 잠시 동안 숙소로 정한 곳이 악록서원岳麓書院이었다. 어느 날인가 악록서원을 향하여 장사의 가두를 걷기 시작했을 때 그 자신의 눈으로 목격한 장경요張慶堯와 그의 군대가 저지르는 횡포·약탈의 모습은 더이상 사범학교의 학생의 신분이 아닌 그의 마음속에 강한 충격을 주었을 것이다.

　독군인 장경요를 헐뜯는 '장독張毒'이라는 말을 그는 당연히 자신의 귀로 똑똑히 들었을 것이다. 이 말은 '독군'의 '독督'이 '독毒'과 동음으로 발음되었기 때문에 거기에서 힌트를 얻어 민중이 고안해 낸 비속어이다. 민중은 장경요를 포함한 네 명의 형제가 민중이 존경하는 고대의 성인인 요堯·순舜·우禹·탕湯을 각각 자신들의 이름 속에 한 자씩 집어넣은 것에도 조소하지 않을 수 없는 못마땅한 바가 있었을 것이다.

　장경요가 장사에 왔을 때 은행의 금고 안은 텅텅 비어있었다. 담호명譚浩明이 죄다 가져갔기 때문이다. 장경요는 그 때문에 새롭게 '유상은행裕湘銀行'을 설립하고 그 자본금의 반분인 500만원元을 호남의 상인들에게 분담시켰다.

　또한 남은 반분이 과연 장경요의 손으로 직접 조달되었는지 어떤지는 누구도 알지 못하였다. 장경요는 이 은행을 통하여 지폐를 남발하였다. 은행에 주주총회는 없었으며 독군서督軍署의 군수과장이 경리의 직을 맡고 있었다. 장경요는 세금과 헌금을 끝도 없이 징수하였고 외국에 호남성의 이권을 매각하여 공금을 횡령하였다.

　장사에 있던 학교의 피해도 엄청났다. 군대를 위해 교사校舍는 점령되었고 제1사범은 제1혼성여단장경요의 동생인 장경탕張敬湯이 여단장이 기숙사 두 개 동과 세 개의 교실을 점거하여 전교생 400여명은 한쪽 구석으로 내몰려졌다. 이 때 군벌의 병대兵隊가 시끄럽게 소란을 피우는 것은 다반사였고 그런 관계로 수업도 제대로 진행되지 못하였으며, 학생은 겨우 100여 명밖에 남아있지 않았다. 따라서 6월 사범학교 졸업까지 약 3개월 동안, 모택동의 학교 생활은 변칙적일 수밖에 없었을 것이다.

공립과 사립의 학교에 지급되던 경비·보조금도 모두 정지되었다. 이로 인해 학교 전체의 운영이 곤란한 상태에 빠진 것은 두말 할 나위도 없다. 당시 중국의 학교는 거의 모두 전료제全寮制[11]였고, 학생이 입학하게 되면 식食·주住가 보장되었기 때문에, 이러한 경우 특히 사범학교는 여자 사범학교도 있었다 기숙사의 비용과 식비를 공비로 부담하였으므로 그 생활의 곤란함은 말로 표현할 수 없을 정도였다.

이 해 연말 3개월이나 지체된 비용을 지급받았는데 '유상은행'에서 그 비용을 손에 받아 쥐고 보자, 그것은 이미 소각처분이 결정된 군벌 발행의 지폐뿐이었다.

그러나 이러한 것도 지역 명문인 제1사범에 한정된 특별한 대우였고, 다른 학교의 경우에는 비용을 지급하겠다는 통보조차 없었다.

그래서 성내 15개 학교의 교장이 모여 연명을 하고 북경 정부와 교섭하였지만 일말의 효과도 거두지 못한 채, 마침내 9명의 교장이 사직하였다.

'5·4'운동이 일어나자 장사 각 학교의 교장은 사직으로 내몰렸고 학교의 수업은 정지되었다.

모택동이 프랑스에 가서 노동하면서 면학한다는 '근공검학' 운동을 벌인 것이나 또 자격을 불문하고 자유 토론에 의해 배우자고 하는 호남자수대학湖南自修大學의 설립에 진력하게 된 것도, 그리고 '근공검학'에 호남성 출신의 응모자가 가장 많았던 것도 이러한 군벌 장경요의 교육 파괴가 하나의 원인이 되었음에는 틀림이 없다.

졸업하기 2개월 전에 모택동은 '신민학회'를 조직하였다. 급우인 채화삼·진창陳昌·장곤제張昆弟 등 이외에도 초이楚怡소학교 교사 하숙형何叔衡 등

---

11 전료제란 학생 모두가 학교 내의 기숙사에서 생활하는 것을 말한다. 이렇게 학생 전체가 학교 내의 기숙사에서 생활하는 것은 지금도 변함이 없다. 단지 일부 학생의 경우 예외도 있다. 또한 교수 및 학교 교직원도 학교 내에 제공된 아파트에 사는 경우가 많다.

이 참가하였다.

이 해 가을 북경에서 '근공검학'의 참가 호소가 전해져 오자 모택동·채화삼 등은 지체 없이 곧바로 '신민학회'를 통해서 40~50명의 희망자를 모집하였다. 당시 이러한 운동에 등소평鄧小平도 동지의 일원으로 참가하였다.

5·4운동의 발생

이 때 모택동은 그들을 북경까지 데려다 주는 역할을 자진하여 맡았기 때문에 다음 해인 1919년 4월까지 북경에 체재하였다. 그가 북경을 떠나서 다시 장사에 돌아왔던 것과 때를 같이하여 북경에서는 학생데모가 일어나 교통총장 조여림曹汝霖의 저택이 불살라졌다. 이것은 5월 4일의 일로 그 날짜를 취하여 '5·4운동'이라고 불려진다. 이 운동은 학생의 애국운동으로 승화되어 전국 각지로 확산되었다.

'5·4운동'이 발생한 최대의 원인은 1915년 원세개가 일본의 '21개조' 요구를 받아들인 일에서 기인한다. 특히 학생들은 이 조항을 강하게 반대하였으며, 일본의 중국주재공사가 최후통첩이라고 들이댄 5월7일을 '국치기념일'로 정하여 매년 이 날에 행사를 거행하였다.

또한 일본이 산동성에서 독일의 권익을 그대로 이어받으려고 하여, 프랑스 파리의 강화회의에서 이것이 승인되는 상황에 놓이게 되었던 것도 중국의 학생들과 민중의 분노를 유발시켰다. 북경의 학생들은 5월 7일에 예정되었던 천안문에서의 집회를 앞당겨 4일에 실시하였는데, 집회를 행한 뒤 데모대가 조여림의 저택으로 쳐들어간 것이다.

일본의 경제적 진출도 중국의 생산자와 상인에게 위협을 느끼게 하였다. 또한 몇 년 전부터 잡지 《신청년》 등은 유교 도덕과 구식의 문학·문장에 의한 속박에 반대하고 민주주의와 과학을 도입하여 새로운 언문일치의 문학·문장을 만들자고 제창하였는데, 이렇게 잡지 《신청년》 등이 고취하는 신문화운동도 학생들을 다시 일어서게 하는 원동력이 되었다.

북경의 학생데모가 슬로건으로 내세운 것은 "밖으로는 국권을 쟁취하고 안으로는 국적國賊을 응징하자", "강화조약의 조인거부", "21개조를 폐지하라", "죽더라도 청도青島를 되찾자", "일본상품을 저지하자" 등등이었다.

호남에서도 움직임이 있었다. 장사의 학생들은 5월 7일의 '국치기념일'에 데모를 일으키고 북경의 학생들에게 성원을 보낸 뒤, 연일 계속해서 시내로 나와 선전활동을 행하였다. 이에 단기서의 충실한 부하인 장경요가 이것을 그대로 방치할 리가 없었다. 그는 각 학교의 교장을 집합시켜 경고하고 게다가 신문을 검열하여 산동 문제와 학생의 애국운동에 대한 평론 및 기사를 모두 삭제하였다.

또한 '과격파'를 단속한다는 이름아래 학생이 뿌리는 전단지를 발견하면 학교에까지 손을 뻗치어 추궁하였다. 각 학교의 교장들은 "교육을 유지하기 위해 경비를 지급해 주기 바란다"고 반론을 제기하여, 장경요가 경비를 지급하지 않는 것을 비아냥거렸다.

6월 3일 호남성 학생연합회가 정식으로 성립하고 곧바로 장사 각 학교가 일제히 동맹휴교를 강행하였다. 학생들은 '구국십인단救國十人團'을 조직하여 활동을 위한 저축운동 · 강연 · 선전 등의 활동 이외에 국산품의 조사표를 작성 · 배포하여 일본상품을 구매하지 말자고 호소하였다. 당시 기름油 · 옷감直物을 비롯하여 일용품의 대부분은 거의가 일본제였고 상당수의 일본상인이 장사에 들어와 있었다.

7월 7일에 학생들은 상점의 점원들을 동원하여 대회를 개최하였는데, 그들은 몰수한 일본상품을 소각하여 기세를 드높이고 데모를 일으켰다. 9일에는 학생연합회와 상공계의 합동회의가 개최되어 '호남각계연합회'가 성립하였다. 여기에 참가한 대표는 소주 · 광주잡화소주 · 광주의 잡화는 고급품으로서 굉장히 인기가 있었다, 방직, 염직染織, 기선, 좌관坐官 · 토목, 자기磁器 등 30여개 업종의 상인 및 업자를 포함하고 있었다.

이때 호남성 상층계급의 '호남공단연합회'도 성립하였다. '구국십인단'은 교원 및 각계로 확산되어 총계 400여 단에 달하였다. 이리하여 마침내 '호남구국 십인단 연합회'가 성립하였다.

이제 이러한 움직임은 호남성 각지로 확대되었다. 장경요는 학생연합회를 해산·처분하기로 결정하고 상해에서 파견된 대표들 가운데 학생 두 명을 암살하였다. 이로 인해 학생운동은 군벌 장경요를 호남에서 추방하는 것을 목표로 삼게 되었다.

한편 장경요를 둘러싼 호남성의 정치적인 상황도 변화하기 시작하였다.

이미 앞에서 서술한 바와 같이 호남성 남부의 전선에서는 북군의 지휘관인 오패부와 남군의 조항척·정잠程潛의 사이에 휴전상태가 조성되었다. 그것을 지켜보고 있던 전 호남독군 겸 성장이었던 담연개는 즉시 광서파의 육영정과 회견하고, 또한 그 뒤에 오패부에게도 연락을 취하여 자신이 호남으로 돌아가는 것에 관하여 양해를 구하고 승낙을 받아내었다.

육영정은 같은 '호법군'이라고는 말하면서도 정잠과 사이가 나빠져 있었기 때문에 담연개의 복귀는 환영할 만한 일이었다. 호남출신의 담연개에게 있어서도, 또한 그의 부하인 조항척에게 있어서도 정잠은 '타관 사람'이었고 눈에 거슬리는 존재였던 것이다.

조항척이 담연개를 호남으로 맞아들여1919년 6월, 이윽고 담연개가 호남독군이 되었다. 이리하여 담연개와 장경요가 공존하게 되고 호남성에 두 명의 독군이 생겨났다. 담연개는 조항척을 호남군 총사령에 임명하였다.

담연개의 중개로 육영정 등 광서파, 더 나아가서는 '서남군벌'과 결탁한 오패부는 바야흐로 호남성 최강의 실력자가 되었다. 오패부는 대총통이었던 풍국장에게 전보를 쳐서 "'임시약법'의 정신을 준수하자! 남북 양군의 정전을 실현하자!"고 요구하였다. 오패부와 풍국장은 모두 직예파에 속하던 인물이기 때문에 이 전보는 안휘파의 단기서에 대한 빈정거리는 말에 다름 아니었다. 단기서는 그 즉시 전보에 대한 답전을 치고 오패부를 힐난하게 된다. 또 한편에서는 전선의 각 군대에 대하여 '수세守勢'를 취하도록 지시하였다. 이렇게 해서 장경요안휘파가 점차로 고립되는 형세가 싹트기 시작하였던 것이다.

호남성 학생연합회는 이전에 장경요에 의해 해산되었지만, 다시금 새로운 결성의 형태를 취하여 공공연한 활동을 개시하였다1919년 11월. 그 새로운 결성의 선언은 호남 인민의 자주·자결을 주장함과 동시에 호남인민이 다시 일어서서 장경요의 지배를 종식시키자고 호소하였다.

학생과 점원들이 일본상품을 소각하고 데모를 하자, 장경요의 동생인 장경탕이 1개 대대의 기병을 이끌고 부랴부랴 달려 나와 데모대를 해산시키게 된다. 이로 인하여 학생연합회와 신민학회가 다시 호소하게 되었고 드디어 장사의 모든 학교가 동맹휴교에 들어갔다.

그리고 구장驅張 대표단을 북경, 상해, 형양衡陽, 상덕, 침현郴縣 등지에 파견하기로 결정하였다. 형양에 파견하는 것은 그 땅에 주둔하던 오패부에게 요청하여 장경요를 군사적으로 제압해 달라고 부탁하기 위한 것이었다.

각 대표단은 1920년 1월에 드디어 출발하였다. 북경으로 향하는 대표단은 모택동이 인솔하고, 형양으로 향하는 대표단에는 하숙형 등이 참가하였다. 또한 북경, 천진, 상해, 한구漢口의 신문이 이 사실을 기사화하여 그들에게 성원을 보내고 장경요 추방을 요구하기에 이르렀다.

북경에서는 청원의 요구가 어떠한 효과도 거두지 못했지만, 형양으로 향했던 청원단請願團은 성공하였다. 형양의 학생들과 함께 데모를 한 뒤, 오패부에게 청원하자 원래 안휘파와 대립이 심각하였던 오패부는 학생들에게 협력하겠다는 의향을 곧바로 표시하였다.

오패부는 북경에 전보를 쳐서 북군의 병사들이 외지로 떠돈 지 3년이나 되었기 때문에 이제는 고향에 돌아가고 싶어 한다고 말하고, 호남성에서의 철수 허가를 요구하였다. 또한 직예파의 수령 조곤曹錕도 북경에서 오패부의 요구를 지지하였다.

오패부는 군대를 이끌고 형양에서 승선하였다. 그 뒤 상강湘江을 타고 내려와서 장경요가 삼엄하게 경계하는 장사를 옆 눈으로 매섭게 노려보면서 무한에 도착하였다. 이제 호남성은 오패부가 이끌던 군대가 철수한 뒤 무주공산이 되었다.

호남군은 계속 전진하였다. 북군의 장경요는 오패부가 철수하였기 때문에 홀로 고립되었고 병력조차 남은 게 없었다. 마침내는 기선에 몸을 싣고 악양岳陽까지 도주하였다〔1920년 6월 11일〕.

다음 날 담연개와 조항척은 "호남의 일은 호남인이 스스로 결정하자湘事湘 人自決"는 기치를 내걸고 장사에 입성한다. 곧이어 담연개는 스스로 호남성 장에, 조항척은 호남군 총지휘의 직에 취임하였다1920년 6월.

담연개는 북군의 잔류부대에게 성밖으로 철퇴할 것을 요구하여 그들을 내쫓았는데, 그 무렵 악양에 있던 장경요도 다른 곳으로 도주해버렸다. 이렇게 해서 장경요가 저지른 2년 3개월의 악정은 끝이 났으며, 호남성은 완전히 호남성의 군벌인 담연개와 조항척이 통치하기에 이르렀다1920년 7월.

모택동은 이러한 상황을 자랑스럽게 다음과 같이 기록하고 있다.

바야흐로 호남인이 자결自決의 힘에 의해 분기하여 장경요를 축출하고 호남의 전토를 회복하였다앞의 책〈호남이 중국의 재난을……〉〈민중의 대연합〉 중에서.

모택동의 획책

장경요를 축출하는 '구장'운동은 상대가 군벌이라는 점만으로도 생명의 위험이 있었다. 실은 이 운동 자체가 모택동 자신이 획책하여 발동시킨 것이었기 때문에 그는 당연히 세심한 주의를 기울였다.

당시 장사에 있던 상아의학교湘雅醫學校의 학교대표로서 참가한 이진편李振翩의 회상에 의하면, 모택동은 항상 배후에서 지휘를 하였고 결코 정면에 나서지 않았다고 한다. 그 때문에 장경요는 동맹휴교의 선동자로서 이진편을 비롯한 13명의 체포령을 내렸지만, 모택동의 이름은 그 안에 들어있지 않았다.

북경으로 향하는 대표단이 열차에 타는 것조차 비밀에 부쳐졌으며 각자가 별도로 통지를 받아 승차하였다. 그들은 서로 차안에서 얼굴을 마주치는 것도, 말을 해서도 안 되었다고 한다. 바로 거기에는 모택동이 대기하고 있었던 것이다.

드디어 대표들이 빠짐없이 모이자 회의가 개최되었다. 회의의 명칭은

'구장청원단'이었으며 단장은 모택동으로 결정되었는데, 선언의 내용과 운동방침에 관해서는 중국의 전도에 대한 견해가 각자 달랐기 때문에 격론이 벌어졌다고 한다.

며칠간에 걸친 회의 끝에 대표 2, 3명이 한구漢口에 주재하고 몇 명의 대표가 상해 등의 대도시에 가서 연락을 취하는 것과 함께 모금활동을 행하고, 대다수는 북경에 가서 장경요 파면을 청원하기로 결정하였다.

그런데 북경에서 총통부에 제출한 청원서는 어떠한 효과도 거두지 못하였다. 실권을 장악한 국무총리 단기서가 같은 안휘파인 장경요를 경질할 리가 만무하였던 것이다. 모택동은 그것을 예측하였지만, 이 운동을 통하여 군벌의 죄악을 파헤친다는 것, 학생의 애국심을 자극하겠다는 것, 인재를 흡수하여 후일을 도모한다는 것 등등의 의도를 가지고 있었다고 한다.

회상록에서 떠오르는 것은 정치적인 배려와 조직력을 갖춘 모택동이라는 사실이다. 이진편은 이 '구장'운동이 '5·4운동'의 뒤의 최초의 조직적이고 계획적이며, 탁월한 지도력이 발휘된 혁명 운동이었다고 술회하고 있다. 그런데 아쉽게도 이 회상록은 분실되어 여기에 그 서명을 기록할 수가 없다.

05

민중의 대연합

《상강평론湘江評論》의 창간

'구장'운동에 착수하기 전에 모택동은 호남성 학생연합회의 기관지로서 《상강평론》을 창간하였다.

장경요에 의해 탄압을 받고 겨우 4호밖에 발행할 수 없었지만, 호남성뿐만 아니라 무한·광주·성도의 학생과 교사 및 청년에 의해 열심히 읽혀졌다.

'5·4운동'은 각지의 청년학생들을 자극하였고, 여러 형태의 잡지 창간이 앞을 다투어 잇달았는데, 그 중에서도 《상강평론》은 세인들의 많은 주목을 받았다. 그것을 북경의 《매주평론每週評論》은 "무인이 통치하는 호남에 이렇게 훌륭한 우리들의 형제가 탄생한 것은 의외의 기쁨이다"고 평가하였다.

모택동은 《상강평론》의 논설과 기사를 거의 혼자 집필하였는데, 그 중에서도 〈《상강평론》 창간선언〉2부의 논문 6과 〈민중의 대연합〉2부의 논문 8은 당시 많은 사람들에게 격찬을 받았던 문장이다.

〈창간선언〉에는 '세계혁명', '인류해방', '문예부흥', '강권으로부터의 자유', '평민주의' 등등으로 말한 표현을 많이 볼 수 있다. 이러한 것은

'5 · 4' 운동 속에서 학생과 지식인들이 빈번하게 사용하던 말이었다.

모택동은 〈창간선언〉 속에서 다음과 같은 문제를 설정하고 있다

① 세계에서 가장 큰 문제는 무엇인가?
② 어떠한 힘이 가장 강한가? 제2부의 논문 《상강평론》 창간선언

이처럼 ①, ②의 문제를 설정한 바에서 일찍이 혁명군을 그만두었을 때와는 달리 이미 주저함이 없이 '세계'를 마주 대하고 있는 모택동의 모습을 볼 수가 있다.

제1사범에서 외부세계로 발을 내디딘 그는 이 두 가지 문제의 설정으로 '세계'를 요약하였던 것이다.

그는 스스로의 설문에 대하여 다음과 같이 대답하고 있다.

① 밥을 먹는 문제가 가장 크다.
② 민중의 연합된 힘이 가장 강하다 위의 논문.

'밥을 먹는 문제'는 생활상의 일일 것이다. 어차피 이 문제를 해결하기 위해서는 '민중의 연합된 힘'에 의지하지 않을 수 없다.

여기에서 말하는 '민중'이란 군벌혼전에 의한 피해자인 호남성의 주민이다. 앞에서 인용한 바 있지만, 그는 "남북 전쟁의 결과, 관료 · 군인 · 정치인은 우리들을 해치고 우리들에게 해독을 끼치며 우리들을 소멸시키려고 한 자들이라고 알려진 점에서 드디어 움직일 수 없는 증거가 추가되었다." 2부의 논문〈민중의 대연합〉 중에서라고 말하고 있다.

즉 호남성에 거주하는 사람들 중에서 관료, 군인, 정치인을 뺀 나머지 부분이 우리들 '민중'인 것이다.

모택동은 '연합된 힘'이라는 것은 민중이 먼저 '작은 연합'을 만드는 일이며, 그 뒤에 이것이 '연합'하여 '대연합'을 결성하는 것이라고 생각했다. 그것은 다음으로 집필한 대논문 〈민중의 대연합〉에서 보다 상세하게 밝히

고 있다.

다만 '연합'을 결성할 때에 민중에게 억지로 강요하지 않는 것이다. '연합'은 애당초 권력에 저항하여 만들어진 것이기 때문에 권력을 가지고 결성해서는 안 된다. 탄압해 오는 권력에 맞서 저항하는 데에도 결코 권력을 사용해서는 안 된다.

강권을 이용하여 강권을 타도한다면 결과는 역시 강권을 손에 넣게 되는 것이며, 자기모순일 뿐만 아니라 약간의 효과마저도 없게 된다위의 논문.

모택동은 당시의 번역어를 사용하여 '강권'이라고 말하고 있는데, 이것은 '권력'과 똑같은 의미이다제2부 논문 6의 역주를 참조.

'강권으로부터의 자유'라는 슬로건을 모택동은 높게 내세우고 있다위의 논문.

바로 정부의 간섭을 배척하는 것이다. 또한 이러한 '연합'이란 결국 코뮌을 의미하는 것이었다.〈창간선언〉에서는 조금밖에 언급하고 있지 않지만, 〈민중의 대연합〉에서 언급되는 '연합'을 '코뮌'으로 바꾸어 놓으면 더욱 이해하기가 쉽다.

당시 중국에는 실제생활 속에 '코뮌'에 상당하는 조직이 없었기 때문에 '연합'이라는 번역어라고 하기도 뭐한, 또한 신조어라고 하기도 뭐한 애매한 용어를 사용하는 수밖에 없었다.

고토쿠 슈스이幸德秋水가 번역한 크로포트킨 원저의 《빵의 약취》1908년 7월, 역자 후기에는 '연합단체連合團體'당시의 한자 사용법으로는 聯合團體라고 하는 용어도 볼 수 있다.

아마도 고토쿠 슈스이의 번역본이 중국어로 다시 번역되어 모택동이 그것을 읽었을 것이다. 다만 슈스이에 의하면 그가 번역하기 이전부터 중국에서는 이러한 '강권'과 '연합'이라는 단어가 사용되었다고 한다.

민중의 대연합

어찌 되었든 간에 모택동은 '대연합'이 필요하다고 호소하였다. 그 규모
는 '대연합'을 필요로 하는 '공통의 이익'에 의해, 또한 사람들의 '환경이
나 직업의 차이에 의해' 혹은 '범위가 커지거나 작아지거나 하는' 그러한
것이었다. 그는 사회적인 단체와 노동조합적인 단체를 생각하고 있었던 것
이다2부의 논문 8 -〈민중의 대연합〉.

그래서 '연합'하는 인간집단을 모택동은 다음과 같이 예를 들고 있다.

즉, 농부·육체노동자·학생·여성·소학교 교사·경찰관·인력거 차
부 등등이다. 여기에 더해 철도노동자·광산근로자·전보국원電報局·조선
노동자·항운노동자·금속공업노동자·방직노동자·······등
등이다위의 논문.

게다가 이미 조직되어 있는 갖가지 형태의 단체가 있다위의 논문. 모택동에
의하면 이러한 "많은 소연합이 하나의 대연합으로 발전하고, 많은 대연합
이 하나의 최대연합으로 발전한다"위의 논문는 것이다.

이 '최대 연합'은 결국 '국가'에 상당할 터이지만, 무정부주의자로서는
권력을 부정하기 때문에 '최대연합'이라는 형태로밖에 표현할 수 없다.

모택동은 아직 이 무렵에 마르크스주의자라기보다는 무정부주의자였다2
년 뒤인 1921년에 공산당 결성에 참가하게 되지만. 그래서 마르크스보다는 크로포트킨에게
더 관심을 가지고 있었다.

그는 앞에서도 소개한 바와 같이 연합한 뒤의 행동에는 두 가지가 있다
고 하면서, 독일 태생의 마르크스라는 인물이 중심인 한 파와 러시아태생
의 크로포트킨이라는 인물이 중심인 한 파를 예로 들고 서로를 비교하고
있다.

연합하고 난 뒤 취한 행동에는 두 가지 파가 존재한다. 한 파는 극히 격
렬한데 '그 사람의 방법을 가지고 도리어 그 사람을 다스린다'는 방법
을 취하여 - 즉, 자기들이 당한 수법 그대로 되돌려 갚아준다는 의미 -

그들과 결사적으로 대결한다. 이 일파의 수령은 독일 태생의 마르크스라는 인물이다위의 논문.

모택동은 이러한 마르크스주의에 대한 태도에 비하여 크로포트킨의 무정부주의에 관해서는 다음과 같이 말한다.

또 다른 한 파는 마르크스보다 온화하고, 효과가 있고 없음에 조바심 내지 않으며, 먼저 평민의 이해를 구하고 난 뒤 일에 착수한다. 여기서는 누구든지 서로 돕는 도덕심과 자발적인 일을 가져야만 한다고 주장한다. 귀족이나 자본가라도 선한 마음으로 회귀하여 일을 하고 사람에게 해를 끼치지 않으며 다른 사람에게 도움이 된다고만 하면, 그들을 죽일 필요는 없다. 이 파의 견해는 보다 광범위하고 보다 심오한 면이 있다. 그들은 지구를 연합하여 한 국가를 이루고, 인류를 연합하여 한 가족을 이루어 화목하고 즐겁게 친선하며 – 일본이 말하는 친선親善은 아니다 – 모두 함께 성세盛世, 태평세에 이르자고 주장한다. 이 파의 수령은 러시아 태생의 크로포트킨이라는 인물이다위의 논문.

여기서 그는 무정부주의를 '서로 돕는 도덕심', '자발적인 일'로 파악한다. 그것은 학생시절 그가 끊임없이 사색해 온 결과에 비추어 친근감을 느끼게 하는 것이었음에 틀림이 없다.

그리고 "효과가 있고 없음에 조바심 내지 않으며, 먼저 평민의 이해를 구하고 난 뒤부터 일에 착수한다"고 하여 모택동이 이해한 그 방법은 소학교의 교사를 목표로 했던 그에게 있어서 참가하기 쉬운 '혁명'이었을 것이다. 그는 무정부주의를 '충고운동忠告運動'·'외침의 혁명'·'무혈혁명'이라고 이해하였던 것이다.

결국 이 무렵에는 '외침의 혁명'을 내세울 수밖에 없었다. 그는 학우들에게 호소하여 '신민학회'를 결성하였지만, 그것은 같은 나이 또래의 젊은 남녀가 친목을 도모하는 데 중점이 있었으며, 이윽고 새로운 사상을 소개하는 도서를 판매하거나, 군벌추방운동을 일으키거나 했지만, 이것이 '작은 연합'의 이상적 형태라고 그 자신도 만족스럽게 생각하지는 않았을 것이다. 그 무렵 노동조합은 아직 결성되지 않았다.

신부의 자살 사건

한 신부가 자살한 사건이 발생했다. 결혼식 날 시댁으로 향하던 중 가마 속에서 면도칼로 목을 베어 자살한 처참한 사건이었다. 이 사건으로 인해 장사 시내가 온통 들끓었다.

항상 전체를 바라보는 넓은 안목으로 소위 천하국가를 논하던 그였지만, 이 사건을 계기로 돌연 발밑을 몽둥이 같은 것으로 얻어맞은 듯한 느낌을 받았던 것은 아닐까?

하나의 '문제'로서는 논의하기 쉬운 여성의 권리라든가 남녀평등이라든가 하는 것과는 달리 신부가 자살한 사건은 충격이었다. 더구나 1개월 전쯤에 그는 어머니를 여의고 자신의 고향에 돌아가 장례식을 치렀는데, 바로 어머니의 영전 앞에서 〈어머니를 기리는 제문〉을 읽은 지 얼마 되지 않은 때의 일이었다.

일찍이 어머니에게서 '자비로움'을 배운 일도 생각이 났을 터이고, 마음이 찢어지는 듯한 슬픔에 잠겼음은 틀림이 없다. 하지만 감상에 잠겨 있을 수만은 없었다.

그는 마음을 다시 추스르고 〈조양의 자살을 평하다〉2부의 논문 9는 논문을 집필한 것이다. 그런데 이 논문의 문장에서는 인정미 같은 것이 마치 숨바꼭질하듯 보였다 안 보였다 한다.

모택동은 이 평론에서 '혼인제도가 부패해 있다는 점', '의지가 독립할 수 없다는 점' 등등을 지적한다. 아마도 그것은 자신의 경험에 비추어서 생각해 낸 견해였을 것이다.

그 자신도 15세 때 외가와 연고가 있는 여섯 살 연상의 여자와 반강제적으로 결혼한 적이 있다. 모택동은 만13세였다. 그녀는 일찍이 사망하였기 때문에 모택동의 전기에는 거의 나와 있지 않다.

당시는 일반적으로 조혼의 풍습 때문에 여자는 20세를 넘기면 결혼 적령기를 놓치는 것이라고 여겼고, 남자는 여자보다 연하라도 별 상관이 없었으며 남녀 모두 20세 전까지는 결혼하는 것이 관례였다.

친척, 인척 혹은 그 연고에 의해 부모가 혼인을 결정하고 결혼식 날 밤에 처음으로 상대의 얼굴을 보는 것은 그다지 이상한 일이 아니었다.

혼담이 결정되지 않은 남자와 여자가 있는 집에는 '매파媒婆'라고 불리는 부인이 자주 드나들며 혼담을 성사시킨다. 혼담이 성사되면 쌍방으로부터 사례를 받을 수 있기 때문에 '매파'는 쌍방의 진실을 숨긴 채 위장된 말을 하는 게 다반사였다.

그때 여자의 집에서는 애써 키운 딸이 시집을 가는 것은 손해라고 생각하여 결혼 지참금을 요구하는 부모도 상당수 있었다. 특히 가난한 집에서는 먼저 자신의 딸을 시집보내 지참금을 받아 쥔 다음, 그 돈으로 아들의 신부를 맞아들이는 경우도 있었다.

시집가는 것이 결정되면 신부는 '화교花轎, 꽃가마'라는 붉은 옷감을 넉넉히 사용하여 장식한 가마에 올라타고 시댁으로 향한다. 이 가마는 한 사람만 탈 수 있는 것으로 곁에서 시중드는 사람 없이 홀로 타게 된다. 가마 안에는 붙박이로 된 의자가 있어 허리를 뒤로 하여 기댈 수가 있었다. 좌우에는 작은 창이 나 있지만, 천이 내려져 있어 바깥의 풍경을 볼 수가 없었으며 밖에서도 신부의 얼굴은 보이지 않는다. 가마꾼은 보통 8명으로 구성되며 나팔 모양의 목관 악기를 불어대는 악대를 선두에 세우고 온 거리를 누비면서 행진을 하였다.

한 신부가 이렇게 하여 시댁이 될 혼가로 향하였다. 그런데 그 '화교花轎'에서 갑자기 핏방울이 뚝뚝 떨어지자, 놀란 가마꾼은 당황하여 황급히 가마를 몰고, 혼가의 문 앞에 당도하여 가마를 내려놓았다. 가마 앞에 늘어뜨려진 가리개를 올리고 안을 들여다보자, 신부가 비스듬히 누워있었고 벌써 면도칼로 자신의 목을 그은 상태였다. 이것이 바로 1919년 11월 14일에 발생한 사건의 전말이다.

다음 날 장사의 신문은 대대적으로 이 뜻밖의 큰 사건을 보도하였는데, 이로 인해 사람들의 호기심을 자극하게 되었고 이 사건은 장사 전 지역의 화제가 되었다.

자살한 신부는 이름이 조오정趙五貞이며 안경점의 딸로 24세였다. 당시 안경을 쓰는 것은 새로운 유행이었다. 오정의 아버지는 새로운 것을 좋아했던 것 같다. 그래서 창설된 지 얼마 안 된 여자소학교에 자신의 딸을 입학시켰다.

처음에 조양의 혼담을 꺼낸 이는 그녀의 아버지와 마찬가지로 안경점을 운영하는 어떤 부인이었다. 그 부인이 매파는 아니었지만 매파와 같은 여성이었던 것은 아닐까?

혼담이 오고 간 상대편 남자는 재혼이었는데, 처와 그의 딸은 일찍 사망하였고, 그 자신은 형이 운영하는 골동품가게를 도와주면서 유복하게 산다는 얘기를 그 부인이 조양의 부모에게 들려주었다. 그러자 조양 본인과 의논도 하지 않은 채 부모는 곧바로 혼인의 결정을 내리게 된다.

조양의 부모가 이렇게 서둘러서 혼담을 승낙하게 된 것은 아마도 딸이 혼기를 놓친 데 대해 체면이 깎일까 걱정하였기 때문일 것이다.

당시의 상황으로서 소학교 졸업이라는 것은 대단한 고학력이었고, 그 때

●●북경대학. 모택동은 1918년 8월 양창제의 소개로 북경대학 도서관 도서관리원으로 일했다. 도서관 일을 하면서 그는 북경대의 몇몇 과목을 수강하기도 하고, 철학연구회 哲學硏究會 및 신문학연구회 新聞學硏究會에 참가하여 활동했다. 이때 그는 마르크스주의에 접하였고 또 신문화운동의 기수였던 이대조를 만나 많은 가르침을 받았다.

문에 혼기를 놓치게 되었을지도 모른다.

　본래 조오정은 무용담이나 재미있는 얘기를 잘 하는 편이었고 책도 즐겨 읽으며 재봉과 자수에도 능하였다. 성격도 얌전하였으며, 이웃의 평판도 좋은 편이었다. 그녀는 초혼이라 후처로 들어가는 것이 무척 싫었지만, 부모의 설득에 못 이겨 어쩔 수 없이 승낙했다.

　그런데 혼담이 오고 간지 얼마 안 있어 시댁 시어머니의 기질이 난폭하다는 사실을 알게 되었고, 조양의 부모는 곧바로 파혼을 제의하였다. 그러자 신랑측은 어머니와는 같이 살지 않겠다는 약속과 함께 결혼 지참금을 보내왔는데, 결코 적지 않은 금액이었다. 이에 조양의 아버지는 파혼의 주장을 누그러뜨리게 되었다.

　조양은 그래도 마음이 내키지 않아, 구실을 둘러대고 결혼식 날짜를 연기하였다. 상대 남자도 어떤 이유에서인지 장사하는 가게가 있다던 한구漢口에서 돌아오지 않았다.

　그 때 마침 결혼할 상대 남자가 사기를 치고 구류중에 있다는 것, 연령도 30세가 아니라 50세가 넘었다는 것 등등의 소문이 세간에 퍼지게 되었다. 또한 남자의 모친은 여자끼리의 싸움에서 상대방 손바닥의 손아귀를 물어 뜯어 상해죄로 복역하다가, 최근 출옥한지 얼마 안 되었다는 사실이 들통

●●●양개혜楊開慧 양창제의 딸로 1920년 모택동과 결혼하였고 1921년 중국 공산당에 입당하였다. 모택동을 따라 장사, 상해, 소산, 광주, 무한 등지에서 혁명활동을 하였다. 대혁명 실패 후 양개혜는 당의 지시에 따라 장사 지구에 남아 투쟁하였다. 1930년 군벌 하건에게 체포되어 희생되었다.

나게 되었다. 게다가 전처도 이 시어머니에게 학대를 받아 죽었다는 것이다. 골동품 가게를 운영한다던 형도 한구에 간 이후 행방이 묘연해졌고, 점원도 어디론가 사라졌으며, 양녀라고 불리는 11, 12세 정도 되어 보이는 딸이 짙은 화장을 하고 빈둥빈둥 놀고 있을 뿐이었다.

결혼식 날짜가 가까이 오자 가까스로 신랑이 모습을 나타내었다. 하지만 실제로는 복역 중이었고, 결혼식이 끝나자마자 한구로 돌아가 계속해서 복역한다는 소문이 있었다. 시어머니는 또다시 큰 싸움 끝에 반나절 구류처분을 받았다.

오정에게는 결혼하여 따로 살고 있는 오빠가 하나 있었다. 그 오빠의 집에서 화교꽃가마에 올라타자 "거리가 멀어지는구나"라고 한 마디 말을 꺼내었다고 한다.

오정은 불교를 믿고 어릴 적부터 절대로 육류는 먹지 않았다고 한다. 결혼식 날짜가 가까이 옴에 따라 "사람도 공空, 재산도 공空, 부모와 형제자매도 공空이로구나"라며 혼자 중얼거리면서 책만을 읽고, 그렇게 좋아하던 자수에도 결코 손을 대지 않았다.

그러던 어느 날 그녀의 부모는 면도칼 한 개가 없어진 것을 알아차리고 오정에게 묻자 그녀는 전혀 모른다고 대답하였다. 전족纏足을 한 오정은 발가락부터 복사뼈까지 천을 칭칭 감고 있었는데, 그녀의 부모는 오정이 면도칼을 그 안에 숨기고 있는 것은 아닐까 하고 그 천을 벗겨내어 확인해 보려고 하였다. 그러자 오정은 "발이 차가워진다"고 말하며 거부하였다.

아마도 면도칼은 전족으로 칭칭 감은 헝겊 안에 함께 감겨져 있었고, 그녀는 가마를 타고 먼 곳에 이르면 이것을 가지고 자살하려고 생각했을 것이다 혼담의 내용 및 경위는 《남방주말南方週末》보, 1999년 4월 30일 5 · 4운동 80주년 기념특간, 〈조양의 화교花轎자살과 모택동〉을 참조하여 기술한 것이다. 서명은 진명양陳明洋으로 되어 있다.

결혼식 당일이 되어 오정이 "가마에 타려고 하지 않자, 부모는 볼을 잡아 당겼다"모택동 〈'사회의 만악萬惡'과 조양〉《대공보》 1919년 11월 21일.

본문에서 모택동이 기록하고 있는 바와 같이 오정은 끝까지 살고자 하는 욕망을 추구하였지만, 결국 살 수가 없었다.

모택동은 곧이어 논평하였는데, 다음 날 장사 《대공보》에 게재되었다. 그로부터 28일까지 정확히 12일간에 걸쳐서 총 10편의 논문을 신문지상에 발표하였다. 거의 매일 혹은 하루걸러 그의 논설이 신문에 실린 것이다.

《민중의 대연합》이라고 할 때의 그 '민중' 앞에 놓여 있는 환경이 조금도 새롭게 변화하지 않은 사실을 모택동은 새삼스럽게 생각하였을 것이다.

그는 이 사건을 계기로 하여 다시 현실로 되돌아간 것이다.

새로운 촌의 건설을 향해

크로포트킨을 신봉하면 할수록 '작은 연합'이라는 실체의 모습은 보이지 않았다. 그로 인하여 모택동이 내심으로는 초조해 하고 있었던 것은 아닐까?

모택동이 그러한 상태에 빠져 있을 때, 일본에서는 '새로운 촌新村'이 탄생하였다1918년.

이것은 중국의 지식인들에게 강한 자극을 주는 기폭제가 되었다. 북경에 있던 주작인周作人은 곧바로 이것을 문제 삼아 대강의 줄거리를 말하고 그 취지를 다음과 같이 논한다.

일본의 '새로운 촌' 운동은 톨스토이의 육체노동 편중과 극단적인 이타주의의 약점을 극복하여 노동·공동생활의 제창과 함께 개성을 찬미하고 자유로운 정신을 발휘케 하는 운동이다. 이렇게 '인간적 생활'을 실현하면 폭력·혁명을 피할 수가 있으며, 종국에는 대동세계로 나아 갈 수가 있을 것이다 《신청년》 1919년 3월호.

게다가 주작인은 실제로 일본에 건너가 그 운동을 견학하고 보고서를 집필하기도 하였다.

'새로운 촌'은 확실히 모택동이 이상적인 형태로 여기던 '작은 연합'에 다름 아니었다. 그는 곧바로 장사 서쪽 강변의 상강湘江을 사이에 둔 악록산 기슭에 새로운 촌의 건설을 계획하였다. 뒤이어 그곳에서 어떻게 생활할 것인지에 대한 계획을 세우고 난 뒤 그것을 공표하였다. 이러한 모택동의 계획은 그의 논문 〈학생의 활동〉1919년 12월 1일, 2부의 논문 10에 나온다.

그는 농민이 사는 곳에 직접 가서 그들을 설득하였지만, 상대도 해 주지 않아서 1, 2일 정도 매달리다가 끝내는 좌절하였다고 후에 회상한다. 〈학생의 활동〉을 보아도 이것으로 과연 경제적으로 자립할 수 있을지 스스로도 의심을 품고 있다.

그러나 어찌되었든 간에 《《상강평론》 창간선언》→〈민중의 대연합〉→〈학생의 활동〉이라는 순서로 이어가면서 모택동은 하나의 과제를 계속해서 끊임없이 추구하였다.

06

시인詩人과 표변豹變

시인으로서의 모택동

　모택동이 시詩를 짓는다는 사실을 알고 놀란 사람이 적지 않다. '시'뿐만이 아니라, '사詞'도 잘 짓는다는 것을 알면 더욱 놀라게 된다. '시'가 정치적, 남성적인 특성에 비하여 '사'는 서정적, 여성적이며, 특히 일본에서는 '고우타小唄'¹²라든가 '하우타端唄'¹³와 같은 것으로 이해되는 되는 일이 많았기 때문이다.

　이러한 놀람과 의심에는 일본문학에는 연애가 있지만 중국문학에는 없다는 단정적인 생각이 원인이 되었을 것이다. '모노노아와레物の哀れ'¹⁴로서의

---

12 고우타(小唄)는 일본 속곡(俗曲)의 하나로 무로마치(室町)시대에 시작되어 에도(江戶) 초기에 유행한 속요소곡(俗謠小曲)의 총칭이다. 또한 에도 말기에서 메이지(明治) 초기에 유행한 샤미센三(味線) 소가곡(小歌曲)을 의미하기도 한다. 그래서 에도고우타(江戶小唄)라고 칭하기도 한다(옮긴이).

13 하우타(端唄). 에도시대 후기에 에도에서 유행하였는데, 샤미센에 맞추어 부르는 짧은 속요이다. 또한 게이한신(京阪神) 지방의 속요를 의미하기도 하지만, 보통 하우타(端唄)라고 하면 에도의 것을 말한다(옮긴이).

14 모노노아와레(物の哀れ)는 헤이안(平安)시대의 문학 및 시대정신을 나타내는 이념이다. '모노'는 대상(對象)·객관(客觀)을 나타내고 '아와레'는 감동·주관을 나타내는 말이다. '모노'에 접하여 일어나는 감동의 아름답고 정서적인 조화의 세계, 따라서 이를 수용하는 관조적인 태도를 말한다. 참고로 이 말은 모토오리노리나가(本居宣長)가 〈겐지모노가타리(源氏物語)〉의 본질을 규정하기 위해 쓴 용어이다(옮긴이).

《겐지모노가타리源氏物語》[15]는 일종의 연애소설이라고 말할 수 없는 것은 아니지만, 그렇다고 해서 중국문학에 연애소설이 없다고는 말할 수 없다. 그와 유사한 중국의 것은 청조 시기의 《홍루몽紅樓夢》을 예로 들어 볼 수가 있다.

그러한 속설은 모택동에게까지 파급되어, 미국의 여성 저널리스트 스메들리Agnes Smedley, 1892~1950는 서양인들이 말하는 '연애'의 감정을 모택동이 결코 이해할 수 없었다고 기록하고 있다. 그러나 이것은 사실, 의도적으로 미리 마음먹고 발언한 것 같은 느낌이 든다.

그녀는 특파원으로 연안延安에 들어가 주덕朱德과 모택동을 취재한 적이 있었는데, 나중에 주덕에 관해서는 매우 훌륭한 전기를 저술하기도 하였다.

모택동과 이야기를 나누다가 그녀는 갑자기 영국의 낭만파 시인을 예로 들어 말을 꺼내었는데, 그녀가 '바이런Byron적 사랑'이라고 말하자 모택동은 전혀 이해하지 못하였다고 스메들리는 말한다. 모택동은 다시 그것이 무슨 뜻이냐고 물으면서 하나에서 열까지 꼬치꼬치 질문을 던졌다고 한다.

그런데 스메들리는 그러한 질문이 그의 속임수라는 것을 알아차렸다. 모택동은 이러한 속임수의 방법으로 그녀가 북경에서 데리고 온 젊고 미모의 소유자인, 원래는 여배우이며 이혼 경력도 가진 여자 통역원에게 말을 걸었던 것이다.

청화대학의 학생이던 이 여자 통역원은 모택동이 시를 한 수 지으면 똑같은 운韻으로 여기에 화답하여 그를 기쁘게 해 주었다. 둘은 혁명 후의 새로운 사회에서의 남녀관계에 관해서 장시간 동안 이야기에 열중하기도 하였는데, 그것이 또한 두 사람의 고전적인 정형시의 제재가 되었다.

어느 날 밤 그녀가 자고 있는 옆의 동굴식 방에서 자물쇠 열리는 소리가 났다. 스메들리는 살금살금 은밀히 다가오는 발소리를 그대로 자신의 귀로 듣고 있었다. 옆방은 바로 그 여배우의 침실이었던 것이다.

잠시 뒤에 거칠게 달려오는 발소리가 들리고 옆방의 침실에서 격렬하게

---

15 《겐지모노가타리(源氏物語)》는 헤이안시대 중기에 나온 장편소설이다. 여류작가인 무라사키 시키부(紫式部)의 작품이다. 당시의 궁중생활을 중심으로 주인공 히카루겐지(光源氏)의 사랑의 편력과 부귀영화 및 고뇌를 묘사하고 있다. 전 54첩(帖)으로 되어 있다(옮긴이).

서로 욕하는 소리가 나기 시작하였다. 무슨 일인가 하고 그녀가 들어가 보자, 여자와 남자가 서로 엉켜 붙들고 있었다. 여자를 억지로 떼어놓은 스메들리는 그 순간 회중전등으로 후려 맞았다. 이에 스메들리는 답례로써 한 대 먹여 주었다. 이 때의 일을 스메들리는 "나는 탄광부의 딸이었단 말이야"라고 자랑스러운 듯이 기록하고 있다.

"정치국 내부의 사정을 정치국 이외의 장소에서 말해서는 안 된다"는 당의 규율이 있었는데 그것은 일종의 '합의'였을 것이고 당연한 규칙이었다.

모택동의 처는 이러한 규율을 준수할 수 없었고 마침내 모스크바로 보내졌다. 또한 그 여자 통역원은 극단과 함께 전선으로 출발하였다. 연안을 떠나는 날 아침 스메들리는 조용한 눈물과 함께 모택동에게서 선물로 받은 시 한 수를 읊었다詞도 있었을 것이다.

이 이야기는 너무 과장되어 있으며 믿을 수 없을 정도인데, 그것은 다름 아닌 스메들리가 보내온 통신이다〈모택동의 연애毛澤東の戀愛〉《중앙공론中央公論》 1954년 7월호. 번역은 松岡洋子.

사詞는 본래 여성적인 것에만 한정되지 않는다. 호방하고 웅장한 것도 있으며, 송宋 왕조 때의 유명한 시인인 소동파蘇東坡. 이름은 식軾는 이러한 일파의 개조라고 알려져 있다. 바로 소동파가 삼국지에서 조조가 화공火攻에 의해 대패한 적벽의 싸움을 노래한 것이 있는데, 그것이〈염노교念奴嬌〉,〈적벽회고赤壁懷古〉이며 지금까지도 유명하다. 모택동에게도 이와 똑같은 사패詞牌를 가진〈염노교念奴嬌〉,〈곤륜崑崙〉이라는 사가 있으며, 또한〈심원춘心園春〉,〈설雪〉이라는 작품도 있다.

중국의 고전적인 정형시에서는 '시'가 정통이다. 그것이 소위 한시漢詩인 것이다. 한 구句가 다섯 글자로 구성된 오언五言, 일곱 글자로 된 칠언七言도 있으며, 네 구로 한 수首가 되는 것이 절구絕句이고 여덟 구가 율시律詩이다.

이러한 것에 대하여 한 구의 자수가 고정되지 않고, 한 수 안에서 긴 구나 짧은 구가 고르지 않게 나열되는 것이 '사詞'이다. 이것은 구의 수도 가지각색이다. 따라서 사형詞刑. 사의 형이 많은 편인데 그 수가 2,300종류 이상이나 된다.

사형詞刑이 많은 이유는 원래 이것이 음악에 맞추어 노래한 가사歌詞였기 때문이다. 중국에서 시와 구별하여 '사'라고 부른 것도 여기서 유래한다.

음악에 맞추어 부르는 노래歌는 당 왕조에 이르러 폭발적으로 그 수가 증가하였다. 실크로드를 통하여 새로운 악기가 들어왔는데, 그것은 곡曲에 어울리고 또한 가사에도 어울렸을 것이다. 처음에는 원어로 직접 불렀다 하더라도 이윽고 역사譯詞, 번역한 가사 및 원곡에 가사를 바꾸어 붙인 노래가 등장하였다.

새롭게 원곡에 가사를 바꾸어 붙인 노래는 결국 가사를 쓴 문인이 의기양양하게 궁정 혹은 기루妓樓의 연회석에서 자랑스럽게 공개하였다. 노래를 부르는 기녀에게 그것을 부르게 하기도 하였을 것이다.

음악의 반주를 명할 때는 "자, □□□로 불러봐, 그 곡으로 해 줘"라고 명령했을 것이다. □□□는 누구라도 알고 있는 노래, 혹은 원곡에 가사를 바꾸어 붙인 노래의 서두 세 글자이다.

그것을 지패紙牌, 쪽지 혹은 종이 팻말에 적어서 악대에 건네주었을지도 모르겠다. 그래서 사형詞刑을 '사패詞牌'라고 부르게 된 것이다.

원곡에 가사를 새로 붙인 노래는 그 종류가 많았기 때문에 비록 사형이 똑같더라도 사패는 몇 가지인가 존재하였다.

악대는 왕조의 멸망과 함께 사라지고 음악의 곡도 알 수 없게 되었다. 그러나 가사를 짓는 즐거움만은 잊어버리지 않았고, 특히 송 왕조 때에는 대단히 유행하였다. 그래서 이 시대의 작품을 '송사宋詞'라고 부른다.

원래 노래에는 멜로디가 있다. '사詞'도 원래는 노래의 멜로디를 존중하지 않으면 안 된다. 그래서 평측平仄과 운韻에 관한 규칙이 조금은 번거롭다.

평측은 음절이 동반하는 올림·내림의 가락과 '사성四聲'을 이분한 것이다. 지금 중국어의 1성과 2성은 평平, 3성과 4성은 측仄이다. 또한 광동어에 남아 있는 옛날의 입성入聲은 측仄이다.

사詞는 각각의 문자음절 말미를 분류하고, 똑같은 분류의 한자가 구句의 끝에 갖추어져 있어 귀로 들어도 즐겁게 한다. 한 구句 안의 문자도 평측을 병렬하여 가락이 잘 들리도록 해 준다.

형식이 많은 사詞는 감정의 표현에 가장 적합한 형식을 그 안에서부터 선택하여 만들 수가 있다. 자유방임한 모택동이 자연스럽게 사의 작품을 많이 짓게 된 이유도 여기에 있을 것이다.

그 중에서도 〈우미인〉은 최후의 구句가 유난히 길어 아홉 자나 있으며, 도중에도 억양이 변화하기 때문에 격렬하게 요동치는 감정을 표현하기에 적합한 사형이다.

그는 이 〈우미인〉을 선택하여 가슴속에 품고 있는 마음을 양개혜楊開慧에게 호소한 것이다.

양개혜와는 6년 전부터 알고 지내던 사이였다. 당시 제1사범의 학생이었던 그는 일요일마다 급우들과 양창제楊昌濟의 자택을 방문하고, 선생의 가르침을 받으면서 토론을 벌였다. 그때 자주 식사에도 초대받았을 것이다. 그의 나이보다 8년이나 연하인 개혜는 아직 소학교에 다니던 시절이다. 양개혜와 처음 만났을 때 그는 "야, 개혜야!"라고 말을 붙였다고 한다.

그는 양창제의 학문과 인격에 마음이 끌렸는데, 양창제도 그를 뛰어난 인재로 간파하고 있었다. 어느 날인가 일기에 그에 관한 얘기를 기록한 것이 있는데, 거기에는 그의 장래를 기대하고 있는 부분이 있다.

제1사범을 졸업한 모택동은 이미 북경대학 교수로서 부임해 간 양창제를 의지하고 상경하였는데, 종루鐘樓에서 가깝고 두부지豆腐池 골목에 있던 양교수의 집에 얼마 동안 기거하였다. 그 후 사합원四合院의 작은 한 방을 제공받고 양창제의 도움으로 대학도서관의 사서司書로 일하였다.

모택동은 북경에서 일하면서 고궁자금성이나 북해공원北海公園 등지에서 양개혜와 단 둘이 오붓하게 산보하기도 하였다.

그런데 아쉽게도 양창제는 과로로 인하여 쓰러져 병사하였다 1920년 1월 17일, 1871년 출생. 부인과 아들, 그리고 딸은 생활이 곤궁해졌기 때문에 모금을 호소하는 게시가 《북경대학일간》에 게재되기도 하였다. 모금을 호소한 사람들의 명단에는 채원배·장사조·양도楊度 등과 더불어 모택동의 이름도 보인다. 게시한 문장도 그가 직접 집필하였다.

모택동이 사詞를 양개혜에게 보냈을 당시 그녀는 장사의 사립 여자중학복

福湘女자중학에 재학 중이었고, 이숙일李淑—이라는 아주 친한 친구인 친구가 있었다.

그러던 어느 날 양개혜는 이숙일에게 상해에 있는 모택동이 사詞를 지어서 보내 왔다고 털어놓았다. 학교에서 가까운 유방령流芳嶺의 산기슭을 둘이서 산보하면서 내심의 얘기를 털어놓은 것이다. 이것은 1920년의 일이었다고 후일에 이숙일은 회상하고 있다.

모택동은 7월 7일에 장사에 돌아왔다. 그리고 이 해 겨울 양개혜는 통학용 가방 한 개만을 들고 모택동의 처소로 향하였다. 그날 밤 친구들을 초대하여 결혼식과 함께 피로연이라고 할 수 있는 연회를 베풀었다. 연회에 든 총비용은 은화 6개로 당시의 가격으로 치면 6원元이었다.

그는 장사에 돌아오자 모교인 제1사범 부속소학교의 교장으로서 일하였는데, 그곳의 교원용 기숙사가 그들의 신혼 살림집이 되었다.

이숙일은 1924년 양개혜의 소개를 받아 모택동의 친구인 유직순柳直荀, 1898~1932과 결혼하였는데, 유직순이 모택동이 주동한 게릴라전에 참가하였다가 전사한 뒤에는 줄곧 장사에서 교사로서 일하였다.

신중국이 성립하고 나서 《시간詩刊》이라는 시 전문잡지에 모택동의 시사詩詞 18수가 발표되었는데1957년 1월, 이숙일은 이것을 보고 정다운 나머지 옛 감회에 잠기었고 그리움을 견디지 못하여 모택동에게 편지를 보내었다. 곧 이어 모택동에게서 답장이 왔는데, 다음과 같다.

보내주신 작품은 잘 배견하였고, 사뭇 감개무량한 마음을 참을 수 없습니다. 개혜가 예전에 이야기 한 그 사詞는 그다지 잘 지은 것이 아닙니다. 그렇게 지어서 보낸 것을 널리 양해해 주십시오. 그 대신에 〈유선遊仙〉[16]이라는 작품을 보내겠습니다.

---

16 〈유선(遊仙)〉이라는 제목은 후에 〈답이숙일(答李淑一)〉로 바뀌었다. 付建舟編 《毛澤東詩詞全集詳注》伊犁人民出版社, 1999年를 참조. 이 사(詞)에 관하여 붙인 주는 모두 옮긴이가 단 것이다(옮긴이).

위의 편지내용에서 미루어 보건대, 이숙일은 남편을 그리워하는 자작의 사詞 한 수[17]를 모택동에게 보냈고, 또한 옛날 모택동이 양개혜에게 보낸 〈우미인〉을 자기에게 다시 보내주었으면 한다고 부탁했던 것이다.

모택동이 이숙일에게 답장으로써 보낸 한 수의 사詞는 이숙일의 근무지 인 호남사범학원의 잡지에 게재되었다. 그것의 제목이 바로〈접련화蝶戀花 · 이숙일에게 답하다〉1957년 5월 11일의 작이다.

이 사詞에는 처의 성인 양楊과 이숙일 남편의 성인 유柳를 특별히 집어넣 어 가사가 보인다.

중국에서는 여성이 결혼하더라도 본래의 성씨 그대로 사용하기 때문에 양개혜는 변함없이 양楊씨였다.

나는 자랑스러운 양楊을 잃었고, 당신은 유柳를 잃었네.

양류楊柳가 가볍게 바람에 흩날리고, 곧이어 가장 높은 하늘 꼭대기로 올라가네.

오강吳剛에게 무엇이 있느냐고 물어보니, 오강은 귀화주桂花酒를 받들어 내오네. 후반부는 생략. 사패詞牌는 접련화

蝶戀花 · 答李淑一[18]
我失驕楊[19]君失柳, 楊柳[20]輕颺直上重霄九[21].
問訊吳剛何所有[22], 吳剛捧出桂花酒[23].

---

17 이숙일은 1957년 2월 7일에 모택동에게 편지를 보냈는데, 그 편지와 함께 남편을 그리워하는 내용의 사(詞) 한 수를 지어 보냈다. 그 사(詞)의 제목은 〈보살만(菩薩蠻)〉이다.

18 원래 일본어 원저에는 원문이 실려 있지 않다. 그래서 옮긴이가 원문을 찾아서 여기에 실었다.

19 교양(驕楊)이란 씩씩하고 힘차며 또한 강건한 양개혜를 형용한 말이다.

20 양류(楊柳)란 버드나무, 즉 수양버들의 옛 이름이다. 여기에서는 수양버들의 꽃이 바람에 흩날려 하늘로 올 라가는 모습을 양개혜 · 유직순의 충혼에 대비시키고 있다. 그들의 정신을 아름답게 찬양한 것이다.

21 중소구(重霄九)란 즉 구중소(九重霄)를 말하며, 하늘의 가장 높은 곳을 이르는 말이다. 중국의 고대에는 하 늘이 아홉 겹[九重]으로 되어 있다고 여겼다.

22 하소유(何所有). 무엇이 있느냐? 라고 직역이 되지만, 여기에서는 오강에게 무엇을 가지고 손님을 접대하

위의 사詞에서 오강이라는 인물은 달에 사는 선인이다. 나의 처와 당신의 남편은 하늘에 올라가 달의 선인이 내온 계수나무 꽃으로 빚은 술을 대접 받았을 것이라고 한 표현이다.

왜 계수나무 꽃으로 빚은 술이었을까? 전설에 의하면, 원래 오강은 죄를 범하여 그 벌로 달에 유배되는 신세가 되었다. 그곳에서 오강은 계수나무를 패야만 한다고 명을 받아 그 일을 시작하였는데, 아무리 도끼로 패도 나무는 곧 그 자리에서 다시 자라나 원래의 상태로 되돌아갔다. 그 때문에 오강은 영원히 나무를 팼다고 한다.

〈우미인〉을 시패로 삼은 사詞에는 남당南唐의 이후주李後主에게 "춘화春花와 추월秋月이 언제 끝나려나……"로 시작되는 유명한 작품이 있다56자로 된 작품이다.

이 작품을 염두에 두고 있었기 때문에 모택동이 이숙일에게 작품을 보낼 때 옛날의 작품을 그대로 보내는 것을 주저하였는지도 모르겠다.

남당은 '5대 10국'의 하나로 지금의 남경당시는 금릉金陵에 수도를 정하고 있었다. 하지만 3대 39년밖에 연명하지 못하였다. 후주後主라는 호칭은 최후의 황제인 이욱李煜을 말한다. 그의 아버지는 중주中主라고 불리며, 이름은 이경李璟이다. 이욱은 이경과 함께 사詞를 짓는 유명한 작가로서도 알려져 있으며, 나중에 부자의 작품을 합쳐서 《남당이주사南唐二主詞》가 간행되었다.

이후주李後主는 북송에 투항하였지만 그 뒤에 독살되었다. 그가 지은 사詞에는 멸망해 가는 궁정에서 홀로 감상에 잠기어 느끼는 섬세한 풍격이 드러나 있다. 모택동의 〈우미인〉에서도 애써 섬세하게 표현하려고 한 기색을 느껴볼 수가 있다.

모택동이 양개혜에게 보낸 사詞에는 또 다른 한 수가 있다. 그것이 바로 〈하신랑賀新郎 · 증양개혜贈楊開慧〉이다. 이것은 1923년의 작품이며, 부부간의 애정이 절절히 다가오는 느낌을 준다.

손을 흔들며 이제 떠나가네.
또 어찌 참을 수 있을까, 쓸쓸하게 마주 볼 뿐이네.

괴로운 심정을 거듭하여 호소하네.

눈초리나 눈썹 모두 원망하는 듯 하네.

뜨거운 눈물이 떨어지려다 이내 멈추네. _{후반은 생략}

賀新郎·贈楊開慧[24]

揮手從兹去. 更那堪凄然相向, 苦情重訴.

眼角眉梢都似恨, 熱淚慾零還住.

사詞는 사형詞形을 선택한 뒤에는 규칙에 맞게 단어를 대칭시키면서 퍼즐과 같이 글자를 채워 나간다. 그 때문에 '전사塡詞'[25]라고도 부르며, 사형을 도해한 호권虎卷이라는 것도 있다. 《전사도보塡詞圖譜》의 설명 방식에 따라 〈우미인〉을 도해로 나타내 보면, 다음의 도보와 같은 형태가 된다.

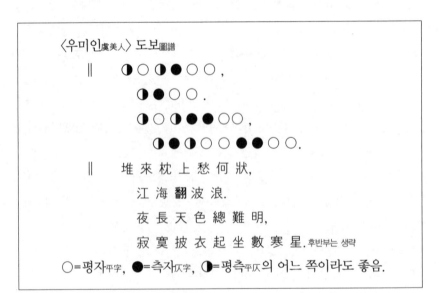

24 이 사(詞)도 또한 일본어 원저에서는 원문이 실려 있지 않다. 그래서 옮긴이가 원문을 찾아서 여기에 실었다(옮긴이).

25 부연 설명하면 이것은 중국 한시(漢詩)의 한 종류이다. 악부(樂府)에서 변한 일종의 사곡(詞曲)으로, 악부의 보(譜)에 맞추어 자구(字句)를 채워 넣은 것이다(옮긴이).

●●진독수와 이대조. 5.4 운동 이후 진독수와 이대조는 신문화 운동의 기수였고, 가장 영향력 있는 마르크스주의 선전가였다. 그들은 모택동이 마르크스주의의 길을 가도록 하는 데 결정적 영향을 끼쳤다.

△○=단락의 끝맺음, △과 ○은 각각 운韻이 다른 분류에 속한다.

위의 도보는 원세충편선袁世忠編撰 《상용사판보열常用詞版譜例》百花洲文藝出版社, 1996년 5월을 참조하여 작성하였다.

이것은 전후 두 단락의 사형詞形으로 되어 있으며, 후단은 전단의 반복이기 때문에 여기서는 일단一段만 도보로 만들어 제시하였다. 또한 56자와 58자의 두 가지 체재가 있지만 여기서는 56자의 체재를 사용하고 있다.

그건 그렇다 하더라도 모택동이 이처럼 까다로운 전사塡詞를 언제, 어디에서, 어떻게 습득하였던 것일까?

실은 제1사범에 다니던 학생시절에 걸작이라고 알려진 작품들을 모조리 암기해 버린 것이었다. 발군의 암기력을 가지고 있던 그는 자연스럽게 암송하고 있는 동안에 몇 십 수나 되는 지도 모르면서 기억해 버린 것이었다.

이와 같은 일이 가능하게 된 것은 우선 퇴폐적인 느낌이 드는 사詞에 끌리었기 때문이다. 원래부터 호방한 느낌을 주는 사詞를 개인적으로 즐겼다 하더라도, 그것을 외운 뒤에는 그 원곡에 가사만 바꾸어 새로운 노래를 만들어 갈 뿐이었다.

그의 머리는 도서관이었다. 자작의 시와 사도 머릿속에 소장하고 있으면서, 때마다 그것을 끄집어내서 첨삭을 가했던 것이다.

열심히 몰두했던 '구장驅張'운동은 장경요의 몰락으로 목적을 달성하였지만, 그는 다시 호남의 자치와 독립을 제창하였다. 마치 사슴을 쫓는 날렵한 사냥꾼처럼 그는 천천히 뒤쫓아 간 것이다.

모택동은 상해에 오기 전에 북경에서 장사조1881~1973를 방문한 적이 있다. 장사조는 호남성 사람으로 신해혁명 때에 혁명파의 한 사람이었다. 또한 당시 한 신문사의 주필이기도 하였으며, 중화민국이 되고나서 북경정부의 사법부장 및 교육부장을 역임한 인물이었다.

신민학회의 회원을 프랑스에 유학 보내려는 때에 즈음하여 그는 여비와 경비가 없다는 모택동의 호소에 가까운 말을 듣자 그 자리에서 즉시 자금을 제공했을 뿐만 아니라, 각계의 명사에게도 호소하여 끌어 모은 금전 및 은화 3만원元을 모택동에게 건네었다. 오늘날의 금액으로 환산하면 1억원 상당의 금액이다.

이미 저 세상으로 간 양창제가 살아생전에 같은 호남 출신인 장사조에게 자신의 제자인 모택동을 특별히 추천하여 잘 보살펴 달라고 의뢰한 일이 있어서인지는 몰라도, 보살펴 준다는 의미가 장사조에게 있어서는 이러한 일이었을지도 모르겠다.

그 후 장사조는 국민당정부에 몸담고 있다가 국공내전 때는 국민당대표로서 공산당과의 평화교섭에 나서게 된다. 신국가의 성립에 즈음해서는 정치협상회의의 위원이기도 하였다.

신중국이 성립하고 나서 어느 날인가 모택동은 장사조의 딸 장함지章含之가 외교부에서 일하고 있을 때 그곳에서 그녀를 만나 말을 건넨 적이 있다. 모택동은 그때 "나는 자네 아버지에게 빚이 있다네"라고 그녀에게 말했다고 한다. 그로부터 매년 춘절春節. 설 때마다 인민폐로 2000원을 그녀 앞으로 보냈던 것이다. 그 돈은 모택동의 개인적인 원고료 수입에서 지출되었다고 한다. 이제 그녀에게 원금에 상당할 만큼의 금액을 갚고 나자, 모택동은 또한 이자가 남아 있다고 말하며 장사조가 사망하기 직전까지 계속해서 돈을 보내었다고 한다.

그런데 모택동에게 있어서 만사를 제쳐놓고라도 우선순위는 호남湖南이

었으며 장사長沙였다. 〈우미인 침상〉은 호남과 장사 사람에 대한 구애이기
도 하였다.

호남인의 호남

장경요는 장사에서 도주해 버렸다. 1920년 6월의 일이다. 일부 남겨진 북
군의 병사들도 앞을 다투어 도주하여 병사 한 사람도 남지 않게 되었다. 드
디어 호남인의 호남이 여기서 출현하게 된 것이다. 실로 9년만의 일이었다.

이에 호남 사람들은 기쁘고 좋아서 어쩔 줄 몰라 하였다. 한편에서는
'상인치상湘人治湘', 즉 호남인이 호남을 다스린다는 목소리가 드높았다 상湘
은 호남을 다르게 부르는 미칭.

모택동은 이제 상해에 체재하였다. 전년 12월 북경에 가서 중남해中南海
의 신화문新華門 앞에서 '구장' 청원대회를 개최하는 등의 활동을 행한 뒤,
이 해 4월에는 상해로 나와 프랑스에서 일하면서 공부하는 '근공검학'의
학우들을 황포강黃浦江의 방파제에서 배웅하였다.

장경요가 추방되었다고 알려지자 모택동은 다음의 목표를 제시하고 그

것에 관하여 발언하였다. 먼저 '상인치상' 즉 호남인이 호남을 다스린다고 하는 오류를 지적하였다.

그 오류에 대한 지적의 논리는 이러하다. '상인치상'이라는 것은 '악인치상鄂人治湘' 즉 호북성 사람이 호남을 다스리며, '환인치상皖人治湘' 즉 안휘성 사람이 호남을 다스리는 것에 반대하여 말하고 있는 것뿐으로, 정말로 악랄한 도둑이었던 탕향명湯薌銘은 '악인'鄂人, 호북성 사람, 장경요는 '환인皖人, 안휘성 사람이었지만, 또 다른 한 사람의 악덕한 도독독군 부량좌傅良佐는 '상인湘人, 호남성 사람이지 아니었느냐며 반론을 제기한 것이다.

그래서 도독을 폐지하고 성민省民 자신들에 의한 '상인자치湘人自治'를 실행하지 않으면 안 되며, 성장省長 · 현장縣長 · 향장鄕長을 선거로 뽑아야만 한다고 주장하였다.

또한 모택동은 '자치'를 인정하면서 각 성의 연합을 주장하는 '연성자치連省自治'도 오류라고 지적하였다. 이것은 '중화민국'에 귀속시키려는 의도이지만, 구태의연한 국가는 과감히 버리고 성이 독립해야 한다고 주장하였다. 27개 지구가 각각 독립하여 공화국을 만들어야 한다는 것이다. 그리하여 '27개의 소중국小中國'이 실현된다면 그것이야말로 바람직하다는 주장이었다.

7월에 그는 장사에 돌아오자 이러한 생각에 근거하여 〈호남공화국으로〉라는 논문을 집필하였다 이것은 이 책에서의 번역시에 붙인 제목으로, 원제는 〈호남건설의 근본문제－호남공화국〉 1920년 9월 3일, 2부의 논문 12.

비슷한 취지에서 집필한 다음의 논문 〈호남이 중국의 재난을 입은 일을 역사 및 현상現狀에서 증명하다〉1920년 9월 6 · 7일는 끝부분에서 다음과 같이 호소하고 있다.

여기서도 '27개의 소중국'을 주창하고 있는데, '호남인이여!'라고 반복하면서 호소하고 있는 것이다.

호남인이여! 우리들의 사명은 실로 무겁다. 우리들은 지금 절호의 기회를 맞이하고 있다. 우리들은 힘써 노력하여 먼저 호남공화국을 목표로

삼아 새로운 이상을 실현하고 새로운 생활을 창조하며, 소상瀟湘[26]의 편
토에 신천지를 개척하여 27개의 소중국을 처음으로 부르짖는 제창자가
되지 않으면 안 된다. 호남인이여! 우리들은 힘을 합쳐 노력하지 않으
면 안 된다앞의 책 《민중의 대연합》.

이것은 이미 호남내셔널리즘이라고 할 수밖에 없다. 모택동이 여기에 스
스로 취했던 것일까?
　호남성 출신이라고는 하나 '향사鄕士'계급인 담연개에 대해서는 조금 느
슨한 평가를 내리기조차 하고 있다.

　담연개를 수령으로 하여 조직되어 있는 정부는 명백하게 혁명정부이다

　〈'호남혁명정부'가……〉《민중의 대연합》.

　모택동은 이와 같이 인정하고 이 정부가 호남인민헌법회의를 소집하여
이 헌법회의에 의해 호남성헌법을 제정해야만 한다고 제안 했던 것이다.
　담연개는 장경요와 대립하고 있을 때에는 '상인치상'을 주장하였다. 그

---

26 소상(瀟湘)은 호남성을 일컫는 말이다. 이 말은 소수(瀟水)와 상수(湘水)를 합쳐서 부른 것인데, '상수'는 호
　남성의 동정호로 빠지고 '소수'는 그 지류이다. 즉 소수는 호남성 영원현(寧遠縣)에서 발원하여 상수로 흘
　러가는 지류의 강인 것이다(옮긴이).

러나 7월이 되자 "민치民治를 실행하여 독군을 폐지하고 성장을 민선으로 뽑자"는 성명을 내고, 9월에는 '자치' 회의를 소집하여 〈호남성자치법〉을 제정한다고 결정하였으며 성의회省議會에 대해서는 〈헌법회의조직법〉의 제정을 인정하였다. 바로 '자치' 운동을 집어넣었던 것이다. 그렇다고는 하지만 그것은 '연성자치連省自治'였다.

따라서 모택동이 담연개에게 기대를 걸었다고는 해도 완전히 요점에서 벗어난 것은 아니었다. 〈자치법〉을 제정하려는 움직임이 있었기 때문에 이것이 성의회에서 통과되면 그것을 헌법이라고 간주하여 '공화국'을 성립시킬 수가 있었던 것이다. 혹은 이렇게 모택동이 생각하고 있었을지도 모르겠다.

그러나 호남성은 이를테면 특이하게 돌출된 지역이었다. 당시 중국 전체를 조망해 보면 남북대립의 국면은 변함없이 계속되었고, 게다가 남과 북 모두 내분상태에 빠져있는 형국이었다.

북방에서는 단기서가 실각하고 오패부가 전면에 대두하였다. 앞에서 서술한 바와 같이 오패부는 북군을 이끌고 호남성을 철수하였지만, 무한 · 악양을 거쳐 북상하여 정주鄭州에 진출하자 북경의 단기서를 토벌하겠다고 성명을 발표하였다.

그리고 단기서의 군대와 전투를 벌여 탁주涿州에서는 대승을 거두었다.

이에 단기서는 의기소침해졌다. 동북에서 넓은 땅을 차지하고 세력을 떨치던 장작림은 동북군을 이끌고 만리장성을 넘는다. 이어서 북경에 진주하여 단기서를 격려하였지만, 이윽고 단기서는 총리를 사직하였다.

오패부는 전국에 국민회의의 개최를 호소하였다1920년 8월 1일.

이 때 남방에서는 군정부가 분열하여 내분이 계속되고 있었다. 원래 군정부는 여러 집단이 모여 결성한 것으로, 주요한 세 개의 파벌에 의해 구성되어 있던 것이다. 결국 실권이 없던 손문은 상해로 떠나버리고, 당소의唐紹儀 · 오정방伍廷芳 · 당계요唐繼堯 등도 상해로 가버렸다. 뒤이어 많은 국회의원들도 상해에 가서 그곳에서 다시 집합하게 된다.

손문 등은 광동에서 조직을 개편하여 다시 세운 광동군정부의 무효를 선언하고, 별도로 군정부를 운남에 세우기로 결정하였다. 국회의원들도 국회의 운남으로의 이전을 발표하였다.

하지만 그 국회의원들은 또다시 운남에서 국회 및 군정부의 중경 이전을 결정하여, 실제로 국회는 중경으로 옮겨지게 되었다. 게다가 손문 등도 조급한 마음에 중경으로 가려고 서두른 것이다.

호남성에서는 그때 상당히 인기가 있던 것처럼 보인 담연개도 결국 구식인간으로 찍히고, 새로운 시대에 적응할 수 없다는 것이 명백히 드러났다. 인기를 잃어버린 그는 마침내 호남에서 사라진다 11월 27일.

모택동이 장사에 돌아온 지 5개월, 이러한 정세로 바뀌어 버리자 오히려 흥이 가시어 맨송맨송한 기분이 모택동과 그의 동지들에게 생겨났던 것 같다.

호남성의 독립을 호소하는 데 맞추어서 '27개의 소중국'이라는 것이 반복하여 출현하지만 27이라는 것은 단지 성을 포함하는 행정단위의 숫자일 뿐이며, 결국 모든 지구地區가 제각기 독립하여 각각 공화국이 되어야만 한다는 것이다.

제악의 근원인 '중국'

'27'이라는 숫자는 단순히 성 단계 지구의 숫자만을 셈한 것이기에, '독립'에 관한 논의에 등장해서는 안 된다고 모택동은 생각하였다. 결국 그는 '중화민국'으로 '통일'하는 것에 반대한 것이다.

'연성連省'이라든가 '남북화의'는 '통일'을 전제로 하고 있지만, '중화민국' 등이라고 하는 정체는 이미 뿔뿔이 흩어진 상태며, 손을 댈 수도 없을 정도로 부패·타락의 상태에 빠져 '통일'에 의해 바로 선다는 것은 도저히 기대할 수가 없었다.

그 때문에 오히려 각 지구별로 바로 세워야만 한다는 것이다.

'중화민국'을 해체시켜야 할 것은 물론이고, 이 '국민'의 토양이 되고 있는, 즉 역사적으로 계속되어 온 '중국'이라는 개념 또한 해체시켜야만 한다는 것이다.

결국 철두철미하고 가차 없는 '중국'에 대한 부정이 이 '27'이라는 숫자에 내포되어 있다.

모택동은 다음과 같이 말하고 있다.

중국의 역사가 4천년이라 해도 그것은 텅 빈 가옥의 뼈대였다. 수많은 정치가가 이 땅을 다스리고 수많은 학자가 정치를 의논했다고는 하더라도, 결국은 텅 빈 가옥의 뼈대를 상대로 하여 다스리고 의논한 것에 지나지 않는다 〈통일에 반대한다〉《시사신보時事新報》1920년 10월 10일, 2부의 논문 13.

계속해서 그는 다음과 같이 말한다.

중국인은 4천년 동안 살아왔다. 무엇을 하며 살아왔던 것일까?
완전히 무조직적이었다. 조직된 사회는 하나도 없었고 조직된 지방도 하나도 없다. 중국이라는 이 대지에 중국인이 있는 것과 없는 것이 어떠한 차이가 있는가?
인류 중에서 중국인이 있는 쪽이 좋은 것과 없어도 괜찮은 것은 어떤 관계가 있는가? 위의 논문

그리하여 모택동은 "제악諸惡의 근원은 '중국'이라는 두 글자에 있다. 즉 중국의 통일에 있는 것이다"라고 말하고 있는 것이다.

이러한 표현은 지나치게 과격한 발언이다.

지나치게 과격하기 때문인지 이제까지의 모택동론 ─ 중국에서의 그에 관한 평가 ─ 에서는 결코 취급된 적이 없었다.

여기에 이르러 단정적인 이러한 대답과 마주치게 되고, 마치 맹독을 품은 독사에게 물린 듯한 느낌을 받는다.

다만 이것은 어디까지나 모택동의 대답이다. 그리고 호남성이 9년이라

는 긴 시간에 걸쳐 고통 받아 온 그 현실 위에 서 있는 대답이다.

이러한 부정적 정신에 입각해서 보면 '구장'운동도 '자치'운동도 모두 다시 검토하지 않으면 안 된다.

모택동은 이전의 자기주장은 잠시나마 편의적으로 제창한 것이며, 사실은 책략이었다고 주장하는 문장을 그 자신이 직접 기록하고 있다.

작년 구장驅張운동과 올해의 자치운동은 우리들의 시각에서 볼 때 정치운동으로 실행된 것은 아니라는 것이 나의 생각이다.

구장운동은 그냥 내버려 둘 수 없을 정도로 온갖 횡포를 자행한 장경요張敬堯라는 권력자에 대한 단순한 반항이었으며, 자치운동은 호남에서 특별한 하나의 방법호남헌법을 제정하고 싶은 단순한 희망이었다.

호남의 환경을 우선 양호한 상태로 만들어 두고, 만일 그렇게 되면 이 환경 속에서 우리들이 구체적인 준비를 진행할 수가 있다고 생각하였던 것이다.

확실히 말하면 이 두 개의 운동은 당면한 환경 속에서의 편의적인 계략이지 결코 우리들의 근본적인 주장은 아니었다〈'구장驅張'과 '자치自治'는 근본적 주장이 아니다〉 1920년 11월, 2부의 논문 14.

운동을 지도하는 사람이 한편에서는 깨어있는 눈으로 운동을 보지 않으면 결국 실패로 돌아간다. 당시 그는 깨어있었고 열정을 기울여 운동의 소용돌이 속에 있었던 것도 사실이다.

모택동으로서는 여기에서 '근본적인 주장'을 회원들에게 제시하지 않으면 안 되었다.

회원이라는 것은 물론 신민학회의 회원이다. 신민학회는 1918년 4월에 결성하여 이미 만 2년이 지난 상태였다. 친목을 도모하고 상호간에 서로 격려하여 인격의 향상을 도모하고자 한 점에서는 처음의 목적을 달성했다고 말할 수 있지만, 과연 그것으로 되었다는 말인가? 그는 마음속에 의문을 품었다.

학회의 진로는 어찌해야만 할 것인가? 이러한 논의와 토론을 위해서 그는 《신민학회회원통신집》을 제1집부터 3집까지 편집하여 출판하였다1920년 12월.

제2집에는 역예용易禮容이 보내 온 통신편지을 수록하는 데에 맞추어 짧은 논문 한 편을 곁들였다. 그 안에서 인용한 부분이 있는데, 그는 학회의 회원에게는 두 가지 길이 있다고 정리하였다.

하나는 학자가 되는 길이며, 다른 하나는 실제의 운동에 뛰어드는 길이다.

이러한 목표를 단순화해서 보면 더욱 이해하기 쉽다. 그리고 어느 쪽을 선택할 것인지 명확한 태도를 보여주지 않을 수 없게 된다.

모택동의 경우 그 자신은 실제의 운동에 뛰어드는 길을 선택한 것이었다.

모택동의 표변

1920년 3월 코민테른의 밀사 보이친스키1893~1953가 중국인 비서 양명제楊明齊를 데리고 은밀히 북경에 도착하였다.

공산주의를 반대하는 사람들이 잘 사용하는 표현을 빌리자면 '공산주의의 마수'가 중국에까지 손을 뻗쳐 온 것이다.

이러한 상황을 전후로 하여 북경대학에서는 이대조가 발기인이 되어 '마르크스학설연구회'가 성립되었다. 이 2개월 후에는 상해에서 '마르크스주의연구회'가 발족한다. 당연히 발기인의 맨 윗줄에는 진독수의 이름이 있었고, 그 다음으로 양명제의 이름이 올라 있었다. 이윽고 보이친스키는 북경에서 이대조와 만나고 상해에서는 진독수와 회견하게 된다.

이 때 보이친스키가 공산당의 결성을 제안하고 그것을 이대조와 진독수가 받아들이는 형태로 이루어진 것이다.

아마 당시 공산당의 결성에 즈음하여 보이친스키로부터 자금 제공의 제의도 받았을 것이다. 또한 이후의 연락 방법에 관해서도 논의가 이루어졌을 것이다.

모택동은 1920년 7월부터 10월에 걸쳐 장사에서 문화서사와 러시아연구회 및 마르크스주의연구회를 조직하고, 사회주의청년단도 성립시켰다. 그 것은 장사의 《대공보》 지상에서 호남자치·호남독립·호남헌법의 제정 등 등 언론활동을 화려하게 전개하고 있던 시점과 같은 시기이다. 마르크스주 의의 활동을 위장하고 숨기기 위한 것이었을까?

공산당원으로서의 활동이 분명하게 드러나 있지 않았기 때문에 이제까 지의 활동을 계속할 수 있었다고 생각하지만, 그의 경우에는 마르크스주의 와 호남내셔널리즘은 결코 모순되지 않았으며 서로 양립하는 것이었다고 보아야 한다.

그러나 그 양립이 자기 자신으로서도 곤란한 상황에 처했을 때, 그는 '통일'을 부정하고 '중국'을 부정하여 그러한 심정을 외부로 모조리 쏟아 버리지 않을 수 없었을 것이다.

그는 러시아혁명에 절대적인 찬사를 바치고 있다. 그것은 진독수와 함께 이야기 한 내용의 요약이기도 했을 것이다.

레닌과 같이 백만의 당원으로서 반혁명당을 일소하고 상층·중층의 계 급을 씻어 내보내어 전례가 없는 평민혁명의 대업을 굳건히 확립한다. 주의가 있고 볼셰비즘, 기회가 있고 제정러시아의 패전, 준비가 있고, 호소에 응하 여 분연히 일어나는, 진실로 신뢰할 수 있는 당원과 대중이 있다면, 하 류의 수원水源에 호령해도 족한 것이다. 전국 인구 10분의 8, 9를 점하 는 노농계급이 환성을 질러 호응하는 것이다. 러시아혁명의 성공은 모 두 여기에 기인한 것이었다 〈기초가 없는 대중국 건설을 타파하고 수많은 중국을 호남에서 건 설하자〉 장사 《대공보》 1920년 9월 5일.

뒤이어 모택동은 "중국에서 만일 철저하고 전반적인 혁명이 시작된다면 나는 그 일에 찬성한다. 그러나 불가능하다 그 이유에 관해서는 얼마 동안은 말하지 않겠다" 고 말하고 있다. 이렇게 말하고 있는 것은 왜일까?

성립대회에 의해 정식으로 창립되기 전까지는 '철저하고 전반적인 혁 명'은 선언도 선언이라 할 수 없으며 따라서 '찬성한다'는 것도 '불가능'하다는 것일까? 그것은 극비이기 때문에 '얼마 동안은 말하지 않겠다'는 것일까?

이렇게 볼 때 모택동에게는 '마르크스의 방법'+'러시아혁명'+'레닌과 같은 개성적인 지도자'+'공산당'이라고 하는 하나의 흐름과 같은 개념이 정착되어 있다. 하지만 러시아식 혁명은 어쨌든 '유혈혁명'이다.

프랑스 파리에 있는 채화삼 등에게 보낸 편지에서 그는 이러한 하나의 흐름을 공공연하게 인정하면서 학회의 방침으로 삼은 것이었다. 불과 2년 전까지는 크로포트킨에 심취하여 '무혈혁명'을 제창했었음에도 불구하고 갑자기 태도가 바뀐 것이다.

그런데 장사에 돌아와 활동을 계속하고 있던 그에게 진독수로부터 편지가 배달되어 온 것이다. 모택동은 1921년 7월의 중국공산당 제1회 전국대표자대회에 참가하는데, 이 대회에 의해 공산당이 성립하였다.

그는 자동적으로 공산당원이 되었다. 자동적이라고 여기에서 말하는 것은 이미 만들어진 단체에 나중에 가입한 것이 아니라는 뜻이다. 그는 공산당 창립자의 한 사람인 것이다.

그 전 해 상해에 체재하였을 때 그는 진독수와 만난 적이 있다. 진독수가 이미 보이친스키와 만났다면, 공산당 성립의 계획을 이 호남 사투리를 쓰는 청년에게 숨김없이 털어놓지 않았다고는 생각하기 어렵다.

정식으로 공산당을 발족시키기 위해서는 대회 그것도 전국적인 규모의 를 개최하지 않으면 안 되었고, 호남성대표로서 결국 모택동의 참가는 형식을 갖추기 위해서라도 필요한 일이었기 때문이다.

후일이 되어 모택동은 이 때의 진독수와의 회견을 회상하는데, 당의 창립에 관해서 서로 이야기를 나누었다고는 결코 입 밖에 내지는 않고 있다. 단지 호남개조촉진회湖南改造促進會의 확대 및 확립에 관해서 상담했다고만 말하고 있을 뿐이다.

호남개조촉진회라는 것은 장경요 추방을 쟁취하고 호남 독립국으로 만들기 위한 구체적인 방책을 생각하는 상태에서 반드시 그것을 실행에 옮기기 위한 단체이며 모택동과 팽황 등이 중심이 되어 창설한 조직이다.

예를 들면 이 단체는 군대의 삭감이나 지폐의 발행, 세제 등도 입안하고 있다. 이러한 단체의 확립·확대를 모택동과 상담하고 진독수는 어떻게 대답했던 것일까? 또한 마르크스주의에 관한 독서에 관해서도 상담하였다. 이것은 진독수에게 어떤 책이 있는가를 질문하고 가르침을 청한 것이다.

모택동은 진독수에게 어떤 교시를 받았는지 얘기하지 않고 있다. 다만 이것은 결정적인 회견이었음에 틀림이 없다.

마르크스주의에 대한 신념을 진독수는 이렇게 얘기하였다고 한다.

> 그 이야기가 나의 인생에서 결정적인 의미를 가진다고 생각하는 이 때, 나에게 깊은 인상을 주었던 것입니다에드가 스노우와의 담화 중에서.

아마도 암시적으로는 그렇다고 하더라도 공산당이라는 결사 혹은 단체가 필요하다는 뜻을 진독수는 얘기하고 있는 것이다 이 때는 아직 구체적으로 어떠한 규모와 절차로 진행시킬 것인가는 결정되지 않았을 것이기 때문에 애매한 말일 수밖에 없었고, 따라서 암시적일 수밖에 없었을 것이다.

보이친스키는 자금 제공을 약속했겠지만 실제로 그 돈을 보내지 않았을 것이다. 보이친스키가 회견의 결과를 모스크바에 보고하고 그것이 승인되기 전까지는 현금을 지출할 수 없었을 터이기 때문이다.

하지만 모택동이 진독수와의 만남에서 추상적인 신념만을 들었던 것은 아닐 터이다. 마르크스주의자가 된다는 것은 공산당이라는 결사를 만드는 일이며, 그 일원으로서 활동하는 일이라고 하는 등, 마르크스주의자로서의 최저의 조건 혹은 최고의 조건을 들었기 때문에 그 만남은 '결정적' 회견인 것이다.

여러 사회 활동을 전개해 온 모택동에게 있어서 이것은 하나의 관문을 통과하는 일이었다. 그러나 이 공산당은 아직 극비의 사항이었다. 준비단계로서의 단체는 결성되어 가지만 궁극적인 목적에 관해서는 결코 남에게 이야기할 수 없는 것이었다.

"군자는 표변豹變한다"고 하는 말이 있는데, 모택동은 확실히 '표변'한 것이었다. '표변'이 가진 원래의 의미는 표범의 반점이 빛나는 것처럼 변화가 현저하다는 뜻인데 이와 같이 아름다운 무늬로 변화했다고 하여 변화를 인정하고 그것을 상찬하는 것이다.

"표범은 죽어서 가죽을 남기고, 사람은 죽어서 이름을 남긴다豹死留皮, 人死留名"고 하는 바와 같이 표범의 가죽은 아름다운 의미로서의 가치가 있다. 변화한다는 것은 가치를 만들어 내는 행위인 것이다.

'표변'은 《역경》 혁革이라는 괘卦에 나오는 말[27]이며, "잘못이 있으면 고치기를 꺼려하지 말아야 한다"《논어》학이學而편·자한子罕편[28]는 말은 공자의 말이다. 즉 부족한 것도 잘못이자 허물이며, 보다 높은 목표를 지향하지 않으면 안 되는 것이다.

중국의 사상에서 변화는 선善이며, 그렇기 때문에 변화하지 않으면 안 된다. 모택동도 예외일 수는 없었던 것이다.

이렇게 러시아혁명에 대한 칭송을 일부러 소개한 것도 당시의 상황에 비추어 보면, 마르크스주의자가 된다는 것은 마르크스의 저술 혹은 마르크스주의에 관한 책을 뒤적거리는 것과는 별개의 일이었다는 것을 여기서 지적해 두고 싶기 때문이다. 즉 러시아혁명이라는 사건에 공명하는 것만으로도 만족했다는 것이다.

"모택동은 《자본론》도 읽지 않았다"고 하여 현재의 학계 수준과 상황을 기준으로 비판하는 사람도 있지만, 그 시대 및 당시의 환경 속에 서 모택동은 모택동이었을 따름이다.

다만 모택동이 전혀 독서하지 않았다고는 말할 수 없다. 그는 마르크스의 《공산당선언》을 비롯하여 카우츠키1854~1938의 《계급투쟁》, 토마스 커컵의 《사회주의사》 등 세 권의 책을 예로 들어 이러한 책이 자신에게 깊은 인상을 주었다고 하면서, "1920년의 여름에 이론적으로도, 또 어느 정도는 행동적으로도 마르크스주의자가 되었고 이후에는 자신을 마르크스주의자라고 생각해 왔습니다"라고 후에 말한다.

---

27 《역경》 혁(革)의 괘(卦)에 "상육, 군자는 표범으로 변하고 소인은 낯을 고친다(上六, 君子豹變, 小人革面)"고 하는 말이 있다(옮긴이).

28 원문은 "過則勿憚改"이다(옮긴이).

그런데 이 세 권의 책을 읽었다는 것만으로 과연 '마르크스주의자'가 되는 일이 가능한 것일까? 필자는 그것이 의문이었다.

하지만 실은 이미 서술한 바와 같이 또 다른 하나의 요인, 즉 책 이상의 이유 혹은 원인이 있었다. 그것은 "러시아에서 '혁명'이 실현되었다는 사건"이다.

모택동 혹은 모택동의 동지들에게 있어서는 반드시 혁명의 현장에 직접 가서 견문하지 않아도 보도만으로 충분했던 것이다. 과대포장이 되었거나 미화되었거나 아니면 왜곡되었다고 해도 별 상관이 없다. 결국 '마르크스주의자'가 될 사람은 어찌해도 되게 마련인 것이다.

모택동이 앞에서 인용한 것처럼 러시아 혁명을 묘사한다면, '마르크스주의자'가 되지 않는 쪽이 오히려 이상한 일이다.

1920년이라는 당시의 상황에서는 모택동 한 사람뿐만 아니라, 많은 사람들이 이러한 식으로 러시아에서의 '혁명'을 생각하였다. 아니 그보다는 그렇게 묘사했다고 하는 편이 더 어울릴 것이다.

국민당과 공산당

국민당과 공산당

공산당이 성립한 1921년 7월부터 약 2년간 장사에 있으면서 모택동은 노동조합을 조직하는 일에 온 정력을 쏟아 부었다.

장사의 미장공·목수·인력거꾼, 게다가 악주株州의 철도노동자·안원安源의 탄광노동자에 관심을 기울이고 적극적으로 공작하였다. 하지만 조금 지나 호남성장이던 조항척이 체포장을 발령하였기 때문에 장사를 떠나 상해로 향하였다1923년 4월.

이윽고 손문이 지도하는 국민당의 제1회 전국대표대회가 열리고, 공산당과 국민당의 협력이 결정되었다. 이른바 '국공합작國共合作'이라고 하는 것이다1924년 1월.

공산당원으로서는 코민테른의 중국지부 소속이지만, 개인 자격으로 국민당에 입당하여 국민당원이 된 모택동은 국민당 선전부에서 일하였다. 같은 당의 기관지 《정치주보政治週報》를 편집하여 그 자신도 논문을 집필하고 발표하였다.

국민당의 선전활동을 입안하여 그것을 적극적으로 실시하기도 하였다.

그리고 농민운동 강습소의 소장이 된 다음 제6기생의 교육을 담당하고 농민 및 중국사회의 계급분석을 시도하여 그것을 같은 당의 기관지 《중국농민》에 발표하였다.

모택동은 또한 농민운동 총서를 발간하기도 하였다.

이러한 활동을 전개하던 중에 그는 마침내 과로로 인하여 병을 얻어 상해에서 호남성으로 되돌아 간 적이 있다1924년 11월~1925년 9월. 하지만 조항척이 체포령을 내렸기 때문에 다시 광주로 발길을 돌리게 된다.

강소·절강 및 호남성에서는 32일간 다섯 개 현에 걸쳐서 농민운동을 조사하고 그 보고를 중국공산당 기관지에 발표하였다. 특히 〈호남농민운동시찰보고湖南農民運動視察報告〉라는 논문은 상당한 반향을 불러일으켰다. 1927년 3월 《전사戰士》·《향도嚮導》·《민국일보》 등에 게재되었고, 《모택동선집》 제1권에 수록되어〈호남성농민운동시찰보고〉라는 제목으로 발표되었다.

그의 신분은 애매모호한 것이었다. 국민당원으로서 활동하였지만, 그 국민당은 도리어 끊임없이 변질되어 갔기 때문이다.

이보다 앞서 장개석蔣介石을 총사령관으로 한 국민혁명군은 북방의 군벌을 일소한다고 선언하고 광주로 출발하였다. 바로 '북벌北伐'이다. 군벌의 군대와 전투를 계속 벌이면서 북상하였는데, 국민당본부와 국민정부도 무한으로 진출하였다1926년 11월 8일.

북벌의 기세가 맹렬했던 것은 혁명군 안에 공산당원이 들어가 있었고 그들이 용감하게 싸웠을 뿐만 아니라, 군사행동의 전개와 함께 토지혁명을 실시하였기 때문이다. 그리하여 농민은 자발적으로 농민조합을 조직하고 지주의 토지를 몰수했다.

'토지를 경작하는 농민에게로'耕者有其田라는 것은 손문이 제창한 슬로건이었다. 그 때문에 대의명분은 갖추게 되었지만 국민당의 장교나 사령관 중에는 대지주와 중소지주 출신이 많았던 관계로 그들의 반감을 불러일으켰다.

특히 호남성에서는 일부 농민이 〈토호土豪·열신劣紳을 재판하는 조례〉라고 칭하는 문서를 작성하고 그 안에 "긴급시에는 재판을 거치지 않고 민중에 의해 처리한다"라는 조항을 근거로 때로는 하루에 수십 명의 지주에게 사형을 선고했다고 한다_{사형을 선고하고 몸값을 미끼로 위협하여 돈을 뜯어낸 것이었다.}

〈시찰보고〉에서 모택동은 농민조합에 결집한 농민을 격찬하고 "이것을 불한당들의 운동이라고 말하는 것은 잘못된 것이다"라고 말하고 있지만, 사실 당시에 '불한당'적인 사건이 발생하였을 것이다.

'토호·열신'이라는 것은 지주계급을 비꼬는 호칭이다.

내외의 자본가에게도 '혁명'의 진전은 결코 바람직한 일이 아니었다. 장개석은 무한 정부에 합류하지 않고 남경을 점령한 다음 계속해서 상해를 압박하였다. 더불어 국민당 내부에서 공산당을 배제하는 '청당淸黨'을 실시하였다.

배제한다는 것은 체포하여 처형하는 일이었다. 이것은 노동조합에까지 파급되었다_{1927년 4월 11일.}

장개석 또한 '표변'한 것이다. 혁명을 수행하는 국민혁명군 총사령관이 당치 않게도 혁명세력을 분열시켰던 것이다. 장개석 측의 불평 섞인 변명에 의하면 원래 '국공합작'은 공산당원의 국민당 '입당'을 인정해 준 것에 지나지 않으며, 처음부터 협력하는 대등의 관계가 아니었다고 주장한다.

그래서 공산당원이 이탈하였기 때문에 배제했다는 논리이며, 결국 '청당淸黨'을 행한 것에 지나지 않는다는 것이었다.

반면 공산당 측에서는 이것을 '4·12반혁명 쿠데타'라고 불렀다 _{탄압이 시작된 날짜인 4월 12일과 관련하여 붙인 명칭.}

결국 '국공합작'은 깨지고 말았다. 이제 공산당으로서는 철저하게 토지혁명을 수행하는 수밖에 없었다. 원래 '북벌'에 협력하였던 관계로 농민과 공장노동자는 무기를 갖추게 되었다. 농촌에서는 대지주가 호위병을 고용하였기 때문에 농민 측으로서도 스스로 무장하지 않을 수 없었던 것이다.

그런데 국민혁명군 속에 몸담고 있던 주은래와 주덕은 병사를 이끌고 봉기하여 장개석에게 반대를 표명하였다. 봉기하고 나서 공산당의 군대가 된 것이다. 이 상황에 처하여 장개석이 장악한 국민혁명군은 국민당의 군대라는 성격을 노골적으로 드러내고, 드디어 공산당과 국민당은 각각의 군대를 보유하고 서로 싸우게 된다. 이것이 '국공내전國共內戰'의 서막이다.

코민테른의 방침에 충실하였던충실하였기 때문에 또한 공산당을 결성한 것이다진독수는 장개석의 '표변'에 제대로 적응하지 못하고 책임을 추궁 당한다. 바로 코민테른이 그에게 책임을 물은 것이다.

그리하여 진독수는 탈당을 표명하고 공산당은 그를 제명하고 추방하였다.

정강산의 권력

농촌에서는 공산당이 '봉기'를 지도하였다. 그러한 예 중의 하나인 '추수봉기秋收蜂起'를 모택동이 지도하였지만 결국 실패로 돌아가고 남은 병력을 결집하여 정강산井岡山으로 올라가게 된다.

이 때 산기슭의 촌락에서 그가 군대의 규율을 엄하게 선포한 일은 이미 앞에서 서술한 그대로이다. 병사들은 남창南昌에 주둔해 있던 국민당의 호위병들과 안원 지역 탄광의 광부들 및 농민군을 조직했던 농민들이었다.

농민이라고 해도 토지가 있으면 군대에 참가할 이유가 없기 때문에, 일을 얻지 못하여노신魯迅의 소설 《아큐정전阿Q正傳》에 나오는 아큐와 같은 날품팔이꾼이 되거나 농가의 머슴으로 지주의 집에 기거하던 남자들이었을 것이다.

그리고 모택동 자신이 사범학교를 나온 소학교 교사 출신으로 여러 사회활동을 했던 남자였으며, 국민당 안에서는 선전부장 대리, 농민운동 강습소의 소장 역할을 수행한 적이 있다는 이유도 있었다.

정강산에도 물론 병력은 있었다. 원래부터 기어들어가 살던 산적들이라기보다 배고픔에 굶주린 농민들이 강도를 생업으로 삼고 있었던 것이다. 그러한 곳에 모택동이 비집고 들어갔지만 이끄는 병력은 1,000명도 채 되지 못하였다.

이윽고 남창에서 반란을 일으키고 호남 남부를 옮겨 다니며 싸우던 주덕이 이전에 국민혁명군이었던 약 1만 명반란을 일으켰을 때는 3만이었다의 병력을 이끌고 합류하였다. 이제 새롭게 군대가 편성되고 '노농홍군'노동자와 농민의 홍군이라는 이름으로 재탄생한다.

주덕은 이렇게 새로 편성된 노농홍군 제4군군은 군단이라는 의미의 군장軍長으로
취임하였다. 군대에는 공산당의 대표와 군대 내부의 공산당을 통솔하는 위
원회서기라는 직책이 있었는데, 이것을 모택동이 담당하였다.

민중 연합을 호소하여 〈민중의 대연합〉을 집필했던 모택동은 이제 이렇
게 민중 속에서도 가장 민중적인 연합체라고 해야 할 노농홍군을 통솔하게
된다. 8년 전에는 감히 생각조차 못한 혹독한 지리적인 환경에 둘러싸인
정강산을 혁명의 근거지로 삼게 되었다.

정강산은 모택동이 태어난 고향에서 직선으로 약 200킬로미터 떨어진
곳으로 일본의 규슈九州로 말하면 후쿠오카福岡에서 아소산阿蘇山까지의 거리
와 대략 비슷하다. 그리고 정강산의 산괴山塊는 거의 이즈伊豆반도와 비슷한
크기였다. 다만 주봉主峰의 높이는 아마기산天城山보다 400미터 정도 높다.

어차피 '성경省境'이라는 말이 가리키는 것처럼 편벽한 환경이라 해도 모
택동에게 있어서는 다름 아닌 바로 태어난 고향과 혈연관계에 있는 극히
구체적인 지역이었다.

정강산에 틀어박히게 된 모택동에게 있어서 이제 무력을 가하여 정권을
수립하는 일은 자명한 일이 되었다.

우리들이 앞에서 이미 살펴본 바와 같이 《상강평론》의 〈창간선언〉, 〈민
중의 대연합〉에서 그는 '강권으로부터의 자유'를 이상으로 내세우고 있다.

따라서 한 번 더 그것을 인용하면 "강권을 이용하여 강권을 타도한다면
결과는 역시 강권을 손에 넣게 되는 것이며, 자기모순뿐만 아니라 약간의
효과마저도 없게 된다."라고 말한 자신의 말을 배신하는 것이며, 이전에는
부정했던 '유혈혁명'에 착수하는 것이다.

정강산을 하나의 매듭으로서 일단락 지으면서 그는 중국의 특색이 독립
되어 있지 않고 민주주의도 없는 반식민지·반봉건 국가라고 규정하였다.
그 때문에 의회를 이용할 수도 없으며 노동자를 조직하여 동맹파업을 일으
킬 수도 없다. 이러하기 때문에 장기간에 걸친 합법적인 투쟁을 거친 뒤에
봉기, 혹은 전쟁을 일으키는 것은 불가능하다.

이러한 중국의 특색 때문에 중국에서의 혁명운동은 전쟁이라는 형식을 취할 수밖에 없다는 결론에 도달한 것이었다.

1919년의 '충고운동忠告運動', '무혈혁명'에 대한 관점은 이제 여기서 완전히 역전하였다. 만일 이 역전에 의해 모택동이 역전 이전에 획득한 것이 모두 부정된다면, 그가 이전에 모색한 것은 이를테면 헛수고로 끝나버리는 셈이 되고 만다.

그러나 과연 그의 모색은 헛수고로 끝났던 것일까?

중국혁명이 전쟁이라는 형식을 취한 것을 가장 명확하게 서술한 그의 〈전쟁과 전략의 문제〉1938년 11월 집필, 《선집》 제2권에 수록는 대립하고 항쟁하는 국민당과 공산당의 전쟁사에 관하여 각각 장을 나누어 논하고 있다.

여기서 중국공산당의 전쟁사는 그가 비판하는 것처럼 전혀 형태를 갖추지 못한 데 비하여, 중국 국민당의 전쟁사는 손문이 혁명적인 소단체를 조직했을 때부터 무장봉기를 반복하여 일으켜 오고 있다 이러한 사실은 우리들도 보아왔다.

손문의 비서였던 장개석은 손문이 창설한 사관학교의 교장으로 임명되어 국민당 안에서 군사의 전성기를 창출했다. 장개석은 "군대가 있으면 권력이 있고 전쟁은 일체를 해결한다"라고 하는 견해를 결코 바꾼 일이 없었다.

이렇게 개관한 뒤에 모택동은 다음과 같이 말한다.

이 점에 대해서 우리들은 반드시 그에게 배워야만 한다〈전쟁과 전략의 문제〉.

모택동의 이러한 관점을 토대로 하면, 군벌혼전도 새로운 양상을 가지고 우리들 앞에 드러나지 않으면 안 된다. 그는 다시 이렇게 말한다.

신해혁명 뒤 모든 군벌은 병사를 자신의 생명처럼 사랑했다. 그들은 '군대가 있으면 권력이 있다'라는 원칙을 중요시하였다. 위의 논문

그리고 우리들도 이미 앞에서 몇 번인가 그 세력의 추이를 살펴 본 호남성의 유력자 담연개에 관하여 모택동은 다음과 같이 말한다.

담연개는 총명한 관료이고 그는 호남에서 몇 번이나 일어섰다가 다시 몇 번인가 전복되었다. 하지만 한 번도 홀아비처럼 성장 한 자리에만 앉았던 적은 없으며, 반드시 독군 겸 성장이 되었다. 그는 후에 광동과 무한의 국민정부 주석의 자리에 앉았지만, 그 때에도 제2군의 군장을 겸하였다. 중국에는 이러한 군벌이 매우 많다. 그들은 중국의 특색을 알고 있는 것이다 위의 논문.

모택동의 유명한 말로 "철포鐵砲에서 정권이 탄생한다"는 것이 있는데, 이것은 위에서 인용한 기술에 근거하여 말한 것이다.

근로인민은 몇 천 년 이래 반동지배계급의 낡은 수법에 기만당하고 위협당하여 왔으며, 자신이 철포를 잡는 일의 중요성을 좀처럼 쉽게 자각하지 못하였다. 중략 모든 공산당원은 다음의 진리를 반드시 이해해야만 한다. "철포에서 정권이 탄생한다" 우리들의 원칙은 당이 철포를 지휘하는 일이며 철포가 당을 지휘하는 것을 결코 용납하지 않는다. 하지만 철포가 있으면 확실히 당을 만들 수가 있다. 중략 그 토대 위에서 간부를 양성하고 학교를 설립하며 문화를 창조하고 민중운동을 전개할 수가 있다 위의 논문.

군벌혼전의 기간 동안 모택동은 그 한복판으로 말려 들어가지 않고 제1사범의 테두리 안에 침잠해 있었다. 그러나 군벌혼전은 확실히 그가 맛본 통절하기 짝이 없는 체험이었다.

"철포에서 정권이 탄생한다"라는 구절에서 '탄생한다'는 원래 원문에서는 '출出'이라고 나온다. 실은 극히 물리적 · 역학적인 표현이다. 또한 이 구절의 원문은 "槍槓子裏面出政權"이다.

'창槍'은 '장鎗'29이라고도 바꾸어 쓸 수 있으며, 여기에 철제의 굵은 막

---

29 창(槍)과 장(鎗)은 한국어 발음으로는 서로 다르지만, 중국어에서는 발음이 똑같다. 즉 병음으로 표기하면 '치앙(qiang)' 이며 의미도 창이나 총이라는 뜻이다(옮긴이).

대기를 나타내는 '공자樻子'[30]를 붙임으로써 총·기관총·엽총 및 때로는 화승총도 의미하며 탄환을 발사하는 모든 것을 포괄한다. '공자樻子'는 체조의 철봉 및 평행봉을 의미하기도 한다.

그리고 모택동이 창안해 낸 이 격언에 의해 '창공자槍樻子'는 무장한 힘을 의미하는 관용어가 되었다. 거기로부터 탄환이 아니라, '정권政權'이 나오는 것이다.

중국에서의 권력은 이를테면 소학교 등의 운동장에 몇 개고 굴러다니는, 농구경기장에서 사용하는 공과 같은 것이다. 그 공을 줍게 되면 그것은 그 자체로 권력인 것이다. 그렇다고 한 개의 공을 주운 어린이가 두 개 혹은 세 개를 습득한 아이에게 복종하는 그런 것은 아니다. 예를 들면 공은 한 개라도 권력은 권력이다.

이러한 권력관이 '정권'이라는 단어에 포함되어 있는 것이다.

두말할 것도 없이 여기에는 전국 제패의 권력도 포함되지만, 전국 제패의 정권이 존재하고 있어도 공을 한 개 줍게 되면 평등하게 여기에 저항하는 권력이 되는 것이다.

일본에서의 권력관은 어떠할까?

깃발이 펄럭펄럭 나부끼는 깃대가 서 있고, 이 깃대를 먼저 잡은 어린이가 권력자가 된다는 그러한 형태일 것이다. 깃대를 잡은 어린이의 손을 다시 잡는 또 다른 아이는 두번째의 권력자가 된다. 이렇게 하여 세번째, 네번째의 권력자가 정해지며 똑같은 방식으로 높은 지위에서 낮은 지위에로 순서가 정확하게 서열에 의해 계속된다.

드넓은 대륙에서의 권력관과 주변이 온통 바다로 둘러싸여 있는 작은 섬나라의 권력관은 이렇게 다른 것이다. 그렇기 때문에 '산속의 대장大將'이라고 하여 공 한 개의 권력을 조소해서는 안 되는 것이다.

정강산에는 정강산의 권력이 존재하였다. 정강산에서 내려와 농촌지대의 지주地主를 습격하고 식량을 입수하여 토지혁명을 실행하였으며, 또한

---

30 중국어 병음은 '깡즈(gangzi)' 이다(옮긴이).

농민을 아군으로 끌어들인 결과로 이 권력이 지배하는 지역은 점차로 확대되어 간다.

처음에 '혁명의 본거지'였던 것이 '소비에트구', 그 다음으로는 이윽고 '중화소비에트 공화국'으로 부르게 된 것이다. 마침내 강서성 서금瑞金을 수도로 정하고 모택동은 국가주석이 되었다.

국민당군의 포위에 의해 이것은 소멸되었지만, 뒤이어 섬서성 연안延安을 중심으로 하여 '해방구'를 건설하게 된다. 그것은 전국의 여기저기에 만들어지고 이윽고 '중화인민공화국'이 탄생한다. 이 공화국의 원형은 젊은 모택동이 꿈꾸던 호남공화국이었으며, 현실적으로는 다름 아닌 바로 정강산이었다.

08

맺음말

낡고도 새로운 물음

'청년 모택동'에서 하나의 단락을 짓는다면 1927년 10월 정강산으로의 등정을 시작했던 때가 가장 적당할 것이다. 즉 등정을 막 시작한 때까지라는 것이다.

그러나 이때의 모택동은 공산당과 표리일체表裏一體로 구별하기 어려울 정도로 결합되어 있었기 때문에 그보다 6년 전의 1921년 7월 공산당의 성립이 하나의 전환점이자 단락이 된다.

그러나 이때라고 해서 그가 처음으로 공산주의자가 되었던 것은 아니다. 그가 공산당을 필요로 하여 인정하고, 그것에 관해 명확하게 발언한 때를 가지고 일단락 짓지 않을 수 없다. 즉 1920년 12월 내가 번역한 시의 제목을 〈중국과 세계의 개조를 향하여〉라고 바꾼, 즉 채화삼 등에게 보낸 편지를 작성한 때이다.

그 이후 모택동은 공산당원으로서 본격적인 행동을 취한다. 그것은 마치 공산당의 조직 속으로 들어가 일체화되고 융화된 것처럼 보인다. 하지만 이 갓 태어난 단체는 확실한 조직을 가지고 있었던 것은 아니다.

●●장사 악록산岳麓山 애만정愛
晩亭. 모택동은 호남제1사범
학교 재학 시절에 신체를 단
련하고 의지를 강하게 기르
기 위해 악록산을 오르고 상
강湘江에서 수영하였다.

이를테면 공산주의라는 신앙을 가진 신자의 모임으로, 모스크바의 코민
테른이라는 총본산의 지시에 따르지 않으면 안 된다는 것이 거의 유일한
규정이었다. 그리고 이 총본산은 국민당에게 추파를 던졌다.

총본산 그 자체도 이른바 본당本堂의 건축공사 중으로 스탈린과 트로츠키
간의 다툼과 분쟁이 한창일 때였다. 중국에 관해서는 아무것도 모르고 있었
고, 심지어 중국에서의 혁명에 관해서는 관념적으로 지휘할 수밖에 없었다.

중국에서 공산당이 공산당다운 형태를 갖추게 된 데는 모택동의 힘이 크
다. 공산당다운 형태를 갖추게 되었다는 것은 과연 무엇일까?

이것은 그 자체로 복잡한 문제이지만, 모택동은 공산당을 모택동화毛澤東
化함으로써 공산당답게 만든 것이다.

그래서 우리들의 물음은 그러한 모택동을 낳은 중국이란 무엇인가?

바로 이러한 방향으로 향해 있는 것이다. 모택동을 낳은 모택동 이전의
모택동, 이것도 또한 중국에 존재하였던 것이다.

그렇다고 한다면 당연히 다음의 질문이 나오게 될 것이다.

첫째, 중국이란 무엇인가?

이 물음은 또한 다음의 질문을 이끌어 낼 것이다.

둘째, 중국은 어디로 가는가?

중국에 관한 수많은 의문과 논평은 결국 이러한 설문으로 귀착한다는 것이 필자의 생각이다. 아마도 모택동 또한 이 두 가지의 물음을 자문하고 자답하였을 것이다. 그 때문에 이를테면 모택동에게 가르침을 청하고 싶다는 기분으로 모택동이 사색하고 사고한 흔적을 더듬어 살펴 온 것이었다.

낡고도 새로운 이 물음은 모택동 자신의 물음이기도 하다. 그의 '청년기'에 있어서의 많은 번민과 목표에 대한 추구 그리고 열정적인 시행도 결국 이 물음에 대하여 자문자답하는 것이다.

물음에 대한 그의 대답을 알기 위해서는 다시금 '청년 모택동'의 궤적을 더듬어 밝히지 않으면 안 된다. 아니 그보다는 '청년기'라고 할 것도 없이 그의 전 생애를 더듬어 밝히지 않으면 안 된다. 게다가 근대중국을 더듬어 살펴봐야 한다.

그렇다고는 하지만 단적으로 모택동 자신이 대답하지 않는 것은 아니다. 다음에서 그것을 살펴보겠다. 여기에 필자 자신의 사견도 덧붙이고자 한다.

중국이란 무엇인가

이 물음에 대한 모택동의 대답은 2부의 '통일에 반대한다'라는 논문 속에 서술되어 있다.

그는 "4천년의 역사를 가진 '중국'은 아무런 의미도 없다"고 과감하게 말한다. 또한 그것뿐만 아니라 중국의 소멸을 기원하고 있기도 하다. 즉 "모든 악의 근원은 '중국'이라는 두 글자에 있다"라고 말하고 있는 것이다.

그렇다면 중국이라는 존재에 관심을 갖는 것, 그 자체에 대해 생각하고자 하는 것도 무의미하다.

이것은 정말 올바른 것일까?

이러한 대답을 내놓게 된 그의 입장은 우리들의 오늘날 입장과는 확연히 다르다. 현재의 우리들은 그가 살던 세계와는 완전히 다른 세계에 살고 있다. 물론 시대와 환경도 너무나 다르다.

따라서 그 때 그 장소에서 내린 모택동의 결론=대답은 결코 우리들이 인정할 수 있는 것이 아니다.

그렇기는 하지만 '청년기의 모택동'이라는 문제로 다시금 되돌아가면, 중국에 관한 의문·설문·물음에 관해서 그와 똑같은 대답에 봉착하지 않을 수가 없다.

장사長沙로 나왔을 때 그는 보다 넓은 '세계'로 나온 것이지만, 그 '세계'는 바다를 사이에 둔 열도의 나라 일본과도 통해 있었다. 지금도 물론 통하고 있다.

중국에 관심을 가진 사람이 이 열도에 있으면서 관심을 갖고 있는 한, 이 독사의 맹독과 같은 대답에 봉착하지 않을 수가 없다. 맹독을 가진 독사를 자신의 내부에 거주케 하여 내부로부터 물리지 않으면 안 된다. 그러므로 모택동의 결론=대답은 '옳다'고 말하지 않을 수가 없다. 그 상태에서 맨 처음의 물음으로 되돌아가서 그와는 정반대의 대답을 이끌어내는 것이다. 대답은 다음과 같지 않으면 안 된다.

●●호남제1사범학교에 있는 우물. 모택동은 여기서 몸과 마음을 단련하기 위해 꾸준히 냉수욕을 했다.

'중국'은 의미를 가지고 있다.

그것은 물어볼 만한 가치를 가지고 있다. 모든 악를 포함하여 그 근원적
인 가치는 물어볼 만한 것이다.

왜일까?

그것은 존재해 왔고, 현재에도 실제로 존재하기 때문이다.

중국은 어디로 가는가

이 물음은 첫 번째의 물음과 밀접한 관계를 가진다. 모택동은 두 번째의
물음에서 '중국'을 부정하였다.

하지만 부정하면서도 산에서 사슴을 뒤쫓는 사냥꾼처럼 중국을 개량하
고 혁명을 일으키고자 시도하였다. 그러한 시도를 계속해 온 한에 있어서
그가 이상으로 삼은 '대동大同'의 세계, 만민평등, 모든 사람이 부유해지는
공산주의 사회를 향하여 반드시 진행해 가야만 한다고 그는 대답하려고 하
였다.

누군가가 중국은 어디로 가는가라고 물어 오면, 그는 서슴없이 "대동大同
의 세계로 간다"라고 대답할 것이다. 그는 분명 마음속에 꿈을 품고 있었
고, 그 꿈이 바로 대답인 것이다.

첫 번째의 대답과 서로 모순이 되는 것 같지만 이러한 대답을 가지고 있
지 않았다고 한다면, 끊임없이 목표를 세웠던 것은 왜일까? 또한 계속해서
운동을 호소했던 것은 왜일까?

거기에는 중국은 반드시 변하며, 또 중국은 변하지 않으면 안 된다는 전
제가 있었다. 그렇지만 첫 번째의 물음과 밀접한 관계를 가진 두 번째의 물
음의 해답으로서 다음의 대답도 가능할 것이다.

위험하다면 위험한 대답이겠지만 여기서 강조해 두고 싶은 점이 있다.

중국은 어디에도 가지 않는다.

어디에도 가지 않으며, 가려고도 하지 않는 것이 '중국'이다. 변한다는 것은 변할 수 있다는 예상이 있기 때문에 말이 되는 것이다. 하지만 변하는 것이 과연 중국에서 가능할까? 어쩌면 가능할 수 없는 것은 아닐까?

중국에 가치가 있다고 한다면 그 가치를 버릴 때까지 변할 필요가 없다는 전제가 위의 대답에는 포함되어 있는 것이다.

어떠한 가치인가? 이 물음도 논의를 시작하면 문제는 복잡하고 여러 갈래로 나뉘겠지만, 정리해서 말하면 중국 그 자체에 가치를 두고 그것을 인정하는 '중화사상'이라는 것이다.

자신이자기들은 세계의 중앙에 있다.
자신들에게는 문명이 있다.

이것이 가치를 만들어 내는 것이다. 세계의 중앙에 있다는 것, 이것이 문명이며 가치인 것이다. 또한 그렇게 생각하고 사고하는 것이 '중화사상'이라는 것이다.

이 '중화사상'은 결코 없어져서는 안 된다. 이와 같은 사상이 없어지지 않는 한 '중국'은 없어지지 않는다. 혹여 정체政體나 제도가 변경된다고 해도 '중국'이 없어지는 것은 아니다.

중국은 단지 중국이다.

중국이 어디로 간다는 일이 있을 수 있는가?

모택동이라 해도 죽을 때까지 호남성의, 혹은 중국의, 농민의 아들로서 살았다고 할 수 있지 않을까?

정말로 요즘 우리들이 때때로 방문하는 북경이나 상해, 그 밖의 각지의 변화는 눈이 번쩍 뜨일 만큼 눈부시다. 하지만 표면의 가죽을 한 겹 벗겨내면 거기에는 변하지 않은 '중국'이 존재하는 것 같은 느낌을 받는다. 스스로를 속박하는 철의 테가 그 속에 꼭 박혀져 있는데, 바로 그것이 '중국'이다.

이 철의 테는 모택동에 의해서도 결코 파괴되지 않았던 것이다.

이미 앞에서 살펴본 바와 같이 중국이 분열하고 있을 때 혹은 군웅할거에 처해 있을 때, 드넓은 무대가 펼쳐진 대륙의 평야나 산맥 그리고 하천에는 활기가 넘쳐났다.

'청년 모택동'은 그러한 시대가 낳은 산물이었다. 그는 오리무중五里霧中의 형국에서 암중모색暗中摸索하며 수많은 번민과 방황을 거듭하고 수차례 절망하면서도 희망을 버리지 않았다.

민중은 확실히 비참한 곤경에 처해 있었지만, 자세히 살펴보면 비참하지도 않았거니와 결코 우매하지도 않았다. 그리고 모택동은 역시 모택동이었다.

그러나 이러한 대답에 나 자신이 안주할 수 없는 것은 철의 테 그 자체가 목표를 갖춘 것이기 때문이다. 목표가 실현되고 안 되고는 별개의 것으로 치더라도 사물은 변화하는 것이기 때문이다.

'청년 모택동'으로 되돌아가서 두 번째의 물음에 대답하고자 한다면, 그것도 낙관적인 향상심을 가지고 대답한다면 다음과 같이 되지 않을 수가 없을 것이다.

중국은 통일로 향한다향할 것이다.
중국은 어디에도 가지 않지만, 조금씩 변하고 있으며 세계의 흐름에서
자신의 입장을 발견한다발견할 것이다.

다만 이 '통일'은 정치적 슬로건을 뛰어넘은 사상적인 의미에서의 '통일'이다.

세계의 대세라는 것은 일시적인 유행어로서의 '지구적地球的 존재'라든가, '보편성'이라고 하는 것에 한정되지 않는 '세계'를 의미한다.

청년 모택동의 논문 · 편지 · 사詞

상앙의 '사목입신'을 논하다

1912년 6월

    역사책을 읽다보면 "나무를 옮겨서 믿음을 세우다徙木立信"[01] 라고 하는 상앙의 말[02]에 마주치게 된다. 여기서 우리나라중국 국민의 우둔함에 개탄하고, 정치를 시행하는 인간의 지극한 노고에 개탄한 적이 있다. 게다가 수천 년 이래 백성의 지혜民智가 열리지 않고, 나라가 지금도 멸망에 직면에 있는 참상에 개탄하였다.

    이렇게 내가 말하는 것이 이치에 맞지 않는다고 생각한다면, 다음에 서술하는 것을 잘 들어주었으면 한다.

    법령은 백성을 대신하여 행복을 도모하는 도구이다. 법령이 선善하다면 반드시 백성을 행복하게 만드는 일이 많을 것이다. 우리 국민도 법령이 공포되지 않음을 걱정하거나, 공포되었다고 해도 효력이 발생하지 않음을 걱정하여 반드시 전력을 다해 이것을 보장하고 유지하며 완전하게 목적이 달성될 때까지 힘을 다할 것임에 틀림이 없다. 정부와 국민이 서로 의존하면서 서로 신뢰하지 않음이 있을까?

    법령이 선하지 않으면 행복은커녕 오히려 위해危害를 초래한다. 우리 백성은 반드시 전력을 다하여 이것을 저지할 것임에 틀림이 없다. '믿어라'라고 명령해 보았자 믿을 리가 없다. 그런데 상앙에 대한 진秦나라 백성의 태도는 이러한 불신의 사례와는 완전히 반대였다.

왜일까? 상앙의 법이 양법良法이었기 때문이다. 4,000년에 걸친 우리나라의 기록을 열람해 보자. 나라에 이익을 가져오고 백성을 행복하게 만든 정치가의 한 사람으로 상앙을 첫번째로 꼽을 수 있는 것은 아닐까.

그는 진 효공孝公의 시대에 살았던 인물이다. 중원은 가마솥에서 물이 들 끓듯이 전쟁으로 날이 새고 저물었으며, 나라는 피폐해져 말로 형용할 수 없을 정도가 되었다. 이러한 때에 여러 제후국과 싸워 승리하고 중원을 통일하는 일은 지극히 어려운 일이 아니었을까?

이러한 상황에 즈음하여 변법의 령이 나오게 되었다. 간악한 인간을 응징하여 인민의 권리를 지키고, 농경과 직물에 힘써 국민의 부를 늘리고, 군사에 승리하여 국위를 수립하고, 빈민의 노고를 치하하여 그 힘을 소모하지 않도록 하였던 것이다. 이것은 확실히 우리나라로서는 일찍이 그 유래가 없던 대정책이었다. 백성이 믿는 바를 주저할 필요가 없는 것이다.

그런데 나무를 옮겨서 믿음을 세웠다고 하기 때문에 나는 정치를 하는 인간의 고심이 어떠한가를 상세하게 관찰한 것이다. 결국 우리나라의 국민이 우둔하다는 것을 알았다. 수천 년 이래 백성의 지혜는 암흑과 같았고, 나라가 멸망의 참상에 빠진 것은 그 이유가 있었음을 알게 된 것이다.

그렇다고는 하나, 언제나 이러하다고는 할 수 없기 때문에 백성은 불안해하는 것이다. 이쪽은 백성이고 법은 저쪽이다. 백성의 불안을 책망할 수가 있을까?

'사목입신徙木立信'의 말이 동서 문명국03 국민의 귀에 들어가는 것만이 나의 걱정의 씨앗根本이다. 그들은 반드시 배를 쥐어 잡고 웃을 것임에 틀림이 없다. 또한 끌끌 혀를 차고 비방할 것임에 틀림이 없다.

아아! 나로서는 해야 할 말이 아무것도 없구나.

이것은 모택동이 고교생 때에 지은 작문이다. 집필 연월을 정확히는 알 수 없지만, 호남전성 고등중학교湖南全省高等中學校라고 인쇄된 작문 용지에 쓰여져 있다는 점, 표제의 아래에 '보통 일반普通—班 모택동'이라고 적혀 있다는 점, 교사의 비평이 6월 28일부라고 하는 점 등등을 통해 추정해 볼 수 있다. 모택동이 호남성립 제1중학에 입학한 것은 1912년 봄, 퇴학한 것은 그 해 가을이다. 그래서 잠정적으로 6월이라고 하였다.

02

미야자키 도텐에게 보내는 편지

1917년 3월

시라나미 도텐白浪滔天[04]선생 각하

오래 전부터 선생님의 높은 의리高誼[05]를 존경하면서도 만나 뵐 수 있는 인연이 닿지 않아 멀리 떨어져 있는 곳에서나마 이렇게 소식을 듣고 분발의 계기가 되었습니다.

선생의 황공黃公[06]에 대한 태도는 살아있을 적에는 정신으로 돕고, 죽음에 이르러서는 체루涕淚[07]로써 그 죽음을 애도하였습니다. 지금 장례를 맞아 파도만리波濤萬里[08]를 건너서, 또한 묘혈墓穴, 관을 묻는 구덩이을 향해서 관을 보내는 높은 의리高誼는 달과 해를 가로지르고 그 정성精誠은 귀신을 움직일 정도입니다.

그것은 천하를 둘러봐도 좀처럼 보기 드문 일希聞[09]이며, 고금을 막론하고 아직도 그러한 예가 없습니다. 식번植蕃과 택동澤東은 상湘, 즉 호남성의 학생으로 일찍이 시서詩書를 읽고 약간의 지기志氣를 세웠습니다. 지금은 바라건대 선생님의 풍채豊彩[10]를 멀리 바라보고 넓고 큰 가르침宏敎[11]을 공손히 듣고 싶을 뿐입니다.

선생님과 가까이 만날 기회容接[12]을 허락해주신다면 정말로 감사하겠습니다.

호남성립湖南省立 제1사범학교第一師範學校

학생 소식번蕭植蕃[13] · 모택동 상上

해제

　　발신의 날짜는 적혀있지 않지만, 도텐滔天이 장사長沙에 체재하고 있던 기간
이었을 것이다. 《아사히신문朝日新聞》 동경판 1967년 7월 3일 석간에 미야자키 도텐
의 유족이 모택동에 관해서 기사를 보냈는데, 그것과 합쳐서 이 편지의 사진이 신
문에 게재되었다.

03

체육의 연구 [발췌 번역]

1917년 4월 1일

국력이 쇠약해져 무풍武風이 불지 않고 민족의 체질은 나날이 약해져 간다. 진실로 근심해야할 현상이다. 지금까지 체육을 제창한 사람들은 근본을 파악하지 못하였기 때문에, 전혀 효과가 오르지 않았고 이러한 현상은 바뀌지 않은 채 더욱더 쇠퇴할 뿐이었다.

활을 쏠 때 화살을 과녁에 명중시키거나 멀리까지 날려 보내거나 하는 것은 외부적 또는 결과적인 일이며, 체력을 충실히 다듬는 것은 내부적 또는 원인적인 일이다. 몸을 강하고 튼튼히 하지 않으면, 전장에 나가도 공포에 사로잡힐 뿐 명중하는 일도 멀리까지 날려 보내는 것도 불가능하다. 강하고 튼튼하게 하기 위해서는 단련이 필요하다. 단련하는 데에는 자각이 필요하다.

지금의 체육 제창자들도 이것저것 방법을 생각해 보지 않았던 것은 아니다. 그렇게 해도 효과가 오르지 않았던 것은 바깥의 힘外力으로는 마음이 움직이지 않고 무엇이 체육의 진의인가를 알지 못했기 때문이다.

체육에 어떠한 가치가 있는가? 체육의 효과는 무엇인가? 어디에서부터 시작해야만 하는가? 어느 것이나 모두 안개 속에 있는 듯이 어렴풋하기만 하다. 이런 것으로는 효과가 오르지 않는 것도 당연하다.

체육 활동을 해서 효과를 올리려고 한다면 사람의 주관[14]을 움직여서 체육에 대한 자각을 촉진시키지 않으면 안 된다. 자각만 할 수 있다면 체육의 구체적 항목은 가르침이 없어도 알게 되고, 명중시키거나 멀리까지 날려 보내거나 하는 효과도 그 추구하는 바가 없어도 저절로 얻어지는 것이다.

나는 체육의 필요를 통감하여 지금까지의 제창자가 그 타당하지 못했던 바를 아쉽게 생각하는 것이다. 천하에 이러한 병폐를 똑같은 것으로 취급하여 불쌍한 선비士가 반드시 많이 있을 거라고 깨달았기 때문에 부끄러움을 무릅쓰고 여기에 토론의 재료로써 우매한 의견을 올리는 것이다. 모두 내 자신이 실행했던 것은 아니며 이상理想만을 서술한 부분도 많지만, 손이 움직이는 대로 대충대충 할 생각은 없다. 먼저 읽고 그 다음에 가르침과 계시를 일러준다면 마음속에서나마 감사의 예를 표하고 싶다.

체육의 의미

인류가 출현하고 난 뒤[15] 아직 지식이 미개하였을 때에도 자기 자신의 생명을 지키는 방법은 누구라도 알고 있었다. 따라서 배고프면 서산西山의 고비도 먹었으며[16], 우물 근처에 떨어진 오얏나무 열매[17]도 입에 넣지 않을 수가 없었다. 그들은 나무위에 둥지를 틀어 주거로 삼고, 짐승의 가죽을 의복으로 삼았다. 모두 자연의 본능에 따랐을 뿐, 의미를 알고 그렇게 한 것은 아니기 때문에 아직 세련된 것은 아니었다.

이윽고 성인이 나타났다.[18] 그래서 예禮라는 것이 만들어졌고 식사의 올바른 방법, 기거起居와 동작 등 모든 면에서 절도節度가 생겨났다.

"공자께서 한가로이 계실 적에는 그 몸가짐이 단정하셨고 모습이 평화로우셨다."[19], "밥이 쉬어 맛이 변한 것과 생선이 상하고 고기가 썩은 것은 드시지 않으셨다"[20], "공자께서 그의 학생들과 함께 확상矍相의 채소밭에서 사례射禮를 연습할 때 주위에서 지켜보는 사람들이 벽을 둘러친 것처럼 많았다"[21] 등은 바로 그것을 말하고 있음이다.

인간의 신체物의 구조는 다른 동물과 다르지 않다. 그런데도 동물의 수명이 인간에 미치지 못하는 것은 그들은 생명을 제어하는 데 절도를 가지고 있지 않기 때문이다. 인간은 절도를 가지고 생명을 제어한다. 이것은 시대가 내려옴에 따라 분명히 드러나게 되어 마침내 체육이 생겨났다.

체육이란 생명을 보양保養하는[22] 길인 것이다. 그 드러나는 방법은 동양과 서양이 같지 않다. 장자는 포정庖丁에게서 그 방법을 배웠다.[23] 중니仲尼, 공자는 활쏘기와 말 다루는 법을 재료로 삼았다.[24] 현대의 문명 제국에서는 독일[25]이 가장 번성하여 투검鬪劍이 전국적으로 보급되어 있다. 일본에는 무사도武士道[26]가 있다. 최근 우리나라中國에서 맥이 끊긴 무술을 기초로 하여 유술柔術을 고안해내었는데, 정말로 훌륭한 일이 아닐 수 없다.

이것들의 내용을 보면 어느 것이나 모두 먼저 생리生理를 연구하고, 신체 기관의 구조와 맥락의 운행을 상세하게 관찰하여 잘 발달되어 있는 부분이라든가 아직 부족한 부분이라든가 하는 것이 있으면 이것을 근거로 하여 체육의 순서 · 방법을 세우고 너무 지나친 곳을 억눌러 부족한 곳을 촉진하는 것이다. 즉 신체를 평균적으로 발달시키는 것이다.

이상에서 알 수 있듯이 체육이란 인류가 스스로 자신의 생명을 보양하는 방법으로써 신체를 평균적으로 발달시키고 게다가 정확한 규칙과 방법을 갖추고 있는 것이다.

우리들에게 있어서의 체육의 위치

체육이라는 것은 덕육德育, 지육知育과 나란히 할 수 있지만 덕도 지도 모두 신체에 깃들어 있는 것이며 신체가 없으면 덕도 지도 없다. 그런데 이것을 깨달은 자는 분명히 적은 게 사실이다. 어떤 자는 지식이야말로 가장 중요하다고 생각하고 있으며 어떤 자는 도덕이 중요하다고 주장한다.

확실히 지식은 참으로 존귀하다. 이것이 있음으로써 인간은 동물과 구별된다. 그러나 지식만이 있어 보았자 무엇을 실을 수 있을까. 또한 도덕도 참으로 존귀하다. 이것이 있음으로써 사회규범원문은 '군도群道'을 세우고 자타의 관계원문은 '인기人己'를 원활히 할 수가 있다. 하지만 도덕만이 있어 보았자 어디에서 머무를 수 있을까. 신체는 지식이 실리고 도덕이 머무르는 곳이다. 지식을 싣기 때문에 수레와 같고, 도덕을 머무르게 하기 때문에 숙소와 같다. 신체는 지식을 실어주는 수레이며 도덕을 머무르게 해주는 숙소이다.

아동은 취학 연령에 달하면 소학교에 들어가는데, 소학교 시절은 신체의 발육에 전념하는 것이 좋으며 지식의 증진이나 도덕의 양성은 뒤로 미루는 것이 좋다. 양호養護를 주로 하고 수업·훈련은 그 보조로 해야만 한다. 그런데 이것은 좀처럼 이해 받지 못한다. 그런 까닭으로 아동이 공부 때문에 병이 들고 그 중에는 어려서부터 목숨을 잃는 일조차 발생하는 것이다. 중학교 및 중학교 이상이 되면 삼육三育, 체육·지육·덕육은 어느 것이나 모두 중시하는 것이 좋다. 그런데 현상은 어쨌든 지육에 치우친 경향이 많다. 중학생의 연령으로는 아직 신체의 발육이 완성되지 않았는데도 현상에서는 이것을 생장生長시키기보다는 소모시키는 경향이 강하다. 이렇게 하다가는 발육이 정지해버리지는 않을까?

우리나라중국의 학제는 학습의 과정이 쇠털처럼 빽빽이 꽉 차여있다. 완강한 신체를 가진 어른이라도 끝까지 해내기가 어렵다. 미성년이나 신체가 약한 자는 더더욱 말 할 것도 없다. 그 의도하는 바를 생각해 보면 교사가 일부러 과중한 과정을 만들어 학생을 괴롭히고 신체를 짓밟으며 생명에 위해를 가하려고 하는 것처럼 보인다. 거부하는 자가 있으면 벌을 내린다. 지력知力이 우수한 자에게는 감언이설로 유혹하여 칭찬의 포상으로 추켜세우고 게다가 이것을 읽어라 저것을 읽으라고 명령한다. 이것이 대체 무슨 일인가. "남의 자식을 해치는구나!"[27]라고 하는 것이 바로 이것일 것이다.

또한 학생도 학생 나름대로 장생長生하는 것을 싫어하여 어떻게 해서든지 생명을 무익하게 만들고 싶어 자기 몸을 버려도 후회는 없다고 생각하고 있는 것 같다. 왜 이토록 꿈속에서 헤매고 있는 것일까. 인간은 신체가 없어져버리는 것만을 걱정하면 그것으로 좋다. 그 외에 걱정할 것은 아무것도 없다. 어떻게 하면 자신의 신체가 좋아질까? 오직 이것만 추구해 가면 다른 일도 그에 따라서 좋아질 것이다.

자신의 신체를 좋게 하는 데에는 체육보다 더 나은 것은 없다. 우리들에게 있어서 체육이란 실로 첫째의 위치를 점하는 것이다. 신체가 건강해야지 처음으로 학문·도덕의 진보에 활기가 붙어 효과도 커지게 된다. 체육은 우리들의 깊은 학문 연구에서 반드시 중요시해야 할 부분이다. "학문에는 본本과 말末이 있고 일에는 끝終과 시작始이 있으니 먼저 하고 뒤에 할 것을 알면 도에 가까울 것이다"[28]라고 한 것은 바로 이점을 말하고 있는 것이다.

지금까지의 체육의 폐해와 우리들이 나아갈 길[29]
〔생략〕

체육의 효과

인간은 동물이다. 그렇다면 움직이는 것을 중요시한다. 인간은 이성적인 동물이다. 그렇다면 움직임에 길道이 없으면 안 된다. 그러면 왜 움직이는 것을 중요시하는 것일까? 왜 길이 있는 움직임을 중요시하는 것일까?

동動. 움직임에 의해 생명을 영위하는 것이다. 그렇다면 이것은 귀에 들어오기 쉽게 설명한 것이다. 동動에 의해 나라國를 지키는 것이다. 그렇다면 이것은 과장되게 설명한 것이다. 어느 쪽도 본래의 의미는 아니다. 동動이라는 것은 우리 생명을 보양하고 우리 마음을 즐겁게 해주는 것뿐이다.

주자는 '경敬'을 주장하였고 육자陸子, 육구연는 '정靜'을 주장하였다.[30] 정이란 고요함이라는 것이며 경이란 동움직임이 없기 때문에 이것 또한 정이다. 노자는 "움직임이 없는 것이 큰 것大이다"라고 말하였다.[31] 석씨釋氏. 불교는 고요하고 적막함靜寂을 추구하였다.

정좌靜座의 법은 주륙의 무리들에 의해 존중되어 최근에 인시자因是子라는 사람이 정좌법[32]을 주장하고 그 효능이 신통하다고 선전하면서 운동하는 자는 스스로 신체를 망치고 있다고 경멸하고 있다.

이것도 하나의 길道일지는 모르겠지만, 나는 흉내를 내고 싶지는 않다. 나의 서투른 생각으로는 천지 사이에 있는 것은 움직임운동뿐이다.

인류에 속한 움직임 내에서 규칙다운 규칙을 갖춘 것을 체육이라고 한다. 앞에서 서술한대로 체육의 효능은 힘줄과 뼈근육과 골격를 강화하는 것이다.

이전에 들은 이야기에서는 인간의 기관이나 골격은 일정한 연령에 달하면 굳어지고 두 번 다시 바뀔 수 없으며 대체로 25세 이후에는 그것들이 다 만들어져서 바뀌지 않는다고 한다. 이것은 현재의 관점에서 보면 틀리다는 것을 알 수가 있다. 사실 인간의 신체는 매일 변화하여 신진대사[33]의 작용이 각각의 부분의 조직 안에서 끊임없이 행해지고 있다. 눈이 나빠도 볼 수 있고, 귀가 멀어도 들을 수 있다. 가령 60세, 70세의 사람이라도 기관·골격을 바꿀 수가 있다. 이것은 틀림없는 사실이다.

또한 허약한 인간이 건강하게 되는 것은 어려운 일이라고도 들은 적이 있다. 이것도 현재의 관점에서 보면 틀리다는 것을 알 수가 있다. 어쨌든 선천적으로 건강한 인간은 건강함을 활용하여 각종의 욕망을 억제하지 않고 점차 신체를 망가뜨려 버린다. 자신의 신체는 선천적으로 튼튼하기에 그것으로 충분하며 단련은 불필요하다고 굳게 믿은 결과, 가장 건강했던 인간이 마침내는 가장 허약하게 된다.

한편 허약한 인간은 자신의 신체가 약하다는 것을 자각하기에 길게 살 것 같지 않음도 걱정하고 두려워하며 항상 조심하면서 생활을 한다. 소극적으로는 신체를 훼손하지 않으려고 욕망을 엄격하게 경계하며, 적극적으로는 단련에 힘써 서투른 일에 숙달되려고 노력한다. 이것을 길게 지속하는 동안에 변화를 이루어 건강하게 되는 것이다.

따라서 선천적으로 건강하다고 해서 기뻐할 일은 아니며 허약하다고 해서 슬퍼할 일은 아니다. 선천적으로 허약하다면 하늘天이 건강하게 되도록 인도해 줄지도 모른다. 동서의 유명한 체육가, 예들 들면 미국의 루즈벨트[34]·독일의 존탁음역한 발음·일본의 가노嘉納[35]는 모두 지극히 허약한 신체에서 출발하여 지극히 건강하게 되었다.

또한 이러한 설도 있다. 정신과 육체는 어느 쪽이나 모두 완전하다고는 말 할 수가 없다. 머리를 쓰는 인간은 신체에 결함이 있으며 육체가 완강한 자는 대개 머리가 나쁘다고 하는 설이다. 이것도 틀린 것이다.

박약한 의지와 약한 실행력을 가진 사람은 어쨌든 군자의 상과는 맞지 않는다. 공자는 72세까지 살았지만 신체가 안 좋았다는 말은 듣지 못하였다. 석가는 줄곧 전도의 길을 거닐면서도 또한 고령으로 사망하였다. 예수는 불행히도 억울한 죄명을 뒤집어쓰고 사망한 것이다. 마호메트에 이르면 왼손에는 코란을 오른손에는 칼을 들고 세계를 제압하였다. 그들은 고대의 소위 성인이며 가장 위대한 사상가였다.

현대에서도 오질용伍秩庸 선생[36]이 벌써 70세를 넘겼는데도 앞으로 백세 이상을 살 것이라고 그 자신이 말하고 있다. 그도 또한 머리를 쓰던 사람이다. 게다가 왕상기王湘綺[37]는 70여세의 나이로 사망하였는데 그 때까지도 건강하였으며 비록 늙었어도 한창 노익장을 과시하던 사람이었다. 위에서 그러한 설을 주장하는 자들은 이 사실을 어떻게 설명할 수 있을까.

결국 이러한 것이다. 체육에 힘쓰면 힘줄과 뼈가 강해진다. 힘줄과 뼈가 강해지면 체질은 바뀌고 약함은 강함으로 전화하여, 몸과 마음 양쪽 모두 완전하게 되는 것이다. 이것은 천명天命이 아니라 전적으로 인간의 노력에 의한 것이다.

힘줄과 뼈를 강하게 만드는 것뿐만이 아니다. 체육은 지식을 늘리는 힘을 가지고 있다. 요즘 사람의 말[38]에 의하면 그 정신을 문명화하고 그 육체원문은 '체백體魄'이며 다음의 행도 같음를 야만으로 만들라고 한다. 이것이야말로 지당한 말이다. 정신을 문명화하는 방법으로 먼저 육체를 야만으로 만드는 것이다. 먼저 육체를 야만으로 만들면 문명이 된 정신은 이에 따라 나타난다.

무릇 지식의 작용은 세간의 사물을 인식하여 그 이치理를 판단하는 것이며 따라서 신체에 의존하지 않으면 안 된다. 직관은 눈과 귀에 의지하며 사색은 두뇌에 의지하지만, 눈과 귀 그리고 두뇌도 결국은 신체인 것이다. 신체가 완전하면 지식의 작용도 완전하게 된다.

따라서 체육을 통하여 간접적으로 지식을 습득한다고 말 할 수 있는 것이다. 현대에서는 각종의 학문을 학교에서 배우든 홀로 독학을 하든 끝까지 견디어 낼 힘이 반드시 필요하다. 끝까지 견디어 낼 수 있다면 신체는 건강하게 되고 끝까지 견디어 낼 수 없다면 신체는 허약해진다. 신체의 강약에 의해 사람이 짊어져야 할 영역이 나누어진다.

지식을 늘리는 것뿐만이 아니다. 체육에는 감정을 정리하는 힘이 있다. 인간에게 있어 감정이 가진 힘은 지극히 크다. 고인古人은 이성에 의해 이것을 제어하였다. 그래서 "주인은 항상 깨어 있을까"[39]라는 표현이 있으며 또한 "이理로써 마음心을 제어한다"[40]라고도 한다.

그러나 이성은 마음으로부터 생겨나고 마음은 신체에 존재한다. 자주 있는 일이지만 신체가 약한 인간은 여하튼 감정에 휘둘리게 되어 거기에서 빠져나올 힘이 없다. 오관五官이나 신체에 결함이 있는 자는 치우친 감정에 빠지기 쉽다. 그러나 이성은 그것을 구하기에는 충분하지가 않다. 때문에 신체가 건전하게 되면 감정도 이에 따라 바르게 된다. 이것이야말로 불변의 진리라고 해야 할 것이다.

예컨대 우리들은 불쾌한 일을 당하면 그것에 자극을 받아 제지하기 어려울 정도로 심신이 동요하기 마련이다. 이러한 때에는 격렬한 운동을 해보자. 그러면 순식간에 자신을 속박하던 관념은 어디론가 사라지고 두뇌는 신선함을 되찾는다. 그 효과는 즉각적으로 나타나게 되는 것이다.

감정을 정리하는 것뿐만이 아니다. 체육에는 의지를 강화하는 힘이 있다. 체육의 가장 큰 효과는 바로 여기에 있다. 무릇 체육의 주지는 무용武勇이다. 무용의 주안점은 맹렬猛烈 · 두려워하지 않는 것不畏 · 과감果敢 · 인내忍耐 등에 있는데 어느 것이나 모두 의지의 작용이다. 예를 들어서 말해보자. 냉수욕은 맹렬과 두려워하지 않는 것을 연마할 수 있고 또한 과감을 연마할 수가 있다. 어떠한 운동이든지 도중에 그만두지 않고 계속하기만 한다면 인내심의 연마에 도움이 된다. 그중에서도 장거리 경주는 특히 인내심의 연마에 적합하다.

"힘은 산을 뽑아들고 기氣는 세상을 덮었다."[41] 이것이 바로 맹렬이다.

"누란樓蘭을 베지 않으면 맹세코 돌아가지 않을 것이다."[42] 이것은 다름 아닌 두려워하지 않는不畏 자세이다.

"집家을 화化하여 나라國를 이룬다."[43] 이것은 즉 과감이다.

"우왕이 8년을 밖에 있는 동안 세 번 문 앞을 지나치면서도 들어가지 않았다."[44] 이것은 인내이다.

이것들은 모두 평소 체육에 힘쓴다고 하는 작은 일에 기초를 두고 있지만 가장 중요한 요점이다.

의지란 원래 인생의 사업에 있어서 선구가 되는 것이다.

손과 발 및 신체가 작은 자는 동작이 경박하고 피부가 축 늘어진 자는 감정이 둔하다. 이렇게 신체는 심리에 영향을 끼친다. 체육의 효과는 힘줄과 뼈를 강화시키는 것이며 그것에 의해 지식이 늘어나고 감정은 정리되며 의지는 강해진다.

근육과 뼈란 우리들의 신체이다. 지식·감정·의지란 우리들의 마음이다. 마음과 몸 모두 쾌적하다는 것, 이것을 "태泰가 갖추어지다"출전은 미상라고 말한다. 따라서 체육이란 다른 것도 아니며 우리 생명을 보양하고 우리 마음을 즐겁게 해주는 것 일 수밖에 없다.

운동을 싫어하는 원인[45] 생략

운동의 방법은 적은 편이 낫다[46] 생략

운동할 때에 주의해야 할 점[47] 생략

내가 깨달아 얻은 운동을 제안한다[48] 생략

《신청년》 3권 2호, 1917년 4월 1일 발행에 게재된 문장이다. 서명은 이십 팔획생二十八畵生이라고 되어 있는데 이것은 모택동의 필획의 합계이다. 《신청년》이 라는 잡지는 1915년 9월에 창간되었는데 당시의 잡지명은 《청년잡지靑年雜誌》였다. 그 후 1916년 9월부터 잡지의 명칭이 《신청년》으로 바뀌었다. 신문화운동의 중심 으로서 약 1만 5,000~1만 6,000천부를 발행하였다. 게재는 호남성립 제1사범학 교에서 모택동을 가르친 양창제楊昌濟, 1871~1920의 추천에 의해 이루어졌다.

04

대본대원이 천하의 마음을 움직인다

1917년 8월 23일

소서邵西선생[49] 각하.

성도省都, 즉 장사長沙에서 한 번 만나 뵙고 난 뒤, 편지를 보내려고 몇 번이나 마음에 두고 있으면서도 저의 게으름 탓에 보내지 못하였습니다. 최근 마음은 복잡한 생각으로 가득 차여 있는데도 주변에는 마음을 터놓고 얘기할 가까운 상대가 없습니다.

각하와 친숙한 사이가 되어 저는 마치 어린 아이가 인자한 어머니를 얻은 것 같습니다. 이렇게 말하는 것도 세상은 어디랄 것도 없이 혼미해져서 어둡고 마음은 갈기갈기 찢어져 의지조차 잃어버린 상태이기 때문입니다.

그런데도 국가의 대계를 의논하고 도덕을 완수하며 입신처세의 도道에 합치하는 학문에 관하여 상담할 수 있는 사람은 한 사람도 없습니다. 슬픈 일이지만 어릴 적부터 저는 학문을 떠나 매일 같이 스승이 없는 것을 한탄하였습니다.

향상向上과 진보를 바라지 않는 인간이 어디 있겠습니까. 나아가야 할 길이 눈에 띄지 않아 갈림길에서 헤매며 방황합니다. 그 고통이야말로 말로는 이루 다 할 수 없습니다. 나이가 어린만큼 더 곤경에 빠지는 법입니다.

올 해 여름방학에는 고향집에 갔다가 다시 성도長沙에 돌아왔는데 며칠동

안 영향永鄕·안화安化·익양益陽·원강沅江의 제현諸縣을 만유하여[50] 어느 정도
는 기분을 전환하고 근골筋骨도 단련하였습니다.

저번 16일 성도에 되돌아온 뒤 20일에 학교로 돌아왔습니다. 22일에 신
학기가 시작되었고 내일부터 교실에서의 강의가 시작됩니다. 지금 저의 가
슴속의 소견에 관해서는 편지로 올림에 지도편달을 삼가 청하옵니다. 부디
현명한 가르침을 내려주시길 바라옵니다.

지금 천하는 어수선하여 혼란스럽습니다. 이것은 한편에서 말하면 변혁
에 직면하여 당연한 현상이며 다른 한편에서 말하면 지금의 혼란은 개개인
각각의 역량부족으로 인하여 천하의 고난을 구할 수단을 가지지 못하고 쓸
데없이 지엽말단의 견해를 과시하여 대국적 견지가 아니라 한 구석만을 찔
러보고 들추어낸 결과입니다. 게다가 천하의 모든 사악함을 근절시켜 보여
준다고 큰소리치며 장담하고 있습니다. 안에서는 반성의 밝은 빛이 없으며
밖에서는 동찰洞察의 견식조차 없기 때문입니다.

자기 자신의 본래 위치는 어디에 있습니까. 스스로 깨달아야만 하는 것
입니다. 지주支柱밖에 될 수 없는데도 마룻대가 되려고 한다거나, 흉중胸中은
텅 비어 아무것도 없다거나, 세계를 농락하려고 잔꾀를 써서 술책을 부리

고 고대 간웅奸雄의 자세를 모방하여 행동한다거나 하는 것들은 수원水源이 없는 가을비, 뿌리 없는 부초와 같으니 어찌 오래 지속될 수 있겠습니까?

인물을 논하는 사람은 원세개[51]·손문[52]·강유위[53] 세 사람이 훌륭하다고 칭찬하고 있습니다. 손문과 원세개는 어찌 되었든 간에 강유위에게는 본원本源이 있는 것 같습니다. 그러나 잘 관찰해 보면 그의 본원이 어디에 있는지 명시할 수가 없습니다. 허울 좋은 말을 늘어놓아 사람들의 시선을 끌어당기고는 있지만 줄기幹가 견고하여 지엽枝葉이 이것을 떠받치고 있는 것은 아닙니다.

생각하건대 본원本源[54]이란 학學[55]을 중히 여기는 것입니다. 학은 기초인데도 지금의 사람들에게는 학이 없습니다. 기초가 약하여 붕괴될 위험성이 있습니다.

요즘 사람들 중에서 저는 증문정曾文正[56] 한 사람만을 존경합니다. 홍洪·양揚의 역役을 진압하고 평정한 것을 보아도 완전무결원문은 완만무결하며 지금의 사람들에게 흉내를 내보라고 해도 할 수 있는 일이 아닙니다.

천하는 크고 사회의 구조는 복잡합니다. 게다가 수천 년의 역사가 있고 백성의 지혜民智는 막혀 이것을 개통시키는 것은 결코 쉬운 일이 아닙니다.

천하를 움직이기 위해서는 마땅히 천하의 마음心을 움직여야 합니다. 즉 표면의 현상에 현혹되지 않는 것입니다. 마음을 움직이기 위해서는 마땅히 대본대원大本大源[57]을 갖추어야 합니다.

오늘날의 변법유신파의 개혁은 지엽말단으로부터 착수하고 있습니다. 의회·헌법·총통·내각·군사·실업·교육 등 이것들은 모두 지엽말단입니다. 물론 지엽말단도 필요하겠지요. 다만 이들 지엽말단에는 본원이 있을 것입니다.

본원을 파악하지 못하는 한 이것들은 쓸모없는 것이고 지리멸렬支離滅裂하며 일관된 것이 아닙니다. 다행히 잘 해 나가면 본원에 가까워지더라도 잘못해 나가면 역방향으로 가게 될 것입니다.

개혁이 본원과 역방향으로 가게 되면 민중에게 군림하고 통제하는 도구가 되며 재난을 퍼뜨려 국가는 멸망하게 되겠지요. 이것을 어찌 부강하고 행복하다고 말 할 수 있겠습니까.

본원은 우주의 진리입니다. 천하의 민중이 제각기 우주와 일체가 되면 우주의 진리는 사람들의 마음속에 갖추어집니다. 비록 치우치고 비뚤어졌다고 해도 대개 얼마간은 존재합니다. 여기서 우리들이 대본대원을 가지고 호소한다면 어찌 천하의 마음이 움직이지 않을 수 있겠습니까? 천하의 마음이 움직여서 천하에 할 수 없는 일이 있겠습니까? 천하의 일을 할 수 있으므로 부강하고 행복하지 않을 국가가 있겠습니까?

그런데도 지금의 천하는 뒤죽박죽이 되어 어수선하기만 합니다. 그 원인을 생각해 보면, 하나는 앞에서도 서술한 바와 같이 안으로 내적 성찰의 지혜가 없기 때문이며, 다른 하나는 천하가 어떻게 나아가야만 할 것인지 그 길을 알지 못하면서 움직이기 때문입니다. 결국 외적 관찰의견식外觀之識이 없다는 것입니다.

그래서 저는 생각하건대, 당금의 세상은 마땅히 당당한 기세大氣로써 사람을 판단해야 합니다. 철학·윤리학으로부터 착수하여 철학을 개조하고 윤리학을 개조합니다. 전국의 사상을 근본으로부터 전환시키는 것입니다. 이러한 커다란 깃발이 휙 하고 흔들릴 때 많은 사람들이 세차게 모여들고, 천둥소리가 울려 퍼지니 드리워진 암운이 일시에 제거됩니다. 그 기세등등함과 왕성함을 결코 제어할 수는 없겠지요.

이전에는 지식이 부족하였지만, 요즘은 신문·잡지를 펼치고 중외의 상황을 비교하여 느끼는 것은 우리나라 사람들의 사상이 지나치게 낡고 도덕은 지나치게 열악하여 붕괴하고 있다는 것입니다. 다년간에 걸친 폐해의 누적은 심각합니다.

사상은 사람의 마음을 주재합니다. 도덕은 사람의 행위를 규제합니다. 두 세력은 도처에 확대되기 때문에 이것들이 깨끗하지 못하면 여기도 저기도 모두 더렵혀집니다.

사상과 도덕은 반드시 참되고, 반드시 진실되어야 합니다. 우리나라에서 사상과 도덕은 "거짓이면서 참되지 않고", "공허하면서 진실되지 못하다"는 말로 요약할 수 있습니다. 힘을 쥐어짜내지 않는 한, 오천년 이래 현재까지 전해져 깊게 뿌리를 내리고 있는 것을 때려 부수고 제거할 수가 없습니다.

회중懷中 선생[58]은 일본의 어떤 사람은 동양사상이 실제생활과 관계가 없다고 말하면서 이것은 지당한 말이라고 말씀하셨습니다. 다만 저는 서양사상이라고 하더라도 실제생활과 밀접하다고는 단정할 수 없다고 생각합니다. 동양사상과 함께 개조해야 할 부분은 많습니다.

요즘 사람들은 자주 '뜻을 세우라'고 말하여 자신의 자제를 꾸짖고, '저 젊은이에게는 뜻이 있다'고 칭찬하고 있지만, 이것은 잘못된 것이라고 저는 생각합니다.

뜻은 우주의 진리로서 나타나고 이것에 비추어 우리들 마음이 향하는 방향을 결정하는 것입니다. 요즘 사람들이 '뜻을 세우라'고 말하는 것은 군인이 되려고 하든지 교육자가 되려고 하든지 간에 모두 선배나 가까운 사람이 성공한 예를 보고 부러워한 나머지 남을 흉내 내어 자신이 뜻을 세운 데 지나지 않으며 모방성이 있습니다. 진실로 뜻을 세운다는 것은 그렇게 쉬운 일이 아닙니다.

반드시 먼저 철학·윤리학을 연구하고, 그래서 얻어진 진리를 자신의 언동의 기준으로 받들어 앞길의 목표로 세우고, 그 다음에 이 목표에 합치하는 바를 선택하며 온 힘을 다하여 실천합니다. 이것을 목적 달성의 처방전으로 삼는다면 뜻이 있다고 말할 수 있습니다. 이러한 뜻이 진정한 뜻으로 남의 흉내를 내는 뜻이 아닙니다.

뜻을 세우면 그것을 결정한 당초에는 선을 추구하는 경향이나 진眞·미美를 추구하는 경향이 있겠지만 이것은 충동에 지나지 않으며 진정한 뜻이 아닙니다.

그렇다고는 하지만 뜻을 세우는 것이 그렇게 쉬운 일이겠습니까? 10년이 걸려도 진리를 파악하지 못하면 10년간은 뜻이 없으며, 죽을 때까지 파악하지 못하면 죽을 때까지 뜻은 없습니다. 이것이 배움을 유년시절부터 시작하는 것을 중요시하는 까닭입니다.

요즘 사람들은 배움이라는 것이 문文이라고 말합니다. 그래서 논의를 좋아하고 시비를 가려 판단하며 붓을 들면 매우 많은 말들을 쏟아냅니다. 이러한 사람을 세간에서는 '재능이 있다'고 하여 많은 사람들의 입에 오르내립니다. 그러한 사람은 엉터리 같은 짓을 알지 못합니다. 그 논의는 즉흥적인 생각에 지나지 않으며 우주에서 펼쳐지는 사리事理의 참됨과는 합치하지 않습니다.

연구에 시간을 들이지 않고 진리가 어디에서 오겠습니까.

"오늘의 나는 어제의 나에게 도전한다"[59]고 말하는 사람이 있습니다. 그렇다면 내일의 나는 오늘의 나에게 도전할지도 모릅니다.

연구는 나날이 진보하고 이전의 일시적인 실수는 분명하게 드러납니다. 세간에서는 발표된 언론言論을 현자가 말하는 것이라 하여 그것을 굳게 믿고 실행합니다. 하지만 그 후가 되어 잘못되었음을 알게 됩니다. 이렇게 되면 천하를 현혹시키는 것입니다. 이러한 경향은 저에게도 있으므로 금후에 스스로 경계하고 모든 노력을 기울여서 대본대원을 향하여 탐구하고자 합니다.

탐구하면 일체가 해결될 수 있습니다. 지엽말단에 관해서는 의론하지 않으며 시간을 헛되이 낭비하지 않겠습니다.

각하께서는 어떻게 생각하십니까.

성인은 대본을 얻은 사람이고 현인은 거의 대본을 얻은 사람이며 우인愚人은 대본을 얻지 못한 사람입니다. 성인은 천지를 통하고 그 밝은 빛은 과거·현재·미래를 관통하며 삼계三界의 현상 삼계의 현상.[60]을 통찰할 수 있습니다.

공자가 "백세百世의 뒷일이라도 알 수 있을 것이다"[61]고 말한 그대로입니다. 또한 맹자는 "성인이 다시 나와도 내 말을 바꾸지 못한다"[62]고 말하고 있습니다.

공자도 맹자도 제자의 질문에 대답하는 것은 그렇게 어렵지 않았습니다. 어리석은 자는 인간업人間業이 아니라고 생각할지도 모르지만, 대본만 장악하면 잘못됨이 없다는 것을 알지 못합니다. 대본으로써 동향을 조종하면 갖가지 분쟁에 대처해서도 올바르며, 무엇 하나 놓치지 않고 잘못하는 바도 없습니다^{종교의 창시자가 세간에서는 신비적으로 보이지만, 예수·마호메트·석가모니 등은 사람들이 제멋}
대로 신비적이라고 믿어버린 결과일 뿐입니다.

제각기 무턱대고 타인의 시비에 따르지 않으며 자신의 진정한 주장에 비
추어 행동합니다. 그렇게 하기 위해서는 철학을 보급하지 않으면 안 됩니다.

요즘 사람들은 예외 없이 심할 정도로 강자의 이용물이 되어 있습니다.
예를 들면 상품이라든가 토목공사라든가, 주관의 성령^{주관은 주체, 성령은 정신적 작}
^용을 상실하고 전도되어 농락당하고 있습니다. 이 어찌 슬픈 일이 아니겠습
니까.

철학적 견해를 가지면 저절로 인심이 평정되고 분쟁은 발생하지 않으며
진리는 널리 퍼지고 악인은 그 모습을 감추는 것입니다.

어떤 이가 저에게 "인간 세상에는 왜 어리석은 자가 많고 지혜로운 자가
드문가?"라고 물은 적이 있습니다. 노령이 되면 총명이 흐려지고, 사람이
진리를 이야기해도 쇠약한 귀 때문에 들을 수 없고, 재촉해서 움직이려고
해도 움직여지지 않습니다. 이것도 자연스러운 일이기에 뭐라고 나무랄 수
가 없습니다.

그런데 젊은 사람들 중에도 도리를 염두에 두지 않고 형식적으로 행동하
는 자가 있습니다. 예를 들면 철학 교실에 들어가면서 강의는 건성으로만
듣고 정신없이 졸기만 합니다.

죽음의 문제도 큽니다. 이것에 관해서도 생각해 보려고도 하지 않고 눈
앞의 작은 분쟁에만 매달리고 있으니 무지도 이만저만이 아닙니다. 이러한
인간은 불쌍할 정도입니다.

도리를 염두에 두지 않는 자들은 오랜 역사를 가진 열악한 사회로 말미
암아 생각은 틀에 박히어 자신의 뜻대로 잘 되지 않습니다. 이 또한 크게
불쌍히 여겨야 할 일입니다. 이러한 자들이 아침부터 저녁까지 골똘히 생
각하며 고민하는 것은 죽고 싶지 않다든가, 돈벌이를 하고 싶다든가, 세간
의 평판은 어떠할까라든가 문제들뿐입니다.

어리석은 자^{愚者}는 눈앞의 일만을 생각하여 이럴까 저럴까 하는 갈림길에
서 허둥지둥하며 망설이기만 할 뿐입니다. 이들에게는 판단을 내릴 때 의

거할 확실한 기준이 없습니다. 악의 위력에 굴종해도 우연이며 선의 위력에 굴종했다고 해도 우연인 것입니다.

막연하지만 사회적 제재라는 것이 있어 착한 사람을 칭찬하고 악한 사람을 심판합니다. 이러한 제재 하에 놓여져 모든 사람은 선을 행하고 악을 행하지 않습니다. 요즘 덕목으로 삼는 수절_{미망인이 재혼하지 않는 등의 일} · 버려진 아이의 구제 · 다리나 도로의 보수 등등에서 효 · 우_{형제사이가 좋은 것} · 목_{가족사이가 좋}은 것 · 옹_{상호구제} · 임_{의협심} · 휼_{빈민을 구제하는 것}에 이르기까지 사실 이것들은 모두 장래 희망이 보이지 않는 행동인 것입니다. 두말할 것도 없이 좋은 일이겠지만 제재하는 측도 제재 받는 측도 심리적으로는 장래 희망이 불투명합니다. 우주의 대본대원을 전혀 모르는 것입니다.

이러한 어리석은 사람을 지혜로움으로 되돌리고 싶은데, 그러기 위해서는 철학을 보급하지 않으면 안 됩니다.

소인은 군자에게 의지하고 있기 때문에 군자는 자비로운 마음을 가지고 소인을 구원해야 합니다. 정치 · 법률 · 종교 · 예의_{禮儀} 등 모든 제도 및 그 외 여분의 농업 · 공업 · 상업은 아침부터 밤까지 바쁘게 활동하고 있습니다. 이것들은 군자를 위한 것이 아니라 소인을 위해 만들어진 것입니다.

군자에게는 고상한 지덕_{智德}이 있습니다. 세간에 존재하는 것이 군자뿐이라면 정치 · 법률 · 예의 등 모든 제도 및 그 외 여분의 농업 · 공업 · 상업 등은 폐지해도 상관이 없을 것입니다. 하지만 세간에는 소인이 더욱 많으며 그들 또한 활동하고 있습니다. 세간에서는 다수를 기준으로 삼기 때문에 군자의 일부분을 희생하여 소인을 따릅니다. 이것이 소인이 군자에게 의지하고 있다는 것입니다.

그렇기는 하지만 소인을 불쌍히 여겨야만 합니다. 자신을 돌보는 데 만족한다면 군자는 무리를 떠나 살겠지요. 옛날 사람으로 말하면 소보_{巢父}라든가 허유_{許由}가 그렇게 하였습니다_{모두 고대의 은자이며 요임금이 나라를 물려주려하자 이를 거절하고 은거하였다.}

자비로운 마음으로 보면 소인은 우리 동포이며 우리 우주와 일체입니다. 우리들만이 걸어가면 소인은 더욱더 몰락하겠지요. 지혜를 열고 덕을 쌓도록 원조의 손을 뻗치어 모두 성역에 올라가도록 해야 합니다. 그 때 모든 어리석음은 사라지고 천하는 모두 성현이 됩니다. 일체의 세상 법은 완전히 파괴되어 태화太和, 천하태평의 세상에서 안락한 생활을 하는 상태의 기를 부르고 맑은 바다의 파도를 호흡합니다.

공자는 이것을 알고 있었습니다. 그는 이러한 것을 목표로 삼아 태평세太 平世[63]를 세웠습니다만, 그렇다고 해도 난세와 승평세昇平世를 부정하지는 않았습니다.

대동大同[64]은 우리들의 목표입니다. 덕을 세우고[65], 공功을 세우며, 말씀을 세우고, 그러함으로써 이 세상을 위해 전력을 다합니다. 이것이야말로 우리들이 자비로운 마음을 가지고 소인을 구원한다고 하는 것입니다.

저는 학교에 대해서 상당한 불만이 있습니다. 후일 기회가 되면 상세하게 논술한 것을 정리하여 각하에게 보여드리고 싶습니다.

바야흐로 졸업할 날이 바싹 다가왔습니다. 졸업 후에는 독서하는 것이 상책이요, 교원이든가 사무원이 되는 것이 하책이라고 생각하고 있습니다. 지금 잘 생각해 보면 저는 원래 뜻을 세우지 않은 탓인지 우주에 대해서, 인생에 대해서, 국가에 대해서, 교육에 대해서 무엇을 주장할 것인지 막막하여 아직 정하지 못하고 있습니다. 이래서야 어떻게 교원이나 사무원이 될 수 있겠습니까?

굳이 취직한다고 하면 그것은 시간과 정력의 낭비입니다. 그뿐만 아니라 정말로 터무니없는 짓입니다. 터무니없는 짓을 하면 결과도 결국 부질없을 뿐입니다. 저는 바로 이러한 것을 걱정하는 것입니다.

저는 오랫동안 사숙私塾을 만들려고 생각해왔습니다. 옛날 사설 학교의 강의와 최근 학교의 강의 중에서 양자의 장점을 받아들이고 3년을 기한으로 정하여 거의 국학전통적인 사서오경 등의 대강에 통하는 과정을 편성하여 이것을 기준으로 삼고자 합니다.

배움이 다 끝나고 나면 다시 외국에 나가서 공부하는 것입니다. 서학서양의 학문의 대강을 배우면 귀국해서 사숙의 생활로 돌아가고 게다가 좀 더 깊은 연구를 행하는 것입니다.

이러한 이상을 가슴속에 품은 지 벌써 4년이 되었습니다. 이제 1년만 더 지나면 실행하고 싶습니다. 하지만 아직 기초 작업이 준비되어 있지 못합니다. 잘 진행되지 못하는 원인은 세 가지가 있는데, 첫 번째는 사람으로, 스승도 있고 친구도 있으면 그때야 비로소 고루과문孤陋寡聞[66]에 빠지지 않습니다.

두 번째는 땅으로, 교통이 편리하고 시끄럽지 않은 장소를 찾는 일입니다. 세 번째는 재정으로, 집이 가난하면 끝까지 지탱할 수 없겠지요. 교원이 되지 않으면 수입이 없습니다. 사숙은 비용이 들고 지출도 늘어나는 법입니다. 바로 이러한 세 가지가 곤란하다는 것입니다.

그렇기는 하지만 안자顏子가 '한 그릇의 밥과 한 표주박의 물'[67]로, 범공范公이 굳어진 죽에 선을 그어[68] 각각 배고픔을 참으면서 공부한 일을 상기하며 배운다면 어떻게든 지탱할 수는 있겠지요.

이러한 일에 대해서 각하는 찬성하시는지 어떠신지 궁금합니다.

또한 각하 자신의 연구계획에 관해서도 대강의 줄거리를 알려주시면 저는 그것을 모범으로 삼겠습니다.

깊은 생각에 빠져 말이 길어지는 등, 몇가지 생각을 선생님께 전달하고 싶어서 저도 모르게 그만 장문의 편지가 되었습니다.

향제鄕第[69]
택동 근상謹上
8월 23일

해제

원제는 〈여금희에게 보내는 편지給黎錦熙信〉이다. 저본으로 삼은 《모택동조기문고毛澤東早期文稿》에는 모두 여섯 편의 여금희에게 보내는 편지가 수록되어 있는데, 어느 것이나 모두 동일한 표제이다. 여기에 내세운 표제는 편역자가 임의로 붙인 것이다.

05

노동자 야학의 모집 광고

1917년 10월 30일

여러분, 제가 말하는 얘기를 들어주었으면 합니다.

여러분이 느끼기에 가장 불편한 점은 무엇입니까? 여러분은 알고 계십니까? 흔히 하는 말로 하면, 입으로는 말 할 수 있으나 손으로는 쓸 수 없고, 써놓은 것은 읽을 수 없고, 숫자는 알지만 계산할 수 없는 것입니다. 누구나 다 인간인데도 이렇게 보면 흡사 나무나 돌과 마찬가지가 아니겠습니까?

그러기에 여러분이 얼마간의 지식을 추구하여 약간의 글자를 쓸 수 있게 되고, 약간의 숫자를 계산 할 수 있게 된다면 불편함은 곧 사라질 것입니다.

그렇기는 하지만 일하고 있는 여러분은 계속해서 노동하지 않으면 안 되는 상황입니다. 게다가 여러분을 가르쳐 줄 사람도 없습니다. 어떻게 하면 읽고 쓰기가 가능해지게 될지, 정말로 쉬운 일이 아닙니다. 지금 여기에 가장 좋은 방법이 있습니다.

다름이 아니라 우리 제1사범[70]에서는 야학을 개설하였습니다. 올 해 상반기는 학생의 수가 많았습니다. 이 야학은 오로지 여러분 노동자를 위해 개설한 학교입니다. 월요일부터 금요일까지 매일 밤 2시간씩 수업을 진행합니다. 여기서 가르치는 내용은 편지 쓰는 방법·장부의 기재 방법 등, 모두 여러분이 평소에 늘 필요로 하는 것들입니다. 교재는 우리들이 나누어

줄 것이며 돈은 필요 없습니다.

밤에 이루어지는 수업이기 때문에 이 또한 여러분의 일에는 지장을 주지 않습니다. 입학을 희망하는 분들은 이번 주 안으로 사범학교의 접수처에 오셔서 신청하시기 바랍니다.

여러분 잘 생각해 보십시오. 우리들이 무엇을 위해 이러한 일을 하는지? 그것은 바로 여러분 노동자의 고충을 생각해서 여러분이 누구라도 글자를 쓸 수 있게 되고, 계산할 수 있게 되기를 희망하기 때문입니다. 여러분 하루속히 신청하시어 수업을 들으러 오시길 바랍니다.

시세가 악화되어 계엄령戒嚴令[71]에 걸릴 것을 걱정하는 사람도 있을 것입니다. 하지만 이 일은 우리들이 보증합니다. 수업이 시작되면 모든 사람에게 청강증을 발부해 드릴 예정이므로 군경軍警[72]의 불심 검문을 당할 때는 사범학교 야학의 학생이라고 말하면 괜찮을 것입니다. 만일 번거로운 일이 발생하면 저희들이 보증인이 되기 때문에 그러한 점은 안심해도 괜찮습니다. 하루라도 빨리 신청하십시오. 시간을 질질 끌어서는 안 됩니다.

호남성립 제1사범학교 학우회 교육연구부 경백敬白

해제

모택동은 1917년 후반부터 1918년 전반기까지 제1사범 학우회의 총무 겸 교육연구부장을 담당하며 노동자 교육을 위한 야학 개설에 온 힘을 기울였다. 이 것은 당시 제1사범의 광고 전단이다. 전단 말미의 서명은 '학우회교육연구부'라고 적혀있는데, 이것을 모택동이 집필했다고 하는 것은 의심의 여지가 없다. 이 광고 전단은 최초에 가두에 붙이고 경찰에 의뢰하여 배포하였지만 신청자수는 겨우 아홉 명이었다. 그래서 경찰에 의뢰하는 것을 그만두고 600부 이상의 광고 전단을 학교 부근의 공장 일대에 배포하면서 학생들을 동원하여 입학 권유에 전력을 다하였다. 그러자 3일 동안에 120여 명의 신청자가 생겨났다. 야학은 1917년 11월 9일 밤부터 정식으로 개교하였다.

06

《상강평론(湘江評論)》 창간선언

1919년 7월 14일

'세계혁명'을 외치는 소리가 왕성하게 주창되고 '인류해방'의 운동이 맹렬히 전개되면서 우리들이 이전에는 의심을 하지 않았던 문제, 곧바로는 취하지 않았던 방법, 대개 말하는 것을 주저하고 걱정했던 것이 지금에서는 모두 그 옛 모습을 바꾸려고 하고 있다.

의심하지 않았던 것을 의심하고, 취하지 않았던 방법을 취하고, 주저하며 걱정했던 것을 이제는 주저하며 걱정하지 않는다. 이러한 조류는 어떠한 힘을 가지고서도 멈추게 할 수는 없으며, 어떠한 인물도 이러한 조류에 의해 누그러지지 않을 수 없다.

세계에서 가장 큰 문제는 무엇인가? 밥을 먹는 문제[73]가 가장 크다. 어떠한 힘이 가장 강한가? 민중이 연합한 힘[74]이 가장 강하다. 무엇을 두려워해서는 아니 될까? 하늘을 두려워하지 마라! 유령을 두려워하지 마라! 죽은 사람을 두려워하지 마라! 관료를 두려워하지 마라! 군벌을 두려워하지 마라! 자본가를 두려워하지 마라!

문예부흥文藝復興[75] 이래 사상이 해방되어 "인류는 어떻게 살아야 할 것인가"가 큰 문제가 되었다. 이 문제로부터 출발하여 연구한 결과, "저렇게 살아야만 한다"든가 "이렇게 살아서는 안 된다"고 하는 결론을 얻게 되었다.

몇몇 학자가 이러한 것을 주장하자 많은 민중이 이에 동조하게 되었으며, 다방면에서의 개혁이 성공하거나 아니면 성공을 거두려고 하고 있다.

종교 방면에서는 '종교개혁'으로 나타났으며, 그 결과 신앙의 자유를 얻었다. 문학 방면에서는 귀족문학·고전문학·죽은 문학 등의 경향에서 평민문학·현대문학·생명을 가진 문학 등의 경향으로 변화하였다[76]. 정치 방면에서는 독재정치에서 대의정치로, 제한선거에서 보통선거로 변화하였다.

사회 방면에서는 소수 전제의 암흑사회에서 모든 인민이 자유롭게 발전할 수 있는 광명사회光明社會[77]로 변화하였다. 교육 방면에서는 평민교육주의 경향이 나타났다. 경제 방면에서는 노동자와 자본가가 평등하게 분배하는 평균주의가 대두하였다. 사상 방면에서는 실험주의實驗主義[78]가 출현하였다. 국제 방면에서는[79] 국제연맹國際聯盟[80]이 만들어졌다.

각종의 개혁을 한 마디로 표현하면[81] '강권强權[82]으로부터의 자유'라는 표현밖에 없을 것이다. 강권에 대항하는 근본적인 주의는 평민주의平民主義, 데모크라시, 혹은 민본주의, 민주주의, 서민주의이다. 종교의 강권·문학의 강권·정치의 강권·사회의 강권·교육의 강권·경제의 강권·사상의 강권·국제의 강권은 이제 완전히 존재의 여지가 없다. 모두 평민주의의 외침소리를 드높여 타도하지 않으면 안 된다.

어떻게 해서 타도하는가에 관해서는 두 가지 설이 있다. 하나는 급진적인 주장이며, 다른 하나는 온건적인 주장이다. 우리들은 둘 중 어느 하나를 선택하지 않으면 안 된다.

1. 우리들은 강권자가 인간이며 우리들과 같은 부류라는 점을 인정한다. 그들이 강권을 남용하고 있는 것은 무의식적으로 행한 실수이며, 그들 자신에게 있어서도 불행이다. 이것은 구사회와 구사상이 전염시킨 나머지 그들에게 피해를 가져온 결과이다.

2. 강권을 이용하여 강권을 타도한다면 결과는 역시 강권을 손에 넣게 되는 것이며, 자기모순뿐만 아니라 약간의 효과마저도 없게 된다. 유럽의 '동맹同盟'[83]과 '협약協約'[84]의 전쟁이나 우리나라의 '남'과 '북'[85]의 전쟁은 모두 비슷한 종류이다.

그 때문에 우리들은 다음과 같이 생각한다. 학술 방면에서는 철저한 연구를 주장하고 일체의 풍문과 미신의 속박을 받는 일 없이 무엇이 진리인가를 소리 높여 외치지 않으면 안 된다.

대인對人 방면에서는 민중의 연합을 주장하고 강권자에게는 지속적인 '충고운동忠告運動'을 행하여 '외침의 혁명'즉 빵의 외침, 자유의 외침, 평등의 외침과 '무혈혁명無血革命'을 실행한다. 효과가 없는 '폭탄혁명爆彈革命'이나 '유혈혁명流血革命'으로 혼란을 일으키는 일은 결코 하지 않는다.

국제적 강권이 우리들의 눈썹에까지 바싹 다가오고 있다. 바로 일본인 것이다. 학교의 동맹휴교 · 상점의 동맹휴업 · 노동자의 동맹파업 · 불매운동 등은 직간접으로 강권 일본에 대항하는 유효한 방법이다.

상강湘江[86]에 관해서 말해 본다면 이곳은 지구의 동반구 동부에 위치한 한 줄기의 강이다. 그 강물은 참으로 깨끗하고 긴 물결을 자랑한다. 이 강의 유역과 그 근처에 사는 민중은 천진난만하고 순박하며 마치 바깥세상의 일을 까맣게 모르고 사는 듯하다.

그들에게는 조직적인 사회는 존재하지 않으며 사람들은 제각기 뿔뿔이 흩어져 생활을 영위하고 있다. 그들은 범위가 가장 좁은 자신들만의 일과 가장 짧은 한때의 일밖에 알지 못하며, 공동으로 살아가는 일과 미래의 일 등은 꿈에서도 그려 본 적이 없다. 그들 속에서의 정치는 동의한다든가 철저하게 해결한다든가 하는 일은 존재하지 않으며, 단지 사사로운 싸움만이 있을 뿐이다.

그들도 외부세계外界의 조류에 휩쓸려 들어 부랴부랴 얼마간의 교육활동을 행하였다. 그러나 어떤 효과도 거두지 못하였다. 관료적인 교육가들이 획일적으로 학교를 감옥으로 만들고 학생을 죄수와 같이 취급하였다. 또한 새로운 산업을 개발한 적도 없다. 그 중에는 유용한 인재가 얼마간은 있을 것이며, 각국에서 학문과 기술을 습득해 왔지만 능력을 발휘할 여지를 부여하지 않는다. 동정호洞庭湖를 폐쇄할지언정 인재를 받아들이지는 않는다.

그 촌락사상은 놀랄 만했다. 호남의 밥은 호남인이 먹는다는 주의를 실행했기 때문에 교육계와 실업계에서도 많은 뛰어난 인재를 받아들일 수가 없었다. 두뇌는 빈약하고 부패해져 있어, 더욱 늘리고 개량할 필요가 있음에도 불구하고 어느 누구도 앞장서서 제창하지 않는다.

지식을 추구하는 청년은 대단히 많고, 그들은 심히 재능이 있어 사회에 쓸모가 있지만 적절한 방법에 의해 유익한 신지식과 신기술로 계발해 줄 사람이 없다. 아아! 상강湘江이여! 상강이여! 너는 정말로 지구상에 존재하고 있는 것인가?

시기가 도래하였구나! 세계의 큰 조류는 더욱더 격렬하게 소용돌이치고 있구나! 동정호의 수문이 움직여 이제 열리게 되었구나! 장대한 신사조新思潮는 이미 상강湘江의 양쪽 기슭에 격렬하게 밀려와 있구나!

이러한 조류에 따르는 자는 살 것이며, 역행하는 자는 죽음뿐이다. 어떻게 받아들일 것인가? 어떻게 널리 알릴 것인가? 어떻게 연구할 것인가? 어떻게 실행할 것인가?

이것은 우리들 호남인 전체의 가장 절실하고 가장 중요한 문제이다. 바로 《상강평론》 발행의 가장 절실하면서도 가장 중요한 임무인 것이다.

해제

《상강평론湘江評論》 창간호1919년 7월 14일에 게재된 문장이다. 서명署名은 택동의 이름으로 되어 있다. 《상강평론》은 타블로이드판 4페이지로 구성되었으며 주간지로 간행되었다.

2호에 부록으로 추가된 임시 증간을 합쳐서 5호까지 간행되었다. 제5호는 인쇄가 끝났을 때 호남독군 겸 성장인 장경요張敬堯에 의해 발행이 금지되었다. 모택동은 간행분에 평론·시평 등 41편을 발표하였다.

07

진독수를 구하자

원제〈진독수의 체포와 구조〉
1919년 7월 14일

전 북경대학 문과학장 진독수가 6월 11일 북경 신세계新世界에서 체포되었다.[87] 체포의 이유는 경찰측의 발표에 의하면 당일 밤 신세계에서 시민선언이라는 전단을 뿌리는 남자가 있었는데, 그 남자가 사복형사에게 체포되었다. 경찰이 연행하여 추궁한 결과 그 남자가 진씨라는 사실이 판명되었다고 한다.

중미中美통신사가 보도한 북경시민선언이라는 전단의 내용은 다음과 같다.

1. 세계대전 중의 중일비밀협정[88]은 모두 파기하라.
2. 서수쟁徐樹錚[89], 조여림曹汝霖[90], 장종상章宗祥[91], 육종여陸宗輿[92], 단지귀段芝貴[93], 왕회경王懷慶[94] 등을 모두 면직시키고, 즉각 북경에서 추방하라.
3. 보군통령아문步軍統領衙門 및 경비총사령부를 폐지하라.
4. 북경보안대는 상인과 시민에 의해 편성한다.
5. 남북화의南北和議[95]를 촉진하라.
6. 인민은 절대적인 언론 · 출판 · 집회의 자유권을 갖는다.

이상의 6개조는 정부에 대한 인민의 최저한의 요구인데, 평화적 수단을 가지고 목적을 달성하려고 한 것이다. 그러나 정부가 민의_{民意}에 따르지 않으므로 북경시민은 직접 행동에 의해 근본적 개조를 도모한 것뿐이다.

이상의 문장이 북경시민선언의 전단 내용이다. 읽어보면 조금이라도 타당하지 않는 구석이 없음을 알 수 있다.

정부는 진씨를 체포하였지만 각 신문의 보도에 의하면 상당한 학대를 받고 있다고 한다.

북경의 학생들은 공식 서한을 경찰청에 제출하여 석방을 요구하였다. 서한의 내용은 다음과 같다.

경찰총감 귀하

삼가 아룁니다.

최근 군대와 경찰이 전 북경대학 문과학장 진독수를 체포하여 혹독하게 신문하려 하고 있기 때문에 우리 학생들은 절대로 좌시하고 용인할 수가 없습니다. 특히 다음의 두 가지를 지적해 두고 싶습니다.

1. 진선생은 일찍이 학계의 두터운 신망을 얻었으며, 그의 언론·사상은 국내는 물론이고 국외에서도 높은 평가를 받고 있습니다. 의혹이 있다고 해서 경솔하게 죄를 추궁한다면 아마도 전국의 학계는 분개할 것이며 다시금 파란이 일어날 것입니다. 학생의 소동이 긴박한 이때 이것은 사태를 평온하게 수습할 묘책이 아닙니다.

2. 진선생은 신문학·현대사상을 제창하여 보수적인 사람들로부터 미움을 받고 있습니다. 그 때문에 이번의 갑작스러운 체포는 군대·경찰 당국이 고의로 사건을 조작하여 근대사상을 박해하고자 하는 것이라는 인상을 국내·국외의 인사들에게 심어줄 것입니다. 오늘날 각종의 문제가 더없이 복잡한 이상, 여기서 지엽말절_{枝葉末節}에 구애되어 분쟁을 일으켜도 괜찮다는 것입니까?

이상 두 가지의 이유에 근거하여 우리 학생들은 경찰청에 대해서 진독수를 하루라도 빨리 석방시켜 줄 것을 진심으로 희망합니다.

북경의 학생들은 게다가 상해의 각 신문사 및 각 학교에 전보를 쳤다.

진독수씨는 근대사상의 제창에 가장 진력을 다했던 인물이며 학계의 중진이다. 11일 돌연 체포되고 자택도 수사를 받아 사람들은 모두가 경악하였다. 수단을 다하여 구조하는 데 국민의 주목을 촉구하는 바이다.

상해공업협회도 진씨의 석방을 촉구하면서 타전하였는데, 그 전보에서 "북경에서 학생운동이 일어났다고 해서 진씨 한 사람에게만 화풀이를 한다면 이것을 계기로 더 큰 혼란이 시작될 것이다"고까지 말하고 있다.
정부가 외부세계의 대세를 모를 정도로 평범하지 않다면 곧바로 석방되었을 터이지만, 철저하게 문자의 옥을 일으켜 일세를 풍미한 근대사상과 대항하여 결전을 치를 예정이었다 하더라도, 아마도 정부에는 그 정도의 담력이 없었다고 나는 생각한다.
장행엄章行嚴[96]은 진씨와 다년간 교제해 온 사이이다. 진씨가 대학에서 문과학장에 취임했을 때 장행엄도 대학에서 도서관장 겸 연구소 논리학 교수의 직에 있었다. 진씨 체포의 소식을 듣자 곧바로 왕극민王克敏[97]에게 타전하여 경찰청에 대해 즉각 석방을 신청할 수 있겠느냐며 요청하였다. 전보문의 대강은 이러하다.

……진군은 대학에서 강의하는 것을 본연의 임무로 삼아 평소 정치적 당파의 색깔조차 없는 사람이다. 이번에 문장이 타당하지 않았다고 해서 투옥하여 범죄자와 같이 취급을 하고 가족과의 연락마저 금지하는 것은 온당하지 못하다. 게다가 학생운동이 평온하게 수습된 지 얼마 되지 않았는데도 경솔하게 문장상의 죄를 뒤집어 씌어 뭇사람들을 자극하고 분노를 새롭게 불러일으키는 것은 젊은 제군諸君에게 진실로 우려를 끼치는 일이다.

장씨는 또한 공심잠龔心湛[98] 총리대신에게 서간을 보냈는데, 이것은 문장이 가장 격렬하다.

선주仙舟 선생 집사執事[99]

오랫동안 격조하여 가르침을 받을 수가 없었지만, 선생님의 번영을 마음속에서 기원하고 있습니다.

그런데 다름이 아니라 부탁할 일이 있어 이렇게 붓을 들었습니다. 전 북경대학 문과학장 진독수 군이 전단을 유포한 혐의로 체포되어 지금까지도 석방되지 못하고 있다는 소식을 들었습니다. 제가 먼 곳에 있는 관계로 사실의 확인은 할 수가 없지만, 진군은 평소에 오로지 강의만을 본연의 임무로 삼고 있습니다.

신사상을 제창하여 저서와 입론立論에 다소 과격한 용어가 있을지는 모르겠으나, 그것은 어디까지나 문장 안에서의 표현이며 절대로 정치적 색깔이 없다는 것은 확실합니다. 바야흐로 국가는 다사다난하고 학생운동이 막 숨을 죽인지 얼마 안 된 이 때, 내심으로 비방했다고 해서 죄를 추궁하고 투옥하는 계책을 취하여 인심을 가일층 자극해도 괜찮다는 것인지 어떤지 잘 모르겠습니다. 제공諸公을 위한 길이라고 생각하면 찬성할 수가 없습니다.

덧붙여서 역사에 관해서 논해 보면, 정치를 시행하는 인간은 문장의 결점을 들추어내어 문인文人을 괴롭히고 문자의 옥을 일으키는 일이 종종 있습니다. 이겨 보았자 위엄을 나타냈다고는 할 수 없으며, 이기지 못하면 인심은 와해되고 정치의 기반이 힘을 잃게 되어 뛰어난 인물이 있다고 해도 형세의 만회를 할 수 없습니다.

시험 삼아 고금古今과 중외中外를 조망해 보면, 문장이 원인이 되어 처벌된 사건은 국운이 쇠퇴할 때 많았습니다. 명말明末의 예를 본보기로 삼아 보면 한심하기 짝이 없습니다.

바야흐로 유언비어가 어지럽게 퍼지고 고결한 인사人士는 불안에 떨고 있습니다. 이러한 때에 이러한 죄명이 문인에게 가해진다고 한다면 국가에 있어서는 불길한 징조이며 천하대란의 원인이 되겠지요. 미연에 일을 방지하도록 당국자 제군에게 기대해 봅니다.

또한 진 군은 당당하고 훌륭한 모습이 빼어나고 학문의 깊이는 중국과 서양을 모두 꿰뚫고 있습니다. 그의 출신지인 안휘성은 남북을 하나로 맺어도 뛰어난 인재가 많이 배출되고 있습니다. 이러한 학자는 진실로 귀중한 인재이며 그의 탁월함에 감탄하지 않을 수가 없습니다.

귀하께서 동향의 제현을 보시게 된다면 반드시 저의 의견에 공감하시리라 믿습니다. 멀리는 한 나라, 가깝게는 한 성省, 한 사람의 인재를 육성하는 것은 그리 쉬운 일이 아닙니다. 이유도 없이 박해하는 것을 어떻게 용인할 수가 있겠습니까?

이렇게 특별히 서간을 써서 이에 봉정하오니 진 군의 즉각 석방을 경찰청에 명령해 주실 것을 간절히 바라옵니다. 저와 진 군은 어릴 적부터 친구이며 대학의 동창이기도 합니다. 그래서 그의 인품과 행동에 관해서는 누구보다도 잘 알고 있습니다. 그가 결백하다는 것을 굳이 보증하여 이 서간을 증거의 문서로 대신하겠습니다.

장사조章士釗 배

6월 22일

우리는 진씨가 사상계의 명성明星[100]이라고 생각하고 있다. 조금이라도 머리가 깨어 있다면 진씨가 사람들이 말하고 싶은 바를 말한다는 것을 모두들 들어서 알고 있을 것이다.

현재의 중국은 지극히 위험하다. 병력이 약하고 재력이 부족한 따위의 그런 위험이 아니다. 또한 내란으로 서로 싸워서 사분오열하고 있는 그런 위험도 아니다. 전국 인민의 사상계가 공허하고 부패해져 그 부패가 극점에 달해 있는 위험이다.

중국의 4억 인구 가운데에서 대개 3억 9천만 명이 미신을 숭상하고 있다. 귀신을 숭상하는 미신, 사물의 현상에 대한 미신, 운명을 믿는 미신, 강권에 대한 미신 등이 그것이다.

개인이 존재한다는 것을 인정하지 않고 자기가 존재한다는 것을 인정하지 않으며, 진리가 존재한다는 것도 인정하지 않는다. 이러한 것은 아직 과학사상이 발달하지 못한 결과이다.

명목상으로는 공화共和이지만 중국은 실제로 전제專制이다. 혼란이 심해진 것 일뿐, 갑이 쓰러지면 을이 교대하는 그런 식이다. 이것은 민중의 마음에 민주주의의 그림자나 형체도 없고 민주주의가 과연 어떠한 것인지를 알지 못하고 있기 때문이다.

진씨가 평소부터 지적하고 있는 것은 바로 이 두 가지인 것이다. 진씨는 우리들이 사회로부터 비난을 받는 이유는 '사이언스[과학]'와 '데모크라시[민주주의]'가 원인이라고 말한 적이 있다. 진씨는 이 두 가지를 제창하였기 때문에 사회의 원한을 사게 되고 결국 체포와 금고를 당하는 처지에 이르렀다. 원한에 걸맞는 벌을 받은 것이다.

대개 사상에는 경계가 없다. 작년 12월 독일의 사회민주당 좌파의 지도자 룩셈부르크[101]는 민주파 정부 때문에 살해되었다. 지난 달 중순, 독일을 적대시하는 이탈리아에서는 토리노의 시민이 추도데모를 행하였고, 스위스 취리히에서도 마찬가지로 추도데모가 행해졌다. 바로 적들조차 이러하였다. 하물며 적이 아닌 경우에는 어떠했겠는가? 이국에서조차 이러한데 하물며 자국에서는 어떠했겠는가?

체포되었다고는 하지만 진씨는 조금도 마음의 상처를 입지 않았다. 오히려 신사조의 크나큰 기념비적 업적을 남기고 그것에 의해 그는 점점 더 빛나고 있다.

진씨를 처형할 담력이 정부에는 없다. 가령 죽는다고 하더라도 진씨의 지극히 두텁고 지고한 정신은 조금도 훼손되어질 수가 없다.

실험실을 나오면 감옥에 들어가고, 감옥을 나오면 실험실에 들어간다고 진씨 자신은 말하고 있다. 또한 죽는 것은 두렵지 않다고도 말하고 있다. 자신이 피력한 말을 설명할 수 있는 것이 진씨에게는 가능한 일이다.

나는 진씨 만세를 소리 높여 외친다.

진씨의 지극히 두텁고 지고한 정신이여! 만세!

해제

《상강평론》 창간호1919년 7월 14일에 게재된 문장이다. 서명은 택동이라 되어 있으며, 원제목은 〈진독수의 체포와 구조陳獨秀之被捕及營救〉이다.

08

민중의 대연합

1919년 7월 21일/28일, 8월 4일

민중은 누구인가[102]

　국가는 혼란하여 극점에 달하였고, 인류는 고통스러워 극점에 달하였으며, 사회는 암흑이 되어 극점에 달해 있다. 구원할 방법과 개조할 방법에는 교육이 있고, 실업의 진흥이 있고, 노력이 있고, 맹진猛進이 있고, 파괴가 있고, 건설이 있으며 이러한 것은 두말할 것도 없이 도움이 된다. 그리고 이러한 근본이 되는 방법이야말로 민중의 대연합[103]이다.

　우리들이 역사를 수직으로 조망해 볼 때 역사상의 운동은 어느 것 하나 사람들의 연합에서 시작되지 않은 것이 없다. 비교적 규모가 큰 운동에는 반드시 비교적 큰 연합이 있었다. 최대의 운동에는 반드시 최대의 연합이 있었다.

　대개 이러한 연합은 하나의 개혁 혹은 반항이 일어날 때 유난히 뚜렷하게 나타난다. 지금까지의 종교개혁과 반항, 학술개혁과 반항, 정치개혁과 반항, 사회개혁과 반항 등은 모두 대립하는 쌍방에 반드시 큰 연합이 있었다.

　그들의 연합이 견고한 것인가 아니면 깨지기 쉬운 것인가, 그리고 연합의 기초가 되는 주의主義가 새로운 것인가 낡은 것인가, 또한 진실한 것인가

거짓된 것인가 등등 이러한 것들에 의해 승패가 갈라졌다. 어느 것이든지 간에 모두 연합이라는 수단을 취한 점에서는 변함이 없다.

고래 각종의 연합을 살펴보면 강권자의 연합, 귀족의 연합, 자본가의 연합이 많았다. 예를 들면 외교상 각종의 '동맹'협약은 국제적인 강권자의 연합이며 우리나라의 '북양파'·'서남파'[104]라든가 일본의 '사쓰마번薩摩藩·조슈번長州藩' 등은 국내 강권자의 연합이다. 각국의 정당이나 의원은 귀족 및 자본가의 연합이다원로원 등의 상원은 물론 귀족이 모이는 소굴이지만, 하원도 선거법에 재산에 의한 제한이 있기 때문에 대개는 자본가가 점령하고 있다.

트러스트trust, 즉 기업합동철강트러스트, 석유트러스트……이 되든가 회사일본우선郵船회사, 만철滿鐵회사[105]……의 형태가 되면 이것은 순수한 자본가의 연합이다. 근세가 되어 강권자, 귀족, 자본가의 연합은 극점에 달하였다. 그 때문에 국가의 혼란도 극점에 달하였고 인류의 고통도 극점에 달하였으며 사회의 암흑도 극점에 달하였다. 이리하여 개혁이 일어나고 반항이 일어나게 되었으며, 또한 그로 인하여 민중의 대연합이 생겨났다.

프랑스에서 민중의 대연합이 왕당王黨의 대연합에 대항하여 '정치개혁'의 승리를 거두었다는 사실로부터 그것의 영향을 받아 잇달아 각국에서도 여러 '정치개혁'이 일어났다. 지난해 일이지만 러시아에서 민중의 대연합이 귀족의 대연합 및 자본가의 대연합에 대항하여 '사회개혁'의 승리를 거두게 되자, 잇달아 계속하여 헝가리·오스트리아·체코·독일 등의 각국에서도 가지가지의 사회개혁이 일어났다. 이러한 개혁의 승리는 아직 충분히 만족할 정도에는 이르지 못하였다. 하지만 반드시 그렇게 될 것이며, 또한 세계로의 보급도 가능할 것이다. 이러한 것은 쉽게 예상할 수 있는 일이다.

민중의 대연합이 왜 이 정도로 위력이 있는 것일까? 한 나라의 민중은 뭐니 뭐니 해도 한 나라의 귀족, 자본가 및 그 외의 강권자보다도 그 수가 많기 때문이다. 귀족, 자본가 및 그 외의 강권자는 수가 적기 때문에 자신들의 특수한 이익을 지키고 다수자인 평민의 공공이익을 착취하는 수단으로 삼는 것은 그 첫번째가 지식이며 두번째가 금전, 세번째가 무력이다.

일찍이 교육은 귀족과 자본가의 독점물이었고 평민은 교육을 받을 기회가 전혀 없었다. 그들이 지식을 독차지하였기 때문에 지智와 우愚라는 두 계급이 생겨나게 되었던 것이다.

금전은 생활의 매개이며 본래 누구나 모두 취득해도 상관없는 것이다. 그런데 지식을 몸에 익힌 귀족과 자본가는 '자본의 집중'[106]인가 무엇인가라 해서 여러 가지 방법을 생각해 내었는데, 그 결과로 금전은 차츰차츰 지주나 공장주의 주머니 속으로 흘러 들어가게 되었다.

그들은 먼저 토지·기계·가옥을 자신의 소유로 삼았는데, 그것을 '부동의 재산'이라고 불렀다. 게다가 유동하는 재산이라고 불리는 금전을 그들의 부고府庫, 즉 은행 부고府庫. 옛날 관청에서 문서나 귀중품을 보관하던 장소. 에 모아서 저축하였다. 이리하여 한편 그들을 위해 일하는 무수의 평민이라고 해도, 겨우 1프랑 혹은 1페니 프랑franc은 프랑스·스위스·벨기에의 화폐 단위이며, 페니penny는 영국의 화폐 단위로 1파운드의 100분의 1이다옮긴이. 의 쥐꼬리만한 급료를 받을 뿐이었다. 일하는 자에게 금전이 없으므로 이에 빈貧과 부富라는 두 개의 계급이 생겨났다.

이렇게 해서 지식과 금전을 모두 손에 넣게 되자 그들 귀족과 자본가는 곧이어 병영을 만들고 교련敎練을 비롯하여 공장을 세우고 병기를 만들었다. '외모外侮'라는 간판[109]을 빌려 몇 십 개의 사단과 몇 백 개의 연대가 되는 군대와 병사를 모집하고 마침내는 부역 징발의 제도를 모방하여 '징병제도徵兵制度'라는 것을 발명해 냈다.

그리하여 건장한 아들들이 병사가 되어 일이 있을 적마다 기관총을 집어들고서는 자신들의 나약한 부친을 두들겨 팬다.[110] 지난해 남군의 호남 패퇴[111]를 볼 필요가 있다. 그들이 얼마만큼 자신들의 부친을 때려 죽였는가? 귀족·자본가들이 이러한 묘법을 사용했다는 점에서 평민은 소리조차 지를 수 없었다. 이렇게 하여 강强과 약弱이라는 두 개의 계급이 생겨났다.

공교롭게도 이 세 가지의 방법은 점차로 평민들에게도 전해져 어느 정도는 배워 익힐 수 있게 되었다. 귀족·자본가가 '베개속의 비밀'로 삼아왔던 교과서를 평민들도 남몰래 숨어서 얼마간은 읽고, 점점 지식을 몸에 익혔다. 또한 금전을 창출해 내는 것은 전답과 공장이지만 그 한복판에서 평민들은 일찍부터 자리를 잡아 살고 있었으며, 자본가의 안락한 생활을 선망의 눈길로 바라보고 있었다. 그들도 스스로 갖고 싶은 마음이 생겼고, 잠시나마 손가락에 반지를 껴 보고 싶어진 것이다.

병영에 있는 병사들은 그러한 평민의 아들이고 형제이며 남편이다. 병사들이 기관총으로 그들을 향해 쏘려고 했을 때 그들은 큰 소리로 호소하였고, 마침내 그 호소의 목소리가 병사들의 전의를 상실케 해 버렸다. 엉겁결에 서로 손을 맞잡고 합류하게 되자 그들은 귀족 · 자본가에게 저항하는 용맹한 병사가 되어 버린 것이다.

러시아의 정예군 10만이 갑자기 독수리 무늬의 황제기를 버리고 붉은 깃발을 내건 사실을 주의해서 볼 필요가 있다. 여기에는 깊은 이치가 내포되어 있다는 사실을 알 수가 있다.

이렇게 하여 평민은 귀족 · 자본가가 사용하는 세 종류의 방법을 간파하였다. 그와 동시에 이 세 종류를 실행함에 있어서 그들이 연합이라는 수단을 사용하고 있다는 것도 간파하였다. 그리고 또 저쪽은 적고 이쪽은 많다고 하는 수적 차이를 깨닫게 되자 성대하게 연합이 시작되었다. 연합하고 난 뒤 취한 행동에는 두 가지 파가 존재한다.

한 파는 극히 격렬한데 '그 사람의 도를 가지고 돌아와서 그 사람의 몸을 다스린다'[112]라는 방법을 취하여 그들과 결사적으로 대결한다. 이 일파의 수령은 독일 태생의 마르크스[113]라는 인물이다. 또 다른 한 파는 마르크스보다 온화하고, 효과가 있고 없음에 조바심 내지 않으며, 먼저 평민의 이해를 구하고 난 뒤부터 일에 착수한다.

여기서는 누구든지 간에 서로 돕는 도덕심과 자발적인 일을 가져야만 한다고 주장하였다. 귀족이나 자본가라도 선한 마음으로 회귀하여 일을 하고 사람에게 해를 끼치지 않으며 다른 사람에게 도움이 되기만 하면, 그들을 죽일 필요는 없다.

이 파의 견해는 보다 광범위하고 보다 심오한 것이 있다. 그들은 지구를 연합하여 한 국가를 이루고 인류를 연합하여 한 가족을 이루어 화목하고 즐겁게 친선하며일본이 말하는 친선親善[114]은 아니다모두 함께 성세盛世, 태평세에 이르자고 주장한다. 이 파의 수령은 러시아 태생의 크로포트킨[115]이라는 인물이다.

우리들은 알지 않으면 안 된다. 원래 이 세계에서는 무슨 일이든지 간에 실행하는 것은 실로 쉬운 일이다. 어려운 것은 역사적인 압력習慣에 얽매여 있기 때문이다.

우리들이 목소리를 합쳐서 외치면 이 역사적인 압력을 타파할 수가 있다. 더 한층 성대하게 연합하여 우리들이 납득할 수 없는 일과 맞닥뜨린다면 대오隊伍를 편성하여 상대방을 향하여 큰 목소리로 외쳐 보자. 우리들은 이미 실제적인 효과를 거두고 있는 것이다.

진영정陳榮珽[116]의 탄환은 영원히 조여림曹汝霖[117]등의 악인에게 도달하지는 못하였지만, 우리들이 일어서서 목소리를 높이면 악인은 모두 깜짝 놀라서 부들부들 떨고, 겨우 목숨만 부지한 채 도망칠 것이다. 타국에 있는 동포들은 언제나 이 방법으로 자신들의 이익을 손에 넣었던 것이다.

이러한 사실을 우리들은 알지 않으면 안 된다. 우리들은 일어서서 이러한 예를 따라 행동해야 한다. 우리들은 우리들의 대연합을 진행해야만 한다.

소연합을 기초로 하자

'민중의 대연합'의 가능성 및 필요성은 앞의 호號에서 이미 논하였다. 그러면 어떠한 식으로 대연합을 진행시킬 것인가? 그 방법은 '민중의 소연합'이다. 여기서는 그것을 논해보고자 한다.

대연합이 필요하다. 그것에 의해 우리들의 바로 정면에 서 있는 강권자 및 사람을 해치는 자에 대항하여 우리들의 이익을 획득하는 것이다. 우리들은 그렇게 생각하였다. 그래서 대연합의 기초가 되는 갖가지의 소연합이 없으면 안 된다.

우리들 인류에게는 천부적으로 연합하는 능력이 갖추어져 있다. 즉 무리群를 만드는 능력, 사회를 조직하는 능력이다. '무리'도 '사회'도 내가 말하는 '연합'이다. 큰 무리大群와 작은 무리小郡, 큰 사회大社會와 작은 사회小社

會, 큰 연합大連合과 작은 연합小連合 등 여러 가지로 말할 수 있지만 모두 같은 것에 대한 다른 호칭이다.

왜 무리가 있어야만 하고, 사회가 있어야만 하며, 연합이 있어야만 하는가? 라고 한다면 그것은 우리들 공통의 이익을 손에 넣으려고 생각하기 때문이다. 공통의 이익은 우리들의 환경과 직업의 차이에 의해 그 범위가 커지거나 작아지거나 한다. 공통의 이익에 크고 작은 차이가 있기 때문에 그것을 손에 넣는 방법연합에도 크고 작은 차이가 생겨난다.

여러분, 우리들은 농부이다. 우리들은 동료들과 연합을 결성해 경작하는 자의 각종 이익을 도모하지 않으면 안 된다. 경작하는 자의 이익은 경작하는 자 스스로가 추구하지 않으면 안 된다. 경작하지 않는 자들은 우리들과 이익을 달리하므로 어찌 우리들에게 할 수가 있겠는가?

농민 여러분! 경작하는 자들이여! 지주들이 우리들을 어떻게 다루고 있는가? 조세는 무거운가 아니면 가벼운가? 우리들 집은 거주하기에 기분이 좋은가 아니면 나쁜가? 배부르게 먹고 있는가 아닌가? 전답은 충분한가? 마을에 경작할 밭을 소유하지 않는 자가 없는가?

이러한 많은 문제에 관해서 우리들은 끊임없이 해답을 찾아야만 한다. 우리들의 동료와 하나의 연합을 결성하여 착실하게 또한 명료하게 해답을 찾도록 해보자.

여러분, 우리들은 노동자이다. 우리들은 공장에서 일하는 우리들의 동료와 하나의 연합을 결성하여 노동자의 갖가지 이익을 도모하지 않으면 안 된다. 우리들이 일하는 과정에서의 모든 문제, 즉 임금은 어느 정도인가? 노동시간은 어느 정도인가? 이익은 평등하게 분배되고 있는가? 오락시간은 증가하였는가? 등등 뭐든지 모두 해답을 추구하지 않으면 안 된다. 우리들의 동료와 연합을 결성하여 착실하고 명료하게 해답을 찾도록 하자.

여러분, 우리들은 학생이다. 우리들은 왜 괴로운 것인가? 우리들을 가르치는 교사들은 우리들을 원수처럼 대하고, 우리들을 노예처럼 학대하며, 우리들을 죄수처럼 가두어 둔다. 교실의 창문은 낮고 작아서 빛은 칠판에 이르지 못하고, 우리들을 '근시近視'로 만들어 버린다. 책상은 몸에 맞지 않고 길기만 하여 사용할 때에는 '척추만곡증脊椎彎曲症'에 걸려버릴 정도이다.

교사는 한 권이라도 더 많은 책을 읽으라고 하는 일에 열중하고 있다. 그 때문에 우리들은 실로 많은 책을 읽고 있지만, 어느 것도 내용을 이해할 수 없으며 기억력을 헛되이 쓰고 있을 뿐이다. 눈은 침침해지고 머리는 멍해지고 피가 줄어들어, 우리들은 모두 얼굴이 창백해지는 '빈혈증'에 걸리고 '신경쇠약증'까지 앓게 되었다.

우리들은 왜 이렇게 멍청한가? 활발하지 않은 것인가? 위축되어 버린 것인가? 그렇다!

교사가 몸을 움직이지 말라고 하고, 소리를 지르지 말라고 하면서 우리들을 강압적으로 제어하고 있기 때문이다. 그래서 우리들은 '경직병硬直病'에 걸려버린 것이다.

여러분, 육체적인 고통은 그런대로 참을 수 있다. 우리들의 실험실을 둘러보도록 하라! 왜 이리 좁은가? 어찌 이렇게 빈약한가? - 망가진 기구가 두 서넛 널려져 있는데, 이러한 상황에서는 실험 등은 할 수가 없다.

국문國文을 담당하는 교사는 머리가 굳고 융통성이 없어서 입만 열면 '시경詩經에서 말하길', '공자께서 말씀하시길' 등등을 늘어놓기만 하며, 실제의 곳에 이르면 그 자신조차 한 글자도 이해를 하지 못한다. 그들은 바야흐로 20세기라는 사실을 알지 못하여 우리들에게 '고례古禮'를 행하고 '고법古法'118을 지키라고 강제하며 산더미 같이 쌓인 고전적이고 죽은 시체로 변한 지겨운 문장을 우리들의 머릿속에 억지로 집어넣으려고 한다.

우리들의 도서실은 텅 비어 있다. 유희장遊戲場은 지저분하다. 국가가 멸망하려고 하고 있는데도, 그들은 포고布告를 내걸어 우리들에게 애국심의 유발을 금지하였다. 이 번의 구국운동5·4운동 등은 얼마나 그들의 은혜를 입은 것인가!

아아! 누가 우리들의 육체와 정신에 타격을 입혀 불쾌하게 만들고 있는 것인가? 우리들이 연합하지 않는다면 '자기교육'을 실시할 때가 언제 도래할 것인가? 우리들은 이미 고통스러운 바다에 빠져 있다. 우리들이 자기 구조를 추구한다면 루소가 주장한 '자기교육'119을 딱 들어맞게 적용할 수 있다.

우리들은 가능한 한도에서 동지를 결합하고 스스로 연구해야 한다. 이를 드러내고 사람을 깨무는 교사들을 믿고 의지하지 마라! 사건에 맞닥뜨린다면—이 번 일본의 강권자[120] 및 국내 강권자의 발호와 같이—우리들은 대오를 편성하고 그들을 향하여 강력하게 소리 내어 외쳐보자!

여러분, 우리들은 여성이다. 우리들은 더욱 깊이 고통스러운 바다에 빠져 있다! 우리들은 모두 인간이다. 왜 참정參政을 허락하지 않는 것인가? 우리들은 모두 인간이다. 왜 교제를 허락하지 않는가?

우리들은 각자의 소굴 속에 기어들어 살고 있을 뿐, 문으로부터 발을 밖으로 내디디는 일조차 할 수 없다. 창피함을 모르는 남성들, 쓸모없는 남성들은 우리들을 장난감 다루듯이 하여 남성에게 봉사하는 장기 매춘을 시킨다. 이들은 연애의 자유를 파괴하는 악마! 연애의 신성함을 파괴하는 악마! 이 악마들은 하루 종일 끈질기게 우리들을 따라다니고 있다.

'정조貞操'는 우리들 여성들에게만 적용된다고 지껄인다! '열녀사烈女祠'는 천하에 널리 보급되어 있지만, '정동묘貞童廟'[121]가 도대체 어디에 있다는 말인가?

우리들 가운데 어떤 자는 여학교라는 소굴에 기어들어가 살고 있다. 우리들을 가르치는 사람은 이 또한 창피함은 고사하고 쓸모없는 남성들이며, 하루 종일 '현모양처'인지 뭔지 하는 것을 설파하고 있다. 하지만 결국은 우리들에게 장기 매춘과 전속 매춘을 시키려고 하는 수작으로 우리들이 속박을 거부할까 두려워 견고하게 동물과 같이 조련을 가하려고 하는 것이다.

괴롭구나! 괴롭구나! 자유의 신이시여! 당신은 어디에 있는 것인가? 빨리 구원해 주십시오! 우리들은 지금 깨어 있습니다! 우리들이 여성의 연합을 적극적으로 추진하자! 우리들을 강간하고 우리들의 육체적 · 정신적 자유를 파괴하는 모든 악마를 토멸하자!

여러분, 우리들은 소학교 교원이다. 아침부터 밤까지 수업과 수업의 연속이며, 바쁜 때에는 더욱 고생스럽다. 하루 종일 분필 가루만을 마셔야 하고, 산책을 나가 한숨 돌릴 수 있는 장소조차 없다.

이러한 대도시의 소학교 교사는 총 합하여 몇 천 몇 백에까지 달하지만,

우리들을 위해서는 오락시설조차 만들어 주지 않는다. 수업을 할 때는 항상 학문을 증진시키지 않으면 안 되는데도, 우리들을 위해서는 하나의 연구기관조차 만들어 주지 않는다. 융통성 없는 수업시간은 앞뒤가 맞지 않게 많으며 학문연구를 위한 여분의 시간도 없거니와 여분의 힘조차 없다. -정신적으로 여유가 없는 것이다-. 그리하여 우리들은 축음기와 같은 존재가 되었다. 아침부터 밤까지 온종일 하는 일이라고는 다름이 아니라 옛날 교사들이 우리들에게 가르쳐 준 직전直傳[122]에 대한 강의뿐이다.

우리들은 굶주려 있다. 8원元 혹은 10원의 월급, 그것 또한 감액하여 지급한다. 교장들 중에는 게다가 '군비절약軍費節約'[123]의 방법을 모방하여 정부로부터 지급된 돈을 자신의 주머니에 넣어버리는 자도 있다. 돈이 없기 때문에 우리들은 졸지에 아내가 있는 홀아비 신세가 되어 버렸다. 나와 나의 사랑하는 여성과는 몇 십리 떨어져 독신 생활로 나날을 보내면서 서로 상대 쪽을 흠모하여 바라 볼 뿐이다.

교육학에서는 소학교 교사는 일생의 사업이라고 설명하고 있다. 그러면 우리들에게 조용히 일생동안 홀아비와 미망인으로 살고 있으라는 것인가?

본래 교육학에서는 학교에 교원의 가족이 입주해 살아야만 한다고 되어 있다. 그렇게 하는 것이야말로 학생의 규범이 될 수 있다고 설명하지만, 현실적인 상황에서 그것은 불가능한 일이다. 우리들은 돈이 없기 때문에 책을 살 수도 없으며 견학을 다녀 올 수도 없다.

이제 그만 해 두자! 소학교 교사는 어차피 노예인 것이다. 노예라는 것을 그만 두려고 한다면 우리의 동료들과 연합하여 소학교 교사의 연합을 성립시키는 일밖에 없다.

여러분, 우리들은 경찰관이다. 우리들도 우리들의 동료를 결집하여 몸과 마음에 유익한 연합을 성립하고 싶다. 이 세상에서 가장 괴로운 일은 거지·소학교 교사·경찰관이라는 것이 일본인의 말이지만 약간은 동감하는 바가 있다.

여러분, 우리들은 인력거를 끄는 차부車夫이다. 아침부터 밤까지 인력거를 끌고 흐르는 땀방울은 쏟아지는 빗줄기와 같다. 인력거 보관소에 지불하는 비용이 저렇게 비싼데도 우리들 손에 들어오는 금액은 겨우 이 정도밖에 되지 않는구나! 이렇게 해서는 결코 먹고 살 수도 없다. 우리들에게도 뭔가 연합의 방법이 있을까?

이상은 농부·육체노동자·학생·여성·소학교 교사·경찰관·인력거 차부 등 갖가지 인간들이 외치는 비명이다. 그들은 고통스러움을 참지 못하여 그들의 이해와 밀착된 각종의 소연합을 조직하려고 하고 있는 것이다.

이상에서 서술한 소연합은, 예를 들어 노동자의 연합 등은 크고 막연한 명칭인데 이것을 구체적으로 세분하면 다음과 같이 된다.

철도 노동자의 연합
광산 근로자의 연합
전보국원電報局員의 연합
조선造船 노동자의 연합, 항운 노동자의 연합
금속공업 노동자의 연합
방직 노동자의 연합
인력거 차부의 연합
건축 노동자의 연합……등등.

이러한 연합이야말로 가장 하층 단계의 연합이다. 서양 각국의 노동자는 모두 업종별로 소연합회를 만들고 있다. 운수 노동자의 연합회나 전차電車 노동자의 연합회와 비슷한 조직이 도처에 있다. 많은 소연합이 하나의 대연합으로 발전하고, 많은 대연합이 하나의 최대연합으로 발전한다. 이렇게 해서 '협회'인지 '동맹'인지 하는 조직이 잇달아서 차례차례로 출현하였다. 공통의 이익을 가진 사람은 일부 소수의 인간에게 한정되어 있기 때문에 이때 성립되는 것은 소연합이다. 많은 소연합들 사이에는 이익의 공통점이 있기 때문에 거기에서 소연합을 만들 수가 있는 것이다. 예를 들면 학문의 연구는 우리들 학생의 권리 범위 내에 있으므로 그 때문에 우리들 학문연구의 연합을 조직한다.

다른 한편으로 예를 들면 해방을 추구하고 자유를 추구하는 일은 누구에게도 권리가 있는 일이다. 그래서 여기에는 갖가지 인간을 연합하여 하나의 대연합을 조직하지 않으면 안 된다.

따라서 대연합은 소연합으로부터 착수하지 않으면 안 되는 것이고, 우리들은 분발하여 외국의 형제들을 본받아야만 한다. 우리들은 우리들의 소연합을 끊임없이 발전시켜 나가야만 한다.

중화 '민중의 대연합'의 형세

전호前號와 전전호前前號에서, ① 민중의 대연합의 가능성과 필요성, ② 민중의 대연합은 민중의 소연합을 출발점으로 한다는 점 등, 이 두 가지에 관한 논의를 이미 끝냈다.

여기에서는 한발 더 나아가 논의를 진행하고자 한다. 우리나라 민중의 대연합에 관해서, 도대체 우리들에게 그러한 자각이 있는 것인가? 그 동기는 있는 것인가? 그 능력은 있는 것인가? 성공할 수 있는 것인가?

① 우리나라의 '민중의 대연합'에 관하여 도대체 우리들은 그러한 자각을 하고 있는 것인가?

신해혁명[124]은 하나의 민중연합과 같아 보이지만 사실은 그렇지 않다. 신해혁명이라는 것은 유학생의 발종지시發縱指示, 사냥개의 밧줄을 풀어놓고 짐승 있는 곳을 가리켜 잡게 한다는 뜻, 가로회哥老會[125]가 앞에서 깃발을 흔들 듯이 리더가 되어 영웅처럼 용맹하게 행동한 일, 신군新軍과 순방영巡防營[126]의 약간의 구팔도八, 兵隊를 말함 즉 병의 글자를 구와 팔로 분해한 것의 장노발검張弩拔劍, 쇠뇌─화살이나 돌을 쏘아 날리는 옛 무기─를 당기고 칼을 빼는 것 즉 무력행사 등등에 의해 이루어진 것이며, 우리들 민중의 대부분과는 전혀 관계가 없다.

우리들은 그들의 주의主義에는 찬성하였지만, 한 번도 분주하게 뛰어다닌

적이 없었다. 그들의 경우도 우리들의 분주함을 필요로 하지 않았던 것이다. 그러나 우리들은 하나의 자각을 얻었다. 또 우리들은 그것을 알아차렸다.

성문신무聖門神武라 일컫는 황제라 하더라도 그것을 무너뜨릴 수가 있는 것이다. 대역부도大逆不道의 민주民主라고 하더라도 그것을 건설할 수가 있는 것이다. 말하고 싶은 바가 있거나 하고 싶은 일이 있다면 언제라도 말할 수가 있으며 또한 일할 수가 있는 것이다.

신해혁명 후 병진丙辰의 해1916년에 이번에는 우리들이 홍헌황제洪憲皇帝[127]를 타도하였다. 역시 소수자가 실행한 일이었지만, 그토록 위풍이 하늘을 찌르던 홍헌황제라 할지라도 우리들이 또한 그를 결국 타도할 수 있을 것이라고 자각하였던 것이다.

최근에 이르러 남북 전쟁南北戰爭[128]과 세계대전이 발발하여 사태는 급변하였다. 남북 전쟁의 결과, 관료·군인·정객政客은 우리들을 해치고 우리들에게 해독을 끼치며 우리들을 소멸시키고자 하는 자들이라는 점에 대하여 점점 움직일 수 없는 증거가 추가되었다.

세계대전의 결과 각국의 민중은 생활고의 문제 때문에 돌연 많은 활동을 일으켰다. 러시아에서는 귀족을 타도하고 부자들을 쫓아내어 노동자와 농민이라는 두 계층이 협력하여 위원회정부委員會政府[129]를 수립하였다. 붉은 군대赤軍는 서쪽과 동쪽으로 진격하여 상당 수의 적들을 소탕하였는데, 그 때문에 동맹국은 갑작스레 입장을 바꾸고 전세계가 깜짝 놀라게 되었다.

또 헝가리가 궐기하여 부다페스트에는 참신한 노농정부勞農政府가 출현하였다. 독일인·오스트리아인·체코인들도 여기에 호응하여 사력을 다해 자국내의 적대당과 대결하고 있다.

질풍노도와 같은 기세가 서쪽으로 밀려갔다가 다시 그 방향이 바뀌어 동쪽으로 밀려왔다. 그리하여 영국에서도, 프랑스에서도, 이탈리아에서도, 미국에서도, 몇몇의 대형 파업이 발생하였으며 인도와 조선에서도 얼마간의 대혁명이 일어났다.

그리고 갑자기 신참자가 그 모습을 드러내고, 마침내 중화의 장성長城과

발해渤海 사이에서 '5·4운동'[130]이 발생하였다. 운동의 깃발은 남쪽으로 향하여 황하를 건너고 장강長江. 양자강, 황포강黃浦江, 한강漢江에 이르러 맹렬하게 활극活劇이 펼쳐졌다. 또한 동정호洞庭湖, 민강閩江에는 고조된 분위기가 회오리쳤다. 이 때문에 천지가 소생하고 사악함은 그림자를 감추었다.

자! 이제 우리들은 알게 되었다. 깨닫게 되었다! 천하는 우리들의 천하인 것이다. 국가는 우리들의 국가인 것이다. 사회는 우리들의 사회인 것이다. 우리들이 말하지 않으면 누가 말하겠는가? 우리들이 하지 않으면 누가 하겠는가? 일각이라도 우물쭈물 할 수가 없다. 우리들은 민중의 대연합을 적극적으로 추진해야만 한다.

② 우리나라의 민중의 대연합은 이미 그 동기가 존재하는가?

이 물음에 대하여 나는 망설임 없이 '존재한다'고 대답할 수 있다. 여러분, 믿지 못한다면 나의 말을 들어주기 바란다.

우리나라 민중 대연합의 근원을 거슬러 올라가면 청말 자의국諮議局[131] 의 설립 및 혁명당─동맹회同盟會[132] ─의 결성을 예로 들지 않으면 안 된다. 자의국이 생겼기 때문에 각 성의 자의국이 연합하고 국회의 조기 개설을 청원할 수 있게 된 것이다.

혁명당이 생겼기 때문에 배만排滿의 거병을 국내외에 호소할 수 있게 된 것이다. 신해혁명은 혁명당과 자의국의 공연에 의한 '통음황룡痛飮黃龍'[133] 의 일막─幕이었다. 후에 혁명당은 국민당으로 바뀌고 자의국은 진보당進步黨[134]으로 바뀌었다. 이것이 우리 중화민족 정당의 시작이다.

그 이후 민국이 성립하여 중앙에서는 국회를 소집하고 각 성에서도 성의회省議會를 소집하였다. 이 무렵 각 성에는 별도로 세 개의 단체가 만들어졌다. 하나는 성교육회省敎育會, 또 하나는 성상회省商會, 그리고 또 하나가 성농회省農會이다몇몇의 성에서는 성공회省公會를 만들었다. 또한 몇몇의 성에서는, 예를 들면 호남에서는 성공회가 농회에 포함되어 있었다.

이와 동시에 각 성에도 현교육회縣敎育會, 현상회縣商會, 현농회縣農會가 설립되었다 설립하지 않았던 현도 있다. 이러한 조직은 그야말로 공고하고 강력한 결합이었다.

그 밖의 각 방면에서 각각의 정세와 지위에 적합하게 조직된 각종의 단체는 다음과 같은 것이 있다.

각 학교의 교우회校友會

도회에 나온 사람들의 동향회同鄉會

외국에서 결성된 유학생총회 및 분회

상해일보공회上海日報公會, 공회는 동업조합

지구중국학회地球中國學生會

북경 및 상해의 구미동학회歐美同學會

북경화법교육회北京華法敎育會[135]

각종의 학회강학회强學會[136], 광학회廣學會[137], 남학회南學會[138], 상지학회尚志學會[139], 중화직

업교육사中華職業敎育社, 중화과학사中華科學社, 아주문명협회亞洲文明協會……

각종의 동업회同業會, 공상계의 각사각업各社各業, 예를 들면 은행공회, 미업공회米業公會……각

학교의 연구회, 예를 들면 북경대학의 화법연구회畫法硏究會, 철학연구회 등……수십 종이 있다

각종의 구락부俱樂部…… ·

어느 것이나 모두 근래의 정치해방, 사상해방의 산물이고 독재정치의 시대에는 결코 허가되지 않았으며 또한 존재할 수 없는 것이었다. 위에서 열거한 각종의 단체는 모두 극히 소박한 것이며, 본지의 전호前號에서 이미 서술한 '소연합'에 해당한다.

최근에 이르러 정치의 혼란, 외환外患의 압박에 의해 자각은 더한층 고조되어 마침내 대연합의 동기가 생겨났다. 예를 들면 다음과 같은 것이 있다.

전국교육회연합회

전국상회연합회

광주廣州의 72행공회七十二行公會, 상해의 53공단연합회五十三公團連合會

상학공보연합회商學公報連合會

전국신문계연합회

전국화평기성회全國和平期成會

전국화평연합회

북경중법협회北京中法協會

국민외교협회

호남선후협회湖南善後協會, 상해

산동협회상해

북경, 상해 및 각 성, 각 도시의 학생연합회

각계연합회, 전국학생연합회

이러한 것들이 모두 그러한 경우이다. 각종의 회會·사社·부部·협회·
연합회에 처음부터 민중이 아닌 '신사紳士'와 '정객政客'[140]이 수도 없이 가입
해 들어오는 것은 피하기가 어렵다국회, 성의회, 성교육회, 성농회, 전국화평기성회, 전국화평연합
회 등은 완전히 신사회紳士會 혹은 정객회政客會이다.

그러나 각 직업의 공회, 각종의 학회·연구회 등은 순수하게 평민 및 학
생들의 집합이다.

최근에 생긴 학생 연합회나 각계 연합회 등은 국내 및 국외의 강권자에
대항하기 위해 결성되었는데, 그것은 더 한층 순수한 민중의 대연합이다.
나는 중화민족 대연합의 동기가 실제로 여기에 숨어 있다고 생각한다.

③ 우리나라의 '민중의 대연합'을 추진함에 있어서 우리들에게 과연 그러한
능력이 있는 것인가? 또한 과연 성공할 수 있는 것인가?

능력이라는 말을 생각하면 아무래도 의문이 일어나기 마련이다. 그것은
우리나라 사람들이 각자 마음대로이며, 가장 수지가 맞지 않는 일을 하고
가장 변변치 못한 행동을 하며, 사리의 추구밖에 안중에 없기 때문이다.

상업에 종사하는 자가 회사를 설립하는 법을 알지 못한다. 노동자는 노

동당을 설립하는 법을 알지 못한다. 학문을 하는 자는 옛날 그대로의 문을 걸어 잠근 채 차를 만드는 방법만 가지고 있을 뿐, 공동연구의 방법을 알지 못한다. 대규모의 조직적인 사업에는 우리나라 사람들이 전혀 손을 댈 수가 없다.

정치가 잘 진행되지 않는 것은 말할 것까지도 없는 일이다. 우편과 소금은 얼마간 성과를 올렸다고 하지만, 그것은 서양인에게서 보조받은 것이다. 해금海禁[141]이 풀리고 난 지 이미 오래되었는데도 아직 유럽까지 항해한 작은 배는 한 척도 없다.

전국 유일의 '초상국招商局'[142]과 '한야평漢冶萍'[143]도 매년 밑천을 탕진하고, 탕진한 밑천이 다 없어지면 외자를 도입하고 있다.

대개 외국인이 관리하는 철도는 청결함과 설비 및 인사관리에서도 이전보다 훨씬 나아졌다. 이러한 것이 일단 교통부에 이전되어 관리되자, 모두 엉망진창이 되어 버렸다.

경한선京漢線, 북경·무한간, 진포선津浦線, 천진·남경간, 무장선武長線, 무한·장사간을 이용하여 여행한 자들 중에 코를 킁킁거리며 냉소하거나, 이를 갈며 후회를 한 경험이 없는 자는 없을 것이다.

그 밖에 학교 등도 순조롭게 운영되지 않으며, 자치도 잘 이루어지지 않는다. 그것뿐이겠는가? 가정도 평탄하게 돌아가지 못하며, 그 상태에서 자신의 육체도 온전히 기능할 수가 없다. '한 굴속의 너구리'이며, '천편일률千篇一律'적이라는 것이 이와 같다.

민중의 대연합을 이야기하는 것이 상당히 어려운 일은 아닐까?

견고하게 뿌리를 내린 강권자에 대항하는 것이 상당히 어려운 일은 아닐까?

하지만 그렇다고 해서 우리들이 근본적으로 무능력한 것은 아니다. 우리들이 무능력한 데는 원인이 있다. 그 원인은 "우리들이 훈련을 하고 있지 않다"는 것이다.

원래 중화민족은 몇 억의 사람들이 몇 천 년에 걸쳐서 노예의 생활을 해왔다. 단지 한사람, 노예가 아니었던 이는 '황제'뿐이다어떤 사람은 황제도 '하늘天'의 노예라고 말한다[144]. 황제는 주인이 되자 우리들에게 능력을 기르는 훈련을 허락하지 않았다. 정치, 학술, 사회 등등의 방면에서 우리들이 사상을 가지고 조직을 가지고 훈련하는 일을 결코 허락하지 않았다.

하지만 지금은 다르다. 여러 가지 분야가 해방되려 하고 있다. 사상의 해방, 정치의 해방, 경제의 해방, 남녀관계의 해방, 교육의 해방 등등 어느 것이나 모두 몇 겹이나 벽이 둘러싸이고 억울한 죄의 굴레로부터 푸른 하늘靑天을 바라보려고 하고 있는 것이다.

우리들 중화민족에게는 위대한 능력이 있었던 것이다. 압박이 강해지면 강해질수록 그것에 대한 반동은 커져만 갔다. 오랫동안 비축되었던 것이 일단 시작만 되면 그 진행 속도는 상당히 빠르다.

기묘하게 들리겠지만 나는 감히 이렇게 말하고 싶다. 장래 중화민족의 개혁은 어떠한 민족과 비교해도 철저한 것이 될 것이다. 중화민족의 사회는 어떠한 민족과 비교해도 보다 밝은 빛이 비추는 것이 될 것이다. 중화민족의 대연합은 어떠한 지역, 어떠한 민족보다도 먼저 성공을 이룰 것이다.

여러분! 여러분! 우리들은 노력하지 않으면 안 된다. 우리들은 목숨을 걸고 전진하지 않으면 안 된다. 우리들 황금의 세계, 영광 찬란한 세계는 우리 눈앞에 있다!

해제

《상강평론》의 2, 3, 4호에 게재된 논문이다. 간행은 1919년 7월 21일과 28일 및 8월 4일이다. ①에는 장으로서의 제목이 없지만, ②와 ③에는 장으로서의 제목이 있다.

다만 어느 것이나 모두 〈민중의 대연합〉이라는 표제를 달고 있다. 원래 장의 번호는 ②에만 있었고 ①과 ③에는 없다. 원제목은 〈민중의 대연합民衆的大聯合〉이다.

09

조양의 자살을 평하다

1919년 11월 16일

사회에서 일어나는 사건을 경시해서는 안 된다. 하나의 사건이 일어나는 배후에는 모두 여러 차례 중첩되어 균형을 이루는 원인이 있다.

예를 들면 '아무개가 죽었다원문은 인사人死'고 하는 것과 같은 것이 있다. 여기에는 두 가지의 해석이 있다.

하나는 생리적 및 물리적 해석으로 '나이가 들어 편안히 죽는 것'이 이러한 종류에 속한다.

또 하나는 반생리적 및 반물리적 해석으로 '요절하는 것'이라든가, '횡사하는 것'이 이러한 종류에 속한다.

조양趙孃[145]이 죽은 것은 자살이었다. 횡사한 것이며 후자의 종류에 속한다.

한 개인의 자살은 완전히 환경에 의해 결정되고 있다.

조양이 정말로 본심으로 죽음을 바랐던 것일까? 그렇지는 않다. 삶을 추구한 것이다. 그런데도 조양이 끝내 죽음을 택한 것은 환경이 죽음을 추구하도록 막다른 지경에까지 몰아넣었기 때문이다.

조양의 환경은 이러한 것이다.

① 중국사회

② 장사長沙 남양가南陽街 조가趙家의 가족

③ 그녀가 시집가기 싫어한 시댁, 장사長沙 감자원柑子園 오가吳家의 가족

이러한 세 개의 환경이 삼면의 철망과 같이 삼각형으로 둘러쳐져 있었다는 것을 상상해 볼 수 있다. 삼각형의 철망 속에서 조양은 필사적으로 살아보려고 안간힘을 썼지만, 살아갈 방법이 없었다. 삶의 반대쪽에 있는 것은 죽음이었다. 그리하여 조양은 죽은 것이다.

만일 세 개 가운데에서 하나만이라도 철망이 아니었다면, 혹은 철망이라고 해도 개방되어 있었다면 조양은 결코 죽음에 이르지 않았을 것이다.

① 만일 조양의 부모가 조양의 자유의지에 맡기고 강제하지 않았다면 조양은 결코 죽지 않았을 것이다.

② 조가의 부모가 강제했다고 해도, 조양 스스로가 시댁에 본심을 전달할 수 있도록 조처하거나, 또는 조양이 따르지 못하는 이유를 설명하고 시댁 쪽에서도 개인의 자유를 존중하여 그 마음을 인정해 주었다면 조양은 결코 죽지 않았을 것이다.

③ 부모와 시댁이 자유의지를 허락하지 않았다고 해도, 만일 사회에 강력한 여론이 들끓어 그녀를 후원하거나, 조양이 거부하는 것은 명예로운 행동이라고 해서 그녀의 거부를 받아들여 주는 신천지가 있었다면 조양은 결코 죽지 않았을 것이다.

이제 조양은 확실히 죽었다. 삼면사회, 실가實家, 혼가婚家의 철망에 의해 견고하게 둘러싸인 채 삶을 추구하는 것도 불가능해지자 죽음의 길을 추구한 것이다.

작년 일본의 도쿄에서 백작伯爵 부인과 전속 운전사 사이의 연애가 발각되어 두 사람이 함께 자살한 사건이 있었다. 도쿄의 신문들은 호외號外를 발행하고 계속해서 수개월에 걸쳐 많은 문인과 학자가 격렬한 논쟁을 펼쳤다.

어제의 사건은 대사건이다. 혼인제도가 부패되어 있다는 점, 사회제도가

암흑과 같다는 점, 의지가 독립할 수 없다는 점, 연애가 자유롭지 못하다는 점 등등이 이 사건의 배후에 있다.

여러 가지 학설을 토론하는데 있어서 우리는 응당 그것을 살아있는 사건으로서 토론해야만 한다. 어제 천뢰天籟 선생과 겸공兼公 선생 두 분[146]이 토론의 도화선에 불을 붙였다. 이 때문에 나는 그것에 이어 약간의 의견을 발표하였다.

자유를 위해 순직하고 연애를 위해 순직한 이 젊은 여성에 대해서 열의를 가지고 토론하는 사람이 있다면, 각각의 논점으로부터 출발하여 그녀를 위해 '원통하구나!'라는 한 마디의 말을 외쳐주길 바란다.

사건의 상세한 기록은 어제 발행된 본보에 있다

해제

장사 《대공보大公報》 1919년 11월 16일에 게재된 문장이다. 서명은 택동으로 되어 있다.

사건은 전전날 14일에 발생하여 다음 날 곧바로 보도되었다. 또한 그와 동시에 신문사내에서 집필한 논평이 실렸다. 위의 문장은 모택동이 사건을 접수한 뒤 집필한 것이다.

그 뒤 모택동은 잇달아서 〈조양의 인격문제〉, 〈혼인문제에 관하여 삼가 남녀청년에게 고함〉, 〈혼인제도 개혁 문제〉, 〈여자의 자립 문제〉, 〈"만악萬惡의 사회"와 조양〉, 〈자살에 반대한다〉, 〈연애문제 – 젊은 사람과 노인〉, 〈매파*媒婆의 제도를 타파하자〉, 〈혼인상 미신의 문제〉 등등 9편의 논문을 다다음날부터 불과 10일간이라는 짧은 시간에 집필하여 《대공보》와 《여계종女界鐘》에 게재하였다.

★ 이전에 결혼 적령기가 찬 처녀나 남자의 집에 오고가면서 혼담을 꺼내고, 혼인이 성사되면 사례를 받는 여자가 있었는데, 이러한 사람을 '매파'라고 불렀다. 즉 '중매쟁이'이다. 그런데 '중매쟁이의 말'은 사실과 동떨어진 경우도 적지 않았다.

10

학생의 활동

1919년 12월 1일

몇 년 전부터 나는 새로운 사회생활을 갈망해 왔지만, 별다른 방법을 찾지 못하였다. 7년민국 7년, 1918년 봄에 성도省都, 長沙의 맞은편 기슭 악록산岳麓山에 몇 명의 친구와 농사를 지으면서 공부하는 공독동지회工讀同志會를 만들려고 하였지만, 친구들은 줄곧 호남湖南에 머물러 있을 수가 없었고, 나 또한 북경에 갔었기 때문에 이 일은 실현되지 못하였다.

올 봄, 호남에 돌아옴으로써[148] 이전에 품었던 꿈이 다시 되살아나고 이에 악록산岳麓山에 새로운 촌新村[149]을 만들자는 계획이 세워졌다. 그리하여 먼저 사회설社會說, 새로운 사회에 관한 이론, 본위교육설本位敎育說, 자유교육의 이론을 실행하는 학교를 설립하는 일로부터 착수하였다.

이 새로운 촌은 새로운 가정, 새로운 학교 및 새로운 사회를 만들어 한 덩어리로 연결하는 것을 근본이상으로 삼는 것이며 그 중 학교에 관해서는 이전에 계획서를 작성했던 적도 있다.

지금 여기에 그 계획서 중의 〈학생의 활동〉이란 장을 공표하여 동지들의 가르침을 얻고자 한다.

나는 악록산에 새로운 촌을 건설하는 것이 그 나름대로 하나의 문제가 될 수 있을 것이라고 생각한다.

만일 이 문제에 관해서 상세한 계획을 가지고 있든가, 혹은 실제로 그것을 실행에 옮기고 있는 동지가 있다면 진심으로 환영하는 바이며, 그 가르침을 바라마지 않는다.

①

학교에서의 수업시간은 될 수 있는 한 많이 줄이고, 학생들에게 자발적으로 연구하고 활동하도록 이끈다. 매일의 시간을 6단위로 나누는데 그 단위는 다음과 같다.

수면	2단위
오락휴식	1단위
독서	2단위
활동	1단위

독서의 2단위 중에서 자습은 1단위, 수업은 1단위를 차지한다.
실제의 시간에 의해 배당하면 다음과 같다.

수면	8시간
오락휴식	4시간
자습	4시간
수업	4시간
활동	4시간

이상으로 열거한 것 중에서 활동의 4시간은 공독주의工讀主義, 노동하면서 공부하는 일를 실행하기 위해서 반드시 갖추어야 할 하나의 요소이다.

②

활동의 내용은 전적으로 농촌에서의 활동과 관련된 것이며, 그것을 열거하면 다음과 같다.

甲 원예 一 꽃, 나무 二 야채
乙 농경 一 면화 二 벼 및 그 외의 것
丙 임업
丁 가축
戊 뽕나무밭 가꾸기
己 양계와 물고기 잡기

③

활동은 생산적이고 또한 실생활에 맞는 것으로 한다.

지금 학교에서 행해지고 있는 '수공手工. 손으로 하는 공예'은 손과 눈을 민첩하고 활발하게 하며 감정을 도야하고 질서를 지키는 마음 및 아름다운 것을 감상하는 데 있어서는 효과가 있는 장점이 있다. 그러나 대체로 비생산적인 것으로예를 들면 종이나 점토 석고를 사용해서 하는 세공 細工, 만들어서 감상할 수는 있지만 실용적이지는 못하다.

또한 비실생활적이며 학교에서 배운 것은 사회의 실제와 상당한 차이가 있다. 그 결과 학생은 사회의 실정에 어둡고 사회 쪽에서도 학생을 환영하지 않는다.

게다가 우리나라중국의 현 상황에서는 다음과 같은 폐해가 있다. 즉 거의 모든 학생들은 졸업 후에 도회지에 나가는 것을 꿈꾸고 시골에 남는 것을 기피한다. 농촌의 생활에 관해서는 배우지 않았기 때문에 조금도 흥미를 가지고 있지 않는 것이다흥미를 갖지 않는 원인은 다른 데서도 찾을 수 있지만 여기서는 생략한다.

이것은 지방자치의 실시와 관계가 있다. 많은 학생들이 지방에 들어가 좋은 의견을 제안하고 실행한다면, 지방자치는 학생이 중견의 위치에 섬으로써 실시될 수 있다. 농촌에 들어가는 학생이 없다면, 지방자치는 중견의 위치에 있어야 할 인력이 부족하여 원활하게 추진할 수 없는 병폐가 있을 것이다.

더불어 정치와도 관계가 있다. 현대의 정치는 대의정치代議政治이지만 이것의 기초가 되는 것은 선거이다. 민국民國 성립 이래 두 번에 걸쳐서 선거가 행하여졌지만, 모두 진정한 국민의 뜻이 반영된 것은 아니었다.

지방에서 최초의 선거가 행해졌을 때, 투표한 사람은 악랄한 신사 · 불한당 · 퇴역군인들이며 민중의 대다수는 도대체 선거가 무엇인지조차 알지 못했다. 이 상황에서 국민의 뜻과 같은 것은 문제도 되지 않았다.

이러한 원인을 생각해 보면 정치적 상식을 갖춘 사람이 참가하지 않았던 데 기인한다. 학생이 지도하고 감독하면 선거권을 포기하는 일도 점차로 감소하게 된다.

위에서 말한 폐해비생산적, 비실제생활적, 도회지를 꿈꾸고 농촌을 싫어하는 것를 제거하기 위해서는 첫 번째로 경제상의 활동이 있어야 하며, 그러한 활동에 의해 능력을 활용하고 직접 생산 활동에 종사시킨다면 크고 작고 많고 적든 간에 성과가 있게 마련이다.

두번째로 이러한 활동에 의해 만들어진 필수품은 현재 사회에서 폭넓게 사용된다는 사실은 틀림이 없다.

세번째로 이 활동의 장소는 반드시 농촌 안에 있어야 한다. 이 활동은 반드시 농촌을 위한 활동이 되어야만 한다.

위에서 말한 이유에 의해, 첫번째 직접 생산 활동에 종사하게 되고, 두번째 실제생활에 합치하게 되고, 세번째로 농촌생활을 즐기는 습관이 양성되는 것이다.

④

위에서 말한 것 이외에도 중요한 사항이 있기에 아래에 서술한다.

세계의 개량 · 진보를 논하는 사람들은 잘 알고 있는 바와 같이 먼저 교육을 보급하고 인민에게 지식을 갖추게 하는 일로부터 시작하지 않으면 안 된다. 교육을 보급하고자 한다면 또한 학교를 설립하지 않으면 안 된다.

이러한 논의는 대단히 훌륭하다. 그러나 학교를 설립하는 것은 교육을 실시하는 일단一端에 지나지 않는다. 교육의 전체는 학교에서 끝나는 것이 아니라, 가정도 일단이며 사회도 일단이다.

가정에 있는 사람들에게 지식이 없으면가정의 조직이나 습관이 좋지 않게 된다고 하는 점도 있지만, 학생이 학교에서 습득한 지식은 그것과 어긋나 버린다.

그 결과로서는 두 가지인데, 하나는 가정 내에 융화되어 효자 혹은 온순한 손자가 되고 신구新舊가 뒤섞인 시골의 향원郷愿[150]이 되든가, 또 하나는 가정에서 나오든가 하는 길밖에 없다.

이러한 것은 최근 자주 '가정혁명', '부자父子충돌'의 목소리가 귓가에 끊이지 않게 들려오는 이유이기도 하다.

사회에 관해서도 마찬가지이다.

학생은 학교를 나와 사회에 들어간다. 사회의 사람들에게 지식이 없으면 사회의 조직이나 습관이 좋지 않게 된다고 하는 점도 있지만, 학생이 학교에서 습득한 지식은 그것과 어긋나 버릴 뿐이다. 그 결과 역시 두 가지이다. 즉 사회와 융화되던가, 아니면 그곳에서 나오던가 하는 길밖에 없다.

종래 우유부단하고 겁이 많으며 간사한 지혜를 부리고 사악하게 된 것은 전자의 결과이며, 은자隱者가 된 것은 모두 후자의 결과이다은자가 세상으로부터 숨는 것은 자신의 이상이 사회가 요구하는 것과 일치하지 않기 때문이다.

따라서 학교 교육의 개량을 주창해도, 동시에 가정과 사회를 개량하지 않으면 중간을 얻고 위와 아래를 버리는 꼴이 되고, 하나를 얻고 둘을 잃는 것이다.

그렇다고 해도 현재의 상황에 비추어 학교의 힘으로 가정과 사회를 개량하고, 학교를 설립하는 사람들이 가정 개량가改良家, 사회 개량가를 겸하는 일이 가능하지 않을까?

이것에 관하여 나는 '할 수 없다'고 즉답하고 싶다.

현재의 정황에 비추어 보면 가정·학교·사회의 삼자 관계는 유기적이 아니라 무기적無機的이고, 정신적이 아니라 단지 형식적이다. 형식적으로는 결합되어 있지만 정신적으로는 끊임없이 충돌하고 있다.

지금 학교는 학생에 대해서 "독립적이고 건전한 인격을 가진 인간을 양성한다"고 하고 또 그것을 목적으로 삼는다고 한다.

가정은 개인에 대해서 "가정의 사명에 도움이 되는 인간을 양성한다"고 하고 또 그것을 목적으로 삼는다고 한다예를 들면 학부형은 단지 자제가 돈을 벌고 한 가정을 양육하도록 요구하며, 어떻게 해서 돈을 벌든가는 상관하지 않는다.

사회는 개인에 대해서 사회가 개인을 위한 발전의 장소가 되는 것이 아니라, 개인이 사회를 위해 희생하는 것을 목적으로 삼는다예를 들면 공장에서는 도제徒弟가 혹사당하고, 직장에서는 하급직원의 생활이 고생스러울 뿐이며 그 때문에 유쾌하다고 느끼지 않는다.

이러한 것은 정신적으로 충돌하고 있다는 증거가 아닐까?

지금의 길을 계속해서 걷는 이상, 지금의 습관은 변하지 않으며 가정 · 학교 · 사회는 점점 더 제각기 뿔뿔이 흩어지게 된다. 개량의 희망 같은 것이 어디에 있겠는가?

여기서 나의 생각과 견해를 서술하려고 한다.

정말로 가정과 사회가 진보하기 원한다면 "옛날의 것을 개량한다"고 입으로만 말할 것이 아니라, "새로운 것을 창조한다"는 것을 목표로 삼아야지만 비로소 달성할 수 있다.

가정의 개량, 사회의 개량이란 '생활'의 개량에 다름 아니다. 낡은 가정생활, 낡은 사회생활은 아무리 해도 개량할 수 없는 것이다. 이러한 낡은 생활이 낡은 시대에는 적합하였다고 하더라도, 이미 시대는 변하였다. 지금 이 시대에 적합한 별개의 신생활이 필요한 것이다.

도대체 옛날부터 낡은 것을 진정으로 개량한 예가 있었는가? 그러한 예는 있었다. 그러나 그것들은 모두 새로운 것을 창조한 것이다.

요즘 사람들은 낡고 오래된 전통적인 연극이 신극으로 개량될 수 없다는 것은 알면서도, 낡은 생활이 새로운 생활로 개량될 수 없다는 것은 더욱 알지 못한다.

가정과 사회의 현실을 살펴 볼 필요가 있다. 지금의 가장家長은 자제가 독립된 인격을 지녔다고 말하고, 공장주는 도제와 평등하게 이익을 분배한다고 말하지만, 누구든지 그것이 불가능하다는 것을 알고 있다.

노동자가 완전히 평등한 이익의 분배를 추구해도 사회제도가 개혁된 뒤가 아니라면 자기 수중으로 이익이 들어올 수가 없다. 마찬가지로 자제가 완전히 독립된 인격을 추구해도 가정제도가 개혁된 뒤가 아니라면 그것은 쓸모없는 일이다.

사회제도의 근간은 경제제도이다. 가정제도의 근간은 혼인제도이다. 이와 같이 심각한 영향을 끼치는 제도를 개혁하는데 즈음하여, '낡은 것을 개량한다'고 하는, 잔꾀 부리는 정도에서 효과를 올릴 수 있을까?

새로운 학교의 창설, 새로운 교육의 실시는 반드시 새로운 가정 및 새로운 사회의 창조와 서로 연관시켜야만 한다.

새로운 교육에서는 새로운 생활의 창조를 주체로 삼아야 한다. 앞 절에서 서술한 '생산적 활동', '실제적 활동', '농촌의 활동' 등이 새로운 생활의 근간인 것이다.

새로운 학교에서의 학생 한 사람 한 사람은 새로운 가정을 창조하는 한 사람 한 사람이 되고 이로 인해 새로운 가정도 점점 증가한다.

그러다보면 새로운 사회를 창조할 수가 있다. 새로운 사회의 종류는 헤아릴 수 없이 많지만, 그 주요한 것을 열거하면 다음과 같다.

> 공공의 탁아소, 공공의 유치원, 공공의 학교, 공공의 도서관, 공공의 은행, 공공의 농장, 공공의 제조공장, 공공의 매점, 공공의 극장, 공공의 병원, 공원, 박물관, 자치회.

이러한 새로운 학교, 새로운 사회를 결합시키면 이것이 하나의 '새로운 촌新村'이 된다. 나는 악록산 일대가 호남성의 성성省城 부근으로서는 새로운 촌 건설에 가장 적합한 땅이라고 생각한다.

대개 사람들은 정치 혁명의 빛나는 예는 프랑스에, 사회 혁명의 빛나는 예는 러시아에 있다고 말한다. 이것이 소위 '모범국가'이다.

또한 가로街路가 정비된 예는 베를린에, 상점이 번화한 예는 파리에 있다고 말한다. 이것이 소위 '모범도시'이다.

우리들은 보통 남통현南通縣의 자치교육을 예찬하는데, 이것도 소위 '모범지방'[15]이다.

이렇게 평가할 수 있는 것은 이미 성과가 있고 모범으로서 확립되어 있으며 세계의 이목도 집중되어 있기 때문이다.

세간의 기풍을 일변시키고 싶다면 하나의 세력을 스스로 육성하지 않으면 안 된다. 그리고 이러한 세력은 견고하게 고삐를 잡고 방만하게 다루어서는 안 된다. 기치는 선명하게 내세우고 발걸음은 착실하게 내디뎌야 한다.

지금은 감히 '모범국', '모범도시', '모범지방'을 강조해서 말하지는 않지만, '모범촌'이라고 하면 목표는 너무 높지도 않으며, 쉽게 실행에 옮길 수 있다.

러시아에서는 많은 청년들이 사회주의를 확산시키려고 농촌에 들어가 농민과 함께 섞여 생활하였다. 최근 일본의 청년들은 소위 '새로운 촌신촌'운동을 일으키고 있다. 미국 및 그 보호국인 필리핀에서는 '공독주의工讀主義'가 널리 확산되고 있는 중이다.

이러한 것을 모방하여 우리나라 유학생들은 미국에서 '공독회工讀會'[152], 프랑스에서는 '근공검학회勤工儉學會'[153]를 만들었다.

그 때문에 우리들이 진정으로 새로운 생활의 창조를 지향한다면 우리들에게 공명하는 사람들이 없을 것이라는 걱정은 할 필요가 없다.

⑤

제2절에서 언급한 전원의 식수植樹·조림造林이나 가축의 사육 등은 옛날부터 농가가 행해왔던 일로, 새로운 생활이라고는 말할 수 없다. 그러나 새로운 정신에 의해 이것을 경영하면 새로운 생활이 된다.

옛날의 독서인讀書人은 농경에 전혀 손을 대지 않으려고 했지만, 지금은 독서하면서 농경하는 것을 신성시하고 있다. 그렇다고 하면 새로운 생활인 것이다.

일류의 지식을 가지고 사대부를 자칭하는 사람은 경제시장과 관계官界에서 아득바득하며 살아갈 뿐이며, 신선한 농촌의 공기를 호흡하려고도 하지 않고 아름다운 경치를 감상하려고도 하지 않는다. 이것을 바꾸어 우리들이 새로운 공기를 호흡하고 아름다운 경치를 감상한다면 그것이야말로 새로운 생활인 것이다.

원예에는 두 가지가 있는데, 하나는 꽃과 나무를 심어 화원을 만드는 일이고 또 하나는 야채를 심어 채원菜園을 만드는 일이다. 이것들은 지금 학교원學校園이라 말하고 있는 것에 상당한다. 게다가 이것을 확장하면 식물원이 된다.

농경은 면화와 벼를 주로 하고, 보리 · 밀 · 수수 · 옥수수 등도 중간에 심는 것이 좋다. 학생에게 고된 육체노동은 임시로 사람을 고용하여 쓴다.

식수 · 조림은 산지에서 행하지만, 학생이 식수한 나무는 졸업 후에도 남기 때문에 나무를 보러 학교에 돌아와 보고자 하는 모교애를 불러일으킨다.

목축은 소 · 양 · 돼지 등을 기르는 일이다. 그 외의 것도 사육해도 좋다.

양잠養蠶에는 먼저 뽕나무를 심고, 뽕나무가 다 자란 뒤에 누에를 친다. 남자와 여자 중 어느 쪽이 해도 무방하다.

닭과 물고기를 기르는 것도 생산의 하나이며 특히 학생이 즐거워한다.

⑥

각 항목의 활동은 한 사람이 모두 하는 것이 아니라, 많은 사람이 각각 분담한다. 한 사람은 한 항목만, 혹은 한 항목 이상을 한다.

학생은 학교를 자신의 가정과 같이 생각하고, 전원田園 · 임목林木 등은 자신의 사유물과 같이 생각한다. 학생 각자의 사유물을 연합시켜서 하나의 공공단체로 만든다. 그리하여 이 단체의 명칭을 '공독동지회'라고 명명할 수 있다.

회에는 생산, 소비, 저축 등의 부를 설치한다. 학생이 졸업해도 어느 기간까지는 회에 맡겨둔 어떤 이익을 인출할 수가 없다. 일정 기간이 지나 이익의 일부는 인출하고, 일부는 계속해서 보관해 둔다.

이러한 방법을 취하면 학생은 언제까지라도 학교와 관계를 유지할 수 있게 될 것이다.

⑦

제3절에서 서술한 바와 같이 지금 학교의 '수공'과는 생산적이지 못하다. 모처럼 제작해도 실용화되지 못하기 때문에, 소위 '노동력의 불경제不經濟'가 된다.

'수공'과 이외에 '체조'과도 마찬가지이다. 갖가지의 체조가 있지만, 어느 것이나 모두 '노동력의 불경제'에 속한다.

지금은 여러 가지 활동을 전개할 수가 있기 때문에 이 두 과목은 폐지해도 상관이 없다. 두 과목의 이점과 효능은 다른 활동 속에서 획득할 수가 있다.

해제

《호남교육월간(湖南敎育月刊)》제1권 제2호, 1919년 12월 1일에 게재된 논문이다. 서명은 모택동으로 되어 있다.

11

우미인 침상

1920년

虞美人[154] 枕上[155]

堆來枕上愁何狀 江海翻波浪 夜長天色總難明 寂寞披衣起坐數寒星
曉來百念都灰盡 剩有離人影 一鉤殘月向西流 對此不抛眼淚也無由

우미인虞美人 침상
산더미처럼 쌓이고 쌓인 베개 주위의 근심[156]을 무엇으로 형용할까.
강으로 바다로 밀려갔다 밀려오는 파도와 물결.
길고 긴 밤에 하늘빛은 좀처럼 환하게 빛을 내지 못하네.
적막함[157]이 더해 윗도리 걸치고 일어나 앉아, 추위를 견디는 별을 세어
보네.

새벽녘이 되니 수많은 상념이 모두 한 줌의 재가 되어 사라지네.
남아 있는 것은 작별하고 온 내 여인의 그림자구나.[158]
낫과 같이 빛나는[159] 새벽 하늘의 달님은 서쪽으로 향하여 흘러가네. 서
쪽으로 향하여 흘러가네.[160]
이러한 정경에 마주하여 눈물이 흘러넘치니 멈추려 해도 어쩔 수가 없네.[161]

이 사詞[162]는 《모택동시사집》중앙문헌출판사, 1996년 9월에 수록되어 있는데, 거기에는 "1994년 12월 26일의 《인민일보》에 처음으로 공표되었다"고 기록되어 있다. 그러나 실제로는 이것보다 먼저 《해방군보解放軍報》1983년 5월 22일에 공표되었는데, 표제는〈우미인虞美人 양개혜楊開慧〉, 창작된 연도는 '1920년'이라고 되어있다.

여기에서는 표제 및 사의 본문을 《인민일보》에, 제작년도는 《해방군보》에 따랐다. 사의 분문에 관해서는 《해방군보》의 것이 《인민일보》와 두 군데가 다르다아래의 화살표 방향 '→'이 가리키는 것이 《해방군보》].

앞 단락의 최종구절 "추위를 견디는 별을 세어보네" → "으스스한 추위 속에서薄寒中".

뒤 단락의 제2구절 "남아 있는 것은 작별하고 온 내 여인의 그림자구나" → "피곤에 지쳐 몸은 어디에도 의지할 데가 없구나倦極身無恁".

《인민일보》에 게재된 사의 원고는 어느 날 이것을 정리하여 호위병에게 "네가 이것을 보관하도록 해라"고 하며 건네준 것으로, 1961년의 일이었다.

《해방군보》에 게재된 것과 비교하여 깊은 멋이 풍긴다. 아마도 작자 자신에 의한 첨삭이 있었을 것이다. 혹은 이 쪽이 원작이었을지도 모르겠다. 1921년이라고 한 것은 작자가 잘못 생각하고 있었던 것이 아닐까?

12

호남공화국으로

원제 〈호남건설의 근본문제:호남공화국〉
1920년 9월 3일

조용한 고향에서 시간을 보내는 동안 순식간에 20일이 지났다. 9월1일 성도省都, 장사에 돌아와 《대공보》를 들추어 뒤져보니 제1면이 붉은색 잉크로 인쇄된 것이[163] 있었는데, 내가 가장 좋아하는 의론이 게재된 것이었다. 그것은 나의 기쁨을 불러일으켰다. 앞에 이어서 내 나름대로의 의견을 서술해 보고 싶다.

나는 '대중화민국'에 반대한다.[164] 나는 '호남공화국'을 주장한다. 그 이유는 무엇일까?

"금후의 세계에서 생존을 쟁취할 수 있는 국가는 반드시 대국가大國家이다"라는 것과 같이 확실히 이전에는 이렇게 잘못된 의론이 행해진 적이 있었다.

이러한 의론의 악영향이 제국주의를 확장했다. 제국주의는 자국의 약소민족을 억압하고 해외에서는 식민지를 쟁탈하여 반개화 및 미개화된 민족의 생존과 향상을 저지하였으며, 그들을 단지 공순하고 굴복하는 것만 아는 완전한 노예로 바꾸었다.

그 가장 현저한 예는 영국, 미국, 독일, 프랑스, 러시아, 오스트리아 등이다. 그들은 다행히도 실제는 성공하지 못한 성공을 거두었다. 또 다른 하

●●채화삼

나의 예가 있다. 바로 중국이며 "실제는 성공하지 못한 성공"조차 거둘 수 없었다.

수확할 수 있었던 것은 단지 만주인이 소멸하고, 몽고인·회인回人, 회족·장인藏人, 티벳인이 당장 숨이 끊어질 것 같은 상황에 처하여 죽음에 직면하였으며, 마침내 전국토 18성[165]은 엉망진창으로 변하여 정부가 세 개, 국회가 세 개[166], 독군왕督軍王[167]·순안사왕巡按使王[168]·총사령왕總司令王 [169] 등의 왕이 20명 이상이나 출현하여 인민은 매일 죽임을 당하고 재부는 연기처럼 사라지며 외채는 산과 같이 쌓였고, 공화라든가 민국이라든가를 칭하고 있어도 "무엇이 공화인지" 알고 있는 국민은 몇 명도 되지 않았으며, 4억인[170] 중에 적어도 3억 9천만인이 편지도 쓸 수 없고 신문도 읽을 수 없다는 사실이다.

전국에 중국인이 주인이라고 자처할 수 있는 철도는 한 개도 없다. 우정郵政을 운영하는 것도 할 수 없으며 '기선汽船'을 운항시키는 것도, 소금을 전매하는 것도 뜻대로 할 수가 없다.

전 국토의 18성 중에서 호남, 사천, 광동, 복건, 절강, 호북 등의 성은 완전히 피정복성被征服省이 되어, 끊임없이 반복하여 타인의 말발굽에 유린당하고 헤아릴 수 없을 정도의 피해를 입었다.

이렇게 된 결과는 과연 누구의 죄인가? 나는 이것이 '제국의 죄'이며 '대국의 죄'라고 감히 말하고 싶다.

"세계에서 생존을 쟁취할 수 있는 국가는 반드시 대국가이다"라는 잘못된 의론의 죄인 것이다. 그 근본을 말하면 인민의 죄이다.

이제는 보다시피 세계 대국의 대다수가 와해되었다. 러시아의 깃발은 붉은색으로 변하여 완전히 세계주의의 평민천하가 되었다. 독일도 반적색으로 물들었다.[171] 폴란드와 체코가 독립하였고 헝가리도 또한 독립하였다. 폴란드와 체코가 독립하였고 헝가리도 또한 독립하였다.[172] 유태·아랍·아르메니아는 모두 새롭게 건국하였다.[173]

아일랜드는 영국으로부터의 이탈을 필사적으로 도모하고 있으며 조선은 일본으로부터의 이탈을 필사적으로 추구하고 있다. 우리나라 동북방면의 시베리아 극동부에도 세 개의 정부[174]가 세워졌다. 전 세계에 풍운이 감돌고 '민족자결'의 목소리가 구름처럼 드높아 대국의 몽매한 꿈을 여지없이 타파하였다.

우리들은 이제 그러한 책동이 야심가가 사람들을 속이는 엉터리 짓이었다고 간파할 수 있으며, 제국주의를 번복하고 다시 손을 뻗쳐 나쁜 짓을 저지르는 것을 결코 용서하지 않는다. 전 세계의 많은 인민은 이미 깨어난 것이다.

중국은 어떠한가? 역시 깨어있었다<small>정객, 관료, 군벌은 예외이지만.</small> 9년간에 이르는 가짜 공화국에 의한 대혼란의 경험은 사람들로 하여금 깨어나지 않으면 안되게 만들었다. 사람들은 마침내 깨달은 것이다.

전국의 전면적 건설을 어느 일정 기간동안에 이룩한다는 것은 완전히 희망 없는 일이다. 최상의 방법은 아예 전면적 건설을 도모하지 않는 것이며, 아예 분열한 뒤 각 성의 각개건설을 도모하여 "각 성 인민자결주의"를 실행하는 것이다.

22행성行省, 3특구特區, 2번지藩地[175] 총 합하여 27지구地區이므로 나누어서 27개국이 되는 것이 가장 좋은 방법이다.

호남은 어떠한가? 우리들의 호남에 관해서 말해보면, 3천만 명, 한 사람한 사람이 깨어있어야만 한다. 호남인에게는 다른 길이 없다. 단지 하나의 길뿐이며 그것은 자결과 자치이다. 호남인이 호남의 토지에서 '호남공화국'을 건설하는 것이다.

나는 일찍이 생각에 생각을 거듭한 결과, 호남을 구하고 중국을 구하기 위해서는 전 세계의 해방된 민족과의 협력을 목표로 하지 않으면, 성공은 절대로 불가능하다는 결론을 내렸다.

호남인이 호남을 자기 자신의 나라로서 세울 결심과 용기가 없으면, 호남인에게는 영원히 길이 열려있지 않을 것이다.

호남건설의 문제를 이야기해 보면, 나는 이것이 근본적인 문제라고 생각한다. 나는 자못 의의가 있는 대 문제를 토론하기 위해 내 나름대로의 의견을 발표하였는데, 지금 나의 머릿속에는 우리 3천만 동포의 총명한 판단을 삼가 청하고 싶은 마음으로 가득차있다. 오늘은 발단에 멈추고 여타의 문제는 내일 이후에 토론을 계속하고자 한다.

해제

장사에서 발행되는 신문 《대공보》 1920년 9월 3일의 연재칼럼 〈호남건설 문제〉에 게재된 논문이다. 모택동은 이 칼럼에 게재한 최초의 필자였다. 서명은 모택동으로 되어 있다.

13

통일에 반대한다

1920년 10월 10일

중국의 사정은 통일만 되면 모든 것이 잘 될 것이라는 그러한 문제는 아니다. 이제 이 문제는 현재에 이르러 대체로 확실해졌다고 할 수 있다.

중국에도 나라 일國事에 열심히 임하는 사람이 없는 것은 아니다. 나라 일에 열심히 임하는 사람이 전혀 지식과 능력을 갖추지 못한 것도 아니다.

그런데도 잘 진행되지 않는 것은 중국은 크고 넓은 탓에 전혀 기초가 없으며, 또한 하부조직을 갖추지 못하고 있기 때문이다.

모래사장에서 누각을 세워보지만 공사 도중에 무너져버린다. 요컨대 중국 24개의 왕조[176]는 모래 위에 건설된 누각이었다. 기초가 없어 차례차례로 무너져버렸다.

중국의 역사가 4,000년이라 해도 그것은 텅 빈 가옥의 뼈대였다. 수많은 정치가가 이 땅을 다스리고 수많은 학자가 정치를 의논했다고는 하더라도, 결국은 텅 빈 가옥의 뼈대를 상대로 하여 다스리고 의론한 것에 지나지 않는다.

각각의 왕조는 수십 년 혹은 백여 년 동안 무사태평하였다. 그러나 그것은 모두 하나의 조건에 의존하면서 얻어진 것이다. 그 조건이 무엇인가? 그것은 대세를 말살하고 수많은 사람을 살상하여 다량의 피를 흘린 대가이다. 결국 인구가 줄어들어 서로 죽이지 않게 되었으니, 그것으로 태평하게 된 것이다. 결코 진실의 기초가 있어 그것에 의존한 것이 아니다.

따라서 우리들의 이 4,000년 문명을 가진 고국古國은 마치 국가가 없는 상황과 같은 것이다.

국가라고 해도 텅 빈 가옥의 뼈대일 뿐이다. 그 내부에는 아무것도 없다. 인민이 혹시 그 내부에 있지 않을까라고 말해도 인민은 뿔뿔이 흩어져있을 뿐이다. 그것은 마치 "흩어진 모래알"[177]과 같은 것이며, 정말로 한심하기 짝이 없는 노릇이다.

중국인은 4,000년 동안 끈질기게 살아왔다. 무엇을 하며 살아왔던 것일까?

조직적인 사회는 하나도 보이지 않으며 조직적인 지방도 하나도 없었다. 중국이라는 이 대지에 중국인이 있다는 것과 없다는 것이 어떠한 구별이 있는 것인가?

인류 중에서 중국인이 있는 쪽이 좋은 것과 없어도 괜찮은 것은 어떤 관계가 있는가?

곰곰이 생각해보면 제악諸惡의 근원은 '중국'이라는 두 글자에 있다. 즉 중국의 통일에 있는 것이다. 현재 유일한 구제방법은 해방되는 것, 통일에 반대하는 것, 이 두 가지 이외에는 없다.

중국인에게는 과학적인 두뇌가 없다. 분석과 개괄의 관계를 전혀 모른다. 작은 세포가 있고 난 뒤에야 큰 유기체가 있는 법이다. 분자分子로서 한 사람 한 사람이 있고 난 뒤에야 단체가 있는 법이다.

대다수의 중국인은 허영심이 강하여 큰 모자大帽子[178] 쓰기를 좋아한다. 무슨 일이 발생하면 눈을 뜨고 앞을 바라보지만, 단지 대충 멀리 바라볼 뿐이며 그것으로 끝이다.

머리에 큰 모자를 쓰면 마음이 유쾌해진다고 생각하듯이 지금의 남북강화南北講和[179]가 그러하다. 몇 명인가의 사람이 '화의和議'를 내세워 북쪽 사람은 남으로 걸어오고, 남쪽 사람은 북으로 걸어간다. 희망이 없을 때는 그 즉시 눈살을 찌푸리다가도, 약간의 희망이 생기면 곧 웃는 얼굴이 된다.

나는 극단적으로 화의에 반대한다. 화의는 매우 위험한 발상이라고 생각한다. 그 이유는 단기서段祺瑞[180]가 말하는 통일론에도, 장태염章太炎[181]·손홍이孫洪伊[182]가 말하는 법률론에도 없다. 나는 단지 장래에 진짜 중국을 건설하기 위해서는 그 수단으로서 현재의 가짜 중국을 타파하고 싶을 뿐이다. 적어도 남과 북은 다시 합쳐져서는 아니 되며, 각 성의 자결과 자치에 일보 전진해야만 한다.

각 성의 자결·자치가 진짜 중국으로 다시 거듭나기 위한 유일의 방법이라고 많은 사람들이 이미 알고 있다. 이것은 이번의 남북전역南北戰役[183]이 가져온 의외의 성과이다.

지금의 단계에서는 호남, 광동, 강소, 호북 등 몇몇의 성에서밖에 시작되지 않았지만, 대세는 반드시 거대한 흐름으로 바뀔 것이다. 전국 각 성이 이 흐름에 합류하게 된다면 그것은 기뻐해야 할 현상이다.

지금 토론해야 할 문제는 두 가지이다. 하나는 각 성 자치 내부의 일로서, 어떻게 하면 각 성의 자치를 촉진하고 성립시킬 것인가하는 것이다.

또 하나는 각 성 자치 외부의 일로서, 각 성 자치의 장해물을 어떻게 하면 효력을 감소시키고 말살할 것인가 혹은 장해障害의 진행을 저지할 것인가하는 것이다.

나는 첫번째 문제에 관해서 두 가지 의견을 가지고 있다.

① 호남·광동 두 성이 병력을 동원하여 구세력을 쫓아낸 일은 일종의 혁명이었다. 각각의 혁명정부는 두 성의 '인민헌법회의'를 소집하여[184] 〈호남헌법〉과 〈광동헌법〉을 제정한다.

그런 뒤에 헌법에 따라서 신호남 및 신광동을 건설한다. 이 두 성의 인민은 가장 많이 노력하지 않으면 안 된다. 그 헌법은 철저하게 혁신적인 정신을 채택하고, 될 수 있는 한에서는 두 성의 특성이 잘 발휘될 수 있는 수준의 것으로 추구해야 한다.

② 호북·강소 두 성과 같이 혁명적 행동이 보이지 않았던 성에서는 악인鄂人이 악鄂, 호북성을 다스리고, 소인蘇人이 소蘇, 강소성를 다스리는 省長의 임무일로부터 착수하여 권한이 그 성의 사람들에게 돌아오기를 기다려 지방자치 조직을 만든다.

이상의 두 가지 방법이 있는데 각각의 정세에 근거하여 개조한다.

앞의 방법에서는 각 성 자치의 모범을 수립할 수 있기 때문에 실제로 '나라國'의 성격을 가지고 일종의 '전자치全自治'를 실행할 수 있다. 그래서 가장 희망적인 방법이다.

뒤의 방법에서는 잠시 동안 '반자치半自治'를 실행하는 수밖에 없지만, 이러한 자치에 근거해서라도 독군張敬堯와 같은 장관을 쫓아낼 수만 있다면, '전자치'는 즉각 우리 손에 들어오게 된다. 이것은 평화로운 방법이기 때문에 통쾌한 맛은 부족하지만, 환경에 적응한다는 의미에서 이 방법을 채용하는 것도 괜찮은 일이다.

어떻게 해서 각 성 자치의 장애물을 제거할 것인지에 관해서 말해보면, 나는 이 장애물이 독군에 있는 것이 아니라, 많은 사람들이 요구하는 '통일'에 있다고 생각한다. 적어도 나는 남북이 서로 대립해야만 한다고 생각하는 것이다.

이것은 각 성의 자치를 촉진하는 데 있어서 중요한 관점이다.

만일 통일이 되었다고 하면 새롭게 국회가 조직되고 헌법이 제정되어 각 성의 자치는 많든 적든 간에 헌법의 속박을 받아야 할 것이며설령 중앙정부가 영원히 제대로 할 수 없을지라도, 호남·광동과 같은 성은 그 특성을 절대로 발휘할 수 없게 된다.

또한 인재人才는 모두 중앙정부를 목표로 하기 때문에 지방은 인재난에 허덕일 것이다. 게다가 매우 좋지 않은 점이 있다. 그것은 중앙정부가 성립되면 전국의 시선은 모두 중앙에 집중하고 반드시 위를 보고 아래를 보지 않게 될 것이며, 허虛, 표면적인 일에만 노력하고 실實, 실제적인 일에는 노력하지 않으려는 중국인의 나쁜 버릇이 대대적으로 발작을 일으킬 것이다. 그렇게 되면 각 성의 자치는 어떠해도 괜찮다고 생각하여 신경 쓰지 않게 된다.

나는 현재의 중국정치가 청말과 똑같은 현상을 보이고 있다고 생각한다. 이점에 대해서 나라 사람들은 개량하고 싶다고 희망해서는 안 된다. 한층 더 악화되기만을 기대해야 한다.

내가 보기에 지금은 아직 극단적으로 나빠진 상태에까지는 도달하지 못하였다. 하지만 우리들의 힘으로 한층 더 나빠지게 할 수 없는 이상에는, 그 나쁜 정도를 경감시키는 등의 쓸데없는 짓에 손을 내밀지 말아야 한다.

무시주의無視主義를 취하는 것이 가장 좋다. 화의에 관해서는 입에 담을 필요가 없다. 국민대회에서 나라 일國事을 해결하는 설說[185]은 제창할 필요도 없다. 국민대회를 제창한다면 장동손張東蓀[186] 선생의 주장과 같이 국민대회에서 성省의 일을 해결하는 것이 좋다.

호적지胡適之[187] 선생은 20년 동안 정치에 관하여 말하지 않을 것을 주장하고 있다. 현재 나의 주장도 이러하다.

20년 동안 중앙정치를 말하지 않고 각 성의 사람들이 전력을 다하여 자신들의 성에 주의를 기울이며, 성省먼로주의[188]를 취하여 각 성은 각 성의 정문을 꼭 걸어 잠그고 문밖의 일에 대해서는 일체 무시한다.

국경이라는 것은 중화민국을 경축하는 행사이지만, 이 날이 도래하면 나는 참으로 유쾌하지 못하다.

나는 특별히 이 국경일國慶日[189]을 구실삼아 약간의 통일에 반대하는 견해를 서술하는 것이며, 더불어 앞으로 '성경省慶'이 생겨날 수 있기를 희망해 본다.

해제

상해 《시사신보(時事新報)》 부록 〈학등(學燈)〉에 게재된 논문이다. 날짜는 1920년 10월 10일이며, 서명은 모택동으로 되어 있다. 당시 모택동은 상해생활을 끝내고 장사로 돌아왔다.

14

'구장'과 '자치'는 근본적 주장이 아니다

1920년 11월

예용禮容[190]의 편지에서 그가 말하길, 우리들이 전진할 때를 맞이해서는 반드시 준비가 필요하다고 상세하게 주장하고 있다.

도사영陶斯咏 누님[191] 및 주돈원周惇元 형[192]에게 편지를 보내 말하기도 하였고 호남성에 돌아오는 도중에도 직접 몇 번인가 말한 적이 있는데, 작년 구장驅張운동과 올해의 자치自治운동은 우리들의 시각에서 볼 때 정치운동으로서 실행되었던 것은 아니다. 또 그러한 것이 나의 생각이다.

두 개의 운동을 우리들이 일으켰던 의미는 구장운동이 그냥 내버려 둘 수 없을 정도로 온갖 횡포를 자행한 장경요張敬堯라는 권력자에 대한 단순한 반항이었으며, 자치운동은 호남에서 특별한 하나의 방법호남헌법을 제정하고 싶다는 단순한 희망이었다.

호남의 환경을 우선 양호한 상태로 만들어 두고, 만일 그렇게 되면 이 환경 속에서 우리들이 구체적인 준비를 진행할 수가 있다고 생각하였던 것이다.

확실히 말하여 이 두 개의 운동은 당면한 환경 속에서의 편의적인 계략이었으며, 결코 우리들의 근본적인 주장은 아니었다. 이러한 운동으로부터 멀리 떨어진 곳에 우리들의 주장이 있다.

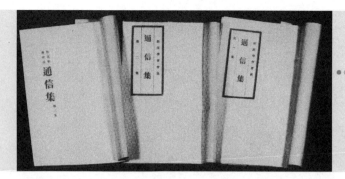

●● 『신민학회 회원 통
신집』. 1920년 말
부터 1921년초까지
신민학회 회원간의
중요한 통신을 내
용과 시기에 따라
편집하였다.

　그렇다고 하면 예용이 말하는 바와 같이 '준비'가 중요한 것이다. 다만
준비의 '방법'에 관해서는 다시 한번 검토하지 않으면 안 된다.

　작년 북경에서 진찬주陳贊周[193]는 '구장驅張'에 관하여 의심을 제기하고, 세
계주의와 근본적 개조를 믿는 우리들로서는 눈앞의 작은 문제小問題나 작은
사실小事實에 얽매여 '구장'과 같은 운동을 벌여서는 결코 안 된다고 말하였
다. 그의 생각은 어느 정도 일리가 있지만, 나의 생각은 조금 다르다.

　'구장' 운동이나 자치 운동도 근본적 개조를 달성하는 수단인 것이다.
'당면한 환경'에 대처하는 가장 간편하고 유효한 수단이다. 다만 덧붙여
두고 싶은 것은 우리들은 반드시 시종일관운동의 시작부터 끝까지 '촉진'하는 입장
에 서 있어야만 된다는 사실이다. 확실히 말하여 정치의 무대에 올라가 당
사자가 되어서는 안 된다는 것이다.

　금후 신민학회新民學會[194]의 회우會友가 나아가야 할 방법은 몇 가지 종류로
나누어 질 수 있다.

　첫번째 종류는 국외에 체재하는 것으로 이것은 두 개로 나누어지는데,
하나는 학술연구에 종사하여 근본적으로 견실한 학자가 되는 일이다. 이러
한 것은 나영희羅榮熙[195]와 소자승蕭子昇[196]이 주장하는 바와 같다.

　또 하나는 근본적 개조를 계획하여 조직하는 일에 종사하고 개조의 기초
를 확립하는 일이다. 이러한 것은 채화삼蔡和森[197]이 주장하는 공산당과 같은
것이다.

　두번째 종류는 아직 국내에 머무르는 것으로 이것도 또한 두 개로 나누

● ● 신민학회新民學會 성립대회
가 열렸던 곳. 1918년 4월 모
택동, 소자승蕭子升, 채화삼
蔡和森 등이 중국의 장래를
걱정하는 청년들을 모아 장
사에서 신민학회 조직 발기
식을 가졌다. 이때 소자승은
총무간사, 모택동과 진서농陳
書農은 간사로 선출되었다.

어지는데, 하나는 성내省內 및 국내의 학교에서 공부하여 오로지 지식과 기술을 몸에 익히는 일이다.

또 하나는 사회운동에 종사하여 각 방면에서 가치 있는 사회운동과 사회사업을 발기하고 실행하는 일이다. 이러한 정치운동에서는 '자치운동'이나 '보통선거운동'과 마찬가지로 간편하고 유효한 것은 측면으로부터 촉진하지만, 구사회의 풍습에 물들어서는 안 된다. 특히 우리들의 근본적인 공동의 이상과 계획을 잊어서는 안 된다.

동지의 결합은 예용이 말하는 바와 같이 가장 중요하다. 다만 우리들의 결합은 상호간에 서로 돕는 결합이다. 인격은 공개되는 것이며 목적은 공통이다. 우리들은 결코 한 사람의 진정한 동지가 갈 곳을 알지 못하여 방황하는 경우를 원하지도 않거니와, 그러한 경우를 가정하는 일조차 의식하고 싶지 않은 것이다.

해제

서두에 보이는 예용에게서 온 편지에 대한 〈후기〉이다. 표제는 《조기문고早期文稿》의 편자가 임의로 붙인 것이다. 서명은 모택동으로 되어 있으며 《신민학회회원통신집》 제2집에 수록되었다.

모택동은 신민학회가 앞으로 나아가야 할 방향에 대해 토론하자고 호소하였고, 그 모아진 의견을 《통신집通信集》 제1~3집으로 만들어 간행하였다. 제1과 2집은 1920년 11월에 편집하였고 그 다음달에 출판하였다.

15

중국과 세계의 개조를 향하여

원제 〈채화삼 등에게 보내는 편지〉
1920년 12월 1일

화삼和森[198] 사형! 자승子昇[199] 사형! 더불어 프랑스에 있는 회우 제형!

두 사형에게 각각 편지를 받고 한참동안 감개무량에 잠기었습니다. 학회[200]가 세운 구체적인 계획은 몽테뉴회의[201]와 두 사형이 보내준 몇 통의 편지에서 시작된 것입니다.

저는 학회의 앞날에 커다란 희망을 품고 있었기 때문에 상당히 오래전부터 계획을 세워두었는데, 마침 그것을 계획서로서 작성하고 회우 여러분께 제출하여 함께 논의할 예정이었습니다. 지금 두 사형의 편지를 받고 난 뒤는 계획서의 작성을 그만두기로 했습니다.

70여명의 회원이 두 사형의 편지에 서술되어 있는 계획에 따라서 세심하게 생각하고 적절한 비평을 더하여 찬성인가 반대인가를 결정하거나 혹은 두 사형의 편지에 들어있는 계획이나 견해 이외에도, 별도의 계획이나 견해가 있으면 서슴없이 발언해 줄 것을 희망해 볼 뿐입니다.

저는 언제나 우리들 개인의 발전, 또는 학회의 발전을 위해서는 명확한 절차가 있어야만 한다고 생각하고 있습니다.

명확한 절차가 없으면 각각의 개인은 단지 맹목적으로 전진할 뿐이며, 학회도 또한 맹목적으로 전진하는 길 밖에 없습니다. 그 결과 각각의 개인은 망가지게 되고, 희망이 있던 학회도 똑같이 망가지게 됩니다. 이 어찌 아쉬운 일이 아니겠습니까?

원래 우리들에게는 학회가 성립하기 이전부터 계획이 있었고, 성립하게 된 계기도 2년 전에 몇 명인가의 사람들이 모여 토론하고 검토한 결과였습니다. 학회의 성립 이후에 금세 공동 의식이 생겨났고 개인의 사상 개조, 생활의 향상에 상당한 영향을 끼쳤습니다. 공동의 생활, 공동의 전진에 관해서도 검토가 이루어졌습니다.

다만 구체적인 방안은 제기되지 못하였고, 또한 공공토론의 장으로서의 출판물도 없었으며 그러한 상태에서 최근 2년 동안 회우들은 각지로 뿔뿔이 흩어졌습니다. 장사에 있던 회원들도 정치상의 장애에 가로막히게 되었기 때문에 집회를 열어 토론할 수 없게 되었습니다.

비록 약간의 계획과 의견이 있을지라도, 단지 각자의 가슴속에 숨겨져 있든가, 혹은 몇몇의 사람이 서로 만날 때 누군가의 입에서 나오든가, 아니면 서로 간에 편지를 주고받는 과정에서 서술되어 있든가 하는 그러한 상황입니다. 결국 계획과 의견은 회우들 일부의 사이에서만 존재할 뿐이었습니다.

바야흐로 여러분은 몽테뉴의 대집회를 개최하여 공동의 주장을 의결하고, 두 사형도 자기의 이상과 관찰에 근거하여 개인의 의견을 발표하셨습니다.

우리들 프랑스에 있지 않던 회원들도 당연히 여러분이 제출한 안건을 검토하고 비판하여 결정을 내려야만 할 시점입니다. 이제 장사 방면의 회원들은 머지않아 회의를 개최하여 다함께 검토하고 비판하여 최종 결정을 내리기로 하였습니다만, 그전에 먼저 두 사형께서 보내신 편지에 대하여 저의 개인적인 의견을 아래와 같이 서술하겠습니다.

각 조항으로 나누어 서술합니다.

학회 방침의 문제

우리들의 학회는 어떤 방침을 가지고 우리들 공동의 목표로 삼아야 할 것인가?

자승의 편지는 몽테뉴회의에서 학회가 진행해 나가야 할 방침에 관해서 "회(會)의 임무로서 진행해 나가야할 방침은 중국과 세계를 개조하는 일이라고 일동이 결정하였다"고 서술하고 있다.

"중국과 세계를 개조한다"는 것이 학회의 방침이라고 하는 것은 나의 평소 주장과 합치하고 다수의 회원의 주장과도 합치하는 것이라고 나는 생각한다.

내가 담화를 나누고 관찰한 바에 의하면 다수의 회원은 세계주의의 경향이 있다. 많은 사람들이 애국주의를 혐오하고 있으며, 인류 전체의 행복을 망각한 채 어떤 지역이나 어떤 국가의 이익만을 도모하는 것을 혐오하고 있다.

다수의 사람들이 자신은 인류의 일원이라고 생각하며 게다가 어떤 국가, 어떤 가정, 어떤 종교에 복잡하게 예속되어 그 노예가 되는 것을 원하지 않고 있다. 이러한 것을 보더라도 바로 알 수 있는 것이다.

이러한 세계주의는 사해동포주의이고 자신이 행복하기를 원하듯이 자신 이외의 다른 사람들도 행복하기를 바라는 주의이며, 소위 사회주의이기도 하다. 사회주의는 모두 국제적이라고 해야 하며 결코 애국의 색채를 가지고 있어서는 안 된다.

화삼은 8월 13일부의 편지에서, "나는 선언문을 쓰려고 생각하고 있는데, 거기에서는 반드시 무산계급독재와 국제적 색채의 두 가지를 중시하고 싶다. 약간의 현명한 청년이라도 중산계급의 안목과 국가의 색채를 많이 띠고 있기 때문에 이 두 가지만큼은 엄격하게 주장하지 않으면 안 된다."라고 말하였다.

무산계급독재에 관해서는 다음의 항목에서 토론하겠지만, 국제적 색채에 관해서는 여기에서 확실하게 명시해 둘 필요가 있다.

우리가 중국이라는 지역에서 태어난 사람들이기도 하지만 일 처리상의 편리함에서 보나 또는 중국이 세계의 다른 지역에 비해 유치하고 부패하기 때문에 먼저 여기부터 개조를 시작해야 한다는 점에서 보나 마땅히 중국이라는 이 지역에서 일을 시작해야 한다.

그러나 감정이라는 것은 보편적이어야 하며, 이 지역을 사랑하고 다른 지역은 사랑하지 않는다는 그런 것이어서는 안 된다. 이것이 하나이다.

일을 행한다는 것은 중국에 한정된 것만은 아니다. 중국으로부터 착수하는 사람들이 있는 것은 좋은 일이지만, 또 세계로부터 착수하는 사람들이 있다는 것도 좋은 일이다.

예를 들면 러시아를 도와 사회혁명을 완성시키는 일, 조선독립을 원조하는 일, 남양南洋독립을 원조하는 일, 몽고 · 신강新疆 · 티벳西藏 · 청해青海의 자치와 자결을 원조하는 일 등등 어느 것이나 모두 중요한 일이다. 이하에서는 방법의 문제를 서술하겠다.

방법의 문제

목적—중국과 세계를 개조한다—이 결정되고 나면, 다음으로 방법의 문제가 발생한다. 우리들은 도대체 어떤 방법으로 "중국과 세계를 개조한다"는 목적을 달성할 수 있을 것인가?

화삼의 편지에서는 이렇게 말하고 있다.

"나는 사회주의가 자본주의의 반영이라는 것, 그 중요한 사명은 자본주의 경제를 타파하는 데 있다는 것, 그 방법은 무산계급독재에 있다는 것을 확실히 알았다."

또한 그는 이렇게도 말하고 있다.

"지금의 세계는 무정부주의를 시행할 수가 없다. 지금의 세계에는 분명하게 대립하는 두 개의 계급이 존재하고 있으며, 유산계급의 딕타토르迪克推多[202]를 타도함에 있어서 무산계급의 딕타토르를 가지고 시행하지 않으면 반동을 제압할 수가 없다. 러시아의 경우가 그 분명한 증거이다. 따라서 나는 중국 장래의 개조를 위해서는 완전히 사회주의의 원리와 방법을 적용해야만 된다고 생각한다.…… 나는 생각하건대 먼저 공산당을 조직할 필요가 있다. 그것은 혁명 운동의 발동자, 선전자, 선봉대, 작전본부이기 때문이다."

화삼의 의견에 따르면, 러시아식의 방법을 응용하여 중국과 세계를 개조한다는 것은 마르크스의 방법에 찬성하는 것이 된다.

한편 자승은 이렇게 말한다.

"세계의 진화는 끝이 없고 혁명도 끝이 없다. 소수를 희생하여 다수의 행복·이익과 바꾸어도 좋다는 것은 결코 생각할 수 없는 일이다. 온화한 혁명, 교육을 도구로 삼는 혁명, 인민을 위해 전체의 행복을 도모하는 혁명을 주장한다. 노동조합의 결합으로써 개혁을 실행하는 방법으로 삼는다. 러시아식마르크스식의 혁명은 정당하다고 인정할 수 없다. 무정부프루동[203]식의 새로운 혁명이 비교적 온화하고 완만한 경향을 띠고 있다."

동시에 이화생李和笙[204] 사형이 편지를 보내주었는데, 자승과 비슷한 주장을 하여 이렇게 말하고 있다.

"나는 대충 얼버무리는 사회의 개조에는 찬성할 수가 없다. 나는 분담하고 협력하는 방법으로 사회의 내면에서부터 개조하는 것이 좋다고 생각한다. 사회의 병에는 각각 특유의 배경이 있으며, 하나의 처방전으로 천하인의 병을 치유한다는 것은 의심스럽다. 러시아식의 혁명에 관해서 나는 근본적으로 찬성할 수가 없다."

자승과 화생 두 사람의 의견평화로운 수단을 사용하여 전체의 행복을 도모하는 것에 관해서 나는 진리로서는 찬성하지만 사실로서는 불가능하다고 생각한다.

러셀[205]이 장사에서 강연하였을 때도 자승과 화생은 똑같은 의견으로 공산주의는 주장하지만 노동자·농민의 독재에는 반대하였다. 교육이라는 방법으로 유산계급을 자각시키면 자유를 방해하는 일도, 전쟁을 야기하는 일도, 혁명으로 피를 흘리는 일도 없다고 하는 생각이었다.

러셀의 강연을 듣고 나는 음백蔭柏[206]·예용 등과 상세하게 토론을 하였는데, 러셀의 주장에 대해서 나는 두 마디로 비평한 적이 있다.

"이론상 그렇게 말할 수는 있어도, 사실상 그렇게 할 수는 없다."

러셀과 자승 및 화생의 요점은 "교육의 방법을 사용하는" 것이다. 그러나 교육에는 첫째로 돈이 필요하며, 둘째로 사람이 필요하고 셋째로 기관機關이 필요하다.

지금의 세계에서는 돈이 자본가의 수중에 집중되어 있으며 교육을 담당하는 사람은 모두 약간의 자본가이거나 자본가의 노예이다. 지금 세계에서는 학교와 신문사가 두 개의 중요한 교육기관이지만, 이것도 모두 자본가들이 장악하고 있다.

종합해 보건대 현재 세계의 교육은 자본주의의 교육인 것이다. 자본주의로 아동을 교육하고 있으며, 이러한 아동이 어른이 되면 다시 돌아서서 자본주의를 가지고 다음 세대의 아동을 교육한다.

교육이 자본가의 수중에 떨어진 것은, 자본가에게 '의회'가 있어 자본가를 보호하고 무산계급을 방지하는 법률을 제정한다는 점, '군대'와 '경찰'이 있어 소극적으로 자본가의 안락을 보증하고 무산자의 요구를 금지한다는 점, '은행'이 있어 그 재화가 유통되는 창고가 되고 있다는 점, '공장'이 있어 그 생산품을 독점하는 기관이 되고 있다는 점 등등에 기인한 것이다.

이 때문에 공산당인은 정권을 잡지 않는 이상 그 지붕 아래서 안심하고 쉴 수 없으며, 더구나 교육권을 장악하는 등의 일은 불가능한 것이다. 그리하여 자본가는 오랫동안 교육권을 장악하고 자본주의를 고취하였기에 공산당인이 공산주의를 선전해도 신자는 날로 적어질 뿐이었다.

따라서 나는 교육의 방법을 실행할 수 없다고 생각한다.

생각컨대 러시아식의 혁명은 결코 시행하기 어렵다. 그것은 산과 강이 모두 사라지고 모든 길이 막혀버린 종국에 가서나 시행하는 임기응변의 계략이지, 보다 더 좋은 방법이 있음에도 불구하고 그것을 내버려 둔 채 단지 이 공포[207]의 방법을 취할 필요가 없다. 이상이 첫번째의 이유이다.

두번째는 심리상 습관성의 원리 및 인류의 역사에 대한 관찰에 의하면 자본가에게 공산주의를 믿게 하는 것은 불가능한 일이다.

사람에게는 태어나면서부터 일종의 습관이 있는데 그것은 심리에 작용하는 일종의 힘이다. 경사면에 있는 물체는 반드시 아래로 기운다는 물리상의 힘과 똑같은 것이다. 물체가 아래로 기우는 것을 멈추려고 한다면, 역학의 원리에 의하여 그것과 서로 동등한 힘을 가지고 저항하지 않으면 안된다. 마찬가지로 인심을 바꾸려고 한다면, 이 힘과 동등하게 강한 힘을 가지고 반항하지 않으면 안 된다.

교육의 힘을 가지고 변화시키려 해도 학교와 신문사라는 두 가지 교육기관의 전부 혹은 대부분을 손에 넣을 수 없다면, 설령 말솜씨 · 인쇄물 혹은 한 두 개의 학교 · 신문사를 선전의 도구로 삼아 보았자 주자가 말하는 "가르치는 것은 술에 취한 사람을 부축하는 것과 같아서, 한 쪽을 부축하면 다른 쪽으로 기울어지고 또 쓰러진다."[208]는 상황과 같은 것이다. 아주 조금만이나마 자본주의자의 마음을 움직이려 해도 그것으로는 부족하다. 선善으로 향하도록 마음을 돌리게 할 가망이 있을까?

이상은 심리상에서 서술한 것이다.

다시 역사상에서 말하면 모두 인류의 생활은 현실욕망의 확장이다. 이 현실의 욕망은 단지 확장하는 쪽으로 향할 뿐이며, 결코 축소하는 쪽으로 향하지 않는다.

소자본가는 반드시 대자본가가 되고 싶어 하고 대자본가는 최대의 자본가가 되고 싶어 하는데, 이것이 불변의 심리이다.

역사상 대개 전제주의자, 제국주의자 혹은 군국주의자들은 사람들이 그 자신을 타도할 때까지 기다리지 않을 뿐더러, 결코 자신이 스스로 그 무대에서 퇴장하는 법도 없다. 나폴레옹1세[209]는 황제가 되었지만 실패하였다. 그러자 나폴레옹3세[210]가 황제에 즉위하였다. 원세개[211]가 실패하자 단기서[212]가 출현하였다.

장태염[213]은 장사에서 강연하였는데, 원세개와 단기서의 실패는 역사를 읽지 못한 결과라고 하여 역사를 읽으라고 말하였다.

나는 역사를 읽는 것은 지혜에 속하는 일이며, 하고 싶은 일을 하는 것은 충동에 속하는 일이라고 생각한다. 지혜가 충동을 지도한다고 해도 단지 그 상응하는 범위에서만 효력이 있다. 한번 범위를 넘으면 충동의 힘은 지혜를 압도하고 용맹전진하게 된다. 충동전진의 힘보다 더 큰 힘이 나타나지 않으면 후퇴시킬 수가 없다.

옛날 속담에 "사람이 황하黃河에 이르지 못하면 그 마음도 죽지 않는다"[214], "이 산에서 보면 저 산이 높은 법이다"[215], "사람의 마음은 족함을 모르는 바, 롱隴을 얻어도 촉蜀을 얻고자 갈망한다"[216]는 것은 이러한 이치를 증명하는 것이다.

이상 심리상 및 역사상에서 보았는데, 자본주의는 자그마한 교육의 힘으로 쓰러뜨릴 수 없다는 것을 알게 되었다. 이것이 두 번째의 이유이다.

다음으로 세번째의 이유에 관해서 서술하겠다.

이상도 중요하지만 현실이 더더욱 중요하다. 평화적인 방법으로 재산공유의 목적을 달성하기 위해서는 어느 정도의 날짜가 걸려야 성공할 수 있을까? 가령 100년이라고 쳐보자. 이 100년 동안 괴로워하며 뒹굴고 신음하는 무산계급바로 우리들에 대하여 우리들은 어떻게 대처하겠는가?

유산계급에 비하여 무산계급의 수는 몇 배나 더 많다. 무산자가 3분의 2를 점한다고 치면 15억 인류 중에 10억의 무산자가 있는 셈이다—아마도 그 이상이다—. 이 100년 동안이나 3분의 1이 자본가에게 물고기나 육류와 같이 먹히고 참을 수 있겠는가?

또 현재 무산無産의 고통을 받고 있는 것은 불합리하며, 자신은 유산有産이어야만 한다고 무산자 스스로가 이미 자각하고 있다.

무산자가 만족할 수 없기 때문에 생겨난 재산공유의 요구는 하나의 사실이 되었다. 사실은 눈앞에 있고 소멸할 수가 없다. 알면 행하는 일뿐이다. 그 때문에 러시아의 혁명과 각국 급진파 공산당원의 수가 날이 갈수록 늘어나고 조직이 날이 갈수록 증가하는 것은 자연스러운 결과이다. 나는 바로 이와 같이 생각하고 있다. 이상이 세번째의 이유이다.

또 하나가 있다. 그것은 무정부주의에 관한 나의 의문이다. 강권이 없고 조직이 없는 사회 상태는 불가능하다는 것뿐만 아니라, 이러한 사회 상태가 일단 실현되면 수습이 되지 않은 것을 나는 걱정하는 것이다.

왜냐하면 이러한 사회 상태는 인류의 사망률을 감소시키고 출생률을 증가시킨다는 것은 틀림이 없으며, 인구가 넘쳐나서 재난의 상태에 이르기 때문이다.

1. 밥을 먹지 않는다.
2. 옷을 입지 않는다.
3. 집에 살지 않는다.
4. 지구상의 어느 곳이라도 기온과 토지의 풍요로움이 균일하게 되어있든가 혹은,
5. 무제한적으로 사람이 살 수 있는 신천지新天地를 발견해 내든가.

이와 같이 하지 않으면 인구과잉의 재난이라는 난관을 결코 피하기 어렵다.

이상의 몇몇 이유 때문에 절대적인 자유주의 · 무정부주의 및 데모크라시주의에 관해서 나의 견해를 말하면, 이론상으로는 훌륭하게 들리지만 사실상은 실행할 수 없다는 것이다. 그래서 나는 자승 · 화생 두 사형의 주장에는 동의하지 않는다. 그리고 화삼의 주장에는 깊은 찬동을 표하는 바이다.

태도문제

학회의 태도와 회원들의 태도를 두 종류로 나누어 본다.

학회의 태도에 관해서는,

첫째 '잠재潛在하는'[217] 것. 이것은 일찍이 상해의 반송원半凇園에서 토론한 적이 있으며 지금 프랑스에 있는 회원들도 찬성하였으므로 여기에서 확정하였다고 말할 수 있다.

둘째는 '구세력에 의지하지 않을' 것. 우리들의 학회는 새롭고 창조된 것이므로 구세력이 섞여 들어오는 것을 허가하지 않는다. 이 점에 관해서 회원들은 모두 주의하기 바란다.

회원 상호간 및 회우 개인의 태도에 관해서는,

첫째 '호조호면互助互勉' 호조란 어려운 상황일 때의 호조 · 학문상의 호조 · 사업상의 호조이다. 호면이

란 적극적으로는 선善에 힘쓰고 소극적으로는 악惡을 제거하는 것.

둘째는 성의誠意, 교활하지 않을 것.

셋째는 광명光明, 인격적인 광명.

넷째는 향상向上, 기질을 변화시키고 향상심을 갖는다.

첫째는 '상호간'에 해야 할 태도이다. 둘째와 셋째 및 넷째는 '개인'이 취해야 할 태도이다.

이상, 학회의 태도 두 항목과 회원의 태도 네 항목은 학회 및 회원들이 정신적으로 의지할 곳이기에 상당히 중요하다.

구학求學 문제

공동연구 및 부문별연구의 두 가지 방법을 취한다는 여러분의 제안에 대 찬성이다.

뿔뿔이 흩어진 채로는 불편하기 때문에 한 장소에서 합숙하고, 일하면서 모임을 갖고 언제라도 공동의 연구회를 개최할 수 있도록 한다. 이것은 아 주 훌륭한 일이다. 장사에서는 이전에 회원들이 한 장소에 있었기 때문에 여러분이 하는 방법을 본받을 필요가 있다.

부문별 연구의 방법은 주의主義를 강綱, 대강 혹은 근본으로 삼고, 서적·신문을 목目, 항목 혹은 조목으로 삼아 각각 열람하고 상호간에 교환한다. 이 이상의 좋 은 방법은 없다.

나의 생각으로 볼 때 회원이 두 명만 있는 곳에서는 즉시 이렇게 조직해 야만 한다.

자승은 힘써 배울 필요성을 역설하고 있다. 그가 우리들에게는 상식이 부족하고, 동지 중에는 전문적 학술 연구자가 없으며, 중국으로서도 현재 이렇다 할 만한 학자가 없다고 말하고 있는 것은 확실히 맞는 말이다.

사상의 진보는 생활과 사업이 진보하는 기초이다. 사상을 진보시키는 유 일한 방법은 학술연구이다. 나는 학문을 게을리 하기 때문에 심각할 정도로 불안하다. 이후는 반드시 여러분의 방법에 따라서 발분하고 학문을 추구하고자 한다.

회무진행會務進行의 문제

이 절에 관해서는 자승과 화삼의 의견이 가장 많다. 특히 자승의 〈학회아견學會我見〉 18항에는 모두가 찬성하고 있다. 그 중에서도 〈근본적 계획〉의 〈회무의 진행방침을 확정한다〉, 〈인재를 준비한다〉, 〈경제회의 경제적 기반를 준비한다〉 등 세 조항은 대단한 탁견이다.

민국 25년1936까지를 순수한 예비시기로 정하는 데 관해서는, 5년을 더 연장해서 민국 30년까지 예비시기로 정할 필요가 있다고 나는 생각한다.

자승이 나열해서 기록하고 있는 장사 방면의 제조諸條에서는 〈회무의 대강을 종합해서 기초를 견고히 한다〉, 〈소학교를 개설한다〉, 〈기본회원을 찾는다〉 등 세 조항이 가장 중요하다. 이 밖에 〈가치 있는 신사업을 몇 종류인가 창설한다〉고 하는 항목도 첨가해야 한다.

자승이 기록하고 있는 해외부海外部는 프랑스 · 러시아 · 남양南洋의 세 방면이 중요하다. 학회의 운동은 잠시 동안 네 개로 통괄할 수 있을 것이다.

①호남의 운동 ②남양의 운동 ③프랑스 유학의 운동 ④러시아 유학의 운동

잠시 동안은 확대할 필요가 없으며, 이 네 개를 발전시켜 확실한 효과를 거두는 것을 목표로 한다면 비교적 분명하고 내실 있게 될 것이다. 여러분은 어떻게 생각하고 있는가?

내가 화삼의 〈소학교육〉, 〈노동교육〉, 〈협동조합운동〉, 〈팜플렛小冊子〉, 〈친족의 집합주택〉, 〈각 단체에 대한 원조〉 등을 진행해야만 된다고 말하는 것은 어느 것이나 모두 실시하고 싶은 마음이 있다는 것이다. 그런데 오직 "우표를 붙인다"218는 항목만은 의미가 분명치 않기 때문에 다시 한번 의미를 제시해 주기 바란다.

지금 문화서사文化書社219가 성립하였는데, 그 기초는 견고한 듯 하며 영업

도 발전할 것 같다. 각 현에 분사分社를 설치할 계획도 있으며 2년 이내에는 완성하고자 한다. 그것이 완성되면 성과는 결코 적지 않을 것이다.

동지 상호간 연락의 문제

이 항목은 극히 중요한 문제이다. 나는 우리들 70여명의 회원이 성심성의껏 각 방면으로 나누어져 수시로 가까이 있는 동지에게 연락하고, 서로 손을 잡으면서 세계 개조의 길을 걸어가야만 한다고 생각한다.

남녀노소 · 사농공상 등 그 누구든 오직 성심성의를 다하고 인격이 올바르며 사상의 향상을 추구하고 호조호면互助互勉의 이익을 얻을 수 있는 사람이라면, 반드시 그 사람과 연락을 취하여 똑같은 마음을 결속시켜야 한다.

이 절은 화삼의 편지에 상세하게 기술되어 있으며 자승도 언급하고 있는 내용이다. 특별한 환경을 창조하고 중국과 세계를 개조하는 대업은 소수의 사람들이 독단적으로 도맡아 할 수 있는 일이 아니다. 우리들 70여명 한 사람 한 사람이 이러한 점에 주의하기를 희망해 본다.

이상으로 저의 의견을 대략 서술해 보았습니다. 자승은 이미 북경으로 귀국하였기 때문에 가까운 시일 내에 만나서 얘기할 수 있을 듯 합니다. 더불어 프랑스에 있는 친구 여러분께서 저의 의견에 대해 비판을 가해 주시길 청합니다. 그리하여 저의 의견이 공동의 결정으로 채택된다면, 저 개인으로서도 그렇고 학회로서도 매우 다행한 일이 될 것입니다.

아우弟 택 동
민국 9년 12월 1일, 문화서사에서 밤 12시에

《신민학회회원통신집》제3집에 수록되어 있는 서간문이다. 원문에서의 원제는 〈致蔡和森等〉이다. 날짜는 1920년민국 9년 12월 1일이며 서명은 모택동으로 되어 있다.

●●미주

01 나무를 옮겨서 믿음을 세우다. 새로운 법령을 만든 상앙은 곧바로 그것을 공포하지 않고 수도의 시장 남문에 높은 봉을 세운 다음 이것을 북문으로 옮기면 황금 10냥을 주겠다고 게시하였다. 그런데 누구도 선뜻 나서서 그것을 옮기려고 하지 않았다. 상금을 50냥으로 올리자 어떤 남자가 반신반의 끝에 옮기게 되었다. 상앙은 즉시 상금을 주고 드디어 법령을 공포하였다. 법률이라는 것은 그 내용이 어찌되었든 간에 공포한 이상에는 엄격하게 실시하지 않으면 안 된다는 것이 법가의 사고방식이다. 모택동은 여기서 법률의 내용에는 선한 것이 필요하다고 하여 그 내용을 파고들어 말하고 있는 것이다.

02 상앙(기원전 390?~338)은 전국시대 위(衛)의 사람이다. 성은 공손(公孫), 앙(鞅)은 이름이다. 상(商)은 봉해진 땅의 지명이다. 맨 처음에는 위(魏)에 출사하였다가 진(秦) 효공(孝公)의 초빙을 받고 그후 '법가(法家)'의 사상에 입각한 개혁을 실시하였다. '법가'에 관해서는 옮긴이 주 1)을 참조. 법률을 중시하고 권력을 군주 한 사람에게 집중시켜 형벌의 시행에는 연좌법(連坐法)을 취하였다. 귀족의 세습과 특권을 폐지하고 전쟁의 공적에 의해 작위를 내리고, 개간을 장려하였다. 결국 상앙의 정책에 의해 진(秦)나라는 부유하게 되었지만, 그 자신은 귀족들의 원한을 사서 거열(車裂)의 형에 처해져 죽었다. 진이 수도를 옹(雍)에서 함양(咸陽)으로 옮긴 것은 효공 12년(기원전 350)의 일로 이것도 물론 상앙의 정책에 의한 것이다. 개혁을 실시한 것은 효공 6년(기원전 356)과 12년이다. 도량형을 통일한 것은 진의 시황제 때라고 하지만, 표준의 양기(量器)를 제작한 것은 상앙이었다.

03 동서 문명국. 동의 문명국으로서는 일본을 염두에 두었을 것이다. '서양'이라는 말에 대하여 '동양'이라고 하면 일본을 가리키는 것이었다. 일본도 서양에 견줄 수 있는 외국으로, 중국으로부터 말하면 역시 '양(洋)'인 것이다.

04 시라나미 도텐(白浪滔天, 1870~1922)은 미야자키 도텐(宮崎滔天)을 말한다. 본명은 도라조(寅藏)이며 도텐(滔天)은 호이다. 시라나미 안도텐(白浪庵滔天)이라고 불리기도 한다. 구마모토(熊本)현 출신이다. 원래는 자유 민권사상에 공감하였지만, 일본에 망명해 온 손문(孫文, 호는 중산(中山)이며 중국에서는 일반적으로 손중산이라고 부른다)을 알고 나서 그에게 심취하여 금전적인 도움뿐만 아니라 이누카이 쓰요시(犬養毅), 도야마 미쓰루(頭山滿)에게도 소개하는 등, 그의 혁명사업을 돕고 무기의 입수에도 분주하게 뛰어다녔다. 또한 도텐은 손문의 동지 중 한 사람인 황흥(黃興)이 1916년 10월 상해에서 병사하여 그 영구(靈柩)가 호남으로 돌아왔는데, 그 다음 해 2월 장의(葬儀)가 행해졌을 때, 일본에서 장사(長沙)까지 와서 직접 참여하였다. 그리고 4월에 장사에서 일본으로 돌아왔다. 덧붙여서 말하면 일본에서 '시라나미(白浪)'란 뜻은 도적을 말한다. 가부키(歌舞伎)의 광언(狂言, 일본의 전통극)에 '시라나미 다섯 명의 남자(白浪五人男)'란 말이 있는데, 다섯 명이란 모두 도적이었다. 이것은 중국의 후한 말년 백파곡(白波谷),지금의 산서성(山西省, 영고진永固鎭)에서 황건(黃巾)의 무리들이 봉기하여 그 이름을 백파군이라고 지은 데서 유래한다고 알려져 있다.

05 고의(高誼). 손문을 시작으로 하는 혁명에 대한 도텐(滔天)의 뜻을 칭찬하며 말한 것이다. 의(誼)란 친근감·친밀감을 뜻하며 나라와 나라 사이의 우정을 '우의(友誼)'라고 한다.

06 황공(黃公). 공(公)은 경칭으로 황흥(黃興 1874~1916)을 일컫는다. 흥(興)은 그의 이름이며 자는 근우(牛) 또는 경우(慶牛)이고, 호는 극강(克强)이다. 호남성 선화(善化) 출신이다. 혁명 단체인 화흥회(華興會)를 만들었는데, 손문과 협력하여 동맹회(同盟會)를 성립시켰다. 신해혁명에 즈음하여서는 전시(戰時) 총사령, 남경 정부에서는 육군 총장을 역임하였고, 원세개(袁世凱)에 반대하여 토벌군을 일으켰다. 원세개의 사후에 망명길에서 귀국하여 상해에 머물렀다. 1916년 7월 호남 각계로부터 호남독군(湖南督軍)에 추대되었지만, 그

것을 거절하고 담연개(譚 延)를 추천하였다. 그 해 10월 11일 병사하였다(原注의 요약).

07 체루(涕淚)는 눈물을 흘리면서 우는 것을 말함. 곡(哭), 즉 소리를 높여 우는 것은 육친(肉親)에게만 한정되는 것이므로 그것과 구별해서 말한 것이다. 여기는 도텐(滔天)의 우정을 칭송한 문학적인 표현이라고 할 수 있다.

08 아래의 주 용접(容接))까지의 단어 사용은 상대방에 대한 경의를 표한 것으로써 일부러 딱딱하고 완고한 표현을 썼을 것이다. 파도만리(波濤萬里)란 도텐이 일본에서부터 배를 타고 길을 떠나왔음을 의미한다.

09 희문(希聞)이란 일부러 장례식에 참가하기 위해 외국에서 와주었다는 것은 좀처럼 쉽지 않은 일이라는 뜻이다. 문(聞)이란 여기에서 일ㆍ사건을 뜻한다.

10 풍채(豊彩)란 직접 만나서 강연을 부탁하고 그 모습을 보고 싶다는 의미로 쓰였다.

11 굉교(宏敎)란 강연을 통해서 가르침을 받고 싶다는 의미이다.

12 용접(容接)은 우리들의 희망을 받아들여 한번 만나주기를 기대하고 있다는 의미이다. 용(容)은 허가한다는 뜻이며, 접(接)은 신분이 낮은 사람과 만난다는 뜻이다.

13 소식번(1896~1983)은 당시 호남성립 제1사범부속 소학교의 교원이었다. 1930년대 모스크바에 체재하면서 코민테른과 중국의 혁명 문학운동의 연계에 힘썼다. 신중국 성립 후에는 시인 소삼(蕭三)으로서 알려진다. 그는 소자승(蕭子昇, 욱동旭東)의 동생이다. 《청년모택동靑年毛澤東》(일본어역, 靑銅社, 1952)이란 작품이 있다.

14 주관은 주체라는 의미로도 쓰이고 있다.

15 인류가 출현하고 난 뒤……원문을 직역하면 "생민(生民)이 있고 난 뒤"가 된다. 《맹자(孟子)》 공손추 상(公孫丑, 上)에 보이는 말이다.

16 서산의 고비(薇). 고대의 성인으로 이름이 높은 백이(伯夷)ㆍ숙제(叔齊) 형제는 주(周) 무왕(武王)에 대한 간언이 받아들여지지 않게 되자, 서산(수양산首陽山)에 은둔하게 되었고 고비를 먹으면서 생명을 이어 갔지만 끝내는 굶어서 죽고 말았다고 한다. 《사기(史記)》 백이열전(伯夷列傳)에 보인다.

17 우물 근처에 떨어진 오얏나무 열매. 삼일 동안 아무것도 먹지 못했던 청렴한 선비인 진중자(陳仲子)는 우물 옆에 떨어져 벌레가 반을 먹은 오얏나무 열매를 공복감을 참지 못해 주워 먹었다고 한다. 《맹자》 등문공 상(滕文公 上)에 보인다.

18 성인이 나타났다. 성인이 이 세상에 출현하기 시작해서 만물이 생장하고 예의가 확립되었다고 하는 류의 사상은 전통적인 유교의 사고방식이다.

19 子之燕居, 申申如也, 夭夭如也.……ㆍ《논어》 술이편.

20 食饐而餲, 魚餒而肉敗, 不食……ㆍ《논어》 향당편.

21 孔子射於矍相之圃, 蓋觀者如堵牆……ㆍ《예기》 사의편. '확상(矍相)'은 공자가 태어난 산동성 곡부의 지명이다. '포(圃)'는 채소밭이나 화원의 의미이다. 각각 기거(起居), 음식, 사술 등에 일정한 규칙이 있다는 것을 말하고 있다.

22 생명을 보양하다. 원문은 '양생(養生)'. 《장자(莊子)》에 양생주편 1장에 있다.

23 장자는 포정에게서……ㆍ《장자》 양생주편에 보이는 요리인이다. 포(庖)는 요리의 뜻이며 정(丁)은 성인남자를 뜻한다. 포정이 말하는 이야기는 인간의 양생의 비결을 제시하는 것이었다.

24 중니는 활과 말…… · 공자는 사(士)로서 배워야 할 기본적인 기예(技藝), 즉 육예(六藝)로써 다음의 여섯 가지를 제시하였다. 즉 예(禮)·악(樂)·사(射)·어(御)·서(書)·수(數)이다. 사(射)는 사술(射術), 즉 활쏘기이며 어(御)는 말을 다루는 것을 말한다.

25 독일. 제1차 세계대전 중에 해외의 사정에 눈을 돌린 중국의 지식인들 대부분은 부국강병책에 성공하여 국력을 다진 신흥 독일에 적잖은 공감을 표시하였다. 이 때의 모택동에게 많은 영향을 끼친 이대조(李大釗, 1889~192)도 1916년 9월 그의 논문〈청춘(青春)〉〈《신청년》 2권 1호〉 속에서 새롭게 흥기한 "독일과 불가리아만이 이번의 대전(大戰)의 거센 파도 속에서 그 생명력을 주입 받아 급격히 자기의 재능을 발휘하였다"고 서술하고 있다.

26 무사도. 청말에는 사이고 다카모리(西鄉隆盛)·요시다 쇼인(吉田松陰) 등 메이지유신의 지사(志士)를 국가사회를 위해 "살신성인을 이룬" 지사인인(志士仁人)·협기(俠氣)의 사(士)로서 평가하였는데 그 지사의 근본정신은 무사도에 있다고 하는 견해가 있었다. 그리고 이러한 무사도의 정신은 중국에서도 고취해야 할 정신이라고 생각했던 것이다. 양계초(梁啓超)의 《중국의 무사도》(1904년 출간) 등은 바로 이러한 견해에서 쓰여진 것이다.

27 남의 자식을 해치는구나…… 《논어》 선진편에 보인다.

28 학문에 본과 말이 있고…… 《대학》의 경문이다. 다만 《대학》에는 학(學)이 물(物)로 되어있다. 《대학》의 원문은 "物有本末, 事有終始, 知所先後, 則近道矣."(옮긴이)

29 제3 지금까지의 체육의 폐해와…… 이 장에서 모택동은 청대초기의 학자들인 안습재(顏習齋)·이강주(李剛主)·고염무(顧炎武)가 장검(長劍)의 사용법을 배우고 역사(力士)와 격투하거나 승마(乘馬)를 좋아했던 예를 들어, 어느 것이나 모두 스승으로 삼아야 한다고 하여 다음과 같이 말하고 있다. 외국의 형식을 받아들인 학교에는 체육의 과목은 있지만 외면만을 가꾸는 것뿐이어서 학생은 흥미를 잃고 정신적으로 괴로워하고 있다. 공자가 "내가 인(仁)을 이루고자 하면 인(仁)이 당장 이르는 것이다〈《논어》 술이편〉"라고 말하는 바와 같이 반드시 자기 자신으로부터 시작해야만 한다. 여기에서 인용된 《논어》 술이편의 원문은 "我欲仁, 斯仁至矣."이다〈옮긴이〉.

30 주자는 경을 주장하였고 육자는 정을…… 주자는 남송의 철학자이며 주희(朱熹, 1130~1200)를 말한다. 그는 "경(敬)이라는 한 글자는 성학(聖學, 유교)의 시작이며 끝이다"라고 주장하였다. 육자는 주자와 병칭되던 동시대의 철학자인 육상산(陸象山)을 말하며 이름은 구연(九淵, 1139~1192)이다. 일반적으로 송학의 개조라고도 해야 할 주돈이(周敦頤, 1017~1073)가 정(靜)을 주장한 '주정설(主靜說)'을 주창했다고 알려져 있는데, 주자의 제자들은 육상산의 사상에는 선(禪)의 요소가 농후하다고 하여 공격하였다. 덧붙여 말하면 후에 보이는 '주륙의 도'란 주자와 육상산의 제자들 및 그들의 학문을 존중한 자들을 다소 경멸하는 의미에서 사용한 호칭이다.

31 노자는…… · 원문은 "老子曰, 無動爲大". 그러나 이 말은 《노자》의 원문에는 보이지 않는다. 아마도 모택동이 착각한 것 같다. 다만 강함(剛)보다는 부드러움(柔)을, 움직임(動)보다는 고요함(靜)을 존중하는 것이 노자의 근본사상이라는 것은 틀림이 없다.

32 인시자…… · 정좌법. 인시자(因是子)란 장유교(蔣維喬, 1874~1958)의 별호로 필명이기도 하였다. 자는 죽장(竹莊)이며 강소성 무진(武進) 사람이다. 그는 철학자이며 불교학자이기도 하였다. 청말 상해의 상무인서관(商務印書館)에서 교과서 편집에 종사하였고 중국교육회 및 애국학사(愛國學社) 등의 혁명단체에 가입하였다. 후에 상해애국여자학교(上海愛國女子學校) 교장·남경정부교육부(南京政府教育部)비서장·강소교육청장(江蘇教育廳長)·동남대학(東南大學) 총장 등을 역임하여 교육계에서 중요한 위치를 차지하였다. 20종 이상의 많은 저서를 냈다. 여기서 말하는 정좌법이란 민국 4년(1915년)에 상무인서관에서 출판된 《인시자정좌법(因是子靜座法)》을 가리킨다.

33 신진대사…… · 청말에서 신문화운동기에 이르기까지 중국사상계에서 일세를 풍미한 학설은 진화론, 그것도 사회진화론이었다. 다윈의 진화론은 생물의 진화를 더듬어 조사한 것인데 이것을 사회나 민족에 적

용하면서 진보로부터 뒤떨어진 민족은 멸망한다고 하여 민족 전체의 발분(發憤)을 촉구한 것이다. 이렇게 해서 신진대사 · 우승열패(優勝劣敗) · 적자생존 등이라는 말이 '5 · 4' 신문화운동 때의 유행어가 되었던 것이다. 《신청년》을 대표하는 진독수(陳獨秀, 1880~1942)는 그의 유명한 논문〈敬告靑年(삼가 청년에게 고한다)〉(《청년잡지》 1권 1호, 1915년 9월)에서 이렇게 말하고 있다. "사람의 몸(人身)은 신진대사의 길에 따르면 건강해진다. 하지만 진부하고 부패한 세포가 사람의 몸에 가득 차 있으면 사람의 몸은 죽는다. 사회는 신진대사의 길에 따르면 융성하게 된다. 하지만 진부하고 부패한 분자가 사회에 가득 차 있으면 그 사회는 죽어버린다."

34 루즈벨트. 제26대 미국 대통령이 된 테오도르 루즈벨트(Theodore Roosevelt, 1858~1919)를 말한다. 청춘시절 그가 수렵에 의해 신체를 단련한 이야기는 당시 유명했던 것 같다. 이대조도 앞에서 언급한〈청춘(靑春)〉이라는 논문에서 이렇게 쓰고 있다. "미국 정계의 영웅 루즈벨트는 거친 산속에서 수렵하고 돌면서 그 무쇠처럼 단단한 팔을 휘둘러 호랑이 · 표범 · 곰 · 큰곰 등과 격투하였다. 어느 날 백곰 사냥을 나가 당장이라도 잡아먹을 것 같은 백곰의 눈과 마주쳤는데, 그는 냉정하게 상대가 마음대로 통과하려고 하는 마음을 오인하지 않고 올바르게 보았기 때문에 위험으로부터 피할 수가 있었다고 그 자신이 말하고 있다". 독일의 존탁에 관해서는 미상.

35 가노(嘉納)는 교육가이며 유도(柔道)의 창시자로서 유명한 가노 지고로(嘉納治五郎, 1860~1938)를 말한다. 효고(兵庫)현 나다(灘)의 한 양조장(釀造場)에서 태어나 도쿄대학 문과를 졸업하였다. 1882년 가쿠슈인(學習院)에서 봉직할 때에 전통 유술(柔術)에 과학적인 개량을 가하여 근대 유술의 강도관(講道館)을 창설하였다. 또한 제1고등중학교장 · 고등사범학교장을 역임하였으며 "건전한 정신과 건강한 육체"를 교육의 이념으로 내세웠다. 1896년(明治 29년), 고등사범의 교장일 때에 청국 유학생 13명을 받아들인 일로부터 1899년에는 도쿄의 간다(神田) 미사키초(三崎町)에 있던 자신의 사숙을 이라쿠서원(亦樂書院)이라고 이름붙이고 중국에서 온 유학생의 교육에 진력하였다. 1902년 이라쿠서원을 확대하여 도쿄 신주쿠(新宿) 근처의 우시고메(牛込)에 고분학원(弘文學院)을 창립하였다. 또한 동년에 교육시찰을 위해 중국을 방문하기도 하였다. 고분학원은 중국인 유학생의 증가에 맞추어 여섯 곳에 교사(校舍)를 갖추고 1909년까지 7192명의 입학자와 3810명의 졸업생을 배출하였는데 노신과 진독수도 이 학교에 재학하기도 하였다.

36 오질용(伍秩庸, 1834~1922). 청말민국초의 정치가이며 외교관이다. 본명은 오정방(伍廷芳), 질용은 자이다. 광동성 신회(新會) 사람이다. 미국에서 유학하였고 청일전쟁 후에 시모노세키조약(下關條約)의 체결 · 교섭을 위해 이홍장(李鴻章)의 수행원으로서 일본에 왔다. 주미공사도 역임하였다. 신해혁명 후 원세개에 반대하고 손문을 지지하여 손문의 광동군정부의 외교부장을 지냈다. 젊을 때는 혁신적이다가도 나이를 먹으면 보수화의 길을 걷는 예가 많은 와중에서 그는 혁명에 끝까지 동정적인 입장을 취했기 때문에 아마도 모택동이 그의 이름을 언급하였을 것이다.

37 왕상기(王湘綺, 1832~1916). 왕개운(王闓運)을 말한다. 상기는 호이며 모택동과 동향으로 호남성 상담현(湘譚縣) 사람이다. 청말의 호남을 대표하는 고전학자로서 유명하였다.

38 요즘 사람(近人)의 말. 누구를 가리키는지 알 수가 없다. 아마도 《신청년》에 속한 사람들의 주장일 것이다. 예들 들면 진독수는〈오늘날의 교육방침〉(1915년 10월)이라는 논문 속에서 중국을 강건하게 만들기 위해서는 유럽의 정신을 배우는 일과 동시에 "그 육체가 건강하면 자연히 무력으로 저항할 수 있다"고 하여 수성주의(獸性主義)가 중국에는 필요하다고 논하고 있다. 육체의 원문은 '체백'이며 모택동의 원문도 마찬가지이다. '백(魄)'은 육체에 부착된 정신으로 사람이 죽어서도 없어지지 않는다.

39 주인은 항상 깨어…… 원문은 "主人翁常惺惺否". 북송의 사상가 사량좌(謝良佐), 즉 謝上蔡이다. 1050~1103의 유명한 말에 "敬是常惺惺法"이라는 것이 있다. 이것은 경이란 마음이 항상 또렷하게 깨어있는 듯이 하는 방법이다(《상채어록上蔡語錄》 卷之中).

40 이로써 마음을 제어한다. 원문은 "以理制心". 《상서尙書》 중훼지고仲虺之誥에 "以禮制心(예로써 마음을 제어한다)"이라는 말이 있으며 송학(주자학)의 선구자인 정호(程顥, 즉 程明道, 1032~1085)와 그의 동생 정이(程頤, 즉 伊川, 1033~1107)의 《이정유서二程遺書》에는 "義理以養其心(의리로써 그 마음을 함양한다)"과 "以義制心(의를 가지고 마음을 제어한다)"이라는 말이 있다. 결국 사물의 이理 즉 도리道理에 의해 마음

을 제어하는 것은 주자학적 사고이다.

41 힘은 산을 뽑아들고…… 한의 고조 유방(劉邦)과 천하를 쟁패한 초의 항왕 항우(項羽)는 해하(垓下)에서 궁지에 몰리게 되었는데 이것은 그가 사면초가의 상황에서 우미인(虞美人)을 앞에 두고 노래한 유명한 곡이다. 《사기史記》 항우본기(項羽本紀)에 나온다. 이 말은 중국의 고전에서 매우 빈번하게 사용되었다.

42 누란을 베지 않으면…… 한(漢)의 부개자(傅介子)가 누란왕(樓蘭王)을 베고 돌아와 의양후(義陽侯)에 봉해졌다고 하는 이야기. 《한서(漢書)》 서역전(西域傳)에 나온다.

43 집을 화하여…… 《담자화서(譚子化書)》에 "집을 화하고", "나라를 화하고", "천하를 화한다"라는 말이 보인다. 담씨는 담초(譚峭), 자는 경승(景昇)이며 생졸년은 미상이다. 오대(五代) 남당(南唐)의 사람이다. 신선술을 좋아하여 종남산(終南山)과 청역산(青域山)에서 수양하였다. 자소진인(紫霄眞人)이라고 칭하였다.

44 8년을 밖에 있는 동안…… 하 왕조를 세운 우(禹)는 순(舜)에게서 왕위를 선양받고 치수에 힘썼는데 그 때문에 밖에 있던 기간은 8년(일설에는 13년)이나 되었다. 하지만 그 기간 동안에 자신의 집 문 앞을 지나면서도 들어갈 틈이 없었다고 한다. 《맹자》 등문공상(滕文公上)에 보인다. 이것과 비슷한 말로 "공자는 느긋하게 앉아 있을 틈이 없었다", "묵자는 집에서 식사할 틈이 없었기 때문에 아궁이의 굴뚝이 검게 그을리지 않았다"라는 것이 있다.

45 제5 운동을 싫어하는 원인. 여기서는 번역을 생략하였지만 운동을 싫어하는 원인을 모택동은 ① 자각심이 없음, ② 장년의 습관이 없어지지 않았음, ③ 제창(提唱)이 열심이지 않음, ④ 운동을 창피하다고 생각함 등으로 열거하고 ①과 ④는 주관에 속하기 때문에 자신이 바꾸는 것이며, ②와 ③은 객관에 속하고 타인과 관련된 것이기 때문에 타인의 것은 타인에게 맡기자고 제한하고 있다.

46 제6 운동의 방법은 적은 편이 낫다. 이것도 번역을 생략하였지만 모택동은 대체로 지금의 체조는 여러 종류로 다양한데 그것은 결국 혈액 순환을 잘 하기 위한 것이며 가령 손과 발의 굴신(屈伸) 운동이라도 계속하면 유익하다고 말하고 있다.

47 제7 운동할 때에 주의해야 할 점. 모택동은 대체로 "무슨 일이라도 계속하는 것이 좋다. 계속하고 있으면 첫 번째로 흥미가 생겨난다. 두 번째는 쾌락을 만들어 낸다. 게다가 마음을 움직여 전력을 기울인다. 운동할 때에는 야만스럽게 (원문에서는 만蠻, 즉 마음껏 동작을 하는 것)하는 것이 좋다. 방법은 졸렬(拙劣)(원문에서는 졸拙, 즉 고상한 체하는 것의 반대)하게 하는 것이 좋다"고 말하고 있다.

48 제8 내가 깨달아 얻은 운동을 제안한다. 여기에서 모택동은 자신이 스스로 고안한 운동의 방법을 소개하고 있다. 전체는 손·발·몸통(胴體)·머리·타격운동·조화운동의 여섯 단계로 이루어지며 그것을 육단운동(六段運動)이라고 명명하였다. 모택동은 하나하나의 동작을 일일이 기록하고 있는데 손과 발 등은 움직이는 부분이고 타격운동은 주먹으로 신체를 때리는 운동이며 조화운동은 도약을 열댓 번하고 심호흡을 세 번 하는 운동이다. 모택동은 팔단금(八段錦)·체조·권법 등에서 각각의 특징을 뽑아내어 이 '육단운동'을 고안해 내었다고 한다. '팔단금'이라는 것은 송대에 한창 왕성하게 행해지던 건강과 의료를 목적으로 한 운동으로 오늘날의 태극권(太極券)의 원류이다. '육단운동'의 기본자세가 "허리를 떨어뜨리는 자세"로 손을 "좌우로 서로 교차하여" 쭉 내밀거나 하는 것은 중국의 전통적인 태극권의 자세이며 형식이다. 또한 '체조'는 서양식의 체조로 당시 빈번하게 일본인 체조 교사가 중국에 초빙되었다. 모택동은 사범학교 재학중 매일 아침과 취침전에 이것을 행하였다. 교실 외측의 복도가 넓기 때문에 수업을 끝마치고 복도를 통과할 때에도 이 운동 중의 2단과 3단을 행하였다. 독서로 몸이 피곤해졌을 때와 심야에 눈이 떠졌을 때도 안뜰에서 이 운동을 했다고 한다.

49 소서(邵西). 여금희(黎錦熙, 1890~1978)를 말한다. 호남성 상담의 사람이며 언어학자이다. 1913년부터 성립 제4사범의 역사교원의 일을 하였다. 1914년 합병에 의해 성립 제1사범으로 옮기게 된다. 동료인 양창제·서특립(徐特立)과 함께 굉문도서사편역소(宏文圖書社編譯所)를 설립하고 저술활동도 행하였다. 1915년 9월 중화민국 교육부 교과서 편찬소의 총책임자의 직에 임명되어 북경으로 거처를 옮겼다. 다음 해에는 '국어운동(國語運動)'을 일으켜서 소학교의 '국어'를 구어문으로 바꾸자고 주장하였다. 그것은 그때까지

문어문(文語文)으로만 가르쳤기 때문이다. 1917년 4월부터 5월에 걸쳐서 북경에서 장사에 내방하였는데 이때 광문도서사에서 모택동과 재회하였다(북경으로 돌아오기 위해 장사를 떠난 것은 5월 15일). 여금희는 그 뒤 북경의 각 대학에서 가르치다가 북경사범대학에서 교수로 재직하였다. 신중국이 성립되자 인민정치협상회의(人民政治協商會議) 위원 · 중국과학원 철학사회과학학부 위원 · 중국문자개혁위원회 위원 · 구삼학사(九三學社) 중앙상무위원 등을 역임하였다. 그의 저서 《신저 국어문법(新著國語文法)》은 독창적인 중국어 문법 개설서이다.

50 영향(永鄕)‥‥‥을 만유(漫遊). 1917년 7월부터 8월에 걸쳐서 소자승(蕭子昇)과 함께 '유학(遊學)'이라 칭하고 장사를 출발하여 영향 · 안화 · 익양 · 원강 등의 현을 도보로 여행하였다. 그런데 원강의 뒤쪽 동정호(洞庭湖)에 홍수가 나서 도로가 물에 잠기었기 때문에 어쩔 수 없이 배를 타고 장사에 돌아왔다. 이것은 한 달여에 이르는 그리 짧지 않은 여행이었다. 소자승은 후에 이 도보여행을 근거로 하여 《모택동과 나는 거지였다(毛澤東と私は乞食だった)》(일본어역의 서명이며, 저자명은 소유蕭瑜. 고분도(弘文堂)에서 1962년에 간행. 후에 《모택동의 청춘(毛澤東の靑春)》이라고 개제하였다)라는 책을 지었다. 소자승이 거지라고 한 것은 지주 등 부유한 집에 머무를 때 그 답례로 휘호를 써주거나 하면서 여행을 계속하였기 때문이다. 즉 일종의 무전여행이지만 특별히 부끄러운 행위가 아니라 화가 · 서예가로서는 일반적인 일이었다. 말에는 지방 사투리가 있기 때문에 그것이 신분 증명과 같은 것이었다. 또한 사범학교의 학생이라는 것은 당시의 상황에서 볼 때 상당한 정도로 평가되는 높은 수준의 문화인이었다. 때문에 그러한 사정이 알려지면 숙박할 수가 있었던 것이다. 소자승은 뒤에도 나옴, 원문의 154와 158페이지. 논문 14의 역주를 참조, 원문의 157페이지.

51 원세개(1859~1916). 자는 위정(慰庭), 호는 용암(容庵)이며 하남성 항성(項城)의 사람이다. 개혁에 발을 들여놓은 청조정부의 내각총리대신이었다. 신해혁명의 뒤에 중화민국 임시 대총통의 자리에 앉아 남경에서 북경으로 정부를 옮겼다. 1915년 일본의 21개조의 요구를 수락하여 제제(帝制)를 다음 해부터 실시하고 연호를 홍헌(洪憲)으로 한다고 선언하였다. 1916년 원단(元旦)에 즉위하였지만 국내외의 반대에 맞닥뜨리게 되어 그것을 취소하고 곧이어 분에 못이겨 숨을 거두었다.

52 손문(1866~1925). 일반적으로 손중산(孫中山)이라고 부른다. 자는 일선(逸仙)이며 광동성 중산시(中山市, 당시는 향산현香山縣)의 사람이다. 1905년 일본에서 중국동맹회를 조직하고 스스로 총리가 된다. 그 후 무장봉기를 반복하여 일으킨다. 신해혁명이 발발하자 해외에서 귀국하여 중화민국 임시 대총통이 되지만 곧바로 원세개에게 그 자리를 넘겨준다. 1915년 '토원선언(討袁宣言)'을 하고 1917년에 호법전쟁(護法戰爭)을 발동하였으며 1920년에는 광주에서 비상대통령에 취임한다. 1924년 국민당이 공산당과 협력하는 것을 인정하였다.

53 강유위(1858~1927). 자는 광하(廣廈), 호는 장소(長素) · 갱생(更生)이다. 광동성 남해(南海) 사람이다. 청일전쟁(1894~1895)에서 청국이 패하였을 때 북경에서 고등문과시험(과거시험)의 수험생 1300명에게 호소하고 광서제(光緒帝)에게 의견서를 제출하여 '변법유신(變法維新)'을 단행하자고 촉구하였다. 일본의 메이지유신(明治維新)을 본받아 입헌군주제를 취하도록 제안하였던 것이다. 광서제는 개혁에 착수하였지만 서태후(西太后)의 탄압을 받아 결국 강유위 등은 해외로 망명하였다. 그는 보황회(保皇會)를 만들어 손문 등 혁명파와 대립하였다.

54 본원이란 사물의 시작으로 가장 기본이 되는 것이다. 자주 '지엽말절枝葉末節'이라고 하는데 그 반대의 의미로서 중요한 일과 사물을 말한다. 이것이 명시되어 처음으로 인간의 생활에 진보와 발전이 있게 되었다고 한다. 《예기》학기편과 《논어》학이편에 "근본(本)이 서야지 도(道)가 생겨난다"(원문은 本立而道生)고 하는 말이 보인다. ─ 일본어 원문의 역주에서는 공자의 말로써 《논어》 선진(先進)편에 이 말이 나온다고 되어 있지만 사실은 그렇지가 않다. 여기에서 다시 바로 잡는다. 아래에서도 《예기》학기편과 《논어》학이편이라고 하였다(옮긴이). 또한 "물건에는 본(本)과 말(末)이 있고, 일에는 끝(終)과 시작(始)이 있다"(원문은 物有本末, 事有終始)고 하는 말이 《대학大學》에 보인다. 《대학》의 이 말은 사물에는 기본이 되는 중요한 것이 있으며 그 이외는 말단(末端)의 작은 일이 있을 뿐이라고 하는 것이다. 또한 사물에는 시작과 끝이 있으며 시작이 중요하다고 말하고 있는 것이다.

《대학》은 남송의 학자 주자(朱子, 즉 주희朱熹, 1130~1200)가 고전인 《예기》 속에 들어있던 한 편을 끄집어내어 독립된 책으로 만들었기 때문에 이 '본원'을 중시하는 사고방식은 주자가 특히 강조하였다고 할 수 있다. 따라서 모택동도 또한 주자의 영향을 받았다고 말 할 수 없는 것은 아니지만 이러한 '본(本)', '원(源)'을 존중하는 사고방식은 이미 《예기》와《논어》에도 보이고 송대에 유행하던 선종(禪宗)도 인간의 본원을 생각하는 것이었다. 중국의 사상으로서는 상식화되어 있었다고도 할 수 있겠다. 사물을 '생각한다'고 하는 것이 "본원을 규명하여 밝혀내는"것이라는 하나의 사고유형이 여기에 보인다. 모택동도 이러한 사고의 형식을 응용하여 논의를 전개하고 있는 것이다. '본원'은 관념적인 것으로 하나에 의해 달라진다 – 아래의 주 대본대원을 참조 – .

55 학(學)이란 이론을 말한다. 파울젠(Fridrich Paulsen)의 《윤리학원리》의〈서론(序論)〉에는 "과학에는 이론을 주로 하는 것과 실천을 주로 하는 것이 있다. 전자를 학(學)이라고 하며 후자를 술(術)이라고 한다"고 되어 있다. 《윤리학원리》를 교재로 하여 강의가 시작된 것은 모택동이 여금희에게 보내는 편지를 쓴 다음 달이지만 교재는 이미 배포되어 있었을 것이다. 또한 양창제는 기회가 있을 때마다 이렇게 말했을 것이다.

56 증문정 즉 증국번(曾國藩, 1811~1872)을 말한다. 문정은 그의 사후에 그 공적을 치하하여 청조가 내려준 시호이다. 증국번의 자는 척생(滌生)으로 호남성 상향(湘鄕)의 사람이다. 그는 과거에 합격하여 진사(進士)가 되었다. 그 후 상군(湘軍)을 조직하여 태평천국의 봉기를 진압한 것으로 알려져 있다. 게다가 염군(捻軍)과 싸우다가 패전하여 칙명대신(勅命大臣, 즉 흠차대신欽差大臣)의 직에서 물러났다. 증국번은 유교 일반을(학파에 얽매이지 않고) 받아들이고 일상생활에 도움이 되는 실제의 지침을 중시하여 인생훈(人生訓)·처세훈(處世訓)·가헌(家憲)으로 정리하였다. 그의 학풍은 호남성에 폭넓은 영향을 끼쳤다. 따라서 모택동이 그를 존경하는 호남성인으로서 예외는 아니었던 것이다.
증국번의 태평천국 진압은 당시의 사람들이 '신사紳士' 계급)로부터 "덕(德)을 세우고, 공(功)을 세우고, 언(言)을 세웠다"고 하여 세 가지 방면 모두 불후의 완전무결한 사람으로서 칭송을 받았다. "언(言)을 세웠다"고 하는 것은 그가 유교의 가르침을 중시하고 유교에 반대한 태평천국에 대해서 슬로건으로 내세웠기 때문이다. 이러한 찬사는 모택동의 본문에도 보인다.
홍·양은 각각 홍수전(洪秀全)과 양수청(楊秀淸)을 말한다. 홍수전(1814~1864)은 광동성 화현(花縣)의 사람이며 양수청(1820?~1856)은 광서성 계평현(桂平縣) 사람이다. 모두 태평천국의 창시자이다. "홍·양의 역을 진압하고 평정"했다는 것은 1864년 태평천국의 수도 천경(天京, 지금의 남경)을 상군(湘軍)이 평정한 것을 가리킨다.

57 대본대원(大本大源). 사물의 속에 있는 근본적인 것. 실제생활은 중요하지만 그것에 휘둘리지 않고 근본적인 것을 발견하여 이것을 장악한다고 하는 태도로부터 생겨난 용어이다. 근본적인 것은 '본원'이라고 불리었지만(위의 주 본원을 참조) , 모택동은 게다가 그 중에서도 보다 더 한층 근본적인 것을 강조하여 이렇게 말하고 있다. "이 용어는 증국번이 사용하여 그의 인생훈·처세훈의 특색이 되기도 하였다. 모택동의 스승 양창제는 증국번에게 경도되어 강의를 하는 중에 자주 인용하였다".

58 회중선생. 양창제(1871~1920)를 말한다. 자는 화생(華生), 회중은 또 다른 이름이며 장사 출신이다. 무술변법 때 호남성의 유신운동에 참가하였고 1903년 일본에 유학하여 교육학을 전공하였다. 1909년 영국에 유학, 오베딘대학에 입학하여 철학과 윤리학을 배우고 1912년 학위를 취득하였다. 또한 독일에 체재하다가 1913년에 귀국하였다. 성립 제1사범·제4사범·고등사범·상업전문학교 등에서 교편을 잡았으며 모택동은 그의 가르침을 받던 제자였다. 1918년 여름 채원배(蔡元培)의 초빙으로 북경대학 윤리학과 교수가 되었고 1920년 병으로 사망한다 (이상은 저자주).
모택동은 그의 딸 양개혜(楊開慧)와 결혼하였다. "반드시 먼저 철학·윤리학을 연구하여……"라고 모택동은 말하고 있는데, 이것은 양창제의 '철학·윤리학' 강의에서 강한 충격을 받아 그 영향을 전면적으로 받아들였음을 나타내고 있다.〈여금희에게 보내는 편지〉가 완성된 것은 8월이지만, 9월의 신학기부터 양창제는 독일 베를린대학 교수 파울젠(Friedrich Paulsen, 1846~1908)의 《윤리학원리》를 번역하여(부분역이지만) 강의 교재로 사용하였다. 모택동이 그 책에 적어놓은 것이 아직 남아있다.

59 "오늘의 나는……". 양계초의 말이다. 양계초는〈정치학의 대가 블룬츨리(Johann Caspar Bluntschli, 1808~81)의 학설〉(원제는〈政治學大家伯倫知理之學說〉(《新民叢報》37-39호, 1903년 10월)에서 이러한 것을 말하고 있다. 또한 《청대학술개론(淸代學術槪論)》과 《중국역사연구법보편(中國歷史硏究法補編)》에서도 이와 같이 말하고 있다.

60 불교에서는 욕계(欲界) · 색계(色界) · 무색계(無色界)를 '삼계'라고 한다. 욕계는 하, 색계는 중, 무색계는 상이다. 수업을 쌓아가는 정도에 의해 하로부터 중 · 상으로 상승하는 것이다.

61 "백세의 뒷일이라도 알 수 있을 것이다". 즉 백세대(百世代)가 지난 뒤에도 알 수 있다는 뜻이다. 이것은 《논어》 위정편에 보인다. 원문은〈자장이 여쭈었다. "십세(十世)의 뒷일을 알 수가 있습니까" 공자께서 말씀하셨다. "은(殷)은 하(夏)의 예를 따랐으니 거기에서 손익(損益)한 바를 알 수 있으며 주(周)는 은의 예를 따랐으니 손익한 바를 알 수 있다. 혹시라도 주를 계승하는 자가 있다면 비록 백세의 뒷일이라도 알 수 있을 것이다."(子長問, 十世可知也. 子曰, 殷因於夏禮, 所損益可知也. 周因於殷禮, 所損益可知也. 其或繼周者, 雖百世可知也).(옮긴이). 은나라는 하나라의 제도를 계승하였는데 하나라의 제도를 폐지하거나 보충한 사실을 알 수가 있다. 주나라는 은나라의 제도를 계승하였는데 은나라의 제도를 폐지하거나 보충한 사실을 알 수가 있다. 따라서 주나라를 계승하면 백세대 앞의 일이라도 알 수가 있는 것이다.

62 "성인이 다시 나와도⋯⋯(聖人復起, 不易吾言矣)". 《맹자》 공손추상편에 보이는 문장이다. 자신의 진리는 시대가 바뀌어도 통용된다는 뜻이다. 따라서 후에 성인이 나타난다고 해도 그 성인에 맞추어서 자신의 진리를 바꿀 필요는 없는 것이다.
다만 《맹자》의 원문에는 '성인이 다시 나와도 반드시 내 말을 따를 것이다'(聖人復起, 必從吾言矣)라고 되어 있는데, 모택동은 '필종(必從)'을 '불역(不易)'으로 바꾸어서 인용하고 있다. 말하고 있는 의미는 동일하다.

63 태평세(太平世). 공자가 이상사회의 목표로서 '태평세'를 세웠다고 모택동은 말하고 있다. 고대에 이상적인 정치가 행해졌다는 것은 공자의 역사관이 틀림 없지만, 이것과 합쳐서 '거란세(擄亂世)' · '승평세(昇平世)'를 내세운 사람은 후한의 학자 하휴(何休)이며 공자가 아니다. 하휴도 고대를 이상으로 삼았지만 하휴설의 순서를 역전시켜 '난세(亂世)'로부터 '승평세'로 게다가 '태평세'로 사회는 진화한다고 주장한 사람은 강유위(康有爲)이다. 그는 또한 《예기》 예운편에 보이는 '대동(大同)' · '소강(小康)'의 이상을 이것과 결합시켜 '태평세'에는 '대동'의 세계가 실현되며, '승평세'에는 대동의 세계에 가까운 '소강'의 상태가 실현된다고 주장하였다. 여기서 모택동이 설명하고 있는 것은 강유위의 주장이며 이 뒤에 바로 '대동'이 나오게 된다.

64 대동(大同). '대동'은 《예기》 예운편에 나오는 이상사회의 상태를 말한다. 대도(大道, 이상적인 정치와 도덕규준)가 행해지면 천하는 공(公, 모든 이가 공유하는 것)이 되며, 노인 · 장년 · 유년 · 과부 · 고아 · 신체가 부자유한 사람 등은 각각 적당한 대우를 받게 되어 나쁜 일을 하지 않으며 사리사욕에 마음이 흔들릴 필요도 없다고 하는 것이 그 줄거리이다. 이것은 고대의 일로서 서술되고 있지만 근대에 이르러 홍수전(洪秀全) · 강유위 · 담사동 · 손문 등에 의해 사회개혁의 목표로서 내세워졌다. 등소평(鄧小平, 1904~1997)도 개혁과 개방정책의 목표로서 당장은 민중의 생활수준을 '소강'의 상태에까지 끌어올리고 싶다고 말하고 있는데, 이것은 1979년 12월 일본의 오히라 마사요시(大平正芳)수상과 회견했을 때의 일이다.

65 덕(德)을 세우고⋯⋯. 세운다고 하는 것은 성과를 올린다는 뜻이다.

66 고루과문(孤陋寡聞). 혼자서 배우고 친구와 논의하는 바가 없으면 지식이 넓어지지 않고 완고해 진다는 뜻이다. 《예기》 학기편에 나온다.

67 안자(顔子)가 한 그릇의 물과 한 표주박의 물로⋯⋯. 안자는 공자의 제자로 안연을 말한다. 공자는 《논어》 옹야편에서 이렇게 말하고 있다. "현명하구나, 안회예! 한 그릇의 밥과 한 표주박의 물로 연명하며 누추한 골목에 산다면, 남들은 그 괴로움을 견뎌내지 못할 터인데, 안회는 그 즐거움이 변치 않으니, 현명하구나, 안회예(賢哉, 回也! 一簞食, 一瓢飮, 在陋巷, 人不堪其憂, 回也, 不改其樂, 賢哉, 回也)"(원문은 옮긴이 주. 이것은 공자가 안연을 보고 칭찬한 말이다.)

68 범공(范公)이 굳어진 죽에 선을 그어⋯⋯. 범공은 북송의 범중엄(范仲淹, 989~1052)을 말한다. 자는 희문(希文)이며 강소성 오현(吳縣) 사람이다. 절간의 한 방에서 독서에 빠진 나머지 식사는 냄비로 끓인 죽뿐이었다. 그는 죽이 굳어진 후에 부엌칼로 선을 그어 네 개로 나누고 아침과 저녁에 두 개씩 먹었다고 한다. 그 밖에는 절인 채소 뿐이었다.

69 향제(鄕第). 동향의 후배라는 뜻이다.

70 제1사범(第一師範). 청말 호남성에는 장사의 중로사범학당(中路師範學堂)·형양의 남로사범학당·상덕의 서로사범학당 등 세 개의 사범학교가 있었다. 신해혁명 후 그것들은 모두 성립(省立)의 호남 제1·제2·제3사범이 되고 학비 면제로 소학교 교원을 양성하였다. 제1사범은 남송의 학자 장식(張 , 호는 남헌南軒, 1132~1180)이 강학을 행한 장사 남문 외서원평(外書院坪)의 '성남서원(城南書院)' 터에 설립되었다. 이 터는 모택동의 모교(1913년 봄부터 1918년 6월까지 재학)이기도 하였으며, 후에 공산당에 들어가 활약한 채화삼(蔡和森)·장곤제(張昆弟)·이유한(李維漢)등을 배출하였다.

71 계엄령(戒嚴令). 1916년 원세개 사후, 북경에서 권력을 장악한 북양군벌의 횡포에 대항하여 1917년 9월 손문은 공화제(국회)와 헌법의 옹호, '호법(護法)'을 주장하고 광동에 군정부(軍政府)를 성립시켜 대원수에 취임하였다. 남방의 군벌은 북양군벌에 대항하기 위해 손문 지지를 표명하고, 북경의 단기서(段祺瑞)가 부량좌(傅良佐)를 호남성독군(정군장관政軍長官)으로 파견하자 호남의 기반 쟁탈을 둘러싸고 10월 초에 '호법전쟁(護法戰爭)'이 일어났다. 이 때문에 당시 장사에 계엄령이 선포되었던 것이다. 독군(督軍)이란 그 성(省)에 주둔하는 군대의 장관이다. 신해혁명의 뒤에 각 성에는 청조의 군대가 잔존하였다. 이것을 자신의 지배하에 두려고 원세개는 각 성에 군대의 장관을 임명하였다. 처음에는 '도독(都督)'이라고 하다가 원세개의 사후에는 '독군'·'독리(督理)'라고 명칭을 바꾸었다. 그들은 행정을 담당하는 성장(省長)을 무시하거나 혹은 성장을 겸임하여 갖은 횡포를 자행하였다. 또한 제1사범은 학교 건물이 넓고 철도 선로에 가까운 교통의 요지에 위치하여 그때까지도 종종 군대의 주둔지가 되었다. 이 때문에 모택동은 학교 전체에서 학생 지원군을 조직하고 교대로 순회하면서 비상사태에 대비하였다.

72 군경(軍警). 군대와 경찰을 말한다. 당시의 군대는 국가에 소속된 군대가 아니라 군벌에 속한 군대였기 때문에 필요하다고 인정되면 시가지나 농촌에 출동하였다.

73 밥을 먹는 문제. 고토쿠 슈스이(幸德秋水)의 번역(明治 42년＝1909년 1월 간행)에 의한 크로포트킨(Pyotr Alekseevich Kropotkin, 1842~1921)의 《빵의 약취(麵麭の略取)》는 다시 중국어로 번역되어 사람들에게 널리 읽혀졌다. 여기에서는 크로포트킨이 강조한 '빵'의 문제를 본보기로 삼고 있다. 고토쿠 슈스이의 번역에 의하면 다음의 한 구절이다. "빵이여! 혁명이 필요로 하는 자는 실로 빵이구나!"(원문 그대로이다. 굵은 글씨는 원문에서의 강조).
표트르 알렉세이비치 크로포트킨은 19세기 러시아 무정부주의자 크로포트킨을 말한다. 나로드니키(Narodniki)운동가로서 활약하다가 후에 망명하였다. 귀국해서는 1917년 2월혁명 후의 임시정부 수상인 케렌스키(Kerenskii, 1881~1970)를 지지하였다.
중국 유학생의 일부가 1907년 일본 도쿄에서 사회주의연구회를 조직하였는데, 그들은 그곳에서 일본 사회당의 당원이 무정부주의에 관해서 강연을 행한 것과 고토쿠 슈스이의 번역 등을 통하여 많은 영향을 받았다. 그 뒤 중국에서도 열성적인 신봉자를 배출하여 결사조직도 생겨났다. 모택동이 이 논문을 발표한 시점에서 무정부주의 잡지와 팸플릿 등이 70여 종이나 있었다고 한다.

74 민중이 연합한 힘. 이것은 후에《민중의 대연합》에서 '강권(强權)'에 저항하는 개념으로서 제기된 코뮨을 뜻한다. 고토쿠 슈스이《빵의 약취》의《일본어 번역 일러두기(和譯例言)》에는 다음과 같이 서술되어 있다.
"이 책에는 '코뮨'이라는 명사가 많이 사용되고 있다. 일반적으로 '코뮨'이라고 하면 한 지방의 자치단체, 혹은 그 단체의 관청을 의미하는 것이며……(중략) 그런데 프랑스대혁명 이래는 코뮨을 독립시키게 되는데, 그 결과 지난날 자주권을 회복하는 것을 목적으로 한 운동이나 반란이 끊임없이 일어나고 마침내는 코뮨으로써 정치적 및 사회적 단위로 삼아 여러 개 코뮨의 자유로운 연합체 외에 모든 국가·정부 등을 일소해야 한다는 설이 프랑스에서 성행하기에 이르렀다. 즉 이것은 바쿠닌(Mikhail Aleksandrovich Bakunin, 1814~1876)의 연합주의(連合主義)이며, 요즘의 무정부공산주의는 이러한 견해를 가지고 있다."
모택동은 바쿠닌의 '연합주의'를 계승하여 '민중의 연합된 힘'을 주장하고 있는 것이다.
바쿠닌과 동일한 의미에서 크로포트킨도 이 '코뮨'이라는 용어를 사용하고 있지만, 그것은 고토쿠 슈스이에 의하면 "국가나 중앙정부의 간섭과 속박이 조금도 없이, 자유(自由)·자주(自主)의 한 지방 혹은 한 도시를 구역으로 하여 단결시키는 소사회(小社會)를 일컫는 것이다." 그래서 고토쿠 슈스이는 이 말을 번역함에 있어서 "지방자치체라든가 자치구라든가"라고 하며 여러 가지로 생각하였는데 "적당한 번역어가 없으므로 그대로 원어를 사용하였다"고 말하고 있다.

결국 모택동이 주장한 '민중의 연합'이란 코뮌이었다. 하지만 중국에서는 적당한 사례가 눈에 띄지 않으므로 다음의 논문〈민중의 대연합〉에서는 '소연합'이라는 용어를 사용하고 있다.

75 문예부흥(文藝復興). '5·4' 시기의 문화계에서는 15세기 이탈리아에서 유행한 '르네상스'를 모범으로서 파악하고 자신들의 신문화운동을 이것과 비교하였다. 당시 《신청년》에 필적하는 잡지 《신조(新潮)》에는 'Renaissance'라고 병기되었다. 진독수는 《신청년》(2권 6호, 1917년 2월 간행)에 〈문학혁명론〉을 발표하였는데, 그 속에서 먼저 '문예부흥'을 언급하고 이것을 유럽문명의 찬란한 시작이라고 서술한 뒤에 붓을 돌려서 구태의연하고 시대정신이 결여된 문학계의 상황을 비판하였다. 또한 국민의 윤리·도덕을 일신하기 위해서는 새로운 문학을 건설해야만 한다고 제창하였다. 모택동이 여기서 르네상스, 즉 '문예운동'을 문제 삼고 있는 것은 당시 문화계의 반영이기도 하였다.

76 귀족문학, 고전문학, 죽은 문학……. 진독수(陳獨秀)의 '문학혁명론'에서 볼 수 있는 구문학과 신문학의 대비를 근거로 삼고 있다. 진독수는 "一. 문장을 다듬고 다듬어 아첨하는 짓만을 서술한 귀족문학을 타도하고 평이하고 서정적인 국민문학을 건설하자. 二. 진부하고 과장된 고전문학을 타도하고 신선하고 성실한 사실문학을 건설하자. 三. 모호하고 난해한 은자문학(隱者文學)을 타도하고 평범하고 통속적인 사회문학을 건설하자."고 호소하였다.

77 암흑사회……광명사회. 혼란한 중국의 상황을 암흑이라 묘사하고 새롭게 창조하고자 하는 사회를 광명으로 대치하는 것은 당시의 문장에 자주 보이는 표현이다. 이보다 조금 뒤에 저술된 노신의 산문시집 《야초(野草)》에도 암흑과 광명을 대치한 표현이 보인다. 모택동은 뒤에 나오게 될〈민중의 대연합〉에서도 '광명'이라는 표현을 사용하고 있다.

78 실험주의(實驗主義) – 현대 한국어로 번역할 때는 대개 '실용주의(實用主義)'라는 용어를 사용하고 있다(옮긴이). 즉 프래그머티즘(Pragmatism)을 말한다. 당시 호적(胡適, 1891~1962) 등 미국 유학생 출신에 의해 프래그머티즘이 소개되었다. 1919년 5월에는 북경대학의 초빙에 의해 프래그머티즘 철학자인 존 듀이(John Dewey, 1859~1952)가 중국을 방문하였는데, 그는 1년여 동안에 걸쳐 각지에서 강연을 행하였다. 그 당시 통역을 담당한 사람이 호적이었다.

79 국제 방면에서는……. 이 단락에서는 종교 방면·문학 방면·정치 방면·사회 방면·교육 방면·경제 방면·사상 방면, 게다가 국제 방면에 관해 언급하고 있다. 이러한 전면적인 개혁론은 이 당시의 유행이기도 하였다. 진독수는 〈문학혁명론〉 속에서 "오늘날의 장엄하고 찬란한 유럽은 어떻게 해서 출현했는가? 그것은 혁명의 산물이다.……유럽에서는 문예부흥 이래 정치계·종교계는 물론이고 윤리도덕의 방면에도 혁명이 이어졌다. 또한 말할 것도 없이 문학·예술 방면에서도 혁명이 일어났다. 혁명 없이 발흥하여 진화한 것은 없다……"고 서술하고 전면적 개혁이 중국에 불가결하다는 점을 역설하고 있다.

80 국제연맹(國際聯盟). 제1차 세계대전 후 국제협력의 촉진을 목적으로 하여 설립되었다. 1936년 가맹국 숫자가 58개국에 이르렀지만 제2차 세계대전의 발발에 의해 연맹은 붕괴되었다.

81 한 마디로 표현하면……. 즉 명료하게 한 마디의 말로 요약한다는 뜻이다. 이것은 《논어》 위정편(爲政篇)에 나오는 말이다. 원문은 "공자께서 말씀하시길, 《시경》 삼백 편을 한 마디의 말로 표현하면, 생각에 사악함이 없는 것'이라고 하셨다. (子曰, 詩三百, 一言以蔽之, 曰思無邪)."(옮긴이).

82 강권强權. 당시 유행처럼 사용되던 용어이다. 제1차 세계 대전에 중국이 참전한 것도 "공리公理로써 강권强權을 이기기" 위한 것이었다.
'강권'에 관해서 고토쿠 슈스이는 다음과 같이 설명하고 있다. "강권이란 오서리티authority로, 강권론자란 오서리터리언authoritarian이라고 번역한 것이다. authority는 권위·정부·유사有司·권력 등으로도 번역된다. 모두 이러한 의미를 함축하며 각각의 경우에 따라 의미도 다르다" –(일본어 번역 일러두기 和譯例言)에 나옴. 인용에 맞추어서는 가나(仮名) 표기법, 구독점(句讀点), 한자 등을 약간씩 바꾸었다. 굵은 글씨는 인용자의 강조. 게다가 고토쿠 슈스이는 "중국에서는 모두 강권이라고 번역하고 있기 때문에 이러한 예를 차용하였다"고도 말하고 있다.
따라서 모택동이 사용하고 있는 '강권으로부터의 자유'는 '권력으로부터의 자유'라는 개념으로 바꾸어 놓아도 무방하다.

83 동맹同盟. 제1차 세계 대전이 발발했을 때 독일 · 오스트리아 · 이탈리아 삼국의 사이에서 맺어진 동맹관계. 이른바 '삼국동맹'을 가리킨다.

84 협약協約. 제1차 세계 대전이 발발했을 때 영국 · 프랑스 · 러시아 등 삼국 사이에 맺어진 협약관계. 이른바 '삼국협상'을 가리킨다.

85 '남'과 '북'. 신해혁명에 의해 공화제에 기초한 중화민국이 성립하였다. 손문을 대신하여 임시 대총통에 취임한 원세개는 반대파를 탄압하였으며 1915년 12월에는 공화제를 폐지하고 제제(帝制)를 부활시켰다. 그는 어용 정치가를 동원하여 제위추대서(帝位推戴書)를 봉정하게 하고 그것을 받아들인 것이다. 이러한 일로 인하여 운남성 도독이었던 당계요(唐繼堯)는 제제반대와 민국옹호의 기치를 내걸고 운남성의 독립을 선언하고 토원(討袁)의 군사를 일으켰다. 귀주 · 광동 · 광서의 서남 제성과 절강지역도 독립과 토원을 선언하여 원세개의 북경정부에 반대하는 통일전선이 형성되었다. 이렇게 해서 '북'과 '남'이 전쟁하는 국면을 맞이하였다. 원세개는 1916년 3월 제제의 취소를 발표하고 그 해 6월에 사망하였다. 그 뒤에도 갖가지 정치적 · 군사적인 곡절을 거치면서 북방의 북경정부와 남방의 광동을 중심으로 한 반대세력간의 항쟁은 계속되었다. 그래서 '남'과 '북'의 대립은 1926년의 국민혁명군에 의한 북벌(北伐)에까지 연장되었다고 할 수 있겠다.

86 상강(湘工). 호남성의 상징이라고도 해야 할 강이며, 성도인 장사는 이 강의 동쪽 강변에 위치하고 있다. 모택동은 학생시절 이 강에서 자주 물놀이를 하였다고 한다.

87 진독수의 체포. 이 사건에 관해서는 다음과 같은 기술이 있다. 아마 당시의 보도에 의한 기술일 것이다.
"전 북경대학 문과학장 진독수는 오후 2시 신세계에서 사복 순사에게 체포되었다. 그날 밤 12시 군대와 경관 백여 명이 실탄을 장전한 총을 가지고 북지자전간(北池子箭竿) 골목의 진씨 자택을 포위하고 서신(書信) 여러 장을 압수한 뒤 사라졌다. 최근 외부에서 풍문으로 돌고 있는 북경시민선언의 전단은 진씨와 무관계가 아니라고 한다"(王學珍 외 《북경대학기사(北京大學紀事, 1898~1997)》상, 1919년 6월 11일의 조. 북경대학출판사, 1998년 4월).
진독수(1879~1943)의 자는 중보(仲甫), 호는 실암(實庵)이다. 안휘성 안경(安慶) 사람으로 일본에서 유학하였다. 1915년 상해에서 《청년잡지》를 창간하고 다음 해에 그것을 《신청년》이라고 게재하였다. 그는 1917년 1월 북경대학 문과학장에 취임하는데, 여기에는 당시 북경대학 학장이던 채원배(蔡元培)의 강력한 추천이 작용하고 있었다.
채원배가 교육부에 상신한 것이 11일이고, 교육부가 인정한 것이 13일이며, 15일에 전임자 하석기(夏錫祺)의 사직과 교육부의 지시에 의해 진독수의 취임이 대학에서 정식으로 공표되었다.
진독수는 《신청년》을 북경으로 옮기고 '데모크라시(democracy)'와 '사이언스(science)'를 주창하였다. 또한 '문학혁명'을 제안하여 전국에 영향을 끼치었다. 군벌이 지배하는 북경정부는 이러한 진독수의 행동을 꺼려하고 진독수 등 네 명을 면직시킨다. 《신보(申報)》에 의하면 북경대학 교원 진독수 · 호적(胡適) 등 네 명은 학교에서 추방되었는데, 들리는 바로는 출판물과 관계가 있다고 한다."(앞의 《기사(紀事)》 1919년 3월 4일 조). 5월 4일의 학생 데모는 이로부터 2개월 뒤의 일이다.
진독수는 9월에 석방되었다. "진독수는 이미 경찰청에 의해 석방되어 완전히 자유로운 몸이 되었다."(앞의 《기사》 9월 16일 조).
북경대학과 진독수의 관계에서는 채원배를 비롯하여 다음과 같은 호소가 행하여졌다. 《신보(晨報)》에 의하면 채원배 등 열 네 명이 진독수를 위해 소송비용을 모금하자고 하는 제안이 있었다. – 진독수 군은 사회교육사상 · 자유주의 때문에 체포되어 사건은 이미 종료되었지만, 소송비용 및 서적과 판형의 피해는 2천원(元) 이상에 달하였다. 진군이 청빈하다는 것은 우리들이 모두 알고 있는 분명한 사실이다. 이러한 재난을 당하여 어찌 이렇게 참고만 있을 수 있겠는가? 돈지갑을 풀어 구하고자 원하는 분은 상해 교환용로(交環龍路) 명덕리(銘德里) 2호 고군만(高君曼), 북경 북경대학 도서관 이대조(李大釗) 앞으로 보내시면 됨"(앞의 《기사》 1922년 9월 24일의 조).

88 중일비밀협정(中日秘密協定). 소위《21개조 요구》를 가리키는 것이다. 1914년 7월 유럽에서 발발한 제1차 세계대전을 맞이하여 일본은 이 전쟁에 참전하고 독일에게 선전포고를 내림과 동시에 산동성 청도(靑島)의

독일 군항지와 요새를 점령하였다. 1918년 독일이 항복하고 대전은 종결되었지만, 이보다 먼저 일본은 1915년 1월에 총 21개조에 이르는 요구를 중국에 제출하였는데, 원세개는 자신의 제제 실시를 일본이 승인해 주는 것과 교환하여 동년 5월에 21개조를 승인하였다. 이 때 일본과의 교섭 임무를 담당한 사람이 조여림·장종상·육종여 등이었다. 그 내용은 산동성에서 독일의 권익을 물려받는 것 외에 대련(大連)·여순(旅順)의 조차 기한의 연장, 중국의 정치·군사 등 각 방면에 일본인 고문을 둘 것 등등, 일본의 권익을 대폭으로 확대하는 것이었다. 중국에서는 1919년 5월 4일 북경에서 학생 주동에 의한 반대 데모가 일어나고 전국적으로 확산되었는데, 그것이 바로 '5·4' 운동이다.

또한 이 비밀협정은 1918년 5월에 은밀하게 체결된〈일화공동방적군사협정(日華共同防敵軍事協定)〉을 가리키기도 한다. 이것은 러시아에서 발생한 혁명에 간섭하기 위해서 일본이 출병할 때는 중국 국내에 진주할 수 있도록 하기 위한 조약이다. 이 협정은 서간을 교환하는 형식으로 3월 25일에 성립하여 4월 1일에 공문을 교환하였다.

89 서수쟁(徐樹錚). 자는 우쟁(又錚)이며 안휘성 소현(蕭縣) 사람이다. 그는 북양 환계(皖系)의 군벌(환은 안휘성의 별칭)이었다. 1918년 북경정부 육군부차장, 1919년 6월 서북주변사(西北籌邊使) 겸 서북변방군총사령에 임명되었다. 서수쟁은 또한 전단에 이름이 올라있는 단지귀(아래의 각주를 참조)와 함께 안휘파의 군벌이며, 이 파를 통솔하던 사람은 국무총리인 단기서(段棋瑞)였다. 그 때문에 서수쟁 등이 북경정부에서 요직에 들어앉을 수 있었던 것이다. 일본정부의 지지를 받은 단기서는 미국·영국으로부터 지지를 받던 직예파(直隷派)와 첨예하게 대립하였다. 직예파의 영수는 풍국장(馮國璋)이었는데, 그는 1916년 부총통에, 다음 해에는 대리총통이 되고 난 뒤 단기서에게 쫓기어 사직하고 1919년에 병사하였다. 1920년 7월 직예파의 조곤(曹錕·오패부(吳佩孚) 등은 군사를 일으켜 북경으로 쳐들어갔는데, 이로 인해 '직환전쟁(直皖戰爭)'이 발발하였다. 안휘파는 단기서가 총사령, 서수쟁이 총참모, 단지귀가 전적총사령(前敵總司令)이 되어 북경에 근접한 탁주(涿州)·고비점(高碑店)·유리하(琉璃河) 등에서 격전을 치른다. 하지만 안휘파는 참패하여 단기서는 하야하고 서수쟁 등은 일본공사관으로 도망쳐버렸다. 진독수가 전단에서 그들의 퇴진을 요구한 것은 '직환전쟁'이 일어나기 1년 전의 일이었다.

90 조여림(曹汝霖, 1877~1966). 자는 윤전(潤田)이며 상해 사람이다. 1916년의 단기서내각 이래 각 내각에서 교통·외교·재정의 각 총장을 역임하였다. 1915년, 외교차장으로서 일본과의 21개조 회담에 참가하기도 하였다. 1919년에는 교통총장이 되었다. 1919년의 5·4운동 때는 학생들이 그의 저택을 불살랐으며, 그 해 6월에 면직되었다. 그 후 은퇴하여 천진(天津)에 머물면서 실업계에 들어가 교통은행 행장, 중국통상 및 중국실업 두 은행의 행장을 역임하였다. 후에 일본과 미국에 거주하였다.

91 장종상(章宗祥, 1879~1961). 자는 중화(仲和)이며 절강성 오광(吳光) 사람이다. 1916년에 주일공사가 되었고 1919년 6월에 면직되었다.

92 육종여(陸宗輿, 1876~1941). 자는 윤생(潤生)이며 절강성 해녕(海寧) 사람이다. 1913년에 주일공사가 되었고, 1915년 21개조에 관하여 도쿄에서 비준서를 교환하였다. 1919년에 폐제국(幣制局) 총재가 되었지만 그 해 6월에 면직되었다.

93 단지귀(段芝貴, 1868~1925). 자는 향암(香岩)이며 안휘성 합비(合肥) 사람이다. 신해혁명 때에 원세개에 의해 무위우군우익익장(武衛右軍右翼翼長)에 임명되어 육군 제1군장을 거쳐 1914년 호북도독이 되었다. 그 밖에 경기경비총사령(京畿警備總司令)·육군총장을 역임하기도 하였다. 1920년 직환전쟁 때에 환계의 전적총사령이었는데, 패퇴하고 난 뒤 천진으로 도망쳐 숨어버렸다.

94 왕회경(王懷慶, 1866~?). 자는 무선(懋宣)이며 하북성 영보(寧普) 사람이다. 1918년 총통부 고등고문이 되었고, 북경정부에서 보군통령(步軍統領)을 역임하였다.

95 남북화의(南北和議). 당시 중국은 군벌이 할거하여 혼전상태가 계속되고 있었다. 북방군벌의 유력자 단기서는 원세개 사후에 북경정부의 실권을 쥐고 국회를 해산했으며 중화민국의 헌법이라고도 해야 할〈임시약법(臨時約法)〉을 폐지하였다. 이러한 상황에 대응하여 손문은 반대의사를 표명하고 국회의원 일부와 함께 광주에서 비상국회를 소집하게 된다. 또한 호법군정부(護法軍政府)를 성립시키고 스스로 대원수가 되었는데, 이 때문에 남북대립의 국면이 발생하였다.

그 후 손문은 군정부에서 이탈하여 광주를 떠나게 된다. 군정부의 실권을 쥐게 된 군벌은 북경정부와 강화를 도모하여 북방은 중화민국 총통 서세창徐世昌, 남방은 호법군정부 주석 잠춘훤(岑春煊)이 각각 대표를 파견하여 상해에서 회담을 진행하였다 (제1차 회담은 1919년 2월 20일). 남방대표 당소의(唐紹儀)는 국회의 복구를 비롯한 8항목의 요구를 제출하였지만, 북방대표 주계검(朱啓鈐)이 그것을 거부하고(5월 10일), 또한 쌍방의 대표가 사직하는 등 우여곡절 끝에 회의는 결렬되었다(5월 13일).

96 장행엄(章行嚴, 1881~1973). 장사조(章士釗)로서 더 알려져 있다. 행엄은 그의 자이며 호남성 장사 사람이다. 청말에 상해 《소보(蘇報)》의 주필을 맡았다. 당시 광주군정부의 비서장이었으며 남북화의 때 남방대표의 한 사람이었다. 후에 북경정부 사법총장 겸 교육총장을 역임하였다. 항일전쟁이 끝나고 국민당과 공산당간의 화평회담 때 국민당정부 대표단의 한 사람이기도 하였다. 신중국 성립 후에는 전국인민대표대회 상임위원회 위원이었다.

97 왕극민(王克敏, 1873~1945). 자는 숙로(叔魯)이며 절강성 여항(余杭) 사람이다. 당시 남북화의 때 북방대표단의 한 사람이었다.

98 공심잠(龔心湛, 1871~?). 호는 선주(仙舟)이며 안휘성 합비(合肥) 사람이다. 안휘성 성장을 거쳐 재무총장 겸 대리국무총리를 역임하였다. 원서의 역주에서는 공심잠의 자가 선주(仙洲)라고 되어 있는데 이는 틀린 것이며 호가 선주(仙舟)이다. 아마 오자라고 생각되지만 본문에서의 선주(仙舟)가 맞는 것이기 때문에 여기에서 바로잡는다. 또한 사망의 해도 물음표로 되어있는데, 옮긴이가 조사한 바로는 그가 사망한 해는 1943년이다. 덧붙여 공심잠의 원래 이름은 심영(心瀛)이다(옮긴이).

99 귀인(貴人)의 이름 뒤에 존경의 의미로 붙여 쓰는 말로 흔히 귀인에게 보내는 서한의 겉봉에 많이 쓰이기도 한다. 비슷한 말은 시사(侍史)이다(옮긴이).

100 어떤 분야에서 두각을 나타내는 스타, 혹은 밝은 별(옮긴이).

101 룩셈부르크. 로자 룩셈부르크(Rosa Luxemburg, 1870~1919)는 독일 사회민주당 좌파로서 스파르타쿠스단을 조직하고 뒤이어 독일 공산당을 창설하였다. 1919년 1월 무장봉기 때에 카를 리프크네히트(Karl Libknecht)와 함께 학살되었다.

102 원본에는 제목이 없지만 편집자가 내용에 맞게 부여했음.

103 민중의 대연합.《《상강평론》 창간선언〉에서의 옮긴이 주 참조.

104 '북양파' · '서남파'. 북양파北洋派는 북양군벌을 의미한다. 민국시대 원세개의 세력을 이어받은 군벌의 총칭이다. 1916년 원세개의 사망 후에 안휘파安徽派 · 직예파直隸派 · 봉천파奉天派로 분열하고 혼전과 연합을 되풀이하였다. 서남파西南派는 1912년 중화민국 성립 후에 주로 광서 · 운남 등 중국 서남부의 제 성을 기반으로 삼고 있던 육영정陸榮廷 · 당계요 등의 비북양계 군벌세력을 말한다. 후에 광동 · 광서 양 성을 기반으로 삼아 호한민胡漢民 · 진제당陳濟棠 · 이종인李宗仁 · 이제침李濟深 · 백숭희白崇禧 등을 지도자로 한 반反장개석蔣介石 연합군사 세력도 그러한 흐름을 이어받고 있다.

105 일본우선회사, 만철회사. 일본우선회사는 메이지明治 18년(1885)에 설립되었고, 만철회사는 남만주철도주식회사의 약칭으로 메이지 40년(1907)에 설립되었다.

106 자본의 집중. 몇 개인가의 자본이 합병되어 큰 자본으로 통합되는 것을 '자본의 집중'이라고 하며, 각각의 자본이 그 자본을 불리는 것은 '자본의 집적(集積)'이라고 한다. 그러나 모택동이 이 양자를 그 정도로까지 엄밀하게 구분하고 있었던 것은 아닐 것이다.

109 '외모(外侮)'라는 간판. '외모'는 외국으로부터 침략당하여 모욕을 받는 일을 의미한다. 이것을 '간판'으로 빌렸다는 것은, 이러한 침략과 모욕을 방지한다고 하는 명목을 내세우고는 있지만, 실제로는 외국과 싸우지 않고 자신의 세력 확장을 도모하고 있을 뿐이라고 지적하고 있는 것이다.

110 부친을 두들겨 팬다. 여기에서의 '부친'은 실제의 생부라는 개념이 아니라, 군벌의 군대에 있는 병사가 경우에 따라서는 자신의 출신지가 전쟁터가 되거나, 자신과 출신을 같이 하는 상대의 군대와 전쟁하거나 하는 것을 비꼬는 형태로 말하고 있다. 전통적으로 부친을 때리거나 하는 짓은 절대로 용서되지 않는다. 그럼에도 불구하고 군벌군의 병사들이 부친을 때리는 짓과 똑같은 그런 전쟁을 하지 않을 수 없었다는 것을 지적하고 있는 것이다.

111 지난해 남군의 호남 패퇴. 1918년 3월 25일 전선인 악주(岳州)로부터 패퇴해 온 남군 소속의 호남군 (사단장은 조항척趙恒惕) 병사들이 장사 시내로 들어왔다. 남군의 총지휘관 담호명(譚浩明)은 이미 도망가 버린 뒤였고, 상급 장교들도 그 자취를 감추어 버렸다. 이 때 장사의 유력자들도 선후책을 강구할 여유가 없었다. 기아에 직면하게 된 패잔병들은 아무런 노고도 위로 받지 못한 데 분노하여 장사 시내에서 약탈을 자행하였다. 약탈은 병사들이 전선으로부터 패퇴해 올 때마다 반복되던 일이었고, 그 때문에 피해는 상당히 컸으며, 본래 자신들의 생명과 재산을 보호해 주리라 믿었던 남군이 가해자가 되어 버린 현실에 직면하여 장사 시민들은 매우 심할 정도로 실망감을 느꼈다. 당시 북경에서는 단기서가 실권을 잡았는데, 그가 광주의 반단기서파가 수립한 군정부를 타도할 작정으로 북군을 남하시켰기 때문에 호남성은 1917년 10월과 1918년 3월 두 번에 걸쳐서 전쟁의 화염에 휩싸였던 것이다.

112 주자 《사서집주》〈중용〉제13장에 나오는 말이다. 이 문장에서는 상대방의 입장이 된 채로 다시금 상대방에게 되돌려 준다고 하는 의미로 사용하고 있다.

113 마르크스. 칼 마르크스(Karl Marx, 1818~1883)를 말한다. 마르크스의 이름이 중국에 최초로 소개된 것은 1902년의 일이다. 그로부터 4년 뒤에는 《공산당선언》속의 10대강령이 소개되었고, 러시아 10월혁명과 함께 더 한층 사람들의 관심을 끌게 되었다. 《신청년》6권 5호(1919년 5월 간행, 실제로는 9월 간행)는 마르크스주의의 특집호이다.

114 일본이 말하는 친선(親善). 당시 일본이 끊임없이 중국과의 '친선'을 주창하고 있었던 것에 대해 비꼬아서 말한 것이다.

115 크로포트킨(Pyotr Alekseevich Kropotkin, 1842~1921). 논문 6의 역주를 참조.

116 진영정(陳榮廷, 1858~1927). 광서계 무명현(武鳴縣) 사람이다. 1916년 원세의 제제 부활에 반대하여 광서의 독립을 선언하였다. 1916년 7월 광동독군, 1917년 양광(광동과 광서성)순열사(巡閱使)가 되었다. 광주에서 손문의 군정부와 대립하고 군정부의 조직을 개편하여 손문의 대원수를 폐지하고 7인 총재의 합의제로 바꾸었다. 그곳에 잠춘훤(岑春煊)과 함께 들어가 서남군벌 최대의 실력자가 되었다. 1920년 진형명(陳炯明)에게 광동을 탈취당하고 1921년에는 손문 · 진형명에게 패하여 광서성마저 잃게 되자 베트남으로 도주하였다.

117 조여림(曹汝霖). 논문 7의 역주를 참조.

118 '고례(古禮)'와 '고법(古法)'. 서주(西周) 시대에 행해졌다고 하는 예식 및 법제를 말한다. 이것은 《의례(儀禮)》와 《예기》에 기술되어 있다. 여기에서는 일반적으로 유교에 의해 강제되고 있는 형식적인 예의(禮儀)를 가리키고 있다. '법'을 특별히 논하고 형식적으로 강제하는 상황을 부정한 사람은 명말청초의 사상가 황종희(黃宗羲, 1610~1695)이다. 황종희의 저작은 그의 민족사상 · 공화사상의 영향을 받은 사람들에 의해 청말민국초에 유행처럼 읽혀지고, 그 또한 '중국의 루소'라고 불려졌다 (실제로는 루소가 100년 정도 늦게 출현하였다).

119 루소가 주장한 '자기교육'. 프랑스의 계몽사상가 루소(Jean-Jacques Rousseau, 1712~1778)가 그의 주저인 《에밀》에서 주장한 자유주의 교육을 말한다.

120 강권자(强權者). 권력자 혹은 권력이라는 것을 의미한다. 논문 6의 옮긴이 주 참조.

121 '열녀사(烈女祠)'와 '정동묘(貞童廟)'. '열녀사'는 정조가 굳은 여성을 제사지내는 사당이며, '정동묘'는

'열녀사'를 풍자적으로 비꼬아서 표현한 말이다.

122 비전(秘傳) · 기예 등을 직접 가르쳐 전하는 일(옮긴이).

123 '군비절약(軍費節約)'. 군비를 절약한다는 명목으로 군대에서 지휘관이 하급 병사의 급료 일부를 가로채는 행위를 의미한다. 원문은 '각감군량(刻減軍糧)'이라고 되어 있다.

124 신해혁명. 1911년 신해년 10월 10일의 무창봉기에서 시작되어 청조 전제지배를 전복시키고 중화민국을 수립한 혁명이다. 민국혁명이라고도 부른다.

125 가로회(歌老會). 청 강희(康熙) 연간에 생겨난 비밀 결사 천지회(天地會)의 한 별파이다. 태평천국 이후 점차로 그 세력이 커지게 되어 멸만흥한(滅滿興漢) 운동의 중심이 되었다. 손문의 혁명 운동과도 관련이 있다.

126 신군(新軍)과 순방영(巡防營). 신군은 신건육군(新建陸軍)의 약칭이다. 이것은 청일전쟁의 말기 이후에 편성되어 근대적 무장훈련을 받은 군대이다. 제국주의의 침략에 의한 위기에 직면하여 고양된 내셔널리즘의 영향에 격발된 청년들이 신군의 장교들 중에 많았다. 1911년 10월 10일 무창에 있던 신군의 혁명병변(革命兵變)은 신해혁명의 도화선이 되었다.
순방영은 군대의 명칭이다. 청 광서(光緖) 연간에 재래의 녹영군(綠營軍) · 용영군(勇營軍) · 연군(練軍)을 편성하여, 여기에 신식 훈련을 시행하고 지방경비를 담당하게 하였다. 민국시기에 이르러서도 존속하였다. 또한 이것을 순방대(巡防隊) 혹은 방영(防營)이라고도 불렀다.

127 홍헌황제(洪憲皇帝). 중화민국 초대의 대총통인 원세개를 일컫는 호칭이다. '홍헌'이란 그가 제제(帝制)를 펼치고 스스로 황제가 되려고 하였을 때 제정한 연호이다. 이 연호는 민국 5년(1916) 1월 1일부터 실시되어 3월 23일에 폐지되었다. 제제는 내외의 반대에 부딪쳐 결국 실현하지 못하였는데, 세간에서는 그가 행한 일을 조소하여 이렇게 호칭하기도 하였다.

128 남북전쟁(南北戰爭). 호법전쟁(護法戰爭)과 같은 말이다. 1917년 10월부터 다음 해 11월까지 북양군벌과 서남군벌 사이에서 벌어진 전쟁이다. 호남성이 그 주요한 전쟁터가 되었다.(위의 역주 호남패퇴를 참조).

129 위원회정부(委員會政府). 러시아 10월혁명에 의해 성립된 러시아 소비에트 공화국정부는 스스로를 '인민위원회'라 칭하고 레닌이 인민위원회의 의장에 선출되었다. 모택동은 '위변정부(委辦政府)'라는 말을 사용하고 있다.

130 '5 · 4운동'. 1919년 5월 4일 북경에서는 학생들이 일본과의 21개조 협상에 반대하여 데모를 일으켰다. 그 때 학생들은 조여림 · 육종여의 저택을 급습하고 장종상에게 중상을 입혔다. 단기서 정부는 이러한 데모를 탄압하고 학생들을 다수 체포하였다. 북경의 각 대학이 동맹 휴교를 감행하자 그에 항의하였으며, 이러한 동맹 휴교는 순식간에 전국으로 확대되었다. 21개조는 일본정부가 1915년 중국에 대해서 제출하고 중국정부가 인정한 요구사항이며, 이것이 베르사이유강화회의에서 국제적으로도 공인받기에 이르렀다는 점에서, 예년 일본정부가 최후통첩을 들이댄 5월 7일을 '국치기념일(國恥記念日)'로 정하고 행사를 행했던 것을 이 해에는 긴급히 날짜를 앞당겨서 5월 4일에 행했던 것이다. 1917년 '문학혁명'의 목소리가 높아지고 봉건사상에 반대하는 운동이 북경대학을 중심으로 시작되었던 것도 그 배경에는 5 · 4운동이 자리 잡고 있었다. 오늘날 중국에서 5 · 4운동의 역사적 가치는 반제 · 반봉건의 성격을 가지고 있으며, 이 운동을 신민주주의혁명의 기점 및 현대사의 제1페이지라고 규정하고 있다.

131 자의국(諮議局). 청말 각 성에 창설된 과도적인 지방 의정기관이다. 밖으로는 러일전쟁, 안으로는 혁명 운동의 고조를 배경으로 입헌운동이 급속하게 고양되었던 관계로 청조는 헌정(憲政) 채용을 국시로 삼기에 이르렀다. 중앙관제의 개혁, 자정원(資政院)의 설치와 관련시켜 성립되었던 것으로, 1909년에 각 성에서 자의국이 개설되었다. 신해혁명의 과정에서 각 성 독립의 중요기관이 되었으며, 민국 성립 후에는 성의회로 바뀌었다. 또한 그 사이에 입헌파의 지방권력 장악의 기반이 되었다.

132 동맹회(同盟會). 중국동맹회를 말한다. 청조타도를 목표로 하여 중국의 공화혁명을 지향하고 절강의 광복

회(光復會, 지도자는 채원배·장병린), 호남의 화흥회(華興會, 황흥黃興·송교인宋敎仁), 광동의 흥중회(興中會, 손문) 등 세 단체가 합동하여 1905년 동경에서 성립하였다. 1912년 8월 국민당으로 조직을 개편하였다. 이후 1914년 7월 중화혁명당, 1919년 10월 중국국민당으로 조직을 개편하였다.

133 '통음황룡(痛飮黃龍)'. 청조의 깃발은 황룡을 묘사하고 있기 때문에 청조를 무너뜨리고 통음(痛飮 술을 매우 많이 마심)했다고 하는 의미에서 말한 것이다. 단 원래의 의미는 이민족인 금(金)과 싸운 남송(南宋)의 악비(岳飛)가 금의 장군이 자신과 내통하겠다고 한 일에 감격하여 "즉시 황룡부(黃龍府)에 당도하여 제군(諸君)과 통음하자"고 한 말에서 유래하였다. 황룡부는 악비의 군사령부이다. 모택동이 원래의 뜻을 잘못 알았던 것이 아니라, 오히려 솜씨 좋게 풍자적으로 빗대어 이른 말이다.

134 진보당(進步黨). 민국 초기의 정당이다. 1913년 4월 제1국회가 개최된 이후 국민당에 대한 공세를 강화하기 위해 동년 5월 29일 공화·민주·통일의 3당이 합동하여 원세개의 여당인 진보당이 결성되고 국민당에 대한 와해작전은 일단 성공하여 원세개의 정권 장악이 실현되었다. 이사장은 여원홍(黎元洪)이었는데, 실권은 탕화룡(湯化龍)이 쥐게 되었다. 진보당은 후에 '헌정을 연구한다'는 명목으로 헌정연구회를 성립시키고 연구계(硏究系)라고 불려졌다.

135 북경화법교육회(北京華法敎育會). 중국·프랑스 사이의 학술교류를 촉진하고 중국인 학생들에게 프랑스 유학의 편의를 제공하기 위해 1916년 파리에서 성립한 단체이다. 중국인 회장은 채원배, 프랑스인 회장은 파리대학 역사학 교수 오라르였다. '법(法)'이란 프랑스를 지칭하는 말이다. 따라서 뒤에 나올 중법협회(中法協會)도 중국·프랑스협회이다.

136 강학회(强學會). 청말 변법자강(變法自强, 입헌개혁)을 목적으로 한 정치단체이다. 청일전쟁에서의 패전, 이홍장의 시모노세키조약 체결에 격분하여 강유위(康有爲)를 중심으로 한 각 성 거인(擧人) 1,300여명은 '공거상서(公車上書)'를 연명하고 국정개혁을 요청하였는데, 거기에서 그들은 '거화(拒和)·천도(遷都)·변법(變法)'을 주장하였다. 이러한 우국충정의 풍조를 배경으로 하여 강유위·양계초(梁啓超) 등은 1895년(光緖 21) 8월에 북경강학회, 9월과 10월에 상해강학분회를 설립하기에 이르렀다. 동회의 사업으로서는 정치학교의 개설, 도서관과 박물관의 설립, 각국 도서의 번역, 신문잡지의 발행 등등 각종 혁신운동의 전개가 있었다. 동회의 영향은 각 성으로 파급되어 수십 단체가 연이어서 성립하였다. 그 대표적인 것은 월학회(■學會, 광동), 촉학회(蜀學會, 사천), 민학회(閩學會, 복건), 섬학회(陝學會, 섬서), 남학회(南學會, 호남) 등이다. 이 단체들은 상호간에 연락을 취하고 전국규모로 변법자강운동을 진행하였다(저자).
공거(公車)란 북경으로 과거시험을 보러가는 수험생들(擧人)이 타고 상경하던 수레이다. 위의 거화(拒和)는 청일강화조약에 대한 거부를 의미하며, 천도는 서안(西安)으로의 천도를, 변법은 전면적인 국정개혁을 의미한다(옮긴이).

137 광학회(廣學會). 원래의 명칭은 "The Society for the Diffusion of Christian and General Knowledge among the Chinese"이다. 1887년(광서 13) 영국·미국·독일계 프로테스탄트 선교사를 중심으로 하여 글래스고(glasgow)에 있는 스코틀랜드장로회의 경제적 원조를 받아 상해에서 설립한 계몽단체이다. 창설자는 윌리엄슨(중국명은 韋廉臣)이다. 백 수십 종의 서적을 출판하고 중국 지식인층, 특히 변법론자들에게 현저하게 자극을 주었으며, 의미가 있는 논설을 설파하였다. 변법자강운동을 촉진한 강학회 등의 제 단체가 광학회의 영향 하에서 성립되었다는 사실은 주목해야할 점이다.

138 남학회(南學會). 청일전쟁 후 호남의 혁신파가 장사에 시무학당·상학보관(湘學報館)과 함께 설립한 단체이다. 그 지도정신은 강유위·양계초의 혁신론이었으며, 1898년(광서 24) 11월 피석서(皮錫瑞)를 회장으로 하여 개강하였다. 명칭은 학회이지만 의회의 규모를 겸비하고자 한 점에 특색이 있었다.

139 상지학회(尙志學會). 각국에서 유학을 마치고 귀국한 동지를 모아 학문연구와 사회사업을 행하는 것을 목적으로 하여 북경에서 범원렴(范源濂)이 설립한 단체이다.

140 신사(紳士)와 정객(政客). 신사는 향신(鄕紳)이라고도 불린다. 명청시대에 현직·퇴직의 관료를 그들의 향리에서는 이렇게 호칭하였다. 퇴직관료로서의 신사는 후에 부역이 면제되었고, 그러한 면제에 의해 농촌에서의 특권적 지주계급을 형성하게 되었다.

정객이란 관료·실업계 출신의 정치가가 아니라, 오랫동안 재야·낭인생활을 하고 게다가 오히려 정치활동에 분주하게 뛰어다니며 영향력을 행사한 정치가적 타입을 의미한다.

141 해금(海禁). 지난날 중국에서 치안의 유지, 밀무역의 단속, 제 외국과의 분쟁을 피하기 위한 목적으로 해상의 교통·무역·어업 등을 금지시켰던 일을 말한다. 1842년(道光 22)의 남경조약 후에 점차로 그 존재 이유가 상실되어 버렸다.

142 초상국(招商局). 청조의 북양대신 겸 직예총독이던 이홍장이 영국의 중국항업공사(中國航業公司), 미국의 기창양행(旗昌洋行) 등 외국 해운회사의 신장에 대항하기 위해 1872년(同治 11) 상해에 설립한 중국 최초의 또한 최대의 민족자본에 의한 항운회사이다.

143 한야평(漢冶萍). 정식 명칭은 한야평매철공사(漢冶萍煤鐵公司)이다. 대야철산(大冶鐵山, 호북)과 평향탄전(萍鄕炭田, 강서)의 채굴사업, 한양철창(漢陽鐵廠, 무한시)의 제철사업을 통합하여 경영한 중국의 근대적 기업을 대표하는 회사이다. 그 출발은 청말의 양무파 관료에 의한 관영기업이었는데, 1907년(광서 33) 자본금 2,000만원의 한야평공사가 되어 관료이기도 했던 실업가 성선회(盛宣懷, 1844~1916)를 사장으로 한 민간의 회사로 바뀌었다.

144 황제도 '하늘(天)'의 노예. 황제가 즉위하는 것은 중국의 전통적 관념에서 보면 '천명(天命)', 즉 하늘의 명령에 의한 것이었다. 따라서 황제라고 하더라도 역시 '하늘(天)'의 의지에 의해 좌우되고 있는 것이다.

145 조양(趙孃). 이름은 오정(五貞)이며 장사 태생이다. 당시 24세였다.

147 천뢰(天籟) 선생과 겸공(兼公) 선생 두 분. 모택동이 말하고 있는 바와 같이 전날의 장사 《대공보》에서 논평하였다. 겸공은 필명이며 본명은 용이(龍兼, 1888~1951)이다. 또 호는 수이(壽夷)이며 상담 출신이다. 장사 《대공보》 주필을 담당하였다. 천뢰와 함께 논평한 뒤, 연이어서 2편의 문장을 발표하였다. 천뢰는 미상(저자 주에 의거함).

148 올 봄 호남에 돌아왔다는 것은 1919년 3월 12일에 모택동은 북경을 출발하여 상해로 향하였고, 4월 6일 상해에서 장사로 돌아왔다는 것을 말한다(저자).

149 새로운 촌(新村). 일본의 작가인 무샤노코지 사네아쓰(武者小路實篤, 1885-1976)는 젊어서부터 톨스토이의 영향을 받아 도쿄에서 《백화(白樺)》를 창간하고 인도주의를 제창하였다. 1918년 《새로운 촌(新しき村)》을 창간하여 유토피아사상을 주장하고 새로운 촌의 건설을 호소하였다. 그것은 모두가 평등하고 서로 우정으로써 힘을 합치며 공동으로 노동하고 공동으로 생활한다는 것이다. 또한 토지를 매입하여 최초의 새로운 촌을 건설하고 그 곳에서 일하면서 독서를 병행하였다. 이 일은 당시의 일본 및 중국의 젊은 지식인들 중의 일부에게 어느 정도의 영향을 끼쳤다(저자).

150 향원(鄕愿)이란 대개 박식한 사람을 의미하지만, 여기에서의 이 말은 향리에서의 신망을 얻기 위해 선량을 가장한 사람, 혹은 속인(俗人)의 인기에 영합하여 향인에게서 칭송은 받으나 실제의 행실은 그렇지 못한 사람을 의미한다(옮긴이).

151 남통현(南通縣)……'모범지방'이다. 남통은 강소성 장강(양자강)의 북쪽 강변에 근접하여 쌀, 면화, 소금 등을 생산하는 지역이다. 그 중에서도 면화는 통주면(通州棉)으로서 유명하다. 청조말기 실업가이며 정계에도 진출한 장건(張謇, 1855~1925)이 여기에 방직공장(대정사창大正紗廠)을 건립하고 1899년에 조업을 개시하고 나서부터는 상공업뿐만 아니라, 교육도 비약적으로 발전하여 '모범현(模範縣)', '모범지방', '통주왕국(通州王國)', '장건왕국' 등으로 불려졌다. 그 옛날에는 통주라고 불려졌지만, 하북성의 통주와 혼동을 피하기 위해 1912년 남통현이라고 명칭이 바뀌었다.

152 공독회(工讀會). 즉 미국유학 중국학생공독회이다. 1914년에 성립하여 처음에는 근학회(勤學會)라는 명칭을 사용하다가 1916년에 명칭을 바꾸었다. 이 공독회의 취지는 "일하면서 공부하는 것을 학업에 도움이 되는 방법으로 삼고, 비용의 절약은 유학을 보급하는 방법으로 삼는다"는 것이었다(저자).

153 근공검학회(勤工儉學會). 즉 프랑스유학 근공검학회이다. 제1차 세계 대전이 발발하자 프랑스는 중국에서 노동자를 다수 모집하였다. 1915년, 채원배·오옥장(吳玉章)·이석증(李石曾) 등은 프랑스에서 근공검학회를 조직하고 "근면으로써 노동하고, 검약으로써 학문을 추구하며 노동자의 지식을 증진한다"는 기치를 내세워, 중국의 청년이 프랑스로 가서 일하면서 공부할 것을 호소하였는데, 화법(華法, 중화·프랑스)교육회를 설립하고 이 사업을 추진하였다 (저자).

154 우미인(虞美人). 원래 이 사의 곡조 명칭이다. 사(詞)는 그 사형(詞形)의 원곡에서 서두의 세 글자를 취해서 사형의 명칭으로 삼았다. 원래의 노래는 지금 전하지 않고 있다. 〈우미인〉이라는 원곡은 저 유명한 우미인을 노래한 곡으로, 우(虞)는 그녀의 성이고 미인이라는 것은 궁정에서 여관(女官)의 직급을 가리키는 용어였다. 지위는 상당히 높았을 것이다. 유방(劉邦)의 대군에 포위된 항우(項羽)는 밤이 깊어지자 이별의 연회를 베풀고, "우야! 우야! 너를 어찌할까나!"라고 노래했다고 한다. 다음날 아침 항우는 포위망을 돌파한다. 그때 우미인은 자살하고 그녀의 피가 땅에 떨어져 꽃을 피우게 되는데, 그 꽃이 바로 우미인초(虞美人草)라고 하는 전설이 있다. 게다가 '우미인초'는 나쓰메 소세키(夏目漱石)가 쓴 소설의 제목이 되기도 하였다.
우미인을 곡조 명칭으로 하는 사는 56자와 58자의 두 가지 체재가 있는데, 모택동의 이 사는 56자이다.

155 침상(枕上). 베개의 주변 혹은 주위를 의미한다. 이 사의 제목이다.

156 근심(愁). 시나 사에 자주 사용되는 단어이다. 이백(李白)이〈백발삼천장(白髮三千丈)〉이라고 노래한 것도 깊은 '근심(愁)'을 표현하려고 했던 것이었다. 이백의 《추포가(秋浦歌)》열 다섯째 수의 첫 글귀에 "흰 머리털이 삼천장, 근심으로 이토록 자랐네(白髮三千丈, 緣愁似箇長)"라는 부분이 있다.

157 적막함(寂寞). 마음을 활발하게 해주는 것이 없는 고요하고 쓸쓸한 상태를 말한다. 원래 적(寂)은 어떤 소리도 없는 상태이며, 막(寞)은 쓸쓸함이다.

158 작별하고 온 내 여인의 그림자구나. 내가(=작자) 이별하고 온 그 여인의 그림자라는 뜻이다. '리(離)'는 여행을 떠남, 사별(死別) 혹은 이혼에 의해 따로따로 떨어지는 것을 의미한다. 헤어진다고 하는 동작뿐만이 아니라, 그 결과를 객관적으로 표현하고 있는 것이다. '인人'은 양개혜(楊開慧)를 가리키고 있지만, 넓은 범위를 가리키는 단어를 사용하여 오히려 상대방에 대한 깊은 상념을 드러내 보이고 있다. 원래 양개혜에게 바치는 사(詞)임에도 불구하고, 직접적 표현을 피하여 상대방을 존경하고 있다는 뜻이 되기도 한다. 하기와라 사쿠타로(萩原朔太郎)의 시에 "내가 그리워지는 사람이 살아 있는지 어떤지"라는 표현이 있다(《鄕土望景詩篇》). 자신이 생각하고 있는 상대를 수동태의 형식으로 '그리워지는 사람'(=나에 의해 그리움을 당하는 사람)이라고 말하고 있다. 모택동의 이 구句도 거의 이와 같은 멋이 풍긴다.

159 낫과 같이 빛나는. 원문은 '일구(一鉤)'이다. '구(鉤)'는 낚시 바늘 혹은 낫과 같이 앞이 구부러진 것, 즉 곡선으로 이루어진 갈고리와 같은 것을 말한다. 여기에서의 '일一'은 그것이 하나의 추상적인 무엇을 가리킨다.

160 천천히 움직이는 달도 산기슭이나 평야, 해면에 떨어질 때는 급속하게 낙하하는 것처럼 같이 보인다. 그 속도를 흘러가는 것으로 표현하였을 것이다. '유성(流星)'의 속도도 빠르다. 원문은 '류流'이다.

161 어쩔 수가 없네. 원문은 '무유(無由)'라고 되어 있다. 무유란 이유도 없이 불가항력적으로 그렇게 된다는 뜻이다. 혹은 자신이 적극적이지 않는데도, 어떠한 이유에서인지 그렇게 되어 버린다는 뜻이다.

162 중국 고전문학 중의 운문의 일종. 5언시나 7언시·민간 가요에서 발전한 것으로, 당대唐代에 처음 만들어지고 송대에 가장 성하였다. 원래는 음악에 맞추어 노래 부르던 일종의 시체詩體였으며, 구句의 길이가 가조歌調에 따라 바뀌어서 장단구長短句라고도 부르고, 시여詩餘라고도 한다. 소령小令과 만사慢詞의 두 종류가 있고 일반적으로 상하上下 양결兩闋로 나누어진다옮긴이.

163 붉은색 잉크로 인쇄된 것. 1920년 9월1일은 장사《대공보》의 창간 5주년 기념일이었기 때문에 제1면은 경축하는 의미에서 붉은색으로 인쇄되었다. 장사《대공보》는 사주가 유인희(劉人熙)와 패윤흔(貝允昕)이

었다. 이포일(李抱一), 용겸공(龍兼公), 장평자(張平子)는 잇달아서 편집장이 되었다. 1915년 9월 1일 창간하여 1927년 3월1일에 발행금지가 되었지만, 1929년 5월 21일 다시 복간(復刊)되었다. 일본이 장사를 점령했을 때 1944년 6월 16일 또 다시 발행이 금지되었다. 마침내 항일전쟁에 승리하게 되자 1945년 5월 1일 복간되었다. 하지만 1947년 12월 31일 완전히 발행을 정지하였다(저자).

164 '대중화민국'에 반대. 이 어구의 뒤에 곧이어 계속해서 말하는 바와 같이 '호남공화국'의 수립을 제안하고 있다. 호남이 단순하게 하나의 성이 되는 데 반대하는 것이다. 또한 '대중화민국'이라는 발상이 그 전년쯤부터 일본에서 자주 언급되던 '대아시아주의'를 연상시켰을지도 모르겠다. '대아시아주의'에 대해서는 북경에 있던 이대조가 반대하였다.

165 전국토 18성. 만리장성으로부터 남쪽이 중국 본래의 본토라는 인식이 당시의 중국 민중의 일반에게 자리잡고 있었으며 그 범위로 헤아려 보면 '성(省)'은 18개였다. 본문의 뒤쪽에서는 "총 27지구"라고 말하고 있다. 원래 청왕조가 북경에 입성했을 때 원래의 명왕조 영토는 15개성이었다. 그 뒤 북직예(北直隸)를 직예성으로, 남직예를 강남성(江南省)으로 구분하였다. 게다가 섬서를 섬서·감숙의 두 성으로, 호광(胡廣)을 호북·호남의 두 성으로, 강남을 또한 강소·안휘의 두 성으로 각각 바꾸어 총 합쳐서 18성이 되었던 것이다. 성에는 장관으로서 총독·순무가 임명되었고 각각 황제에 직속되었다. 총독은 한두 개 성에 한명, 순무는 한 성에 한명으로 관할지역과 직무는 중복되어 있었다. 성에는 성장이라고 할 수 있는 포정사(布政使, 행정), 안찰사(按察使, 사법)가 임명되었다. 변경지구인 몽골·회부(回部, 회족의 주거지)·티벳은 번부(藩部)라고 불려지고, 장군 혹은 변사대신(辨事大臣) 등이 체재하면서 장군에 의한 군정(軍政)을 펼치고 이번원(理藩院)이 직할하였다.

166 정부가 세 개, 국회가 세 개. 광동에 성립한 군정부는 파벌투쟁이 격화하여 대원수이던 손문의 지위가 7인의 총재에 의한 합의제 아래에서는 거의 무시되었다. 이에 손문은 광동을 떠나 상해로 가게 된다. 1920년 6월 3일 손문은 상해에서 광동 군정부의 무효를 선언하고 운남에서 다시 군정부를 별도로 조직하기로 결정하였다. 광동에 있던 국회의원들도 손문과 함께 상해에 결집하였는데, 그들도 국회와 군정부의 운남 이전(移轉)에 찬성하였다. 그래서 북경에 있는 북경정부·국회, 광동에 있는 군정부·국회, 운남으로 이전할 예정인 군정부·국회(광동의 군정부와는 별개의 것)라는 식으로 변화되었던 것이다.

167 독군왕(督軍王). '독군'이란 민국초기 각 성에 임명된 정군장관(政軍長官)이다. 명칭은 민국초년부터 도독·장군·독군·독변(督辨)이라고 하여 시기에 따라서 변화하였다. '독군왕'이란 그 가운데서 유력자였으며, 당시로 말하면 장훈(張勳)·예사충(倪嗣沖)과 같은 부류의 사람이었을 것이다. 위 논문 5의 옮긴이 주를 참조.

168 순안사왕(巡按使王). '순안사'란 민국초기에 각 성에 임명된 민정장관이다. 최초에는 민정장(民政長)이라고 하였지만, 후에 순안사라고 개칭하였고 게다가 성장이라고 다시 바꾸었다. 다만 당시에는 '순열사(巡閱使)'라는 직책이 있어, 그들이 몇몇의 성에 걸쳐서 권세를 가지고 있었다. 1920년 '장강순열사(長江巡閱使)'는 예사충이었고, 그 뒤를 이순(李純)이 이어받았다. 또한 '양광(호남·호북)순열사'는 왕점원(王占元)이었다.

169 총사령왕(總司令王). '총사령'이란 같은 계열 아래의 각 군대를 스스로 한 손으로 지휘하고 통솔하는 권한이 부여된 군사령관을 의미한다(호남성에서는 1922년부터 1926년까지 독군대신에 총사령이라는 명칭이 사용되었다). '총사령왕'이란 그러한 총사령들 중에서 유력자를 말하고 있는 것이다.

170 4억인. 현재 중국의 인구는 약 13억이지만 이 당시에는 약 4억이라고 알려져 있다.

171 독일도 반적색으로 물들었다. 러시아에서 일어난 10월 사회주의혁명의 영향을 받아 1918년 11월 윌리엄2세와 그 정부를 전복시키려는 혁명이 발발하고 공화제와 노동자·병사의 대표로 구성된 소비에트가 성립하였다(저자).

172 각각 어느 국가나 모두 1918년에 폴란드제2공화국, 체코슬로바키아공화국, 헝가리공화국이 성립되었다는 것을 말한다(원주).

173 유태·아랍·아르메니아는 모두 새롭게 건국하였다. 유태의 건국은 1917년의〈발포어선언Balfour Declaration〉을 가리키지만, 단지 이것은 영국이 약속한 것에 지나지 않으며 실제로 건국된 것은 1948년이다. 아랍은 1922년에 이집트가 독립한 일을 가리키고 있다. 아르메니아에 관해서는 미상.

174 시베리아 극동부에도 세 개의 정부. 당시 시베리아 극동부에는 시베리아에 출병한 일본군과의 군사충돌을 직접적으로 피하기 위해 완충국으로서 1920년 4월 6일 바이칼호수 연안의 베르흐네우딘스크(현재 부랴티아공화국의 수도인 울란우데)를 수도로 하여 건국된 극동공화국임시정부(임시의 민주공화국으로 1922년 11월 15일 러시아 사회주의 연방공화국의 일부로 편입되었다) 외에, 블라디보스토크에 만들어진 임시연해주정부(공산당원에서부터 입헌민주당원까지를 포함하였다)와 치타를 중심으로 하여 세묘노프(1890~1946)가 이끄는 반혁명정부(자바이칼정부)가 존재하였다.

175 22행성(行省), 3특구(特區), 2번지(藩地). 행성이란 '행중서성(行中書省)'의 약칭이다. 원대(元代)에 중앙정부를 중서성이라 하고, 또한 지방을 구분하여 11개의 행중서성을 두었다. 명청시대에도 이에 따랐다. 현재 호남성이라던가 호북성이라고 하는 '성'은 여기에서 유래한다. 당시의 중국은 직예·봉천·길림·흑룡강·강소·안휘·강서·절강·복건·호북·호남·산동·하남·산서·섬서·감숙·신강·사천·광동·광서·운남·귀주 등 22개의 성 및 경조열하특별구(京兆熱河特別區, 후의 하북성 일부 및 열하성)·차하르특별구(察哈爾特別區, 후의 차하르성)·수원천변특별구(綏遠川邊特別區, 후의 수원성(綏遠省) 및 서강성(西江省)의 3특별구에 또한 서장(西藏, 티벳)·몽고의 2번지(藩地)로 행정구역이 나뉘어져 있었다(저자). 수원성은 현재 내몽고자치구의 일부이다(옮긴이).

176 중국 24개의 왕조. 중국 왕조의 수가 24개라는 것은 있을 수 없다. 자주〈이십사사(二十四史)〉라고 언급되기 때문에 기계적으로 대치하여 그렇게 말했을 것이다. 이것은 아마도 모택동이 잘못 생각하지 않았나 싶다. 전통적인 역사기술의 방법으로서는 명왕조가《명사(明史)》로서 정리될 수 있다. 그래서 고대로부터 가장 가까운 시기까지 쉽게 알 수 있도록 24점을 선택하여 기술이 연결되도록 편찬하였는데, 그것을〈이십사사〉라고 칭하였다. 그러나 이 24라는 숫자는 왕조의 수와 결코 일치하지 않는다.《사기(史記)》에는 다섯 개의 왕조 즉 하(夏)·은(殷, 商)·주(周)·진(秦)·한(漢)·이 기록되어 있고,《삼국지》에는 위(魏)·촉(蜀)·오(吳)가 들어가 있다. 당왕조는 하나의 왕조인데도《신당서(新唐書)》와《구당서(舊唐書)》의 두 개가 있다.〈이십사사〉가 선정된 것은 청왕조 건륭제(乾隆帝)의 시기였다. 그 후 증보되어〈이십오사(二十五史)〉라는 형태가 되었지만, 그것은 모택동이 이 논문을 집필한 다음 해의 일이었다.
덧붙여서 말하면 하에서 청까지, 나의 계산으로는 왕조의 수가 60개에 달한다. 이 숫자는 가장 널리 보급되어 있는《신화자전(新華字典)》부록의 연표에 의해 전국시대의 각국은 셈하지 않고, 연표에 올라가 있지 않은 신(新)과 태평천국(太平天國)을 더한 숫자이다.

177 흩어진 모래알. 이 표현의 가장 이른 예는 양계초의 문장에서 보이는데, 그는 통합되지 않는 민중의 예로써 이렇게 형용하고 있다. 다만 이것은 양계초가 생각해 낸 말이 아니라, 당시에 이와 같이 자주 사용되던 표현이었을 것이다.〈열 종류 덕성(德性)의 상반상성(相反相成)의 의(義)〉《청의보(淸議報)》1901년 6월 16일)에 나오는 말이다. 덧붙여서 말하면 손문이 자주 말하던 표현으로서 이것이 인용되기도 하였는데, 손문이《삼민주의》제1강에서 이러한 예를 사용한 것은 1924년 1월 27일이다.

178 큰 모자(大帽子). 일종의 속어이다. 그 사람 자체에 어울리지 않는 직함이나 지위를 말한다. 덧붙여 말하면 사람을 치켜세워 칭찬하거나 실권이 없는 지위를 부여하는 것 등에 의해 그렇게 되었는데도 기뻐하는 것은 "높은 모자를 씌워주다(戴高帽子)"라고 한다. 신중국이 성립하고 나서 "모자를 씌우다(扣帽子)"라는 말이 유행하였는데, 이 때의 "씌우다(?)'는 위로부터 힘을 주어 와락 난폭하게 씌우는 동작을 의미하며 대수로운 일이 아닌 일상적인 행위에 정치적·이데올로기적인 판정을 내리는 일을 말하였다. 일본어에서 말하는 '레테르[딱지]를 붙이다'라는 뜻에 상당한다.(저자)
일상의 중국어에서 '扣帽子(병음은 kou maozi)'는 상세히 조사하지 않고 경솔하게 죄를 덮어씌운다고 하는 의미이다. 위에서도 그러한 의미이다.

179 남북강화(南北講和)(옮긴이). 논문 7의 옮긴이 주를 참조.

180 단기서(段祺瑞, 1865~1936). 북양군벌이며 안휘파의 거두이다. 자는 지천(芝泉)이며 안휘성 합비(合肥)

사람이다. 북양무비학당(北洋武備學堂)을 졸업하고 독일에 유학하였으며, 1896년 원세개가 신식의 육군 건설에 착수했을 때 협력하였다. 풍국장(馮國璋)·왕사진(王士珍)과 동료가 되어 '북양의 삼걸'이라고 칭해졌다. 각진(各鎭) 사단의 통제(統制, 사단장)를 역임하고 그 후 북경정부의 육군총장, 참모총장, 국무총리도 역임하였다.

그런데 그는 원세개의 제제(帝制)에 반대하여 일체의 관직에서 물러나게 된다. 단기서는 그 뒤 원세개가 제제에 실패하고 사망하게 되자, 원세개를 주시하던 일본의 데라우치(寺內)내각으로부터 거액의 차관을 제공 받고 일본의 뜻에 따라 세계대전에 참전하였다. 그는 또한 군비를 증강하고 '참전군(參戰軍)'을 만들어 '참전사처'를 두었으며, 그와 함께 스스로 독변(督辨)의 자리에 앉았다. 데라우치 내각이 무너지자 단기서도 국무총리의 직을 사임하였지만, '참전군'은 해산하지 않았다. 또한 '독변참전사무처'를 일본과 은밀히 체결한〈공동방적조약(共同防敵條約)〉의 최고기관으로 삼는 것을 외교부가 결정하여, 독변인 단기서는 변함없이 북경의 정계에 위세를 떨쳤다. 얼마 안 있어 '사무처'는 '독변변방사무처'라는 명칭으로 바꾸고, '참전군'은 '서북변방군'으로 바뀌어 단기서의 부하인 서수쟁(徐樹錚)이 총사령이 되었다.

단기서의 이러한 움직임은 북양군벌의 또 다른 일파인 직예파의 불만을 조장하였다. 풍국장을 우두머리로 하여 조곤(曹錕)·오패부(吳佩孚) 등이 영국·미국의 후원을 받았으며, 1920년에 '직환전쟁(直皖戰爭)'이 발발하였다(풍국장은 이 전년에 병사하였다. '환(?)'은 안휘의 별칭이다).

이 전쟁에서 패한 단기서는 천진으로 물러나 은퇴하였고 후에 정국의 변동과 함께 중화민국 임시정부 집정으로서 정계에 복귀하였지만, 일본과 결탁한 것이 민중의 비난을 받아 다시금 하야하게 된다. 만년에는 상해에 은거하였다.

181 장태염(章太炎, 1869~1936). 이름은 병린(炳麟)이며 자는 매숙(枚叔)이다. 태염은 그의 호이며, 절강성 여항(餘杭) 사람이다. 그는 손문의〈임시약법(臨時約法)〉에 불만을 품어 각 성이 하루속히 각각의〈헌법〉을 제정하고 그 상태에서 연방제를 추진하자고 주장하였다. 모택동은 여기에서 먼저〈헌법〉을 제정하자고 주장하는 장태염의 법률론을 말하고 싶었을 것이다.

장태염은 양계초 등이 주관한《시무보》에 원고를 기고하고 있었는데 정부에서 체포령이 내려져 일본으로 망명하였고, 그곳에서 손문과 알게 되었다. 1902년 다시 일본에 가게 되었고 동경에서 '지나망국 242주년 기념회(支那亡國二百四十二周年紀念會)'를 개최하였다. 그는 청조 타도를 호소하여 1903년 감옥에 들어갔고 1906년에 출옥하였다. 또 동맹회에 참가하였으며 그 기관지인《민보(民報)》의 편집장을 역임하기도 하였다. 신해혁명 후에 손문의 초청을 받아 남경에 갔지만, 남경을 수도로 삼는 것에 반대하였다. 원세개가 대총통의 자리에 앉게 되어 또 다시 초청을 받아 북경에 갔지만, 송교인(宋敎仁)의 암살사건에 대해 반발하자 자택에 연금된다. 원세개의 사후 광주대원수부(廣州大元帥府) 비서장을 역임하였으며 1925년 이후에는 오로지 학술연구에만 몰두하였다.

182 손홍이(孫洪伊, 1870~1936). 자는 백란(伯蘭)이며 천진(天津) 사람이다. 1909년 직예성 자의국 의장, 후에 중의원 의원을 거쳐 북경정부의 교육총장, 내무총장 등을 역임하였다. 1917년 광주의 국회비상회의에 출석하였으며 군정부 내정총장 및 남북화의 때에는 군정부 주호전권대표(駐 全權代表) 등도 역임하였다.

183 남북전역(南北戰役). 1917년부터 1919년까지 남방의 호법군(護法軍)과 북양군벌 사이에 벌어진 전쟁이다(저자).

184 인민헌법회의를 소집. 모택동·팽황(彭璜)·용겸공 등이 주장한 것으로 그들은〈'호남혁명정부'가 '호남인민헌법회의'를 소집하여 '호남헌법'을 제정하고 '신호남'을 건설하자고 하는 건의〉(1920년 10월 5일·6일)를 제출하였다(저자).

185 국민대회에서 나라 일(國事)을 해결하는 설. 당시 오패부 등은 국민대회를 소집하여 일체의 문제를 해결하자고 주장하였다(저자).

186 장동손(張東蓀, 1887~1973). 원래의 이름은 만전(萬田), 자는 성심(聖心)이며 절강성 항현(杭縣, 지금의 여항) 사람이다. 일찍이 일본에 유학하였고 신해혁명이 발발하자 귀국하여 남경임시정부에서 대총통 비서장을 역임한다. 후에 상해에서 중국 공학대학(公學大學) 문학부장 등도 역임하였다. 그는 길드사회주의(guild socialism)와 연성자치(連省自治)를 주장하였다. 그 뒤에 북경에서《해방과 개조》를 발간하고 양계

초와 함께 강학사(講學社)를 만든다. 항일전쟁 뒤에 중국민주동맹에 참가하고 신중국 성립을 앞두고 정치협상회의에 출석하게 된다. 신중국 성립 후에는 인민정치협상회의 위원, 중앙인민정부 위원 등을 역임하였다.

187 호적지(胡適之). 호적(胡適, 1891~1962)을 말한다. 적지는 자, 안휘성 적계(績溪) 사람이다. 미국에 유학하여 코넬대학을 거쳐 콜롬비아대학에서 듀이(John Dewey, 1859~1952)에게서 철학을 배웠다. 1917년 귀국하여 북경대학 교수가 된다. 그는 유학 중에 《신청년》(1917년 1월)에 투고하여 '문학개량'을 주장하고 구어에 의한 새로운 문학의 출현을 촉구하였다. 또한 프래그머티즘을 제창하여 듀이가 중국 각지에서 강연할 때 통역을 담당하였다. 마르크스주의가 전파되는 것에 대항하여 주의(主義)를 주창하는 데에만 신경쓰고, 문제를 연구하지 않는 사람은 게으름뱅이라고 말하기도 하였다(〈보다 많은 문제를 연구하고 '주의(主義)'를 말하는 것을 적게 하자〉《매주평론(每週評論)》31기, 1919년 7월 20일). 북경대학에서 마르크스주의를 제창하고 있던 이대조는 여기에 반론을 제기하고 호적지와 논쟁을 벌인다. 호적지는 또한 "대담하게 가설을 세우고, 세심하게 입증한다"는 학술 방법을 주장하였다. 정치적으로는 단기서와 장개석의 방침을 지지하여 1938년에는 미국주재 대사, 1942년에는 국민정부의 행정원 최고고문이 된다. 1946년 북경대학 학장, 1948년에는 북경을 떠난 뒤 미국을 거쳐 대만으로 향하였다. 결국 타이뻬이(臺北)에서 병사한다.
그의 "문제를 연구하자"고 하는 제안에 자극을 받았던 때문인지 모택동은《문제연구회규약(問題研究會規約)》(1919년 9월)을 만들고 《북경대학일간》에 투고하여 10월 23일호에 게재되었다. 이 규약에는〈교육문제〉로 시작되는 71항목의 문제가 열거되어 있다. 그 가운데〈교육문제〉에서는 또한〈교육보급의 문제〉로 시작되는 17항목의 문제를 세밀하게 제시하고 있다. 더불어〈주의(主義)〉에 관해서도〈철학상의 주의〉로 시작되는 10항목을 제시하고 있다. 이 연구회는 9월 1일에 발족한다고〈규약〉에 명시되어 있지만, 그것은 명목상의 일일뿐 실제로는 모택동이 이러한〈규약〉을 집필하고 투고한 것뿐이었다.〈교육문제〉에는 소항목으로서〈듀이의 교육학설을 어떻게 실시할까〉라는 것도 실려 있는데, 이것을 볼 때 모택동이 호적과 듀이의 프래그머티즘을 머릿속에서부터 진정으로 배척한 것이 아니라는 사실도 알 수 있다. 호적이 "20년 동안 정치를 말하지 않는다"고 하는 것은 '주의'를 말하지 않는다는 뜻으로 이것은 마르크스주의를 가리키고 있지만, 모택동은 그 점에 관해서는 불문에 붙이고 단지 정치논의 일반의 일로서 인용하고 있다.

188 성(省)먼로주의. 먼로주의는 1823년 미국의 대통령 먼로(J. Monroe, 1758~1831)가 의회에 대해 발표한 미국의 외교원칙이다. 미국대륙에 대한 유럽 열강의 간섭을 받아들이지 않겠다는 것, 미국은 유럽에 대해 간섭하지 않는다는 것 등등을 제창하였다. 모택동은 여기에서 이러한 먼로주의를 중국의 각 성이 받아들이자고 제안하고 있는 것이다. 또한 이것이 '성(省)먼로주의'라는 용어를 사용하게 된 이유이다.

189 국경일(國慶日). 신해혁명이 발발한 날은 10월 10일이며 이 날을 국가적 축일로 정하여 신해혁명이 일어난 다음 해부터 실시하였다. 월·일 모두가 10이었기 때문에 '쌍십절(雙十節)'이라고도 부른다. 두 개가 모여 일치되는 것을 경사스러운 일로 생각하는 습속이 이러한 표현법을 만들어 낸 것이다.

190 예용(禮容). 역예용(易禮容, 1898~?)을 말한다. 자는 윤생(潤生)이며 호남성 상담(湘潭) 사람이다. 호남 상업전과학교 학생이었고 신민학회의 회원이기도 하였다. 모택동과 함께 장사 문화서사(文化書社)를 창립하고 그 지배인이 되었다. 중국공산당 호남성위원회의 대리서기 등도 역임하다가 후에 탈당하였다. 신중국 성립 후에 전국정치협상회의 위원과 동 상임위원의 직책을 맡았다. 중화전국총공회 집행위원(제6~9기)도 역임하였다. 당시 호남성 학생연합회에서 책임자의 한 사람으로 활약하였으며 장경요를 축출하는 운동을 위해 무한에도 간 적이 있다(저자).

191 도사영(陶斯咏, 1896~1931). 일명 도의(陶毅)라고도 부르며 여성이다. 호남성 상담 사람이다. 장사의 주남여학교(周南女學校)를 졸업하였고 신민학회 회원이기도 하였다. 당시 주남여학교에 근무하였다(저자).

192 주돈원(周惇元, 1897~1976). 주세조(周世釗)를 가리킨다. 돈원은 자이며 다른 이름으로 돈원(敦元) 혹은 동원(東園)이라고도 부른다. 호남성 영향(寧鄉) 사람이다. 성립 제1사범에서 모택동과 동급생이었으며 신민학회 회원이기도 하였다. 당시 장사의 수업학교(修業學校)에서 주임교원으로 재직하였고 후에 장기간에 걸쳐서 교육에 종사하였다. 신중국이 성립된 뒤에는 호남성 제1사범학교 교장, 성(省)교육청장, 부성장(副省長) 등을 역임하였다(저자).

193 진찬주(陳贊周, 1892~1921). 또 다른 이름은 소휴(紹休)이며 호남성 유양(瀏陽) 사람이다. 제1사범에서 모택동과 동급생이었으며 신민학회의 회원이기도 하였다. 1920년 5월 '근공검학(勤工儉學)'에 참여하여 프랑스로 건너갔지만, 다음해 파리에서 병사하였다.

194 신민학회(新民學會). 모택동·채화삼·소자승(蕭子昇) 등이 호소하여 1918년 4월 호남성의 장사에서 성립된 학회이다. 시작할 때의 취지는 "학술을 혁신하고 품행을 닦아 인심·풍속을 개량한다"는 것이었지만, 후에 "중국과 세계를 개조한다"는 것으로 방침을 바꾸었다. 1920년에는 회원의 일부가 사회주의 청년단에 가입하거나 또는 호남성에 공산당을 만드는 활동에 참가하였다 (저자).

195 나영희(羅榮熙, 1893~1930). 나학찬(羅學瓚)을 가리킨다. 영희는 호, 또 운희(雲熙)라는 호도 있으며 호남성 상담현 마가하(馬家河, 현재는 주주현株洲系) 사람이다. 제1사범에서도 모택동과 동급생이었으며 신민학회의 회원이기도 하였다. 1919년 '근공검학'의 활동으로 프랑스에 건너갔다가 1921년 귀국하여 중국공산당에 가입하였다. 중국공산당 상구(湘區)위원회 위원, 호남성위원회 위원, 절강성위원회 위원 등을 역임하였다. 1930년 항주에서 살해되었다.

196 소자승(蕭子昇, 1894~1976). 또 다른 이름은 욱동(旭東)이며 소유(蕭瑜)라고도 불린다. 시인인 소삼(蕭三)의 형이며 호남성 상향 사람이다. 그는 제1사범의 제3기 졸업생으로 신민학회 발기인의 한 사람이기도 하다. 1915년에 졸업하여 장사의 수업학교 및 초이학교(楚怡學校)에서 교사로 재직하였다. 1919년 프랑스에 '근공검학'의 일환으로 건너갔다가 1924년에 귀국하게 된다. 국민당 북평시(北平市) 당무지도위원을 역임하였으며 1927년 국공합작의 분열 이후 국민당정부의 농광부(農鑛部) 정무차장 등을 역임하였다. 후에 장기간에 걸쳐서 국외에 거주하다가 1976년 마침내 파라과이에서 사망하였다 (저자). 논문 4의 옮긴이 주를 참조.

197 채화삼(蔡和森, 1895~1931). 또 다른 이름은 채림빈(蔡林彬)이고 호남성 상향현 영풍진(永豊鎭, 현재는 쌍봉현雙峰縣) 사람이다. 제1사범에서 모택동과 동급생이었으며 함께 신민학회를 제언하여 조직하였다. 1919년 프랑스에 '근공검학'의 일환으로 건너갔다가 1921년 귀국하게 된다. 그 후 중국공산당 중앙기관지 《향도(嚮導)》 주보(週報)의 편집장, 중앙선전부 부장, 중앙위원, 중앙정치국 위원 등을 역임하였다. 1931년 광주에서 체포되어 피살당하였다 (저자).
그는 프랑스에 '근공검학'의 유학생으로 건너간 뒤, 몽테뉴에서 신민학회의 금후 방침을 토의하고 공산당을 결성하여 진행해 나가야 할 방향을 제창하였는데, 이에 반대하는 의견도 종합해서 모택동 등 호남성에 남아있던 신민학회 회원들에게 통신을 보내기도 하였다. 다음 절에 시작되는 논문 15를 참조.

198 화삼(和森). 채화삼을 말한다. 논문 14의 옮긴이 주를 참조.

199 자승(子昇). 소자승을 말한다. 논문 14의 옮긴이 주를 참조.

200 학회. 신민학회를 말한다. 논문 14의 옮긴이 주를 참조.

201 몽테뉴회의. 1920년 7월 프랑스의 몽테뉴에서 프랑스 유학중의 신민학회 회원들이 개최한 회의이다. 토론의 결과를 모택동 등에게 통지하였는데, 이 편지가 그것에 관한 내용이다.

202 딕타토르. 중국어 원문은 '油克推多(병음은 diketuiduo)'이며 영어의 '딕테이터쉽dictatorship'이다. 일본어역은 독재(獨裁)이며 중국어역으로는 전적으로 '전정(專政)'으로 번역된다. 일본어 역문에서 가타카나로 표기한 것은 모택동이 음역(音譯)한 표기문자인 '油克推多'를 사용하고 있기 때문이다. 다음에 나올 '데모크라시'도 마찬가지의 경우이다. 옮긴이 주: 원래 딕타토르(dictator)는 고대 이탈리아 여러 도시국가에서 평상시의 최고관직을 의미하던 것이다. 왕정 폐지 후의 로마에서는 비상시에 지상(至上)의 권력을 장악하던 독재관(獨裁官)을 일컬었다. 그래서 일반적으로 절대 권력을 가진 독재의 의미인 것이다.

203 프루동(蒲魯東). 프랑스의 무정부주의자 프루동(Pierte J. Proudhon, 1809~1865)을 말한다. 그는 사유재산을 원칙적으로 부정하였다.

204 이화생(李和笙, 1896~1984). 이유한(李維漢)을 가리킨다. 또 다른 이름은 라매(羅邁)이며 호남성 장사 사람이다. 제1사범을 졸업하였고 신민학회의 회원이었다. 1919년 프랑스에 유학을 갔고 1922년 6월 조세염(趙世炎)·주은래(周恩來) 등과 함께 '유럽재주(在住)·중국소년공산당'을 설립하였다. 본문에 보이는 의견은 그 이후 곧바로 바뀌었다. 1922년 귀국하여 중국공산당에 가입하고 상구(湘區)위원회 서기가 된다. 1928년 강소성위원회 겸 상해시위원회 서기, 중앙조직부장을 역임하였다. 항일전쟁 뒤에 중경(重慶) 등에서 주은래에게 협력하고 통일전선을 확장시켰다. 신중국에서는 공산당 중앙통일전선부장, 정치협상회의 부주석 등을 역임하였다.

205 러셀. 영국의 철학자, 수학자, 문명비평가, 평화운동가인 버트란트 러셀(Bertrand A. W. Russell, 1871~1970)을 가리킨다. 1920년 중국에 와서 각지에서 강연을 행하였다. 이 해의 7월에는 장사에서 강연하기도 하였다. 그는 화이트 헤드와의 공저 《수학원리(數學原理)》에서 기호논리학을 집대성하였다. 또한 자유교육을 주장하고 개인주의를 발전시키자고 제창하였다. 1950년 노벨문학상을 수상한다. 제2차대전 후에는 핵무기 반대운동에 전력을 다하였다.

206 음백(蔭栢). 팽황(彭璜)을 말하며 그도 또한 신민학회의 회원이었다. 당시 호남 러시아연구회의 간사를 맡고 있었다 (저자).

207 공포. 테러리즘으로 여기에서는 데모나 병사의 반란 등의 실력행사를 말하고 있다.

208 가르치는 것은 술에 취한 사람은……. 원래는 정호(程顥)와 정이(程頤)가 말한 것인데, 후에 주자의 《근사록(近思錄)》 위학(爲學)편에 실리게 된 말이다(저자).
    모택동의 중국어 원문은 "敎學如味醉人, 扶得東來西又倒"이다(옮긴이).
209 나폴레옹1세. 나폴레옹 보나파르트(Napoleone Bonaparte, 1769~1821)를 말한다. 지중해 코르시카섬 아작시오 출신이다. 프랑스혁명에 포병사관으로서 참가하였고 1804년 프랑스 제1제국의 황제에 즉위한 인물이다.
210 나폴레옹3세(1808~1873). 정식 이름은 샤를-루이-나폴레옹 보나파르트이다. 나폴레옹1세의 조카이며 1851년 쿠데타로 헌법을 개정하고 다음 해 제2제국의 황제에 즉위하였다.

211 원세개. 논문 4의 옮긴이 주를 참조.
212 단기서. 논문 13의 옮긴이 주를 참조.

213 장태염. 논문 13의 옮긴이 주를 참조.

214 중국어 원문은 "人不到黃河, 心不死"인데, 어떤 일을 함에 있어 끝까지 추구하는 마음자세를 의미한다. 즉 포기하지 않는다는 뜻이다(옮긴이).

215 중국어 원문은 "這山望見那山高"이다(옮긴이).

216 롱(隴)을 얻어도 촉(蜀)을 얻고자 갈망한다. 롱(隴, 감숙성)을 평정하면 촉(蜀, 사천성)도 손에 넣고 싶어 하는 것이 인간의 욕망이다. 인간의 욕망에는 한정이 없다는 뜻으로 쓰였다. 이것은 《후한서(後漢書)》 잠팽전(岑彭傳)에 나오는 말이다(저자). 중국어 원문은 "人心不知足, 得隴又望蜀"이다(옮긴이).

217 잠재(潛在)하는 것. 1920년 5월 상해의 반송원(半淞園)에서 개최된 신민학회 회원들의 회의에서 프랑스에 유학하는 회원의 송별식을 행한 것과 함께, 회원이 취해야 할 태도로서 "잠재하고 절실히 임할 것, 허영에 빠지지 말 것, 눈에 띄고 싶어 하지 말 것" 등을 결정하였다.

218 일본어 역문은 '우화(郵花)'를 '인지(印紙)'라고 번역하여 "인지를 붙인다"고 되어 있지만, 여기에서는 '우표'의 의미로 바로잡는다. 현대 중국어의 방언에서는 가끔 우표를 '우화'라고도 한다. 더불어 중국어 원문은 "貼郵花"라고 되어 있다.(옮긴이)

219 문화서사(文化書社). 모택동·역예용·팽황 등이 새로운 사상과 문화를 전파하고 마르크스주의를 확산시키기 위해 장사에 개설한 진보적 서점이다. 그것과 함께 문화서사는 중국공산당 호남지부가 성립하는 전후에 즈음하여 은밀하게 외부와 내부의 연락을 취하고 회의를 개최한 장소이기도 하였다. 문화서사는 1920년 7월에 몇 명이 상담을 행한 뒤 8월2일에 성립하였으며, 9월 9일에는 장사 조종가(潮宗街) 56호(湘雅醫學校 건물)에서 정식으로 개업하였다. 1921년 3월말 평강平江·유서(瀏西, 瀏陽의 서구)·무강(武岡)·보경(寶慶, 邵陽)·영향·서포(漵浦) 등 6현에 지사를 설치하였다. 1921년 5월에 발표한 〈문화서사 판매도서목록〉에는 판매도서의 상세한 서목과 정가 이외에도, 〈분사(分社)의 규칙〉, 〈분사의 주의사항〉, 〈영업세칙〉 등이 게재되어 있다. 1927년 5월 장사에 주둔하던 국민당 군대가 장사에서 노동조합, 농민조합을 습격하여 공산당원을 포함한 백여 명을 체포하고 살해한 사건(馬日事變)이 발생하였는데, 문화서사는 그 뒤 곧바로 국민당에 의해 폐쇄되었다 (저자).

원문

1. 상앙의 '사목입신徙木立信'을 논하다

(1912년 6월)

商鞅徙木立信论

吾读史至商鞅徙木立信论一事, 而叹吾国国民之愚也, 而叹执政者之煞费苦心也, 而叹数千年来民智之不开, 国几蹈于沦亡之惨也. 谓予不信, 请罄其说.

法令者, 代谋幸福之具也. 法令而善, 其幸福吾民也必多, 吾民方恐其不布此法令, 或布而恐其不生效力, 必竭全力以保障之, 维持之, 务使达到完善之目的而止. 政府国民互相倚系, 安有不信之理? 法令而不善, 则不惟无幸福之可言, 且有危害之足惧, 吾民又必竭全力以阻止此法令. 虽欲吾信, 又安有信之之理? 乃若商鞅之与秦民适成此比例之反对, 抑又何哉?

商鞅之法, 良法也. 今试一披吾国四千余年之纪载, 而求其利国福民伟大之政治家, 商鞅不首屈一指乎? 鞅当孝公之世, 中原鼎沸, 战事正殷, 举国疲劳, 不堪言状.于是而欲战胜诸国, 统一中原, 不綦难哉? 于是而变法之令出, 其法惩奸宄以保人民之权利, 务耕织以增进国民之富力, 尚军功以树国威, 孥贫怠以绝消耗.此诚我国从来未有之大政策, 民何惮而不信? 乃必徙木以立信者, 吾于是知执政者之具费苦心也, 吾于是知吾国国民之愚也, 吾于是知数千年来民智黑暗国几蹈于沦亡之惨境有由来也.

虽然, 非常之原, 黎民惧焉.民是此民矣, 法是彼法矣, 吾又何怪焉? 吾特恐此徙木立信一事, 若令彼东西各文明国民闻之, 当必捧腹而笑, 噬舌而讥矣. 乌乎! 吾欲无言.

根据手稿刊印. 署名毛泽东.

2. 미야자키 도텐宮崎滔天에게 보내는 편지

(1917년 3월)

致白浪滔天信

白浪滔天先生阁下:

久钦高谊, 觌面无缘, 远道闻风, 令人兴起. 先生之于黄公, 生以精神助之, 死以涕泪吊之, 今将葬矣, 波涛万里, 又复临穴送棺. 高谊贯于日月, 精诚 动乎鬼神, 此天下所希闻, 古今所未有也. 植蕃, 泽东, 湘之学生, 尝读诗 书, 颇立志气. 今者愿一望见丰采, 聆取宏教. 惟先生实赐容接, 幸甚, 幸 甚!

湖南省立第一师范学校学生　萧植蕃　毛泽东上

根据毛泽东手稿刊印.

3. 체육의 연구[발췌 옮김]

(1917년 4월)

体育之研究

国力恭〈茶〉弱, 武风不振, 民族之体质日趋轻细, 此甚可忧之现象也. 提倡之者不得其本, 久而无效, 长是不改, 弱且加甚.夫命中致远, 外部之事, 结果之事也; 体力充实, 内部之事, 原因之事也. 体不坚实, 则见兵而畏之, 何有于命中, 何有于致远? 坚实在于锻炼, 锻炼在于自觉. 今之提倡者非不设种种之方法, 然而无效者, 外力不足以动其心, 不知何为体育之真义. 体育果有如何之价值, 效果云何, 著手何处, 皆茫乎如在雾中, 其无效亦宜.欲图体育之有效, 非动其主观, 促其对于体育之自觉不可. 苟自觉矣, 则体育之条目可不言而自知, 命中政〈致〉远之效亦当不求而自至矣. 不佞深感体育之要, 伤提倡者之不得其当, 知海内同志同此病而相怜者必多, 不自惭椒, 贡其愚见, 以资商榷.所言并非皆已实行, 尚多空言理想之处, 不敢为欺. 倘辱不遗, 赐之教诲, 所虚心百拜者也.

第一 释体育

自有生民以来, 智识有愚暗, 无不知自卫其生者. 是故西山之薇, 饥极必食, 井上之李, 不容不咽, 巢木以为居, 皮兽以为衣, 盖发乎天能, 不知所以然也, 然而未精也.有圣人者出, 于是乎有礼, 饮食起居皆有节度. 故"子之燕居, 申申如也, 夭夭如也"; "食饐而餲, 鱼馁而肉败, 不食"; 射于矍相之圃, 盖观者如墙堵焉". 人体之组成与群动无不同, 而群动不能及人之寿，所以制其生者无节度也．人则以节度制其生，愈降于后而愈明，于是乎有体育．体育者，养生之道也．东西之所明者不一：庄子效法于庖丁，仲尼取资于射御；现今文明诸国，德为最盛，其斗剑之风播于全国；日本则有武士道，近且因吾国之绪余，造成柔术，觥觥乎可观已．而考其内容，皆先精究生理，详于官体之构造，脉络之运行，何方发达为早，何部较有偏缺，其体育即准此为程序，抑其过而救其所不及．故其结论，在使身体平均发达．由此言之，体育者，人类自养其生之道，使身体平均发达，而有规划次序之可言者也．

第二 体育在吾人之位置

体育一道，配德育与智育，而德智皆寄于体，无体是无德智也．顾知之者或寡矣，或以为重在智识，或曰道德也．夫知识则诚可贵矣，人之所以异于动物者此耳．顾徒知识之何载乎？道德亦诚可贵矣，所以立群道平人己者耳．顾徒道德之何寓乎？体者，为知识之载而为道德之寓者也，其载知识也如车，其寓道德也如舍．体者，载知识之车而寓道德之舍也．儿童及年如小学，小学之时，宜专注重于身体之发育，而知识之增进，道德之养成次之；宜以养护为主，而以教授训练为辅．今盖多不知之，故儿童缘读书而得疾病或至夭殇者有之矣．中学及中学以上宜三育并重,今人则多偏于智．中学之年，身体之发育尚未完成，乃今培之者少而倾之者多，发育不将有中止之势乎？吾国学制，课程密如牛毛，虽成年之人，顽强之身，犹莫能举，况未成年者乎？况弱者乎？观其意，教者若特设此繁重之课以困学生，蹂躏其身而残贼其生，有不受者则罚之．智力过人者，则令加读某种某种之书，甘言以餂之，厚赏以诱之．嗟乎，此所谓贼夫人之子欤！学者亦若恶此生之永年，必欲摧折之，以身为殉而不悔.何其梦梦如是也！人独患无身耳，他复何患？求所以善其身者，他事亦随之矣．善其身无过于体育．体育于吾人实占第一之位置，体强壮而后学问道德之进修勇而收效远．于吾人研究之中，宜视为重要之部．"学有本末，事有终始，知所先后，则近道矣"．此之谓也．

第三 前此体育之弊及吾人自处之道—（省略）

第四 体育之效

人者，动物也，则动尚矣. 人者，有理性的动物也，则动必有道. 然何贵
乎此动邪？ 何贵乎此有道之动邪？ 动以营生也，此浅言之也；动以卫国
也，此大言之也，皆非本义. 动也者，盖养乎吾生，乐乎吾心而已. 朱子
主敬，陆子主静. 静，静也；敬，非动也，亦静而已. 老子曰"无动为
大"，释氏务求寂静. 静坐之法，为朱陆之徒者咸尊之. 近有因是子者，
言静坐法，子诩其法之神，而鄙运动者之自损其体. 是或一道，然予未
敢效之也. 愚拙之见，天地盖惟有动而已. 动之属于人类而有规则之可言
者，曰体育. 前既言之，体育之效则强筋骨也. 愚昔尝闻，人之官骸肌络
及时而定，不复再可改易，大抵二十五岁以后即一成无变，今乃知其不
然. 人之身盖日日变易者：新陈代谢之作用不绝行于各部组织之间，目不
明可以明，耳不聪可以聪，虽六七十之人犹有改易官骸之效，事盖有必
至者. 又闻弱者难以转而为强，今亦知其非是. 盖生而强者滥用其强，不
戒于种种嗜欲，以渐戕〈戕〉贼其身，自谓天生好身手，得此已足，尚
待锻炼？ 故至强者或终转为至弱. 至于弱者，则恒自闵其身之不全，而
惧其生之不永，兢业自持：于消极方面则深戒嗜欲，不敢使有损失；于消
极方面则勤自锻炼，增益其所不能. 久之遂变而为强矣. 故生而强者不必
自喜也，生而弱者不必自悲也. 吾生而弱乎，或者天之诱我以至于强，
未可知也. 东西著称之体育家，若美之罗斯福，德之孙棠，日本之嘉纳，
皆以至弱之身，而得至强之效. 又尝闻之：精神身体不能并完，用思想之
人每歉于体，而体魄蛮健者多缺于思. 其说亦谬. 此盖指薄志弱行之人，
非所以概乎君子也. 孔子七十二而死，未闻其身体不健：释迦往来传道，
死年亦高；邪苏不幸以冤死；至于摩诃末，左持经典，右执利剑，征压一
世，此皆古之所谓圣人，而最大之思想家也. 今之伍秩庸先生七十有余岁
矣，自谓可至百余岁，彼亦用思想之人也；王湘绮死年七十余，而康健
钁〈钁〉铄. 为是说者其何以解邪？ 总之，勤体育则强筋骨，强筋骨则

体质可变, 弱可转强, 身心可以并完. 此盖非天命而全乎人力也. 非第强筋骨也, 又足以增知识. 近人有言曰: 文明其精神, 野蛮其体魄. 此言是也.欲文明其精神, 先自野蛮其体魄; 苟野蛮其体魄矣, 则文明之精神随之. 夫知识之事,认识世间之事物而判断其理也, 于此有须于体者焉. 直观则赖乎耳目, 思索则赖乎脑筋, 耳目脑筋之谓体, 体全而知识之事以全, 故可谓间接从体育以得知识.今世百科之学, 无论学校独修, 总须力能胜任. 力能胜任者, 体之强者也; 不能胜任者, 其弱者也. 强弱分; 而所任之区域以殊矣. 非第增知识也, 又足以调感情.感情之于人, 其力极大.古人以理性制之, 故曰"主人翁常惺惺否", 又曰"以理制心". 然理性出于心, 心存乎体. 常观罷弱之人往往为感情所役, 而无力以自拔; 五官不全及肢体有缺者多因于一偏之情, 而理性不足以救之. 故身体健全, 感情斯正, 可谓不易之理. 以例言之: 吾人遇某种不快之事, 受其刺〈刺〉激, 心神震荡, 难于制止, 苟加以严急之运动, 立可汰去陈旧之观念, 而复使脑筋清明, 效盖可立待也. 非第调感情也, 又足以强意志.体育之大效盖尤在此矣. 夫体育之主旨, 武勇也. 武勇之目, 若猛烈, 若不畏, 若敢为, 若耐久, 皆意志之事. 取例明之, 如冷水浴足以练习猛烈与不畏, 又足以练习敢为. 凡各种之运动持续不改, 皆有练习耐久之益, 若长诓〈距〉离之赛跑, 于耐久之练习尤著. 夫力拔山气盖世, 猛烈而已; 不斩楼兰誓不远, 不畏而已; 化家为国, 敢为而已; 八年于外, 三过其门而不入, 耐久而已. 要皆可于日常体育之小基之. 意志也者, 固人生事业之先驱也. 肢体纤小者举止轻浮, 肤理缓弛者心意柔饨, 身体之影响于心理也如是. 体育之效, 至于强筋骨, 因而增知识, 因而调感情, 因而强意志. 筋骨者, 吾人之身; 知识, 感情, 意志者, 吾人之心. 身心皆适, 是谓俱泰. 故夫体育非他, 养乎吾生, 乐乎吾心而已.

第五 不好运动之原因—(省略)

第六 运动之方法贵少—(省略)

第七 运动应注意之项—（省略）

第八 运动一得之商榷—（省略）

根据 1917年 4月 1日 《新青年》第3卷 第2号 刊印.

4. 대본대원이 천하의 마음을 움직인다

(1917년 8월 23일)

給黎錦熙的信

邵西先生閣下:

省城一面, 几回欲通言问, 拦惴未果. 近日以来颇多杂思, 四无亲人, 莫可与语.弟自得阁下, 如婴儿之行得慈母. 盖举世昏之, 皆是斫我心灵, 丧我志气, 无可与商量学问. 言天下国家之大计, 成之道德, 适当于立身处世之道. 自恸幼年失学, 而又日悲文师.人谁不思上进, 而当其求涂不得, 歧路彷徨, 甚苦有不可胜言者, 盖人当幼少, 全苦境地. 今年暑假回家一省, 来城略住, 漫游宁乡安化益阳沅江诸县, 稍为变动空气, 锻炼筋骨. 昨十六日回省, 二十日入校, 二十二日开学, 昨日开讲, 乘暇作此信, 將胸中所见, 陈求指答, 辛垂察焉. 今之天下纷之, 毋亦諸人本身本位之不足, 無術以救天下之任, 徒以肤末之见, 治其偏而不足者, 猥曰吾有治天下之全耶. 此无他, 无内省之明, 无外观之识而已矣. 己之本位何在, 此应自知也. 以樽橔之材,欲为栋梁之任, 其胸中茫然无有, 徒欲学古代奸雄意气之为, 以手腕智, 为牢笼一世之具. 此如秋潦无源, 浮萍无根, 如何能久. 今之论人者, 称袁世凯, 孙文, 康有为而三. 孙袁吾不论, 独康似略有本源, 然细观之, 其本源究不能指其实在何处, 徒为华言炫听, 并无一干树立, 枝叶扶疏之. 愚意所谓本源者, 倡学而已矣. 惟学如基础, 今日无学, 故基础不厚, 时虞倾圮, 愚于近人. 独服曾文正, 观其收拾供阳一役, 而完满无缺, 使之今人易其位,其能如彼之完满乎. 天下亦大矣, 社会之组织极复杂, 而又有数千年之历史,民智淤塞, 开通为难. 欲动天下者, 当动天下之心, 而不须在显见之形迹, 动其心者, 当是有大本大源. 今日变法, 便从枝节入手, 如议会·宪法·总统·内阁·军事·实业·教育, 一切皆枝节亦不可少, 惟此等枝节, 必要本源, 本源未得, 则此等枝节为赘疣, 为不贯气, 为支杂灭裂. 幸则与本源略近, 不幸则背道而驰.

夫以为本源背道而驰者，而以为临民制治之具，几何不谬种流传，陷一世一国于败之哉，而岂有毫末之富强幸福之可言哉。夫本源者，宇宙之真理，天下之生民，各为宇宙之一体，即宇宙之真理，各具于人人之心中。虽有偏全之不同，而总有几分之存在。今若以大本大源为号召天下之心，其有不动者乎？天下之心皆动，天下之事，有不能为之者乎？天下之事可为，国容有不富强幸福者乎？然今之天下则纷纷矣。推其原因，一则如前之所云，无内省之明，一则不知天下应以何道而后能动，乃无外观之识也。故愚以为当今之世，宜有大气量人，从哲学伦理学入手，改造哲学，改造伦理学，根本上变换全国之思想.此如大纛一张，万夫走集雷电一震，阴曀皆闻，则沛乎不可御矣。自苦无知识，近略阅书报，将中外事态，略为比较，觉吾国人积弊甚深，思想太旧，道德太坏.夫思想主人之心，道德范人之行，二者不洁，遍地皆污，盖二者之势力，无在不为所弥漫也。思想道德，必真必实，吾国思想与道德，可以伪而不真高而不实两言括之。五千年流传至今，种根甚深，结叶甚固，非有大力，不易推陷廓清.怀中先生言，日本某君以东方思想，均不切于实际生活，诚哉其言.吾意即西方思想，亦未必尽是，几多部分，亦应与东方思想同时改造也。今人动教子弟，宜之志。又曰，某君有志，悬意此最不通。志者吾有见夫宇宙之真理，照此以定吾人心之所之之谓也。今人所谓立志，如有志为军事家，有志为教育家，乃见前辈之行事，及近人之施为，羡其成功，盲从以为己志，乃出于一种模仿性.真能欲立志，不能如是容易，必先研究哲学伦理学，从其所得真理，奉以为己身言动之准，立之为前途之鹄，再择其合于此鹄之事，尽力为之以达到之方，始谓之有志也.如此之志，方为真志，而非盲从之志。其始所谓之志，只可谓之有求善之倾向，或求真求美之倾向，不过一种冲动耳，非真正之志也。虽然，此志也，容易立哉？十年未得真理，即十年无志，终身未得，即终身无志，此又学之所以贵乎幼也。今人学为文，即为议论，能推断是非，下笔千言，世即所谓之有才，不知此亦妄也。彼其有所议论，皆其心中之臆见，未尝有当于宇宙之今.彼既未曾略用研究功夫，真理从何而来。故某公曾所谓，今日之我与昨日之我挑战未定，我与今日之我，挑战与否，亦未可知，盖研究日进，前之臆见，自见其妄也。　顾既眷之以为口说，世方以为贤者之言，奉而行之，今乃知其为妄，宁不误尽天下.弟亦颇有蹈此弊倾向，今后宜戒，只得全幅工夫，向大本大源探讨.探讨既得，既然足以解释一切，而枝叶疏，不宜妄论短长，占去日力．阁下以为如何？圣人既得大本者也，贤人略得大本者也，愚人不得大本者也．圣人远达天地，明其现在过去与未来，洞悉三界现象．如孔子之百无不知，孟子之圣人复起，不易吾言，孔孟对答弟子之问，觉不能理．愚者或震之为神奇，不知并无谬巧，惟在得一大本而已．权此以对付百纷，驾御动静，举不能进，而何谬巧哉？（惟宗教家见众人以为神之耶苏，摩哈默德，释迦牟尼）．欲人人依自己主张以行，不盲从他人是非，非普及哲学不可．吾见今之人为强有力者所利用，滔滔皆是，全矢却其主观性灵，颠倒之，播弄之，如商货，如土木，不亦大可哀哉．人人有哲学见解，自然人心平，争端息，真理道行，群妄自息．某君语弟，人何以愚者多，而智者少哉，老朽者聪明已蔽，语之以真理而不能听，促之而不能动．是亦固然，不足怪，惟少年亦多不顾道理之人，只欲实行．即如上哲学讲堂，只昏昏欲睡，不能入耳．死生亦大矣，此问题都不求甚解，只顾目前肤末尘埃之争，则甚矣人之不智．弟谓此种人，大都可悯，彼其不顾道理者，千百年恶社会所陶铸而然，非彼所能自主也，且亦大可怜矣．终日在彼等心中作战斗者有数事焉，生死一也，争利一也，毁誉一也．数者当前，则只日于彼乎，于此乎，岐路徘徊，而无一确实之标准．以为判断之主，此知墙上草，风采两边倒，其倒于恶，固偶然之事，倒于善，亦偶然之事．一种笼统之社会制裁，则对于善者鼓吹之，对于恶者裁停之．一切之人，被驱于此制裁之下，则相率为善不为恶．如今之守节育婴修桥补路，乃至孝友睦雍任恤种种之德，无非盲目的动作．此种事实固佳，而要其制裁，与被制裁者之心理，则固尽力盲目的也，不如有宇宙之大本大源也．吾人欲使此愚人，而悉归于智，非普及哲学不可．小人累君子，君子当存慈悲之心，以救小人．政治法律·宗教礼仪·制度，及多余之农工产业，终日经常忙碌，非为君子设也，为小人设也．君子已有高尚之智德，如世但有君子，则政治法律礼仪制度及多余之农工产业，皆可废而不用，无如小人太多．世上经营，遂以多数为标准，而牺牲君子之一部分而从之，此小人累君子也．然小人者，可悯者也．君子如但顾自己，则可离群索居，古之人有行之者，巢父是也．若以慈悲为心，则此小人者，吾同胞也，吾宇宙之一体也．吾等独去，则彼将益陷于沉沦．自宜为一援手，开其智而蓄其德，与之共济圣域．彼时天下皆为圣贤，而无凡愚，可尽毁一切世法，呼太和之气，而吸清海之波．孔子知此义，故立太平为鹄．大同者，吾人之鹄也．立德，立方，立言，以尽力于斯世者，吾人存慈悲之心，以救小人也．弟对于学校，甚多不满之处，他日当为书与阁下详论之．现属毕业不远，毕业之后，自思读书为上，教书办事为下．自揣固未尝立志，对于宇宙，对于人生，对于国家，对于教育，作何主张，均茫乎未定，如何教书办事，强而为之，岂惟徒费日力，抑且太觉胡涂．以胡涂之因，必得胡涂之果．为此而惧，弟久思组织私塾，采古讲学与今学校二者之长，暂只以三年为期，课程则以略通国家大要为准．过此即须出洋求学，得求西学大要，归仍返于私塾生活，怀此理想者，四年于兹矣，距今一年之后，即须实行，而基础未立．所得盖有三事，一曰人，有师有友，方不孤陋寡闻，二曰地，须交通而避烦嚣，三曰财，家薄必不能住，既不教书，缺少一分收入，又须费用，增加一分支出．三者惟此为难，然拟学颜子之箪瓢，与范公之画粥齑，冀可勉强支持也．阁下为此不知赞否若何？又阁下自己进修之筹画愿示规模，作我揩法．思深言长，聊欲尽意，不觉其琐．

泽 东 謹上

一九一七年八月二十三日

◎新民学会资料选辑 中国人民解放军海军学院政治理论教研室

一九七九∶四

5. 노동자 야학의 모집광고

(1917년 10월 30일)

夜学招学广告

列位大家来听我说句白话. 列位最不便宜的是什么, 大家晓得吗? 就是俗语说的, 讲了写不得, 写了认不得, 有数算不得. 都是个人, 照这样看起来, 岂不是同木石一样! 所以大家要求点知识, 写得几个字, 认得几个字, 算得几笔数, 方才是便益的. 虽然如此, 列位做工的人, 又要劳动, 又无人教授, 如何能到这样, 真是不易得的事. 现今有个最好的法子, 就是我们第一师范办了一个夜学. 今年上半年学生很多, 列位中想有听过来的. 这个夜学专为列位工人设的, 从礼拜一起至礼拜五止, 每夜上课两点钟. 教的是写信, 算帐, 都是列位自己时刻要用的. 讲义归我们发给, 并不要钱. 夜间上课又于列位工作并无妨碍. 若是要来求学的, 就赶快于一礼拜内到师范的号房报名. 列位大家想想, 我们为什么要如此做? 无非是念列位工人的苦楚, 想列位个个写得, 算得. 列位何不早来报个名, 大家来听听讲? 有说时势不好, 恐怕犯了戒严的命令, 此事我们可以担保, 上学以后, 每人发听讲牌一块, 遇有军警查问, 说是师范夜学学生就无妨了. 若有为难之处, 我替你做保, 此层只管放心的. 快快来报名, 莫再担搁!

根据《湖南省立第一师范学校志》(1918年编印) 刊印.

6. 《상강평론湘江評論》 창간선언

(1919년 7월 14일)

《湘江评论》创刊宣言

自"世界革命"的呼声大倡,"人类解放"的运动猛进, 从前吾人所不置疑的问题, 所不遽取的方法, 多所畏缩的说话, 于今都要一改旧观, 不疑者疑, 不取者取, 多畏缩者不畏缩了. 这种潮流, 任是什么力量, 不能阻住.任是什么人物, 不能不受他的软化.

世界什么问题最大? 吃饭问题最大. 什么力量最强? 民众联合的力量最强. 什么不要怕? 天不要怕, 鬼不要怕, 死人不要怕, 官僚不要怕, 军阀不要怕, 资本家不要怕.

自文艺复兴, 思想解放,"人类应如何生活?"成了一个绝大的问题.从这个问题, 加以研究, 就得了"应该那样生活""不应该这样生活"的结论. 一些学者倡之, 大多民众和之, 就成功或将要成功许多方面的改革.

见于宗教方面, 为"宗教改革", 结果得了信教自由. 见于文学方面, 由贵族的文学, 古典的文学, 死形的文学, 变为平民的文学, 现代的文学, 有生命的文学. 见于政治方面, 由独裁政治, 变为代议政治. 由有很〈限〉制的选举, 变为没限制的选举. 见于社会方面, 由少数阶级专制的黑暗社会, 变为全体人民自由发展的光明社会. 见于教育方面, 为平民教育主义. 见于经济方面, 为劳获平均主义. 见于思想方面, 为实验主义. 见于国际方面, 为国际同盟.各种改革, 一言蔽之,"由强权得自由"而已. 各种对抗强权的根本主义, 为"平民主义"(兑莫克拉西. 一作民本主义, 民主主义, 庶民主义). 宗教的强权, 文学的强权, 政治的强权, 社会的强权, 教育的强权, 经济的强权, 思想的强权, 国际的强权, 丝毫没有存在的余地. 都要借平民主义的高呼, 将他打倒. 如何打倒的方法, 则有二说, 一急烈的, 一温和的. 两样方法, 我们应有一番选举.(一) 我们承认强权者都是人, 都是我们的同类. 滥用强权，是他们不自觉的误谬与不幸，是旧社会旧思想传染他们遗害他们.

（二）　用强权打倒强权，结果仍然得到强权.不但自相矛盾，并且毫无效力.欧洲的"同盟""协约"战争，我国的"南""北"战争，都是这一类.

所以我们的见解，在学术方面，主张澈底研究.　不受一切传说和迷信的束缚，要寻着什么是真理.在对人的方面，主张群众联合，向强权者为持续的"忠告运动".实行"呼声革命"—面包的呼声，自由的呼声，平等的呼声—"无血革命".不至张起大扰乱，行那没效果的"炸弹革命""有血革命".

国际的强权，迫上了我们的眉睫，就是日本.罢课，罢市，罢工，排货，种种运动，就是直接间接对付强权日本有效的方法.至于湘江，乃地球上东半球东方的一条江.他的水很清.他的流很长.住在这江上和他邻近的民族，浑浑噩噩.世界上事情，很少懂得.他们没有有组织的社会，人人自营散处.只知有最狭的一己，和最短的一时，共同生活，久远观念，多半未曾梦见.他们的政治，没有和意和澈底的解决，只知道私争.他们被外界的大潮卷急了，也辨〈办〉了些教育，却无甚效力.一班官僚式教育家，死死盘据，把学校当监狱，待学生如囚徒.他们的产业没有开发.他们中也有一些有用人才在各国各地方学好了学问和艺术.但没给他们用武的余地，闭锁一个洞庭湖，将他们轻轻挡住.他们的部落思想又很利害，实行湖南饭湖南人吃的主义，教育实业界不能多多容纳异材.他们的脑子贫弱而又腐败，有增益改良的必要，没人提倡.他们正在求学的青年，很多，很有为，没人用有效的方法，将种种有益的新知识新艺术启导他们.咳! 湘江湘江! 你真枉存在于地球上.

时机到了! 世界的大潮卷得更急了! 洞庭湖的闸门动了.且开了! 浩浩荡荡的新思潮业已奔腾澎湃于湘江两岸了! 顺他的生.逆他的死.如何承受他? 如何传播他? 如何研究他? 如何施行他? 这是我们全体湘人最切最要的大问题，即是"湘江"出世最切最要的大任务.

根据 1919年 7月 14日 《湘江评论》创刊号刊印.署名泽东.

7. 진독수를 구하자

(1919년 7월 14일)
— 원제 〈진독수의 체포와 구조〉 —

陈独秀之被捕及营救

前北京大学文科学长陈独秀，于六月十一日，在北京新世界被捕. 被捕的原因，据警厅方面的布告，系因这日晚上，有人在新世界散步市民宣言的传单，被密探拘去.到警厅诘问，方知是陈氏. 今录中美通信社所述什么北京市民宣言的传单如下——

一. 取消欧战期内一切中日秘约.

二. 免除徐树铮曹汝霖章宗祥陆宗舆段芝贵王怀庆职.并即驱逐 出京.

三. 取消步军统领衙门，及警备总司令.

四. 北京保安队，由商民组织.

五. 促进南北和议.

六. 人民有绝对的言论出版集会的自由权.

以上六条，乃人民对于政府最低之要求，仍希望以和平方法达此目的. 倘政府不俯顺民意，则北京市民，惟有直接行动，图根本之改造.

上文是北京市民宣言传单，我们看了，也没有什么大不了处. 政府将陈氏捉了，各报所载，很受虐待.北京学生全体有一个公函呈到警厅，请求释放. 下面是公函的原文——

警察总监钧鉴：敬启者，近闻军警逮捕北京大学前文科学长陈独秀，拟加重究，学生等期期以为不可，特举出二要点如下，（一）陈先生夙负学界重望，其言论思想，皆见称于国内外. 倘此次以嫌疑遽加之罪，恐激动全国学界再起波澜.当此学潮紧急之时，殊非息事宁人之计.（二）陈先生向以提倡新文学现代思想见忌于一般守旧者. 此次忽被逮捕，诚恐国内外人士，疑军警当局，有意罗织，以为摧残近代思想之步.

现今各种问题，已极复杂，岂可再生枝节，以滋纠纷？基此二种理由，学生等特陈请贵厅，将陈独秀早予保释.

北京学生又有致上海各报各学校各界一电——

陈独秀氏为提倡近代思想最力之人，实学界重镇.忽于真日被捕，住宅亦被抄查.群情无任惶骇.除设法援救外，并希国人注意.

上海工业协会也有请求释放陈氏的电.有〈以北京学潮，迁怒陈氏一人，大乱之机，将从此始〉的话.政府尚未昏愦到全不知外间大势，可料不久就会放出.若说硬要兴一文字狱，与举世披靡的近代思潮，拼一死战，吾恐政府也没有这么大胆子.章行严与陈君为多年旧交，陈在大学任文科学长时，章亦在大学任图书馆长及研究所逻辑教授.于陈君被捕，即有一电给京里的王克敏，要他转达警厅，立予释放. 大意说——

……陈君向以讲学为务，平生不含政治党派的臭味. 此次虽因文字矢当，亦何至遽兴大狱，视若囚犯，至断绝家常往来. 且值学潮甫息之秋，讵可忽兴文网，重激众怒. 甚为诸公所不取.……

　　章氏又致代总理龚心湛一函. 说得更加激切——

仙舟先生执事，久违矩教，结念为劳.兹有愚者，前北京大学文科学长陈君独秀，闻因牵涉传单之嫌，致被逮捕，迄今未释.其事实如何，远道未能详悉.惟念陈君平日，专以讲学为务.虽其提倡新思潮，想著书立论，或不无过甚之词.然范围实仅及于文字方面，决不含有政治臭味，则固皎然可征. 方今国家多事，且值学潮甫息之后，讵可踏腹诽之诛，师监谤之策，而愈激动人之心理耶.窃为诸公所不取.故就历史论，执政因文字小故而专与文人为难，致兴文字之狱.幸而胜之，是为不武，不胜人心瓦解，政纽摧崩，虽有善者，莫之能挽.试观古今中外，每当文纲[网]最甚之秋，正其国运衰歇之候.以明末为殷鉴，可为寒心.今日谣诼繁兴，清流危惧，乃迭有此罪及文人之举，是真国家不祥之象，天下大乱之基也. 杜渐防微，用敢望诸当事. 且陈君英姿挺秀，学贯中西. 皖省地缩南北，每产材武之士，如斯学者，诚叹难能.执事平视同乡诸贤，谅有同感. 远而一国，近而一省，育一人才，至为不易.又焉忍遽而残之耶. 特专函奉达，请即饬警厅速将陈君释放. 钊与陈君总角旧交，同岑大学. 于其人品行谊，知之甚深.敢保无他，愿为左证.……

章士钊拜启　六月二十二日

我们对于陈君，认他为思想界的明星.陈君所说的话，头脑稍为清楚的听得，莫不人人各如其意中所欲出．现在的中国，可谓危险极了．不是兵力不强财用不足的危险，也不是内乱相寻四分五裂的危险．危险在全国人民思想界空虚腐败到十二分．中国的四万万人，差不多有三万万九千万是迷信家.迷信神鬼，迷信物象，迷信运命，迷信强权．全然不认有个人，不认有自己，不认有真理．这是科学思想不发达的结果．中国名为共和，实则专制，愈弄愈糟，甲仆乙代，这是群众心理没有民主的影子，不晓得民主究竟是什么的结果.陈君平日所标揭的，就是这两样．他曾说，我们所以得罪于社会，无非是为着〈赛因斯〉（科学）和〈克莫克拉西〉（民主）.陈君为这两件东西得罪了社会，社会居然就把逮捕和禁锢报给他．也可算是罪罚相敌了！凡思想是没有畛域的．　去年十二月德国的广义派社会党首领鲁森堡被民主派政府杀了，上月中旬，德国仇敌的意大利一个都林地方的人民，举行了一个大示威以纪念他.瑞士的苏里克，也有个同样的示威给他做纪念．仇敌尚且如此，况在非仇敌．异国尚且如此，况在本国．陈君之被逮，决不能损及陈君的毫末．并且是留着大大的一个纪念于新思潮，使他越发光辉远大．政府决没有胆子将陈君处死．就是死了，也不能损及陈君至坚至高精神的毫末．陈君原自说过，出试验室，即入监狱．出监狱，即入试验室．又说，死是不怕的．陈君可以实验其言了．我祝陈君万岁！我祝陈君至坚至高的精神万岁！

◎湘江评论　创刊号　一九一九七一四
◎陈独秀被捕资料汇编　河南人民出版社　一九八二:六

8. 민중의 대연합

(1919년 7월 21일, 28일/8월 4일)

民众的大联合(一)

国家坏到了极处, 人类苦到了极处, 社会黑暗到了极处. 补救的方法, 改造的方法, 教育, 兴业, 努力, 猛进, 破坏, 建设, 固然是不错, 有为这几样根本的一个方法, 就是民众的大联合.

我们竖看历史. 历史上的运动不论是那一种, 无不是出于一些人的联合. 较大的运动, 必有较大的联合. 最大的运动, 必有最大的联合. 凡这种联合, 于有一种改革或一种反抗的时候, 最为显著. 历来宗教的改革和反抗, 学术的改革和反抗, 政治的改革和反抗, 社会的改革和反抗, 两造必都有其大联合. 胜负所分, 则看他们联合的坚脆, 和为这种联合基础主义的新旧或真妄为断. 然都要取联合的手段, 则相同.

古来各种联合, 以强权者的联合, 贵族的联合, 资本家的联合为多. 如外交上各种"同盟""协约", 为国际强权者的联合. 如我国的什么"北洋派""西南派", 日本的什么"萨藩""长藩"为国内强权者的联合. 如各国的政党和议院, 为贵族及资本家的联合.(上院若元老院, 固为贵族聚集的巢穴. 下院因选举法有财产的限制, 亦大半为资本家所盘据.) 至若什么托辣斯 (钢铁托辣斯, 煤油托辣斯……), 什么会社 (日本邮船会社, 满铁会社……), 则纯然资本家的联合. 到了近世, 强权者, 贵族, 资本家的联合到了极点, 因之国家也坏到了极点, 人类也苦到了极点, 会社〈社会〉也黑暗到了极点. 于是乎起了改革, 起了反抗. 于是乎有〔民〕众的大联合.

自法兰西以民众的大联合, 和王党的大联合相抗, 收了"政治改革"的胜利以来, 各国随之而起了许多的"政治改革". 自去年俄罗斯以民众的大联合，和贵族的大联合资本家的大联合相抗，收了"社会改革"的胜利以来，各国如匈，如奥，如截，如德，亦随之而起了许多的社会改革.虽其胜利尚未至于完满的程度，要必可以完满，并且可以普及于世界，是想得到的.

民众的大联合，何以这么利害呢？因为一国的民众，总比一国的贵族资本家及其他强权者要多.贵族资本家及其他强权者人数既少，所赖以维持自己的特殊利益，剥削多数平民的公共利益者，第一是知识，第二是金钱，第三是武力.从前的教育，是贵族和资本家的专利，一般平民，绝没有机会去受得.他们既独有知识，于是生出了智愚的阶级.金钱是生活的媒介，本来人人可以取得.但那些有知识的贵族和资本家，想出什么"资本集中"的种种法子，金钱就渐渐流入田主和工厂老板的手中.他们既将土地，和机器，房屋，收归他们自己，叫做"不动的财产"，又将叫做"动的财产"的金钱，收入他们的府库(银行).于是替他们作工的千万平民，反只有一佛郎一辨士的零星给与.作工的既然没有金钱，于是生出了贫富的阶级.贵族资本家有了知识和金钱，他们即便设军营练兵，设工厂造枪，借着"外侮"的招牌，便几十师团几百联队的招募起来.甚者更仿照抽丁的办法，发明什么"征兵制度".于是强壮的儿子当了兵，遇着问题，就抬出机關枪，去打他们懦弱的老子.我们且看去年南军在湖南败退时，不打死了他们自己多少的老子吗？贵族和资本家利用这样的妙法，平民就更不敢做声，于是生出了强弱的阶级.

可巧他们的三种法子，渐渐替平民偷着学得了多少.他们当做"枕中秘"的教科书，平民也偷着念了一点，便渐渐有了知识.金钱所从出的田地和工厂，平民早已窟宅其中，眼红资本家的舒服，他们也要染一染指.至若军营里的兵士，就是他们的儿子，或是他们的哥哥，或是他们的丈夫.当拿着机關枪对着他们射击的时候，他们便大声的唤.这一片唤声，早使他们的枪弹，化成软泥.不觉得携手同归，反一齐化成了抵抗贵族和资本家的健将.我们且看俄罗斯的貔貅十万，忽然将鸳旗易了红旗，就可以晓得这中间有很深的道理了.

平民既已〈已〉将贵族资本家三种法子窥破，并窥破他们实行这三种，是用联合的手段，又觉悟他们的人数是那么少，我们的人数是这么多，便大大的联合起来.联合以后的行动, 有一派很激烈的, 就用"即以其人之道还治其人之身" 的方法, 同他们拼命的倒担. 这一派的音〈首〉领, 是一个生在德国的, 叫做马克斯. 一派是较为温和的, 不想急于见效, 先从平民的了解入手. 人人要有互助的道德和自愿工作.贵族资本家,只要他回心向善能够工作, 能够助人而不害人, 也不必杀他. 这派人的意思, 更广, 更深远. 他们要联合地球做一国, 联合人类做一家, 和乐亲善—不是日本的亲善—共臻盛世. 这派的首领, 为一个生于俄国的,叫做克鲁泡特金.

我们要知道世界上事情, 本极易为. 有不易为的, 便是因于历史的势力—习惯. 我们倘能齐声一呼, 将这历史的势力冲破, 更大大的联合, 遇着我们所不以为然的, 我们就列起队伍, 向对抗的方面大呼. 我们已〈已〉经得了实验, 陆荣廷的子弹, 永世打不到曹汝霖等一班奸人, 我们起而一呼, 奸人就要站起身来发抖, 就要舍命的飞跑. 我们要知道别国的同胞们, 是通常用这种方法, 求到他们的利益. 我们应该起而仿效,我们应该进行我们的大联合!

根据 1919年7月21日《湘江评论》第二号刊印. 署名泽东.

民众的大联合(二)
以小联合做基础

上一回的本报, 己〈已〉说完了"民众的大联合"的可能及必要. 今回且说怎样是进行大联合的办法? 就是"民众的小联合".

原来我们想要有一种大联合, 以与立在我们对面的强权者害人者相抗,而求到我们的利益, 就不可不有种种做他基础的小联合. 我们人类本有联合的天才, 就是能群的天才, 能够组织社会的天才."群"和"社会"就是我所说的 "联合". 有大群, 有小群, 有大社会, 有小社会, 有大联合, 有小联合, 是一样的东西换却名称. 所以要有群, 要有社会, 要有联合, 是因为想要求到我们的共同利益. 共同利益因为我们的境遇和职业不同, 其范围也就有大小的不同. 共同利益有大小的不同, 于是求到共同利益的方法(联合), 也就有大小的不同.

诸君! 我们是农夫. 我们就要和我们种田的同类, 结成一个联合, 以谋我们种田人的种种利益. 我们种田人的利益, 是要我们种田人自己去求, 别人不种田的, 他和我们利益不同, 决不会帮我们去求. 种田的诸君! 田主怎样待遇我们? 租税是重是轻? 我们的房子适不适? 肚子饱不饱? 田不少吗? 村里没有没田作的人吗? 这许多问题, 我们应该时时去求解答. 应该和我们的同类结成一个联合, 切切实实章明较著的去求解答.

诸君! 我们是工人. 我们要和我们做工的同类结成一个联合, 以谋我们工人的种种利益. 關于我们做工的各种问题, 工值的多少? 工时的长短? 红利的均分与否? 娱乐的增进与否? …… 均不可不求一个解答. 不可不和我们的同类结成一个联合, 切切实实章明较著的去求一个解答.

诸君! 我们是学生. 我们好苦, 教我们的先生们, 待我们做寇仇, 欺我们做奴隶, 闭锁我们做囚犯. 我们教室里的窗子, 那么矮小, 光线照不到黑板, 使我们成了"近视". 桌椅太不合式, 坐久了便成"脊柱弯曲症". 先生们只顾要我门〈们〉多看书, 我们看的真多, 但我们都不懂, 自费了记忆. 我们眼睛花了, 脑筋昏了, 精血亏了, 面色灰白的使我们成了"贫血症", 成了"神经衰弱症". 我们何以这么呆板? 这么不活泼? 这么萎缩? 呵! 都是先生们迫着我门〈们〉不许动, 不许声的原故. 我们便成了"僵死症". 身体上的痛苦还次. 诸君! 你看我们的试验室呵! 那么窄小! 那么贫乏!! 几件坏仪器, 使我们试验不得. 我们的国文先生那么顽固. 满嘴里"诗云""子曰", 清底却是一字不通. 他们不知道现今己〈已〉到了二十世纪, 还迫着我们行"古礼"守"古法". 一大堆古典式死尸式的臭文章, 迫着向我们脑子里灌. 我们图书室是空的. 我们游戏场是秽的. 国家要亡了, 他们还贴着布告, 禁止我国〈们〉爱国. 像这一次救国运动. 受到他们的恩赐真多呢! 咳! 谁使我们的身体, 精神, 受摧折, 不娱快! 我们不联合起来, 讲究我们的"自教育", 还待何时? 我们巳〈已〉经堕在苦海! 我们要讲求自救, 卢梭所发明的"自教育", 正用得着. 我们尽可结合同志, 自己研究. 咬人的先生们, 不要靠他. 遇着事情发生, 一像这回日本强权者和国内强权者的跋扈〈扈〉—我们就列起队伍向他们作有力的大呼.

诸君! 我们是女子. 我们更沉沦在苦海! 我们都是人, 为什么不许我们参政? 我们都是人, 为什么不许我们交际? 我们一窟一窟的聚着, 连大都门〈门都〉不能跨出.无耻的男子, 无赖的男子, 拿着我们做玩具, 教我们对他长期卖淫, 破坏恋爱自由的恶魔! 破坏恋爱神圣的恶魔! 整天的对我们围着. 什么"贞操"却限于我们女子!"烈女祠"遍天下, "贞童庙"又在那里? 我们中有些一窟的聚着在女子学校, 教我们的又是一些无耻无赖的男子, 整天说什么"贤母良妻", 无非是教我们长期卖淫专一卖淫, 怕我们不受约束, 更好好的加以教练. 苦! 苦! 自由之神! 你在那里! 快救我们! 我们于今醒了! 我们要进行我们女子的联合! 要扫荡一般强奸我们破坏我们身体精神的自由的恶魔!

诸君! 我们是小学教师. 我们整天的教课, 忙的真很! 整天的吃粉条屑, 没处可以游散舒吐. 这么一个大城里的小学教师, 总不下几千几百, 却没有专为我们而设的娱乐场. 我们教课, 要随时长进学问, 却没有一个为我们而设的研究机關. 死板板的上课钟点, 那么多, 并没有余时, 没有余力, 一精神来不及! 一去研究学问. 于是乎我们变了留声器, 整天演唱的不外昔日先生们教给我们的真专讲义. 我们肚子是饿的. 月薪十元八元, 还要折扣. 有些校长

先生, 更仿照"刻减军粮"的方法, 将政府发下的钱, 上到他们的腰包去了. 我们为着没钱, 我们便做了有妇的鳏夫. 我和我的亲爱的妇人隔过几百里几十里的孤住着, 相望着. 教育学上讲的小学教师是终身事业, 难道便要我们做终身的鳏夫和寡妇? 教育学上原说学校应该有教员的家庭住着, 才能做学生的模范, 于今却是不能. 我们为着没钱, 便不能买书, 便不能游历考察.不要说了! 小学教师横直是奴隶罢了! 我们要想不做奴隶, 除非联结我们的同类, 成功一个小学教师的联合.

诸君! 我们是警察. 我们也要结合我们同类, 成功一个有益我们身心的联合. 日本人说, 最苦的是乞丐, 小学教员, 和警察, 我们也有点感觉.

诸君! 我们是车夫. 整天的拉得汗如雨下! 车主的赁钱那么多! 得到的车费这么少! 何能过活, 我们也有什么联合的方法么?

上面是农夫, 工人, 学生, 女子, 小学教师, 警察, 车夫, 各色人等的一片哀声, 他们受苦不过, 就想组成切于他们利害的各种小联合.

上面所说的小联合，像那工人的联合，还是一个狠大很笼统的名目，过细说来，像下列的

铁路工人的联合，

矿工的联合，

电报司员的联合，

电话司员的联合，

造船业工人的联合，航业工人的联合，

五金业工人的联合，

纺织业工人的联合，

电车夫的联合，

街车夫的联合，

建筑业工人的联合··········

方是最下一级小联合．西洋各国的工人，都有各行各业的小联合会．如运输工人联合会，电车工人联合会之类，到处都有.由许多小的联合，进为一个大的联合．由许多大的联合，进为一个最大的联合．于是什么"协会"，什么"同盟"，接踵而起.因为共同利益，只限于一小部份人，故所成立的为小联合．许多的小联合彼此间利益有共同之点，故可以立为大联合．像研究学问是我们学生分内的事，就组成我们研究学问的联合．像要求解放要求自由，是无论何人都有分的事，就应联合各种各色的人，组成一个大联合．

所以大联合必要从小联合入手，我们应该起而仿效别国的同胞们．我们应该多多进行我们的小联合．

根据 1919年7月28日《湘江评论》第3号刊印．署名泽东．

民众的大联合(三)
中华"民众的大联合"的形势

上两回的本报，己〈已〉说完了（一）民众大联合的可能及必要，（二）民众的大联合，以民众的小联合为始基．于今进说吾国民众的大联合我

们到底有此觉悟么? 有此动机么? 有此能力么? 可得成功么?

(一) 我们对于吾国"民众的大联合"到底有此觉悟么? 辛亥革命, 似乎是一种民众的联合, 其实不然. 幸〈辛〉亥革命, 乃留学生的发踪指示, 哥老会的摇旗换呐, 新军和巡防营一些丘八的张弩拔剑所造成的, 与我们民众的大多数, 毫没關系. 我们虽赞成他们的主义, 却不曾活动. 他们也用不着我们活动. 然而我们却有一层觉悟, 知道圣文神武的皇帝, 也是可以倒去的. 大逆不道的民主, 也是可以建设的. 我们有话要说, 有事要做, 是无论何时可以说可以做的. 辛亥而后, 到了丙辰, 我们又打倒了一次洪宪皇帝. 虽然仍是少数所干, 我们却又觉悟那么威风凛凛的洪宪皇帝, 原也是可以打得倒的. 及到近年, 发生南北战争, 和世界战争, 可就更不同了, 南北战争结果, 官僚, 武人, 政客, 是害我们, 毒我们, 朘削我们, 越发得了铁证. 世界战争的结果, 各国的民众, 为着生活痛苦问题, 突然起了许多活动. 我〈俄〉罗斯打倒贵族, 驱逐富人, 劳农两界合立了委办政府, 红旗军东驰西突, 扫荡了多少敌人, 协约国为之改容, 全世界为之震动. 匈牙利崛起, 布达佩斯又出现了崭新的老农政府. 德人奥人截克人和之, 出死力以与其国内的敌党搏战. 怒涛西迈, 转而东行, 英法意美既演了多少的大罢工, 印度朝鲜, 又起了若干的大革命. 异军特起, 更有中华长城渤海之间, 发生了"五四运动". 旌旗南向, 过黄河而到长江, 黄浦汉皋, 屡演活剧, 洞庭闽水, 更起高潮.天地为之昭苏, 奸邪为之辟易. 咳! 我们知道了! 我们醒觉了! 天下者我们的天下. 国家者我们的国家. 社会者我们的社会. 我们不说, 谁说? 我们不干, 谁干? 刻不容缓的民众大联合, 我们应该积极进行!

(二) 吾国民众的大联合业已有此动机么? 此问我直答之曰"有". 诸君不信, 听我道来——

溯源吾国民众的联合, 应推清末谘议局的设立, 和革命党——同盟会——的组成. 有谘议局乃各省谘议局联盟请愿早开国会的一举. 有革命党乃有号召海内外起兵排满的一举. 辛亥革命, 乃革命党和谘议局合演的一出"痛饮黄龙". 其后革命党化成了国民党, 谘议局化成了进步党, 是为吾中华民族有政党之始. 自此以后, 民国建立, 中央召集了国会, 各省亦召集省议会. 此时各省更成立三种团体, 一为省教育会, 一为省商会,

亦召集省议会. 此时各省更成立三种团体, 一为省教育会, 一为省商会, 一为省农会.(有数省有省工会. 数省则合于农会, 像湖南.) 同时各县也设立县教育会, 县商会, 县农会.(有些县无) 此为很固定很有力的一种团结. 其余各方面依其情势地位而组设的各种团体, 像

各学校里的校友会,

旅居外埠的同乡会,

在外国的留学生总会, 分会,

上海日报工会,

寰球中国学生会,

北京及上海欧美同学会,

北京华法教育会,

各种学会 (像强学会, 广学会, 南学会, 尚志学会, 中华职业教育社, 中华科学社, 亚洲文明协会……),

各种同业会 (工商界各行各业, 像银行公会, 米业公会……),

各学校里的研究会(像北京大学的画法研究会, 哲学研究会……有几十种), 各种俱乐部……

都是近来因政治开放, 思想开放的产物, 独夫政治时代所决不准有不能有的. 上列各种, 都很单纯, 相当于上回本报所说的"小联合". 最近因政治的纷乱, 外患的压迫, 更加增了觉悟, 于是竟有了大联合的动机. 像什么

全国教育会联合会,

全国商会联合会,

广州的七十二行公会, 上海的五十三公团联合会,

商学工报联合会,

全国报界联合会,

全国和平期成会,

全国和平联合会,

北京中法协会,

国民外交协会,

湖南善后协会 (在上海),

山东协会（在上海），

北京上海及各省各埠的学生联合会，

各界联合会，全国学生联合会……

都是. 各种的会，社，部，协会，联合会，固然不免有许多非民众的
"绅士""政客"在里面.(像国会，省议会，省教育会，省农会，全国和平
期成会，全国和平联合会等，乃完全的绅士会，或政客会). 然而各行各
业的公会，各种学会，研究会等，则纯粹平民及学者的会集. 至最近产
出的学生联合会，各界联合会等，则更纯然为对付国内外强权者而起的
一种民众的联合. 我以为中华民众的大联合的动机，实伏于此.

（三）我们对于进行吾国"民众的大联合"，果有此能力么？果可得成功
么？谈到能力，可就要发生疑问了. 原来我国人只知道各营最不合算最
没出息的私利，做商的不知设立公司，做工的不知设立工党，做学问的
只知闭门造车的老办法，不知同共〈共同〉的研究. 大规模有组织的事
业，我国人简直不能过问. 政治的办不好，不消说. 邮政和盐务有点成
绩，就是倚靠了洋人. 海禁开了这久，还没一头走欧州〈洲〉的小船.全
国唯一的"招商局"和"汉冶萍"，还是每年亏本，亏本不了，就招人外
股. 凡是被外人管理的铁路，清洁，设备，用人，都要好些. 铁路一被
交通部管理，便要糟糕，坐京汉，津浦，武长，过身的人，没有不嗤着
鼻子咬着牙齿的! 其余像学校办不好，自治办不好，乃至一个家庭也办
不好，一个身子也办不好，"一丘之貉""千篇一律"的是如此. 好容易谈
到民众的大联合？好容易和根深蒂固的强权者相抗？

虽然如此，却不是我们根本的没能力. 我们没能力，有其原因，就是
"我们没练习".

原来中华民族，几万万人，从几千年来，都是干着奴隶的生活，只有一
个非奴隶的是"皇帝".(或曰皇帝也是"天"的奴隶). 皇帝当家的时候，
是不准我们练习能力的. 政治，学术，社会，等等，都是不准我们有思
想，有组织，有练习的.

于今却不同了，种种方面都要解放了. 思想的解放，政治的解放，经济
的解放，男女的解放，教育的解放，都要从九重冤狱，求见青天.我们
中华民族原有伟大的能力! 压迫愈深，反动愈大，蓄之既久，其发必速.

我敢说一怪话, 他日中华民族的改革, 将较任何民族为彻底. 中华民族的社会, 将较任何民族为光明. 中华民族的大联合, 将较任何地域任何民族而先告成功. 诸君! 诸君! 我们总要努力! 我们总要拼命的向前! 我们黄金的世界, 光华灿烂的世界, 就在前面! (完)

根据 1919年8月4日《湘江评论》第4号刊印. 署名泽东.

9. 조양의 자살을 평하다

(1919년 11월 16일)

对于赵女士自杀的批评

社会上发生一件事，不要把他小看了．一件事的背后，都有重迭相生的原因．即如〈人死〉一件事，有两种解说．一是生理的及物理的，〈年老寿终〉属于这一类．一是反生理的及反物理的，〈夭殇〉〈横死〉属于这一类．赵女士的死，是自杀，是横死，是属于后一类．

一个人的自杀完全是由环境所决定．赵女士的本意，是求死的么．不是，是求生的．赵女士而竟求死了，是环境逼着他求死的．赵女士的环境是（一）中国社会，（二)长沙南阳街赵宅一家人，（三)他所不愿意的夫家长沙柑子园吴宅一家人．这三件是三面铁网．可设想作三角的装置，赵女士在这三角形铁网当中，无论如何求生，设有生法．生的对面是死．于是乎赵女士死了．

假使这三件中有一件不是铁网，或铁网而是开放的，赵女士决不至死．（一)假使赵女士的父母不过于强迫，依从赵女士自由意志，赵女士决不会死的．(二)赵家父母以强迫从事，使赵女士能达其意于夫家，说明不从的原故，夫家亦竟从其意，尊崇他的各人自由，赵女士决不会死的．（三)父母及夫家虽都不能容其自由意志，假设社会上有一部很强烈的舆论为他的后援，别有新天地可容其逃亡栖存，认他的逃亡栖存为名誉的举动而非所谓不名誉，赵女士也决不会死的．如今赵女士真死了，是三面铁网（社会，母家，夫家）坚重围着，求生不能，至于求死的．

去年日本东京发生一件伯爵夫人和汽车夫恋爱发泄后同自杀的事．东京新闻为之发刊号外．接着许多文人学者讨论这件事亘数月不止．昨日的事件，是一个很大的事件．这事件背后，是婚姻制度的腐败，社会制度的黑暗，意想的不能独立，恋爱不能自由．吾们讨论各种学理，应该傍着活事件来讨论．

昨日天籁先生和兼公先生已经作了引子．我特为继着发表一点意见，希望有讨论热心的人，对于这一个殉自由殉恋爱的女青年，从各种论点出发，替他呼一声〈冤枉〉(事详昨日本报).

◎长沙大公报 一九一九一一‧一六

10. 학생의 활동

(1919년 12월 1일)

学生之工作

我数年来梦想新社会生活，而没有办法．七年春季，想邀朋友在省城对岸岳麓山设工读同志会，从事半耕半读，因他们多不能久在湖南，我亦有北京之游，事无成议．今春回湘，再发生这种想象，乃有在岳麓山建设新村的计议，而先从办一实行社会说本位教育说的学校入手．此新村以新家庭新学校及旁的新社会连成一块为根本理想．对于学校的办法，曾得就一计划书．今钞出计划书中〈学生之工作〉一章于此，以求同志的教诲．我觉得在岳麓山建设新村，似可成为一问题，倘有同志，对于此问题有详细规划，或有何种实际的进行，实在欢迎希望的很．

(一)

学校教授之时间，宜力求减少，使学生多自动研究及工作．应划分每日之时间为六分．其分配如左：

睡眠二分．

游息一分．

读书二分．

工作一分．

读书二分之中，自习占一分，教授占一分．以时间实数分配，即

睡眠　八小时．

游息　四小时．

自习　　四小时.

教授　　四小时.

工作　　四小时.

上列之工作四小时，乃实行工读主义所必具之一个要素.

(二)

工作之事项，全然农村的. 列举如左:

(甲) 种园. (一) 花木. (二) 蔬菜.

(乙) 种田. (一) 棉. (二) 稻.及他种

(丙) 种林.

(丁) 畜牧.

(戊) 种桑.

(己) 鸡鱼.

(三)

工作须为生产的，与实际生活的. 现时各学校之手工，其功用在练习手眼敏活，陶冶心思精密，启发守秩序的心，及审美之情，此为手工课之优点. 然多非生产的，（如纸、泥、石膏，各细工）作成之物，可玩而不可用. 又非实际生活的，学生在学校所习，与社会之实际不相一致，结果则学生不熟谙社会内情，社会亦嫌恶学生.

在吾国现时，又有一弊，即学生毕业之后，多骛都市而不乐田园. 农村的生活，非其所习，从而不为所乐.(不乐农村生活，尚有其他原因，今不具论). 此于地方自治的举行有關係. 学生多散布于农村之中，则成为发议认识成为执行之人，即地方自治得学生为之中之人，有不能美满推行之患. 又于政治亦有關係，现代政

治，为代议政治，而代议政治之基础于选举之上. 民国成立以来，两次选举，殊非真正民意. 而地方初选，劣绅恶棍，武举投票，乡民之多数，竟不知选

举是什么一回事，尤无民意可言．推其原因，则在缺乏有政治常识之人参与之故．有学生指导监督，则放弃选举权一事，可逐渐减少矣．

欲除去上文所说之弊，（非生产的，非实际生活的，鹜于都市而不乐农村）．第一，须有一种经济的工作，可使之直接生产，其能力之使用，不论大小多寡，皆有成效可观．第二，此种工作之成品，必为现今社会普通一要需．第三，此种工作的场所，必在农村之中，此种之工作，必为农村之工作．上述之第一，所以使之直接生产．第二，所以使之合于实际生活．第三，所以养成乐于农村生活之习惯．

（四）

于上文所举之外，尚有一要项，今述之于下．言世界改良进步者，皆知须自教育普及使人民咸有知识始．欲教育普及，又自兴办学校始．其言因为不错，然兴办学校，不过施行教育之一端．而教育之全体，不仅学校而止．其一端则有家庭，一端则有社会．家庭之人无知识，（家庭之组织不善习惯不善等从之）．则学生在学校所得之知识与之柄凿其结果只有二途；一则被融化于家庭；造成一种孝子顺孙新旧杂粹之乡愿，一则与家庭分张，近来〈家庭革命〉〈父子冲突〉之声，所由不绝于耳也．社会亦然．学生出学校入社会．若社会之分子无知识，（社会之组织不善习惯不善等从之）则学生在学校所得之知识与之柄凿．其结果亦只有两途；或为所融化，或与之分张．从来之柔懦奸邪，皆前一种之结果．从来之隐士，皆后一种的结果．（隐士之隐，多为社会与其理想柄凿而然）．故但言改良学校教育，而不同时改良家庭与社会，所谓举中而遗其上下，得其一而失其二也．

虽然，欲依现在之情形，由学校之力，改良家庭与社会，由办学校之人，同时为改良家庭与改良社会之人，其事果得为乎？此吾可侭答曰不可得也．盖依现今之情势，家庭，学校，社会，三者其關係非为有机的而为无机的，非为精神的而为形式的．形式尽相结合，而精神上则常相冲突．今以学校对于学生之目的言之，为〈养成有独立健全之人格之人〉．而家庭对于子弟之目的，则为〈养成可供家庭使命之人〉．（例如父兄只责子弟赚钱养家，却不问其来历）．社会对于个人之目的，亦非以社会为个人之发展地，而以个人为社会之牺牲品.(例如工厂奴使工徒. 又各级机關下级人员的生活，多感痛苦而不觉愉快). 此岂非精神上相冲突之明证乎? 由今之道，天变今之俗，家庭，学校，社会，将相违日远，焉有改良之望哉.

今请申言吾人之意. 真欲使家庭社会进步者，不可徒言〈改良其旧〉，必以〈创造其新〉为志而后有济也. 盖所谓改良家庭，改良社会云者，无非改良〈生活〉，而旧的家庭生活，与旧的社会生活，终不可以改良. 此等之旧生活，只适用于旧时代. 时代已更，则须别有适应此时代之新生活. 且伊古以来，几曾真见有改良其旧之事? 有之，皆创造其新者耳. 近人知旧剧之不可改良为新剧，而岂知各种旧生活亦皆不可改良为新生活也. 今试征之家庭与社会之事实; 与现今之家长言子弟人格独立，与现今之工厂主谋与工徒分配平均，尽人而知其不可能也. 故劳动者欲求完全之平均分配，非在社会制度改革之后，不能得到. 社会制度之大端为经济制度. 家庭制度之大端为婚姻制度. 如此造端宏大之制度改革，岂区区〈改良其旧〉云云所能奏效乎.

创造新学校，施行新教育. 必与创造新家庭新社会相联. 新教育中，以创造新生活为主体.前节所云〈生产的工作〉，〈实际的工作〉，〈农村的工作〉，即新生活之大端也.

新学校中学生之各个，为创造新家庭之各员. 新学校之学生渐多，新家庭之创造亦渐多.

合若干之新家庭，即可创造一种新社会. 新社会之种类不可尽举，举其著者; 公共育儿院，公共蒙养院，公共学校，公共图书馆，公共银行，公共农场，公共工作厂，公共消费社，公共剧院，公共病院，公园，博物馆，自治会. 合此等之新学校，新社会.而为一〈新村〉. 吾以为岳麓山一带乃湘城附近最适宜建设新村之地也.

夫论政治革命之著名者，称法兰西，论社会革命之著名者，称俄罗斯. 所谓〈模范国〉是也. 论街衢之修洁者称柏林，论商市之华丽者称巴黎，所谓〈模范都〉是也. 吾人于南通县之自治教育，亦艳称之则又所谓〈模范地方〉也.所以然者，效验既呈，风树乃树，世人耳目，咸集注之. 城欲能移风化，自宜养成一种势力，而此种势力，宜搏控而切忌涣散. 旗帜务取鲜明，而着步尽宜按实.今不取言〈模范国〉〈模范都〉〈模范地方〉，若〈模范村〉，则诚陈义不高，简而易行者矣.

俄罗斯的青年，为传播其社会主义，多入农村与农民杂处. 日本之青年，近来盛行所谓〈新村运动〉.美国及其属地菲律宾，亦有〈工读主义〉之流行. 吾国留学生效之. 在美则有〈工读会〉，在法则有〈勤工俭学会〉. 故吾人 而真有志于新生活之创造也，实不患无大表同情于吾人者.

(五)

第二节所举田园树畜各项，皆旧日农圃所为，不为新生活，以新精神经营之，则 为新生活矣. 旧日读书人不预农圃时，今一边读书，一边工作，以神圣视工作焉， 则为新生活矣. 号称士大夫有知识一流，多营逐于市场与官场，而农村新鲜之空 气不之吸，优美之景色不之赏，吾人改而吸赏此新鲜之空气与优美之景色，则为 新生活矣.
种园有二，一种花木，为花园，一种蔬菜，为菜园，二者相当于今人所称之学校 园.再扩充之，则为植物园. 种田以棉与稻为主，大小麦，高梁，蜀黍等亦可间种. 粗工学生所难为者，雇工助之.
种林须得山地，学生一朝手植，虽出校而仍留所造之材，可增其回念旧游爱重母 校之心.

畜牧如牛，羊，猪等，在可能畜养之范围内，皆可个别畜养.

育蚕须先种桑，桑成饲蚕，男女生皆可为.

养鸡鱼，亦生产之一项，学生所喜为者也.

(六)

各项工作，非欲一人做遍，乃使众人分工. 一人只做一项，或一项以上.
学生认学校如其家庭，认所作田园林木等如其私物. 由学生各个所有物私物之联 合，为一公共团体，团体可名之曰〈工读同志会〉. 会设生产消费，储蓄诸部， 学生出学校，在某期间内不取出会中所存之利益，在某期间外，可取去其利益之 一部而留存其一部，因此方法，可使学生长久与学校有關係.

(七)

依第三节所述, 现时备学校之手工科, 为不生产的, 所施之能力, 掷诸虚牝, 是谓〈能力不经济〉. 手工科以外, 又有体操科亦然, 各种之体操, 大抵皆属于能力不经济二类. 今有各项工作, 此两科目可废弃之. 两科目之利, 各项工作之中, 亦可获得.

◎马克思主义研究参考资料　七期　一九八一·二
◎湖南教育月刊　一卷二号　一九一九一二·一

11. 우미인 침상

(1920년)

虞美人 枕上

堆來枕上愁何狀 江海翻波浪 夜長天色總難明 寂寞披衣起坐數寒星.
曉來百念都灰盡 剩有離人影 一鉤殘月向西流 對此不抛眼淚也無由.

12. 호남공화국으로

(1920년 9월 3일)
─원제 〈호남건설의 근본문제─호남공화국〉 ─

湖南建设问题的根本问题─湖南共和国

乡居寂静, 一卧兼旬, 九月一号到省, 翻阅大公报, 封面打了红色, 中旬有许多我所最喜欢的议论, 引起我的高兴, 很愿意继着将我的一些意思写出. 我是反对〈大中华民国〉的, 我是主张〈湖南共和国〉的. 有什么理由呢? 大概从前有一种谬论, 就是〈在今后世界能够争存的国家, 必定是大国家〉. 这种议论的流毒, 扩充帝国主义, 压抑自国的小弱民族, 在争海外殖民地, 使半开化未开化之民族, 变成完全奴隶, 窒其生存向上, 而惟使恭顺驯屈于已. 最著的例, 是英, 美, 德, 法, 俄, 奥, 他们幸都收了其实没有成功的成功, 还有一个, 就是中国, 连〈其实没有成功的成功〉都没收得. 收得的是满洲人消灭, 蒙人, 回人, 藏人奄奄欲死, 十八省乱七八糟, 造成三个政府, 三个国会, 二十个以上督军王, 巡按使王, 总司令王, 老百姓天天被人杀死奸死, 财产荡空, 外债如山, 号称共和民国, 没有几个懂得〈什么是共和〉的国民. 四万万人至少有三万万九千万, 不晓得写信看报, 全国没有一条自主的铁路. 不能办邮政, 不能驾〈洋船〉, 不能经理食盐. 十八省中像湖南四川广东福建浙江湖北一类的省, 通变成被征服省, 屡践他人的马蹄, 受害无极. 这些果都是谁之罪呢? 我敢说, 是帝国之罪, 是大国之罪, 是〈在世界能够争存的国家必定是大国家〉一种谬论的罪. 根本的说, 是人民的罪.

现在我们知道, 世界的大国多半瓦解了. 俄国的旗子变成了红色, 完全是世界主义的平民天下. 德国也染成了半红.波兰独立, 截克独立, 匈牙利独立. 犹太, 阿刺伯, 亚美尼亚, 都重新建国. 爱尔兰狂欲脱离英吉利, 朝鲜狂欲脱离日本. 在我们东北的西伯利亚远东片土, 亦建了三个政府. 全世界风起云涌，〈民族自决〉，高唱入云，打破大国迷梦，知道是野心家欺人的鬼话，摧翻帝国主义，不许他再来作祟。全世界盖有好些人民业已醒觉了。

中国呢？也醒觉了(除开政客官僚军阀)。九年假共和大战乱的经验，迫人不得不醒觉，知道全国的总建设在一个期内完全无望，最好办法，是索性不谋总建设，索性分裂去谋各省的分建设，实行〈各省人民自决主义〉，二十二行省，三特区，两藩地，合共二十七个地方，最好分为二十七国。

湖南呢？至于我们湖南！尤其三千万人个个应该醒觉了。湖南人没有别的法子，唯一的法子，是湖南人，自决自治，是湖南人在湖南地域，建设一个〈湖南共和国〉。我曾着实想过，救湖南，救中国，图与全世界解放的民族携手，均非这样不行。湖南人没有把湖南自建为国的决心和勇气，湖南终究是没办法。

谈湖南建设问题，我觉得这是一个根本问题，我颇有点意思要发表出来，乞吾三千万同胞的聪听，希望共起讨论这一个顶有意思的大问题。今天是个发端，余俟明日以后继续讨论。

◎长沙大公报　一九二○·九三
◎湖南自治运动史(上编)　泰东图书局　一九二○·一二

13. 통일에 반대한다

(1920년 10월 10일)

反对统一

中国的事，不是统一能够办得好的，到现在算是大明白了．中国也不是全无热心国事的人，这些热心国事的人，也不是全然没有知识和能力．然而办不好者，中国之大，太没有基础，太没有下层的组织，在沙堵上建筑层楼，不待建成，便要倾倒了．中国二十四朝，算是二十四个建在沙堵上的楼．个个要倾倒，就是因为个个没基础．四千年的中国只是一个空架子，多少政治家的经营．多少学者的论究，都只在一个空架子上面描写．每朝有几十年或百多年的太平，全靠住一个条件得来，就是杀人多流血多．人口少了，不相杀了，就太平了，全不靠有真实的基础．因此我们这四千年文明古国，简直等于没有国，国只是一个空的架子，其内面全没有什么东西．说有人民罢，人民只是散的.〈一盘散沙〉，实在形容得真冤枉! 中国人生息了四千多年，不知干什么去了? 一点没有组织，一个有组织的社会看不见．一块有组织的地方看不见．中国这块土内，有中国人和没有中国人有什么多大的区别? 在人类中要中国人，和不要中国人，又有什么不了的關係? 推究原因，吃亏就在这〈中国〉二字，就在这中国的统一，现在唯一救济的方法．就在解散中国，反对统一．

中国人没有科学脑筋，不知分析与概括的關係，有小的细胞才有大的有机体，有分子的各个才有团体．中国人多有一种拿大帽子戴的虚荣心，遇事只张眼望着前头，望着笼统的地方．大帽子戴上头了，他的心便好过了．现在的和议，就是这样．一些人捧着一个〈和议〉，北跑到南，南跑到北，没希望的时候，便皱着眉，有一点希望，便笑起来了．我是极端反对和议的．我以为和议是一个顶大的危险．我的理由，不是段祺瑞的统一论，也不是章太炎孙洪伊的法律论，我只为要建设一个将来的真中国，其手段便要打破现在的假中国, 起码一点, 就是南北不应复合, 进一层则为各省自决自治.

各省自决自治, 为改建真中国唯一的法子, 好多人业已明白了. 这是这次南北战役的一个意外的收果. 现在虽然只有湖南, 广东, 江苏, 湖北, 几个省发动, 事势必然成为一道洪流, 全国各省, 都将要纳到这个流里, 是一个极可喜的现象. 现在所要讨论的有两个问题: 一个是各省自治内部的事, 即如何促使各省自治成立, 一是各省自治外部的事, 即如何将妨碍各省自治的障碍物, 减杀其效力或阻止其进行.

關于前一个问题, 我有二个意见.(一) 像湖南广东两省用兵力驱去旧势力的, 算是一种革命, 应由各该革命政府, 召集两省的〈人民宪法会议〉, 制定〈湖南宪法〉及〈广东宪法〉. 再依照宪法, 建设一个新湖南及新广东. 这两省的人民最要努力. 其宪法要采一种彻底革新的精神, 务以尽量发挥两省的特性为标准.(二) 像湖北江苏两省, 不能有革命的行动, 只好从鄂人治鄂苏人治苏 (省长) 一点入手. 等到军权归了本省人, 便进而为地方自治的组织.以上二种方法, 各依各的情势去改造. 于前一种可以树各省自治的模范, 实有〈国〉的性质, 可实行一种〈全自治〉, 所以最有希望. 于后一种, 虽然暂时只能实现〈半自治〉, 然根据这种自治, 便可进而做废督运动. 只要督军废了, 则全自治便即刻到了手了. 方法虽然和平一点, 不十分痛快, 然为适应环境, 采这种方法, 也是好的.

關于如何除去各省自治的障碍物, 我以为这障碍不在督军, 而在许多人要求的〈统一〉. 我以为至少要南北对立. 这是促成各省自治的一大關係点. 倘使统一成了, 新组国会, 制定宪法, 各省自治, 必多少要受宪法束缚 (无论中央政府永办不好) 像湖南广东, 便断不能发挥其特性. 又人才奔赴中央政府, 地方必有才难之叹.更有一个大不好处, 假如中央政府成了, 全国视线, 又都集注中央, 中国人看上不看下务虚不务实的老癖必要大大发作. 而各省自治, 又变成不足轻重的了. 我觉得中国现在的政象, 竟如清末一样, 国人对之, 不要望他改良, 要望他越糟越坏. 我看此际尚未坏到极处, 我们不能用自力加增其坏度. 却尽可不必替他减少坏度. 我们最好采不理主义, 和议再不要说了, 国民大会解决国〇之说, 再不要提倡了. 要提倡国民大会, 也要提倡〇〇先生的主张, 用国民大会去解决省事.

胡适之先生有二十年不谈政治的主张. 我现在主张二十年不谈中央政治, 各省人用全力注意到自己的省, 采省们罗主义, 各省關上各省的大门, 大门之外，一概不理. 国庆是庆中华民国，我实在老不享○他. 特为趁这国庆，表示我一点反对统一的意见，而希望有一种〈省庆〉发生.

◎学灯　双十节增刊　一九二0·一0·一0

14. '구장驅張'과 '자치自治'는 근본적 주장이 아니다

(1920년 11월)

为易礼容给毛泽东彭璜的信加的按语

礼容这一封信, 讨论吾人进行办法, 主张要有预备, 极忠极切. 我的意见,
于致陶斯咏姊及周惇元兄函中已具体表现, 于归湘途中和礼容也当面说过几
次. 我觉得去年的驱张运动和今年的自治运动, 在我们一班人看来, 实在不
是由我们去实行做一种政治运动. 我们做这两种运动得意义, 驱张运动只是
简单的反抗张敬尧这个太令人过意不下去的强权者. 自治运动只是简单的希
望在湖南能够特别定出一个办法 (湖南宪法), 将湖南造成一个较好的环境,
我们好于这种环境之内, 实现我们具体的准备工夫. 彻底言之, 这两种运动,
都只是应付目前环境的一种权宜之计, 决不是我们的根本主张, 我们的主张
远在这些运动之外, 说到这里, 诚哉如礼容所言, 〈准备〉要紧, 不过准备
的〈方法〉怎样? 又待研究.
去年在京, 陈赞周即对于〈驱张〉怀疑, 他说我们既相信世界主义和根本改
造, 就不要顾及目前的小问题小事实, 就不要〈驱张〉. 他的话当然也有理,
但我意稍有不同, 〈驱张〉运动和自治运动等, 也是达到根本改造的一种手
段, 是对付〈目前环境〉最经济最有效的一种手段. 但有一条件, 即我们自
始至终 (从这种运动之发起至结局), 只宜立于〈促进〉的地位, 明言之,
即我们决不跳上政治舞台去做当局. 我意我们新民学会会友, 于以后进行方
法, 应分几种: 一种是已出国的, 可分为二, 一是专门从事学术研究, 多造
成有根柢的学者, 如罗荣熙萧子升之主张. 一是从事于根本改造之计划和组
织, 确立一个改造的基础, 如蔡和森所主张的共产党. 一种是未出国的, 亦
分为二, 一是在省内及国内学校求学的, 当然以求学储能做本位. 一是从事
社会运动的, 可从各方面发起并实行各种有价值之社会运动及社会事业. 其
政治运动之认为最经济最有效者, 如〈自治运动〉〈普选运动〉等, 亦可从

旁尽一点促进之力，惟千万不要沾染旧社习气，尤其不要忘记我们根本的共同的理想和计划．至于礼容所说的结合同志，自然十分要紧．惟我们的结合，是一种互助的结合，人格要公开，目的要共同，我们总不要使我们意识中有一个不得其所的真同志就好．

泽　东

◎新民学会资料　　人民出版社　　一九八0·九
◎新民学会会员通信集　第二集　　一九二0·一二

15. 중국과 세계의 개조를 향하여

(1920년 12월 1일)

—원제 〈채화삼 등에게 보내는 편지〉 —

致蔡和森等

和森兄子升兄并转在法诸会友:

接到二兄各函, 欣慰无量! 学会有具体的计划, 算从蒙达尔尼会议及二兄这几封信始. 弟于学会前途, 抱有极大希望, 因之也略有一点计划, 久想草具计划书提出于会友之前, 以资商榷. 今得二兄各信, 我的计划书可以不作了. 我只希望我们七十几个会友, 对于二兄信上的计划, 人人下一个详密的考虑, 随而下一个深切的批评, 以决定或赞成, 或反对, 或于二兄信上所有计划和意见之外, 再有别的计划和意见. 我常觉得我们个人的发展或学会的发展, 总要有一条明确的路数. 没有一条明确的路数, 各个人只是盲进, 学会也只是盲进, 结果糟踏了各人自己之外, 又糟踏了这个有希望的学会, 岂不可惜? 原来我们在没有这个学会之先, 也就有一些计划, 这个学会之所以成立, 就是两年前一些人互相讨论研究的结果. 学会建立以后, 顿成功了一种共同的意识, 于个人思想的改造, 生活的向上, 很有影响.同时于共同生活, 共同进取, 也颇有研究. 但因为没有提出具体方案, 又没有出版物可作公共讨论的机關, 并且两年来会友分赴各方, 在长沙的会员又因为政治上的障碍不能聚会讨论, 所以虽然有些计划和意见, 依然只藏之于各人的心里, 或几人相会出之于各人的口里, 或彼此通函见之于各人的信里, 总之只存于一部分的会友间而已. 现在诸君既有蒙达尔尼的大集会, 商决了一个共同的主张, 二兄又本乎自己的理想和观察, 发表了个人的意见, 我们不在法国的会员, 对于诸君所提出当然要有一种研究, 批评和决定. 除开在长沙方面会员即将开会为共同的研究, 批评和决定外, 先述我个人对于二兄来信的意见如左.

现在分条说来.

(一)学会方针问题.我们学会到底拿一种什么方针做我们共同的目标呢？子
升信里述蒙达尔尼会议对于学会进行之方针，说：“大家决定会务进行之方针
在改造中国与世界”. 以“改造中国与世界”为学会方针，正与我平日的主张
相合，并且我料到是与多数会友的主张相合的. 以我的接洽和观察，我们多
数的会友，都倾向于世界主义. 试看多数人鄙弃爱国；多数人鄙弃谋一部分
一国家的私利，而忘却人类全体的幸福的事；多数人都觉得自己是人类的一
员，而不愿意更繁复地隶属于无意义之某一国家，某一家庭，或某一宗教，
而为其奴隶，就可以知道了. 这种世界主义，就是四海同胞主义，就是愿意
自己好也愿意别人好的主义，也就是所谓社会主义. 凡是社会主义，都是国
际的，都是不应该带有爱国的色彩的. 和森在八月十三日的信里说：“我将拟
一种明确的提议书，注重无产阶级专政与国际色彩两点. 因我所见高明一点
的青年，多带一点中产阶级的眼光和国家的色彩，于此两点，非严正主张不
可”. 除无产阶级专政一点置于下条讨论外，国际色彩一点，现在确有将它郑
重标揭出来的必要. 虽然我们生在中国地方的人，为做事便利起见，又因为
中国比较世界各地为更幼稚更腐败应先从此着手改造起见，当然应在中国这
一块地方做事；但是感情总要是普遍的，不要只爱这一块地方而不爱别的地
方.这是一层. 做事又并不限定在中国，我以为固应该有人在中国做事，更应
该有人在世界做事. 如帮助俄国完全它的社会革命；帮助朝鲜独立；帮助南洋
独立；帮助蒙古，新疆，西藏，青海自治自决，都是很要紧的. 以下说方法
问题.

(二)方法问题. 目的—改造中国与世界—一定好了，接着发生的是方法问题,
我们到底用什么方法去达到“改造中国与世界”的目的呢？和森信里说：“我
现认清社会主义为资本主义的反映，其重要使命在打破资本经济制度，其方
法在无产阶级专政”. 和森又说：“我以为现世界不能行无政府主义，因在现世
界显然有两个对抗的阶级存在，打倒有产阶级的迪克推多，非以无产阶级的
迪克推多压不住反动，俄国就是个明证，所以我对于中国将来的改造，以为
完全适用社会主义的原理与方法.…… 我以为先要组织共产党，因为它是革
命运动的发动者，宣传者，先锋队，作战部”. 据和森的意见，以为应用俄国

式的方法去达到改造中国与世界, 是赞成马克思的方法的. 而子升则说:"世界进化是无穷期的, 革命也是无穷期的, 我们不认可以一部分的牺牲, 换多数人的福利. 主张温和的革命, 以教育为工具的革命, 为人民谋全体福利的革命. 以工会合社为实行改革之方法. 颇不认俄式—马克思式—革命为正当, 而倾向于无政府—蒲鲁东式—之新式革命, 比较和而缓, 虽缓然和". 同时李和笙兄来信, 主张与子升相同, 李说:"社会改造, 我不赞成笼统的改造, 用分工协助的方法, 从社会内面改造出来, 我觉得很好. 一个社会的病, 自有它的特别的背景, 一剂单方可医天下人的病, 我很怀疑. 俄国式的革命, 我根本上有未敢赞同之处". 我对子升和笙两人的意见 (用平和的手段, 谋全体的幸福), 在真理上是赞成的, 但在事实上认为做不到. 罗素在长沙演说, 意与子升及和笙同, 主张共产主义, 但反对劳农专政, 谓宜用教育的方法使有产阶级觉悟, 可不要妨碍自由, 兴起战争, 革命流血. 但我于罗素讲演后, 曾和荫柏, 礼容等有极详之辩论, 我对于罗素的主张, 有两句评语, 就是"理论上说得通, 事实上做不到". 罗素和子升和笙主张的要点, 是"用教育的方法", 但教育一要有钱, 二要有人, 三要有机關. 现在世界, 钱尽在资本家的手; 主持教育的人尽是一些资本家或资本家的奴隶; 现在世界的学校及报馆两种最重要的教育机關, 又尽在资本家的掌握中. 总言之, 现在世界的教育, 是一种资本主义的教育. 以资本主义教儿童, 这些儿童大了又转而用资本主义教第二代的儿童.教育所以落在资本家手里, 则因为资本家有"议会"以制定保护资本家并防制无产阶级的法律; 有"政府"执行这些法律, 以积极地实行其所保护与所禁止; 有"军队"与"警察", 以消极地保障资本家的安乐与禁止无产者的要求; 有"银行"以为其财货流通的府库; 有"工厂"以为其生产品垄断的机關. 如此, 共产党人非取政权, 且不能安息于其宇下, 更安能握得其教育权? 如此, 资本家久握教育权, 大鼓吹其资本主义, 使共产党人的共产主义宣传, 信者日见其微. 所以我觉得教育的方法是不行的. 我看俄国式的革命, 是无可如何的山穷水尽诸路皆走不通了的一个变计, 并不是有更好的方法弃而不采, 单要采这个恐怖的方法. 以上是第一层理由.

第二层, 依心理上习惯性的原理及人类历史上的观察, 觉得要资本家信共产主义是不可能的事. 人生有一种习惯性, 是心理上的一种力, 正与物在斜方必倾向下之为物理上的一种力一样. 要物不倾向下, 依力学原理, 要有与它相等的一力去抵抗它才行. 要人心改变, 也要有一种与这心力强度相等的力去反抗它才行．用教育之力去改变它，既不能拿到学校与报馆两种教育机關的全部或一大部到手，虽有口舌，印刷物或一二学校报馆为宣传之具，正如朱子所谓"教学如扶醉人，扶得东来西又倒"，直不足以动资本主义者心理的毫末，哪有回心向善之望？以上从心理上说．再从历史上说，人类生活全是一种现实欲望的扩张．这种现实欲望，只向扩张的方面走，决不向减缩的方面走，小资本家必想做大资本家，大资本家必想做最大的资本家，是一定的心理.历史上凡是专制主义者，或帝国主义者，或军国主义者，非等到人家来推倒，决没有自己肯收场的．有拿破仑第一称帝失败了，又有拿破仑第三称帝．有袁世凯失败了，偏又有段祺瑞.章太炎在长沙演说，劝大家读历史，谓袁段等失败均系不读历史之故．我谓读历史是智慧的事，求逐所欲是冲动的事，智慧指导冲动，只能于相当范围有效力，一出范围，冲动便将智慧压倒，勇猛前进，必要到遇了比冲动前进之力更大的力，然后才可以将它打回.有几句俗话，"人不到黄河心不死"，"这山望见那山高"，"人心不知足，得陇又望蜀"，均可以证明这个道理．以上从心理上及历史上看，可见资本主义是不能以些小教育之力推翻的，是第三层理由．再说第三层理由．理想固要紧,现实尤其要紧，用和平方法去达共产目的，要何日才能成功？假如要一百年，这一百年中宛转呻吟的无产阶级，我们对之如何处置（就是我们).无产阶级比有产阶级实在要多得若干倍．假定无产者占三分二，则十五万万人类中有十万万无产者（恐怕还不止此数），这一百年中，任其为三分一之资本家鱼肉，其何能忍？且无产者既已觉悟到自己应该有产，而现在受无产的痛苦是不应该，因无产的不安而发生共产的要求，已经成了一种事实．事实是当前的，是不能消灭的，是知了就要行的．因此我觉得俄国的革命，和各国急进派共产党人数日见其多，组织日见其密，只是自然的结果．以上是第三层理由.再有一层，是我对于无政府主义的怀疑．我的理由却不仅在无强权无组织的社会状态之不可能，我只忧一到这种社会状态实现了之难以终其局.因为这种社会状态是定要造成人类死率减少而生率加多的，其结局必至于人满为患.如果不能做到（一）不吃饭，（二）不穿衣，（三）不住屋，（四）地球上各处气候寒暖和土地肥瘠均一，或是（五)更发明无量可以住人的新地，是终于免不掉人满为患一个难關的．因上各层理由，所以我对于绝对的自由主义，无政府的主义，以及德谟克拉西主义，依我现在的看法，都只认为于理论上说得好听，事实上是做不到的．因此我于子升和笙二兄的主张，不表同意. 而于和森的主张, 表示深切的赞同.

(三)态度问题. 分学会的态度与会友的态度两种. 学会的态度, 我以为第一是"潜在", 这在上海半淞园曾经讨论过, 今又为在法会友所赞成, 总要算可以确定了. 第二是"不倚赖旧势力", 我们这学会是新的, 是创造的, 决不宜许旧势力混入, 这一点要请大家注意. 至于会友相互及会友个人的态度, 我以为第一是"互助互勉"(互助如急难上的互助, 学问上的互助, 事业上的互助.互勉如积极的勉为善, 消极的勉去恶), 第二是诚恳(不滑), 第三是光明(人格的光明), 第四是向上(能变化气质, 有向上心). 第一是"相互间"应该具有的.第二第三第四是"个人"应该具有的. 以上学会的态度二项, 会友的态度四项, 是会及会友精神所奇, 非常重要.

(四)求学问题. 极端赞成诸君共同研究及分门研究之两法. 诸君感于散处不便, 谋合居一处, 一面作工, 一面有集会机缘, 时常可以开共同的研究会, 极善. 长沙方面会友本在一处, 诸君办法此间必要仿行. 至分门研究之法, 以主义为纲, 以书报为目, 分别阅读, 互相交换, 办法最好没有. 我意凡有会员两人之处, 即应照此组织. 子升举力学之必要, 谓我们常识尚不充足, 我们同志中尚无专门研究学术者, 中国现在尚无可数的学者, 诚哉不错! 思想进步是生活及事业进步之基. 使思想进步的唯一方法, 是研究学术. 弟为荒学, 甚为不安, 以后必要照诸君的办法, 发奋求学.

(五)会务进行问题. 此节子升及和森意见最多. 子升之"学会我见"十八项, 弟皆赞成. 其中"根本计划"之"确定会务进行方针", "准备人才", "准备经济"三条尤有卓见. 以在民国二十五年前为纯粹预备时期, 我以为尚要延长五年, 以至民国三十年为纯粹预备时期. 子升所列长沙方面诸条, 以"综挈会务大纲, 稳立基础", "筹办小学", "物色基本会员"三项为最要紧, 此外尚应加入"创立有价值之新事业数种" 一项.子升所列之海外部, 以法国, 俄国, 南洋三方面为最要.弟意学会的运动, 暂时可统括为四: 1.湖南运动, 2.南洋运动, 3.留法运动, 4.留俄运动.暂时不必务广, 以发展此四种而使之确见成效为鹄, 较为明切有着, 诸君以何如? 至和森要我进行之"小学教育", "劳动教育", "合作运动", "小册子", "亲属聚居", "帮助各团体"诸端, 我都愿意进行. 惟"贴邮花"一项, 我不懂意, 请再见示. 现在文化书社成立, 基础可望稳固, 营业亦可望发展. 现有每县设一分社的计划, 拟两年内办成, 果办成, 效自不小.

(六)同志联络问题. 这项极为紧要, 我以为我们七十几个会员, 要以至诚恳切的心, 分在各方面随时联络各人接近的同志, 以携手共上于世界改造的道路. 不分男, 女, 老, 少, 士, 农, 工, 商, 只要他心意诚恳, 人格光明, 思想向上, 能得互助互勉之益, 无不可与之联络, 结为同心. 此节和森信中详言, 子升亦有提及, 我觉得创造特别环境, 改造中国与世界的大业, 断不是少数人可以包办的, 希望我们七十几个人, 人人注意及此.
我的意见大略说完了. 闻子升已回国到北京, 不久可以面谈. 请在法诸友再将我的意见加以批评, 以期求得一个共同的决定, 个人幸甚, 学会幸甚.

弟 泽 东
九年十二月一日, 文化书社, 夜十二时

◎根据《新民学会会员通信集》第三集刊印.

연표: 모택동과 중국

편집자 일러두기

1. 이 연표는 모택동 생애의 대강과 그 전후를 전망할 수 있도록 작성하였다.
2. 원문은 생애와 그 전후를 아홉 개의 시기로 나누어 정일했지만, 한국어판에서는 '호금도(후진 타오)의 시대'를 추가하였다.
3. 저작도 게재하였다. ◇ 표시를 붙여 기사와 구별하였다. 이 책에서 번역한 것에는 ★표시를 붙 였다. 평론 속에 번역한 것에도 ★표시를 붙였지만 전체의 번역은 아니다. ( )의 내는 원제이다. 다만 연표에 모택동의 저작 모두를 망라해서 수록한 것은 아니다.
4. 연령은 만으로 계산한 것이 아니며, 일반적으로 세는 나이로 하였다.

서력	서력	모택동 관련사항	참고사항
1. 탄생이전 1793(건륭 58)~1892(광서 18)			
1793		영국의 사절 맥카트니가 내화, 국서(國書)를 진상하고 자유무역과 무역을 위한 거류지를 요구함. 건륭제는 조공이라면 인정하지만, 무역은 불필요하다고 하여 제의를 거절함. 국서의 봉정에 즈음하여 맥카트니는 황제에 대해 '삼궤구고(三跪九叩)'의 예를 행하도록 요구받음.	1804년, 나폴레옹 황제에 즉위.
1840~1842		'아편전쟁'과 임칙서의 등장. 아편의 밀수에 강경책을 취함. 영국은 함대를 파견, 상해와 진강(鎮江)을 점령하고 장강을 거슬러 올라와 남경을 위협. 1842년, '남경조약'을 체결, 홍콩섬을 할양하고 상해 등 오항(五港)을 개항.	1839년, 만사(蠻社)의 옥. 와타나베 카잔(渡邊崋山), 다카노 초에이(高野長英) 등이 체포됨. 1844년, 네덜란드국왕, 도쿠가와막부(德川幕府)에 개국(開國)을 진언.
1851~1864		'태평천국'과 홍수전. 광서성 금전촌에서 봉기를 선언, 국호를 '태평천국'이라 칭함. 봉기군은 북상하여 남경을 점령하고, 그곳을 수도로 정하여 '천경(天京)'이라 칭함(1853년). 다시금 북상하여 천진 가까이까지 진공하였지만, 패북하여 상층부에서도 내분이 발생, '천경'은 증국번이 조직한 '상군(湘軍)'에 의해 함락됨.	1853년, 페리가 흑선을 이끌고 우라가(浦賀)에 입항하여 통상을 요구. 1858년, 도쿠가와막부가 미국, 러시아, 네덜란드, 영국, 프랑스와 수호통상조약을 맺음
1856~1860		'제2차 아편전쟁'. 태평천국에 의해 청왕조가 궁지에 몰린 틈새를 타고 영국은 '애로우호 사건'을 구실로 전쟁을 일으킴. 프랑스도 이 전쟁에 참가하고 양국의 연합군은 광주를 점령한 뒤 계속해서 북경에 침입하여 원명원을 약탈, 방화. 각각〈북경조약〉을 체결(1860)	1858년, 도쿠가와막부가 미국, 러시아, 네덜란드, 영국, 프랑스와 수호통상조약을 맺음
1862		'양무운동'. 이홍장, 증국번이 안경(安慶)에 병기공장을 창설.	1863년, 조슈번(長州藩)이 양이(攘夷) 결행. 다음 해 영국 등의 연합함대가 시모노세키(下關)를 포격. 1867년, 도쿠가와 요시노부(德天慶喜)가 대정봉환(大政奉還)을 신청하여 도쿠가와막부는 종결.

1880		이홍장, 해군을 창설.	
1883~1885		'청불전쟁'. 이보다 앞서 프랑스는 베트남의 하노이지역에서 농민무장의 흑기군(黑旗軍)과 싸워 패북. 다시금 개전하여 프랑스의 극동함대는 복건성의 마미군항(馬尾港)에 포격을 가해 복건함대는 군함 12척을 잃고 궤멸함. 청조는〈천진조약〉에 의해 베트남에 대한 프랑스의 종주권을 인정.	1868년〈5개조의 서약문〉의 제시. 천황즉위. 메이지(明治)라고 개원(開元). 1871년 청일수호조규.

2. 탄생 - 소년시대 1893(광서 19)~1912(민국 원년)

1893	탄생	모택동, 12월 26일 호남성 상담현 소산충에서 출생. 부친 순생은 소산에서 으뜸가는 재산가로, 전답 22묘(약 1정 5반)를 소유하고 머슴을 고용하여 쌀과 돼지의 거간[중개]을 하며 생활하였다. 모택동은 장남. 동생으로 택민(1896~1943)과 택담(1905~1935)이 있음.	1894~1995년, 청일전쟁. 1897년 장사에 시무학당 설립, 양계초를 초청. 다음 해 '무술변법' 일어남. 1900년 의화단이 일어나 북경에 진입. 1904~1905년, 러일전쟁.
1899~1907	7~15	논밭에서 들일을 경험. 다음 해부터 집 근처의 사숙에 다님. 사숙의 교사와 부친에게 반항하고 가출. 13세 때에 사숙을 그만두고 장부기재 등으로 부친을 도움. 14세 때 아버지의 명으로 6세 연상의 여성과 결혼(4년 후에 사망). 독서를 즐김.	
1910	18~20	어머니 문칠매 친정인 상향에 가서 소학교에 입학, 다음 해 장사의 중학교에 입학. 변발을 자름.	
1911		'신해혁명'. 혁명군에 입대하여 병사가 됨.	
1912		군대에서 나옴. 상업학교, 중학교에 다닌 뒤에 도서관에서 독학. ◇〈상앙의 사목입신을 논하다〉(1912년 6월)	1912년 1월 1일, 남경에 중화민국 성립. 순문[손중산] 임시 대총통에 취임. 정부는 북경으로 옮김.

3. 청년시대 1913(민국 2)~1921(민국 10)

1913~1916	21~24	봄, 성립 제4사범에 입학. 다음 해 2월 제1사범과 합병. 총 5년간 면학에 힘씀. 신체를 단련하는 일에도 열심이었다. 제3학년부터 학우회 집행위원회 서기. ◇〈강당록〉(현존판은 1913년 10~12월의 부분) ◇〈여금희에게 보내는 편지〉(여금희에게 보낸 첫 번째 편지는 1915년 11월 9일)	1914년 8월, 제1차 세계 대전 시작. 일본은 산동성에 출병.

1917	25	봄, 황흥의 국장을 위해 장사에 온 미야자키 도텐에게 편지를 보내고 강연에 초대함. ◇〈미야자키 도텐에게 보내는 편지〉(3월)★ 신문화운동의 중심이 된 잡지 《신청년》에 논문을 발표. 서명은 '이십팔획생'(본명의 劃數가 28) ◇〈체육의 연구〉(4월 1일)★ 7~8월 장사, 영향 등을 도보로 여행. 동행은 소자승. 장사에 돌아오고 나서 여금희에게 편지 씀. ◇〈대본대원이 천하의 마음을 움직인다(여금희에게 보내는 편지)〉(1917년 8월 23일)★ 9월부터 반년 동안 양창제가 파울젠의 《윤리학원리》를 교과서로 하여 강의. ◇《윤리학원리》 비주(批注), 10월 제1사범의 야학을 주재. ◇〈노동자 야학의 모집광고〉(10월 30일)★ 11월 중순, 북양군벌의 패잔병이 장사에 기어들어옴. 그들을 무장해제시킴.	7월, 안휘성 독군 장훈이 청조의 폐제 부의를 황제로 삼지만 실패. 풍국장은 여원홍의 뒤를 이어서 대총통이 되고 국무총리에 단기서를 임명. 9월, 손문은 광주의 중화민국 군정부 육해군 대원수에 취임. 10월, 군정부의 북벌군이 호남에 들어가 북군과 충돌하여 격전을 치름. 11월, 러시아 '10월 혁명'.
1918	26	4월, 신민학회를 설립. 규약을 기초. 6월, 제1사범 졸업. 북경에 있는 양창제로부터의 편지를 통해 프랑스에 유학하는 '근공검학' 운동을 알고 신민학회로서 적극적으로 참가. 8월, 학우 24명과 함께 북경에 도착. 양창제의 집에 기거. 양창제의 소개로 북경대학 도서관에서 일함. 관장은 이대조. 마르크스주의에 관하여 신문, 잡지 등을 읽음.	1월, 악양과 장사 등이 약탈당함. 5월, 손문 대원수를 사임하고 광주를 떠남. 9월, 무샤노고지 사네아츠 '새로운 촌'에 착수.
1919	27	철학연구회, 신문학(新聞學)연구회에 가입. 채원배, 듀이, 러셀 등의 강연을 들음. 2월, 북경에서 상해로 가서 프랑스유학의 학우를 전송. 4월, 장사로 돌아와 병석에 누운 어머니를 간호함. 수업(修業)소학교 역사과 교원. 5월, 북경의 데모를 알고, 친구와 의견교환, 호남성 학생연합회를 재건. 북경 학생연합회로부터 파견되어 온 등중하(鄧中夏,1894~1933, 후에 중국 공산당의 노동운동 지도자)의 보고를 들음. 7월, 《상강평론》을 창간. ◇《상강평론》창간선언〉(7월14일)★ ◇〈진독수를 구하자[진독수의 체포와 구조]〉(7월 14일)★ ◇〈민중의 대연합1·2·3〉(7월 21·28일, 8월 4일)★ 8월, 장경요의 탄압을 받음. 9월 어머니 사망. 소산에 돌아가 모친의 장의를 치름. ◇〈문제연구회회칙〉(9월 1일) ◇〈모친에 대한 제문〉(10월 8일) ◇〈조양의 자살을 평하다〉(11월 16일)★	1월, 《신청년》에 이대조가 러시아혁명을 찬미하는 논문을 발표. 5월 5일, 북경에서 학생의 데모. 전국으로 파급됨. 5·4운동. 6월, 장사에서 20여 개 학교의 동맹휴교. 북경에서 진독수 체포됨. 11월, 장사에서 신부의 자살사건.

		◇〈학생의 활동〉(12월 1일)★ 12월, 일본상품 배척의 대회가 군벌 장경요의 간섭을 받게 되고, 이에 구장운동을 일으킴. 전성(全省) 학생의 동맹휴교를 결정. 각지에 선전대를 파견하고 모택동 자신도 북경으로 와 선전활동에 힘씀. ◇〈'구장'과 '자치'는 근본적 주장이 아니다〉(11월 1일)★ 12월, 프랑스의 채화삼 등에게 편지를 보내어 공산당에 의한 실제 운동을 추진하는 방침에 찬성한다고 표명. ◇〈중국과 세계의 개조를 향하여(채화삼 등에게 보내는 편지)〉(12월 1일)★ 겨울, 양개혜(1901~1931)와 결혼.	

4. 공산당 성립, 정강산으로 1922(민국 11)~1935(민국 24)

1921	29	7월, 상해에서 중국공산당 제1회대회, 중국공산당 성립. 호남성대표로서 참가. 이후 호남성 지구위원회 서기로서 활동. 장남 모안영(毛岸英) 출생(한국전쟁 중 1950년 11월 전사). 차남은 안청(岸菁).	1921년 12월, 노신〈아큐정전〉 연재 시작.
1922~1925	30~33	장사의 목수·미장공의 일당 인상을 위해 투쟁하고 안원탄광 노동자의 조직화 등에 진력하며 활약. 장사를 잠시 동안 떠나지만, 다시 호남성에 돌아와 고향의 농촌에서 활약. ◇사(詞)〈하신랑(賀新郎)·증양개혜(贈楊開慧)〉(1923년) ◇사(詞)〈심원춘(沁園春)·장사(長沙)〉(1925년)	1923년 9월 1일, 일본에서 관동대지진. 1924년 1월, 제1차 국공합작.
1926~1927	34~35	중국의 농민과 중국사회에 계급분석을 가함. 또한 호남성 농민조합의 활동을 높게 평가함. ◇〈호남농민운동시찰보고〉(1927년 3월) 호남성 위원회의 지시로 농민의 무장봉기를 지도하였지만, 결구 실패하고 정강산(강서성)에 올라 그곳을 근거지로 삼았다. 복건성에도 출격. ◇〈삼대기율(三大紀律)〉(1927년 10월)★	1927년 4월 12일, 혁명군 총사령관이었던 장개석이 공산당원을 배제하고 탄압에 착수하여 다수의 희생자를 냄. '4·12쿠데타'라고도 함.
1928~1931	36~39	공산당 토벌에 힘을 쏟던 장개석에 대항하여 '노농홍군'을 이끌고 응전. 토지혁명을 실시. '중화소비에트공화국' 성립. 수도는 강서성 서금. 모택동은 중앙집행위원회와 인민위원회의 주석을 겸임. 하사진(賀士珍)과 결혼.	1930년 9월, 일본에서 쌀·생사(生絲) 폭락. 농업 공황. 11월, 양개혜가 장사에서 체포되어 처형됨. 1931년 9월, 만주사변. 다음 해, '만주국' 건국을 선언.
1928~1931	40~41	당 중앙이 상해에서 강서소비에트구로 옮김. 당 중앙에서 비판, 사문(査問)을 받고 직무에서 해임된다. 농촌조사에 힘을 쏟음.	

| 1934~1935 | 42~43 | 10월, '장정(長征)'에 참가. 종자(從者)는 17세의 소년 한 사람밖에 없었음.
1935년 1월, 귀주성 준의(遵義)에서 회의. 당 중앙의 졸렬한 전술을 비판, 군사면에서의 지위를 회복. 10월, 섬서성 북부에 도착. | 10월, 중국공산당은 강서소비에트를 포기, 30만 명이 이동을 개시. '장정'.
1935년 7월, 코민테른 제7회대회, 통일전선전술을 채택. |

5. 연안의 동굴에서 1936(민국 25)~1949(민국 38)

1936	44	7월, 보안(保安, 섬서성)을 방문한 미국인 기자 에드가 스노우와의 담화. 자신의 성장 내력을 이야기하고, 이것이 유일한 자전이 되었다. 스노우에 의해 노농홍군과 모택동의 건재가 세계에 알려짐. 스노우의 저서인 《Red star over Shina》(일본어역 《중국의 붉은 별(中國の赤い星)》)는 1937년 영국 런던에서 간행되어 베스트셀러가 됨. ◇〈심원춘(沁園春)·설(雪)〉(1936년 2월)	7월, 모스크바에서 코민테른 제7회대회. '반파시즘 통일전선' 전술을 채택. '서안사변'. 12월 12일, 서안에서 장학량이 장개석을 감금.
1937~1940	45~48	1월, 당중앙과 함께 연안으로 옮김. 장개석이 중국공산당이 제창하는 '항일민족 통일전선'의 제의를 받아들여 '제2차 국공합작'이 성립. 연안의 동굴식 주거에서 독서하면서 차례차례로 이론적인 저작을 집필. 이들 저작은 후에 '모택동사상'이라고 불리게 됨. 강청江靑(1915~91, 원래는 여배우로 예명은 남평藍苹, 산동성 제성諸城 출신)과 결혼. 딸이 두 명 태어남. ◇〈실천론〉〈모순론〉(1937년 7·8월) ◇〈지구전론持久戰論〉(1938년 5월) ◇〈신민주주의론新民主主義論〉(1940년 1월~2월)	1937년 7월 7일, 노구교(盧溝橋)사건. 12월, 일본군이 남경 점령. 1938년 10월, 일본군이 광주·무한 삼진을 점령. 11월, 일본정부가 동아(東亞) 신질서 건설의 성명 발표.
1941	49	2월, 당과 당원의 활동·태도를 쇄신하는 '정풍운동整風運動' 실시. ◇〈우리들의 학습을 개조하자〉(1941년 5월 19일)	1941년 12월, 대對영미 선전宣戰.
1945	53	중국공산당 제7회 전국대표대회(4~6월). 중앙위원회, 정치국, 서기처의 주석이 됨. '모택동사상'을 지도사상으로서 〈규약〉에 명시.	1945년 8월 14일, 일본 '포츠담선언'을 수락. 15일, 천황의 라디오 방송.
1946	54	국공내전 시작. 팔로군, 신사군新四軍은 '인민해방군'으로 개칭.	1946년 10월, 일본국 헌법 공포.
1949	57	북경 함락의 뒤에 북경으로 옮김.	1949년 1월, 인민해방군이 북경에 입성.

6. 신국가新國家의 지도자로서 1949~1964

1949~1957	57~65	1949년 10월 1일, 북경 천안문광장에서 중화인민공화국 성립의 경축대회. 석상에서 공화국의 성립을 선언. 공화국 주석에 취임. 모스크바에 가서 다음 해 11월까지 체재. 소련과 〈중소우호동맹 상호원조조약〉 체결. '한국전쟁'에 인민지원군을 파견. 국내에서는 애국주의 운동, 지식인의 '사상개조운동'을 추진. 소련식의 스탈린 비판에 불만. 백화제방百花齊放·백가쟁명百家爭鳴의 슬로건 아래에서 학술·예술활동의 자유를 인정함. 하지만 공산당 비판이 분출하여 '반우파투쟁'으로 전환. ◇〈십대十大관계를논하다〉(1956년 4월) ◇〈인민내부의 모순을 올바르게 처리하는 문제에 관하여〉(1957년 2월) ◇〈접련화·이숙일에게 답하다〉(1957년 5월 11일)★	1949년 12월, 광주에 있던 국민정부가 대북으로 이전. 1954년, 「홍루몽」 연구의 비판 시작. 1956년, 소련공산당 제20회 대회. 후루시초프, 비밀보고에서 스탈린 비판.
1958~1963	66~71	'사회주의 건설의 총노선'을 제창하고, 소련형이 아닌 독자의 사회주의를 목표로 하여 비약적인 증산운동을 실시함. '대약진' 운동. 농촌을 '인민공사人民公社' 화. 식량생산이 격감하여 유소기에 의해 자유화 정책이 추진됨. '수정주의 비판' 행함. 모택동은 후루시초프의 신정책을 '수정주의'라 명명하고 소련공산당을 공개적으로 비판. 소련공산당과 결렬하게 됨.	
1964	72	해방군 총정치부에서 《모택동어록》을 편집·간행. 모택동 부인인 강청은 경극京劇 혁명에 착수하여 현대적인 경극을 상연.	

7. 문화대혁명의 와중에서 1965~1976

1965~1967	73~75	'문화대혁명'. 모택동은 "수정주의자는 국내에도 있다"고 지적. 1966년부터 적극적으로 비판활동에 몰두하여 북경시 당위원회를 비난하고 '홍위병'을 격려함. 홍위병은 '파구입신破舊立身'을 제창하고 폭력을 휘두른다. 당 중앙의 요인에게도 비난과 모욕을 가하여 유소기·등소평 등을 비판함. ◇〈오칠지시五七指示〉와 〈5·16통지〉(1966년 5월)	1966년 5월, 북경대학에 대자보 출현. 청화대학 부속중학에서 최초의 '홍위병' 결성. 8월, 가두에 홍위병이 출현하여 활동을 시작.
1968~1970	76~78	모택동사상을 배우는 운동이 전개되고, 홍위병은 사상교육을 받는다는 명목으로 농촌에 보내짐. 중국공산당 제9회 전국대표대회가 열리고 모택동은 임표를 후계자로 지명. 12월, 스노우와 회담. 닉슨의 방중을 환영한다고 하면서 "나는 '화상和尙이 우산을 쓰는'것과 같다"고 말한다. 중국어 원문에서는 "무발무천無髮無天"이며, 중국어 동음의 '무법무천無法無天'에 통하여 "법률도 하늘도 두려워하지 않은 무법자"라는 것이다.	1968년 6월, 동경대학 본부를 전공투全共鬪가 점거. 8월, 소련·동구 5개국군이 체코에 침입. '임표사건'. 1971년 9월 12일 밤, 임표가 모택동의 암살을 기도하다가 실패.

1971	79	국경절의 퍼레이드를 중지.	소련으로 망명하려다가 몽고에서 비행기 추락사(1972년에 공표). '국제연합 가맹'. 10월, 국제연합에서 '중국초청·국부國府추방' 제안이 가결됨. 대만은 탈퇴.
1972	80	2월, 닉슨 미국대통령이 방중하여 상해에서 〈공동성명서〉를 발표. 9월, 다나카 가쿠에이田中角榮 총리대신이 방중하여 〈중일공동성명〉에 조인, 국교정상화가 실현됨. 다나카에게 《초사집주楚辭集注》복각본을 선물.	
1973	81	공자 비판과 더불어 임표를 비판하라고 지시. 등소평의 복귀를 인정함.	1973년 8월, 중공 제10회 전국대표대회. 주은래, 왕홍문이 보고.
1974	84	9월 9일 0시 10분 모택동 사망. 만 83세 탄생일의 3개월 전이었다. 모택동이 사망한 다음 달에 화국봉은 문화대혁명을 추진한 강청 부인을 비롯하여 그녀의 측근 그룹(4인조라고 불린다)을 체포하고, 당 주석에 취임.	1976년 1월 8일, 주은래 사망. 천안문사건. 4월 5일 청명절에 민중은 천안문광장의 인민영웅기념비에 꽃다발과 시詩를 헌사하고, 이것을 당국이 철거함에 소동이 발생. 등소평은 이 사건의 책임을 지고, 일체의 직무가 박탈당함. 화국봉이 당 제1부주석, 국무원 총리로 승격. 7월, 당산대지진.

8. 등소평의 시대 1977~1992

1977	74	등소평 부활. 7월, 실각하기 전의 모든 지위에 복귀. 중공중앙위 부주석, 국무원 부총리, 중앙군사위 부주석, 인민해방군 총참모장(화국봉은 격하되어 1982년 9월, 중앙위원).	
1978	75	10월, 등소평 방일. 그 상황을 중국에 텔레비전으로 방송. 이것에 의해 일본의 실정이 중국의 각 가정에 전해짐. '12기 3중전회全會'. 12월 '개혁과 개방' 정책을 취한다고 결정. 우파, 반혁명의 명예회복을 진행.	8월, 「중일평화우호조약」 조인.

1979	76	3월, 등소평이 〈4항목의 기본원칙〉을 제기. 이것은 후에 헌법과 당규약에도 명시됨. 12월, 북경 서단西單의 '민주의 벽' 금지.	중월전쟁. 2~3월, 국경 부근에서 베트남과 전쟁. 2월, '수출상품생산기지' 건설을 결정. 다음 해 5월, '경제특구'로서 심천深圳·주해珠海·산두汕頭·하문廈門을 인가. 12월, 오히라 마사요시大平正芳 수상 방중.
1981	78	'11기 6중전회'. 6월, 〈건국이래 당의 약간의 역사문제에 관한 결의〉를 채택. 등소평은 이것을 직접 지도하고, "모택동의 실수에 관해서는 우리들에게도 책임이 있다"고 말하였다.	1월, 일본 등에게 플랜트계약의 파기를 통고('洋躍進'=화국봉 비판의 여파). 다음 달, '정신문명의 건설'을 강조. 4월, 영화시나리오「고련苦戀」비판.
1982	79	9월, 대처 영국수상이 방중. 등소평과 회담. 1997년에 홍콩은 회수하지만, 자본주의의 계속을 인정한다고 발언(후에 '1국2제도一國兩制'라고 칭함).	7월, 교과서문제. 중국이 일본의 문부성 검정 교과서의 기술에 관해 항의. 1983년 10월, '정신오염精神汚染' 제거의 필요성이 제기됨.
1984	81	12월, 등소평《중국의 특색을 가진 사회주의를 건설하자》출판. 홍콩의 대표단에게 '1국2제도'를 제기, 50년간은 현상유지, "홍콩인이 홍콩을 다스린다"고 약속.	11월, 호요방총서기가 방일, 일본의 청년 3천 명을 초대(다음 해에 실현됨). '정권분리'. 향鄕정부를 설치.1985년 1월, 장강·주강珠江·민남閩南 삼각지구를 경제개발구로 지정. 9월, 나카소네中曾根수상이 야스쿠니靖國신사 공식참배, 이 때문에 북경에서 학생의 항의데모.1986년 4월, 소련 체르노빌에서 원자력발전소 폭발.
1987	84	1월, 정치국 확대회의. 호요방 사임. 후임은 조자양趙紫陽.	

1989	86	5월, 방중의 고르바초프 총서기와 회담. 별도로 회담한 조자양은 등소평에게 모든 최종결정권이 있다고 말하면서, 87년 11월의 13기 1중전회에서의 비밀결의를 폭로하였는데, 그것으로 인하여 실각으로 연결되었다. 11월, 등소평은 중앙군사위 주석을 사임, 일체의 공직에서 물러남.	4월, 호요방이 사망. 북경의 대학생들이 천안문광장으로 향하여 추도대회를 반복하면서 연좌데모. 단식 투쟁으로 시민의 동정을 얻음. 『인민일보』사설은 동란이라고 규정하고 북경시에 계엄령이 공포되었다. 6월 4일, 계엄부대가 실력을 행사하여 학생들을 제압. 쌍방 모두 사망자가 속출. 조자양은 총서기에서 해임되고, 후임에 강택민(상해시당위 서기)이 발탁됨.
1992	89	1월~2월, 〈남순강화南巡講話〉를 발표. 남방의 여러 도시를 시찰하여 '개혁과 개방'의 성과를 긍정하고 또한 가속화하라는 내용의 담화. 제14회 당 대회. 10월, 강택민이 개혁의 목표는 사회주의 시장경제의 수립에 있다고 하여 '중국특색을 가진 사회주의 건설'을 등소평이론이라고 명명하고 이것의 확립을 호소함. 당 대회 종료 후, 등소평은 대표전원과 회견, 기념촬영, 대회의 성공을 축하.	

9. 강택민江澤民의 시대 1993~2000

1993	68	3월, 국가주석에 선출됨. 더불어 중앙군사위 주석. 헌법에 '사회주의 시장경제'를 명시하자고 호소. '14기 4중전회'. 9월, 강택민을 핵심으로 하는 제3대의 중앙지도집단은 등소평을 핵심으로 한 제2대 중앙지도집단에 이어서 전진하고 있다고 선언, 제3세대의 확립을 명언.	12월, 모택동 탄생 100주년 기념행사.
1995	70	11월, 북경시를 시찰했을 때, '학습學習'·'정치政治'·'정기正氣'를 중시하자고 강조, 이것은 전국적으로도 필요한 것이라고 말함('중시'의 원문은 '강講', 그래서 '삼강三講'이라고 불린다. '정기'는 오직汚職 등을 하지 않는다는 뜻이다).	4월, 북경시당위 서기 진희동陳希同의 오직汚職 행위를 적발, 부시장 왕보삼王寶森은 자살.
1996	71	4월, 중국을 방문한 보리스 옐친 러시아대통령과 회견, '전략적 협조·파트너쉽' 확립을 명언.	
1997	72	2월 19일, 등소평 사망(향년 92). 추도식을 주재, 추도의 사辭를 헌정. 10~11월, 미국을 공식방문, '건설적인 전략적 파트너쉽' 확립을 명언.	

1998	73	3월, 국가주석에 재선됨. 총리는 주용기朱鎔基(부총리에서 승임). 11월, 일본을 방문하고 '역사인식'의 중요성을 역설, '우호적 파트너쉽'을 명언.	3월, 헌법에 '등소평이론'을 명기. 6월, 클린턴대통령 방중, 대만에 관한 '3개의 No'('두 개의 중국과 1중中1대臺'·'대만의 독립'·'대만의 정부 간 국제조직에의 참가'를 지지하지 않음)를 확인. 1999년 4월, '법륜공法輪功' 신자 1만명, 중남해를 에워싸고 연좌데모. 정부는 법륜공을 비합법 단체라고 규정. 5월, NATO공군에 의한 베오그라드폭격의 때에 중국대사관을 폭격. 이것에 항의하여 북경의 미국대사관에서 학생데모와 투석. NATO와 미국은 '오폭'이라고 설명하고 변상한다고 표명.
2000	75	2월, '3개 대표'론을 제기. 당은 ①선진적 생산력발전의 요구, ②선진적 문화의 전진 방향, ③광범한 인민의 근본적 이익을 대표한다는 것. 5월, 상해 등의 연해부를 시찰했을 때, '3개 대표'론을 다시 한번 제기.	3월, 대만에서 진수편陳水扁 전 대북시장이 중화민국 제10대총통에 선출됨. 민진당은 「당강령」을 수정.

10. 호금도(胡錦濤, 후진타오)의 시대 2002~현재

2002	60	11월, 중국 공산당 제16기 1중전회(중앙위 1차 전체회의)에서 당의 최고 실권자인 중앙위원회 총서기에 호금도(후진타오)를 선출하고, 최고 권력기관인 당 중앙정치국 상무위원회는 정원을 종전의 7명에서 9명으로 늘려 60세 전후의 개혁적인 인사들을 대거 발탁. 더욱 젊어지고 개방적인 지도부를 출범시킴으로써 중국 제4세대 지도부 탄생의 신호탄을 쏘아올림.	
2003	61	3월, 제10기 전국인민대표대회(全人代)에서 국가주석에 공식적으로 취임. 이로써 호금도는 명실상부하게 당·정의 최고 권력자가 됨. 또한 전국인민대표대회(전인대)는 서열 2위 오방국(吳邦國) 상무위원을 전인대 상무위원장(국회의장격)에 각각 선출한 데 이어, 서열 3위 온가보(溫家寶)	

		상임부총리를 국무원 총리로 인준. 이로써 호금도‒ 오방국‒온가보 3각 지도체제를 중심으로 한 4세대 지도부 시대가 공식 개막.	
2004	62	9월 19일, 당·정의 권력은 내주고 군권만을 거머쥔 채 중국 최고지도자로서 막강한 영향력을 행사하던 강택민(장쩌민)이 마지막 남은 중앙군사위원회의 주석 자리에서 사임(사임 요청안 제출).	
2005	63	3월, 중국 헌법상 최고 의결기구인 제10기 전국인민대표대회(全人大)는 제3차 회의 제2차 전체회의를 열어 작년 9월에 제출된 강택민(江澤民) 국가 중앙군사위원회 주석의 사임 요청안을 표결로 통과시킴. 회의에서는 또 후임 주석을 포함한 인사들의 선출과 결정 및 임명 방법도 표결로 통과시킴. 호금도(胡錦濤) 중국공산당 총서기 겸 국가주석이 중앙군사위원회 주석에 선출됨.	10기 전국인민대표회의에서 '반(反)분열국가법안'을 통과함으로써 대만과의 무력에의한 통일도 감행할 수 있으며, 중국의 군사력 강화로 야기될 향후 동북아시아의 변화에 주목.

찾아보기 · 사항

찾아보기 · 인명